【実例】弁護士が悩む家族に関する法律相談

専門弁護士による実践的解決のノウハウ

第一東京弁護士会法律相談運営委員会 編著

日本加除出版

推薦のことば

　離婚，DV，親子関係，遺言・相続，成年後見等のいわゆる「家事事件」は，一般の民事事件とは異なり，家族間の感情的問題を内包している場合が多く，事件を受任する弁護士は，法的な側面での対応のみでなく，依頼者の心情面も推し量りつつ，問題の解決にあたることが必要になります。そのため，依頼者の話の聴き取りや解決方法の選定にあたっては，細心の注意を払い，依頼者の望むことをよく把握した上で対応することが求められるところです。

　本書は，弁護士会の運営する「家庭法律相談センター」において実際に相談を担当し，家事事件の経験豊富な弁護士が集まり，それぞれが取り扱ってきた事例をベースに，家事事件における弁護士実務の解説を試みたものです。家事事件は，事件の当事者それぞれに固有の事情があるため，なかなか，一筋縄で解決できる性質のものではありませんが，本書では，事例を通して「弁護士が直面しやすい問題や疑問」を洗い出し，担当した弁護士がどのように考えて対応したかを示すことで，事件解決のノウハウを解説することをそのコンセプトとしています。

　したがって，収録している26の事例では，判例や法令に基づく解説のみでなく，事情聴取の方法や外部機関の活用方法など，難しい問題に直面したときに採るべき方策が示されており，既存の事例解説とは一線を画した内容となっております。また，座談会においては，「離婚」及び「遺産分割」の2つのテーマを設け，事例にて収録できなかった特殊な問題を中心に，それぞれの経験の中でどのように対処してきたかが議論されており，今後の弁護士実務における重要な示唆がなされています。

　児童虐待やDVに関する報道を目にする機会が多く，家族に関する問題が複雑化する昨今ではありますが，本書が，家事事件を取り扱う弁護士の

方々をはじめ，関係する業務に携わる方々にとって，事件解決の一助となることを祈念して，本書を広く推薦する次第です。

平成25年2月

第一東京弁護士会

会長　横　溝　髙　至

はしがき

　第一東京弁護士会法律相談運営委員会の有志委員は，月刊誌「戸籍時報」（日本加除出版株式会社）の平成21年9月号から，毎月「家族に関する法律相談」として家族法の分野に関する連載をしてきました。この連載は，好評の下に，現在も続いています。

　連載は，家族法の分野で経験豊富な弁護士が，過去実際に扱った主として離婚や相続の難事件を中心に，解決までに実際に辿った道筋を具体的に示す内容のものです。

　既に「戸籍時報」に掲載された事例も多岐の分野にわたり，日本加除出版から，この辺りでこれまでの連載分をまとめて単行本として出版してはどうかとのお話があり，この度単行本化されたのがこの書籍です。

　単行本化に際しては，読者層として，最前線で家事事件に取り組んでいる弁護士，弁護士による家事事件解決の実際を見る機会に恵まれなかった早期に独立した若手弁護士，これから弁護士を目指す法科大学院生を想定し，これまで公刊された「マニュアル本」から一歩踏み込んで，実例を通じて弁護士による家事事件解決の内実を具体的に明らかにすることにより，弁護士が個々の事案を解決する際に実際に役立つ書籍として一層の深化を図りました。

　この出版意図に従い，連載の各執筆者により大幅な加筆・修正がなされた結果，タイトル名に恥じない内容でリファインすることができたと自負しています。

　また，各分野の冒頭に，弁護士が事件の相談や依頼を受けるに際しての「相談を受けるときのポイント」を加筆し，離婚や相続事件などの相談，受任に際して陥りがちな失敗を防ぐための注意点も示しました。

　さらに，「離婚に関する弁護士の実務」と「遺産分割に関する弁護士の

はしがき

実務」の表題で，ベテランに若手弁護士を交えて行われた座談会の結果も収録しました。文章では表現できないような事件解決に当たっての微妙な内容の発言もあえて削除せず掲載しています。硬軟織りまぜての交渉の機微，弁護士の秘策も含む豊富な内容となっていますので，是非ご一読いただければ幸いです。

なお，気楽に読んでいただける家族法に関する「コラム」も18件掲載しました。

本書には，家事事件を扱われる実務家の参考になる含蓄のあるアドバイスが多数散りばめられています。本書の事例や座談会での弁護士の発言をお読みになれば，これまでに公刊された「マニュアル本」には掲載されたことのなかった事件解決への具体的方策が必ずや発見され，家事事件解決の実務に役立てて頂けるものと考えております。

最後に，本書刊行に当たり，日本加除出版の編集担当の皆様から貴重なご助言，ご協力を頂いたことに深く感謝申し上げます。

平成25年2月

編集代表

弁護士　兼　松　健　雄

編集委員・執筆者一覧 (50音順)
(第一東京弁護士会　法律相談運営委員会)

○　**編集委員・執筆**
- 兼松　健雄（かねまつたけお）
- 佐藤　淳子（さとうじゅんこ）
- 高場　一博（たかばかずひろ）
- 藤野　大介（ふじのだいすけ）
- 堀越　孝（ほりこしたかし）
- 松村眞理子（まつむらまりこ）

○　**執筆**
- 今村　昭文（いまむらあきふみ）
- 上杉　雅央（うえすぎまさひろ）
- 岡本　政明（おかもとまさあき）
- 奥川　貴弥（おくかわたかや）
- 北川　琢巳（きたがわたくみ）
- 栗原　浩（くりはらひろし）
- 髙橋　英一（たかはしえいいち）
- 高見澤重昭（たかみざわしげあき）
- 仲居　康雄（なかいやすお）
- 納谷全一郎（なやぜんいちろう）
- 野田　伸也（のだしんや）
- 畠山　晃（はたけやまあきら）
- 前川　渡（まえかわわたる）
- 松田　研一（まつだけんいち）
- 森本　慎吾（もりもとしんご）
- 渡邉　惺（わたなべさとし）

目　次

第1章　離婚（婚姻）に関する法律相談

離婚に関する相談を受けるときのポイント──────2

事例1　婚姻外男女関係の法的解決………………………5
　　　　妻から，不貞行為を行った夫とその相手らに対して，執拗な慰謝料の請求がなされた事例

事例2　離婚の戦略・戦術…………………………19
　　　　凶暴性のある夫と同居中の妻と事前に周到な計画を立て，準備をした上で，別居，離婚に至った事例

事例3　離婚に伴う婚姻費用・養育費・財産分与…………41
　　　　抽象的離婚原因と婚姻費用，そして離婚認容後にする養育費及び財産分与請求に関する事例

事例4　年金分割請求権と法的解決──離婚による年金分割で注意すべき事例──……………………53
　　　　年金分割制度改正前に離婚し，すぐに再婚した夫婦が不仲となり，妻から夫に離婚請求がなされた場合の年金分割請求

事例5　婚約の成立と効果…………………………62
　　　　交際相手から，婚約の成立を主張されて，慰謝料の請求がなされた事例

第2章　DVに関する法律相談

DVに関する相談を受けるときのポイント──────72

事例6　ドメスティック・バイオレンス被害者への対応 ……………74
　　　婚姻後に夫から継続的な暴力等の被害を受けてきた妻が，耐えきれず子供を連れて家から逃げ出したところ，生活費にも困り，また別居後も夫から執拗な嫌がらせを受けている事案

事例7　暴力を振るう夫との法廷対決 ………………………………87
　　　夫から度重なる暴力を受けている妻から，夫と離婚をして，子の親権も持ちたいとの相談を受けたが，調停等で顔を会わせることも困難な場合の事例

第3章　子の奪い合いに関する法律相談

子の奪い合いに関する相談を受けるときのポイント ──── 100

事例8　子の奪い合い─法的解決手段とその限界─ ……………102
　　　二人の子供を連れて別居していた妻の元へ，夫と夫の実家家族がやってきて子供たちを実力で奪い去った事案

事例9　離婚と子供の奪い合い ………………………………………113
　　　夫妻の両方から離婚等の請求がなされたが，その中心的問題が子供の奪い合いであった事例

第4章　親権・養育費に関する法律相談

親権・養育費に関する相談を受けるときのポイント ──── 124

事例10　離婚訴訟と親権の争い ………………………………………126
　　　DVを理由とする離婚事件において，夫も妻も子の親権者となることを拒否した事例

事例11　親権者の変更について ……………………………………… 131
　　　　8年前の離婚の際に子供の親権者を父と定めたが，現在，父が子へ暴力を振るっていることを理由として，母から親権者を変更したいとの依頼があった事例

第5章　親子関係に関する法律相談

親子関係に関する相談を受けるときのポイント ──────── 136
事例12　鑑定を実施しなかった親子関係存在確認訴訟 ………………… 139
　　　　戸籍上は親子関係とされていない母と子につき，DNA鑑定を用いずに親子関係を立証した事例
事例13　養子縁組をめぐって ……………………………………………… 158
　　　　子のいない高齢者の養子となった相談者が養親の親族から養子縁組無効確認訴訟を提起された事例
事例14　離縁と縁組の目的 ………………………………………………… 170
　　　　協議離縁を親族の協力のもとに成立させた事例

第6章　渉外身分関係に関する法律相談

渉外身分関係に関する相談を受けるときのポイント ─────── 186
事例15　日本を出国したまま行方不明となった外国人配偶者との離婚 ……………………………………………………………………… 188
　　　　日本人夫から，日本を出国したまま行方不明になった外国人妻に対して，日本の裁判所において離婚訴訟を提起した事例

目次

事例16　外国の裁判所で出された養育費支払判決の日本での執行 …… 199
　　　アメリカの裁判所でなされた養育費支払の判決に基づいて，日本在住の前夫に対して日本の裁判所に養育費支払の強制執行を求めた事例

事例17　日本人男性と外国人女性の間の子の認知・国籍取得 ………… 212
　　　法律上既婚の外国人女性と日本人男性の間に生まれた子供を日本人男性が認知して，子供に日本国籍を取得させるに至った事例

第7章　遺言に関する法律相談

遺言に関する相談を受けるときのポイント ──── 224

事例18　「遺言適齢期」とはいつ？ ……………………………………… 227
　　　離婚した妻との間に子のある20代独身男性から，所有の自宅土地建物を，自分の死後，母に承継させたいとの相談があった事例

事例19　争いのおきない遺言書とは？ ………………………………… 244
　　　遺留分に反する遺言について遺留分減額請求訴訟提起がなされ，不動産について価額弁償の抗弁を認める判決により解決した事例

事例20　弁護士倫理と遺言執行 ………………………………………… 252
　　　遺言執行における弁護士倫理，すなわち遺言執行者の中立性あるいは公正性という信頼が問われた事例

目 次

第8章　相続分・遺産分割に関する法律相談

相続分・遺産分割に関する相談を受けるときのポイント —— 270

事例21　親の世話をした人の相続分 ……………………………… 273
　　　　相続人のひとりが被相続人と同居して面倒を見ていたときに，その相続人の相続分が問題となった事例

事例22　遺産分割で後悔しないために …………………………… 283
　　　　父親の相続の際に遺産分割調停により決着したと思っていた問題が，その後，母親の相続において問題となり，調停，審判，訴訟と長期の裁判所での手続を要することになった事例

事例23　家事事件の管轄 …………………………………………… 293
　　　　見込まれる解決方法と要する負担とのバランスから，受任の可否や進め方に悩む遺産分割の事例

事例24　相続にまつわる鑑定の話 ………………………………… 306
　　　　① 自筆遺言証書の筆跡鑑定により被相続人の筆跡ではないとされたが，その後，別の鑑定で本人の筆跡であるという結論になった事例
　　　　② 実印の印影の私的鑑定の結果が裁判所の鑑定で覆った事例

第9章　成年後見・高齢者に関する法律相談

成年後見・高齢者に関する相談を受けるときのポイント —— 318

事例25　高齢者の財産の保護—成年後見制度について— ……… 321
　　　　長女の元夫から認知症の母の名義の自宅の土地，家屋が，実印，印鑑証明書を悪用され，名義を変えられた事例

11

目次

事例26 高齢者・障害者の財産の保護―任意後見契約について― ……333
　　　任意後見契約締結後に判断能力が低下したにも関わらず，
　　　任意後見が開始されなかったことから，後見契約が解除され
　　　た事例

座談会

座談会① 離婚に関する弁護士の実務 ─── 350
　1　離婚原因 …………………………………………………… 351
　2　離婚慰謝料 ………………………………………………… 358
　3　財産分与 …………………………………………………… 361
　4　婚姻費用・養育費 ………………………………………… 369
　5　親権 ………………………………………………………… 373
　6　面会交流 …………………………………………………… 378

座談会② 遺産分割に関する弁護士の実務 ─── 382
　1　相続人 ……………………………………………………… 383
　2　遺産の確定・評価 ………………………………………… 389
　3　寄与分 ……………………………………………………… 400
　4　特別受益の調査・確認・評価 …………………………… 401
　5　分割の方法，実施，その他 ……………………………… 404
　6　遺留分減殺請求 …………………………………………… 408
　7　その他 ……………………………………………………… 411

コラム

① 「離婚原因としての不貞行為」……………………………………………10
② 「不倫の証拠」………………………………………………………………18
③ 「浮気をした夫からの離婚請求」…………………………………………40
④ 「甘えん坊亭主の離婚訴訟―駄々をこねる道具に裁判所を使った話―」…………………………………………………………………………52
⑤ 「浮気相手の言い分」………………………………………………………61
⑥ 「祖父母の面会交流について」……………………………………………112
⑦ 「数字で示す離婚と離縁の違い」…………………………………………169
⑧ 「民生委員」…………………………………………………………………183
⑨ 「国際結婚，国際離婚の統計」……………………………………………198
⑩ 「公正証書遺言が専門家に選択される理由」……………………………243
⑪ 「お布施（戒名料）について」……………………………………………251
⑫ 「遺言信託」…………………………………………………………………266
⑬ 「相続人がいない場合の財産の行方」……………………………………282
⑭ 「祭祀財産承継者に係る紛争」……………………………………………292
⑮ 「遺産分割調停（特に祭祀財産の承継）についての事例」……………305
⑯ 「遺産20億円はどうなるか」………………………………………………316
⑰ 「高齢の方の消費者被害」…………………………………………………332
⑱ 「生命保険の受取人指定と相続」…………………………………………348

事項索引……………………………………………………………………413

※ 本書に収録している解説は，実際の事例を元にしておりますが，プライバシー保護のため，内容を変えております。

第1章
離婚（婚姻）に関する法律相談

離婚に関する相談を受けるときのポイント

1 まずは話をよく聞くことから

　離婚相談は，夫婦間の問題であり，非常にデリケートな問題です。相談者は，通常であれば他人には話したくないこと，話しにくいことを話してくれるわけですから，他の法律相談以上に，相談を受ける側の話を聞く姿勢が重要となります。威圧的であったり，横柄な態度が言語道断であることは当然ですが，落ち着いて話のできる相談場所を用意するなど，相談者が話をしやすい雰囲気作りも大切です。

　また話を聞くときには，相談者の話に対して，相談者を否定・批判するようなコメントは避けるべきでしょう。例えば，相談者が，いかに相手方から苦労させられたかというようなことを切々と話している時に，「相談者にも原因がある」「相談者にも悪いところがあったからだ」などということは，たとえ内心で思ったとしても言葉にしてしまえば，相談者との信頼関係を損なってしまいます。

2 効率的に話を聞くために

　相談者の話をよく聞くと言っても，相談者の好きなように話したのでは，争いの本質を理解できず，問題の所在を明らかにすることができません。相談を受ける側から，出会いは？　いつから関係が悪くなったの？　思い当たる原因は？　というように，主導的に質問を出して，それに対し相談者が回答するというスタイルで，会話のイニシアティブをとるようにすべきでしょう。

　そのための一つの方法として，事前に出来事を時系列で記載したメモを作ってきてもらって，相談当日にそのメモを見ながら質問を投げかけ，それに対し相談者が回答する，という方法は，限られた時間で効率よく話を聞くことのできる一つの方法といえます。

3 望む結果のために採るべき方策の提案

　話を聞いて，相談者の要望をヒアリングできたら，その結果を獲得するための手段について提案をします。任意での話し合い，調停，訴訟等さまざまな方法から，そのためにかかる時間，費用等も考慮した上で，提案します。

　裁判における離婚原因の有無については，個々の裁判官の価値観によるところが大きいので，具体的な判例を踏まえてアドバイスするとよいでしょう。

4 離婚訴訟を見据えた準備を

　まず取るべき手段として，話し合いや調停を選択する場合であっても，将来的にその案件が訴訟で解決されることとなった場合に備えて，現時点で証拠の収集を指示します。離婚原因の存否が争われることに備えて，自分の心情や相手方の態度などを手書きで日記に記しておくよう勧めます。仮に相手方の暴力が問題となっているような場合であれば，診断書の取得や，怪我のデジカメ写真，時には会話の録音なども録れるのであれば録りたいところです。夫婦間で何が起きたのかは，第三者には知り得ないことであり，客観的な証拠がなければ裁判官に理解してもらうのは難しいということを銘記し，できる限りの準備を早い段階でする必要があります。

　また，相手方の保有資産については，相手方が管理する財産に何があるか，どこの銀行の何支店に口座があるのか，株式の取引はないか，といったことは，別居してしまうとなかなか調べることが難しくなるので，同居中に調査をするようにします。

5 離婚相談特有の難しさを忘れずに

　離婚相談は，双方の気持ちの絡む問題であることから，二つとして同じ事件はありません。そのケースごとに，相談者が今後どうしたいのか，話を十分聞いた上で，最善の策は何か一緒に探し，それを実現するという姿勢が重要です。例えば，裁判で相手方から離婚を求められているが，離婚

をしたくないという相談者に対し，離婚請求が棄却されるためのアドバイスをするだけでは足りないかもしれません。裁判で離婚請求が棄却されたとしても，その判決で相手方の離れた気持ちを従前の仲睦まじい頃の気持ちに戻させることはできませんから，裁判や法律にも自ずと限界があります。勝訴することよりも，財産分与・慰謝料を受けて離婚をするという和解をして，早期に新たな一歩を進めた方が結果的には相談者にとって良いこともあります。

　十分なコミュニケーションをとって，真に相談者にとって良い選択肢を一緒に考え，実現していくという姿勢が大切でしょう。

事例1 婚姻外男女関係の法的解決

妻から，不貞行為を行った夫とその相手らに対して，執拗な慰謝料の請求がなされた事例

● 概要図

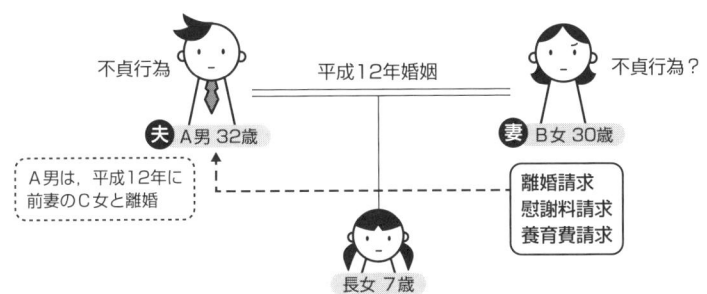

はじめに

　婚姻関係にある男女が配偶者以外の男女と性交渉を持ち，これをめぐり，離婚，慰謝料請求がなされるケースが多く見受けられます。
　ここでは，妻側から，不貞を行った夫及びその関係者らに対して執拗な慰謝料の請求がなされた事例を紹介しながら，実際にどのような道筋を辿って解決がなされたか，ご説明していきたいと思います。

1 事例の概要

(1) 結婚までの経緯

　A男は，平成10年にC女と結婚しましたが，C女との仲がやや険悪になってきた平成12年ころ，B女と知り合いました。
　A男は，B女に対し，自分には妻C女がいることを告げ，B女もそれを納得した上でA男と交際を始め，両者はすぐに男女の関係になり，まもなくB女はA男の子を妊娠しました。なお，B女にも，当時，付き合っていた男性がいました。

A男は，B女からだけでなく，B女の両親からも，C女と離婚した上で，B女ときちんと結婚するよう迫られ，A男は，C女との離婚を決意するに至りました。

　A男の妻C女もA男とB女との関係を知ってしまいましたが，既にA男との関係が冷えきっていたこともあり，A男がC女に離婚の決意を伝えたところ，C女の多少の抵抗はありましたが，C女とはなんとか離婚にこぎ着けることができました。

　このようにして，A男は，平成12年中にB女と結婚し，B女との間には平成13年に長女が生まれました。

(2) **結婚生活の破綻**

　A男とB女との結婚生活は，結婚に至る経緯から見ても，将来の破綻が約束されていたようなもので，当初から，当事者間だけでなく，両者の両親との間を含めてさまざまな軋轢があったようでした。

　A男の一番の不満は，B女が，身体的苦痛があるとの理由でA男の性交渉の求めを次第に拒むようになったことでした。B女の性交渉の拒み方は，尋常ではなく，最後には，キスさえも拒むようになったようです。

　A男は，B女の拒否の様子から既にB女は自分に対する愛情を喪失したのではないかと考えるようになり，また，B女を擁護するB女の両親からは，風俗店にでも行って来いとまで言われたこともありました。このような状況で，A男は，仕事上知り合った何人かの女性と性交渉を持つに至りました。

　平成19年に至り，帰宅したA男がB女に性交渉を求めたところ，B女の頑強な拒絶にあって，諦めてA男は寝てしまいましたが，翌朝起きてみると，B女が6歳の長女を連れて，家を出て行ってしまっていて，以後，現在までA男とB女は別居状態を続けています。

　裁判では，B女は，家を出る時，夫のパソコンに保存されていた複数の女性との密会の写真を発見して，夫の不倫の事実を知り，写真のデータをコピーして持ち出した，と証言しています。

(3) Ｂ女からＡ男に対する婚姻費用の請求とＡ男の複数の不貞行為の相手に対する慰謝料の請求

　別居後，Ｂ女は，弁護士を代理人に選任して，Ａ男に対しては婚姻費用の支払を求める調停を申し立て，他方では，Ａ男と性交渉を持った複数の女性に対して順次慰謝料を請求し，一部の女性に対しては訴訟も提起しました。Ｂ女側は，交渉，調停，離婚裁判を通じて同じ弁護士が対応しています。

　Ａ男は，この段階では弁護士を選任せず，時々法律相談で弁護士からアドバイスを受ける程度でした。

　Ｂ女は，この時点では，未だＡ男に対しては，離婚や慰謝料の請求はしていません。

　婚姻費用については，Ａ男がＢ女に対して月々５万円の支払をすることで調停が成立し，複数の女性に対してなされた慰謝料請求については，裁判上ないし裁判外の和解で一人100万円から200万円を支払うこととなり，Ｂ女は合計550万円の慰謝料を取得しました。この慰謝料の一部は，Ａ男が支払ってあげていました。

(4) Ｂ女からＡ男に対する離婚，慰謝料及び養育費の請求

　程なく，Ｂ女は，Ａ男に対し，離婚，慰謝料，養育費の支払を求める調停を申し立ててきました。Ｂ女のこの時点での慰謝料請求額は1,500万円でした。Ａ男に対しては婚姻費用の支払を認めさせ，またＡ男と関係があった複数の女性から合計550万円の慰謝料を取得し，金銭的にも十分な準備をした上での申立てです。

　この調停は，Ａ男自身で対応しましたが，慰謝料額の点で折り合いがつかず不調となり，Ｂ女は裁判を提起してきました。

　Ｂ女が裁判でＡ男に対して請求してきた慰謝料の金額は1,000万円です。

　Ａ男は，訴状に書かれていた1,000万円の請求額を見て，もはや自分で解決することは困難と考え，弁護士を選任して対応してもらう決断をしました。

> **本相談のポイント**
>
> ① 離婚自体については争いがなく，焦点は慰謝料の金額である。
> ② 既に，複数の不倫の相手方から妻に対して相当額の慰謝料が支払われている。
> ③ 妻に支払われた相当額の慰謝料が，今後，夫が支払うべき慰謝料額の算定に影響するか。
> ④ 婚姻破綻後に妻が夫の過去の不倫の事実を知った場合の慰謝料額。

2 受任に際しての注意点

　私がＡ男から本件を受任するに際して留意したのは，以下の諸点でした。

(1) 離婚意思の確認

　Ｂ女はＡ男に対して離婚を求めてきました。本件ではＡ男は当初から離婚については全く争う意思がありませんでしたので，離婚の方向で裁判を進めることに問題はありませんでした。

　しかし，一般的に，弁護士が離婚事件の相談を受けたときは，離婚意思の確認には慎重であるべきだと思います。離婚，離婚と簡単に言ってこられる依頼者であっても，離婚は一生の一大事ですから，離婚事件の行くつく先々を時間軸に沿って十分説明し，離婚の結末をご本人に具体的にイメージして貰って，場合によっては，直ちに事件に着手することはせず，１，２週間の間を置いて，ご本人の離婚の意思が変わらない場合に着手する慎重さが必要だと思います。あとから，「こんなはずではなかった。離婚しなければ良かった。」などと言われないように……。

(2) 不貞の事実関係の把握

　Ｂ女は，Ａ男に対し，離婚原因として不貞行為を挙げ，これを理由として1,000万円の慰謝料の請求をしてきました。

　本件では，Ａ男が不貞行為の相手とホテル内で撮ってパソコンに保存しておいた写真が，Ｂ女により複写され，持ち出されていたので，不貞行為の事実自体を争うことはできないとの結論になりました。

弁護士が不貞行為の絡む離婚事件の相談を受けたとき，不貞行為の存在自体を争っていくのか，反対の立場からは不貞行為をどのようにして立証していくかは難しい問題です。

　弁護士が相談を受けたとき，依頼者が「不貞行為はない。」と話していても，何となく「疑わしい。」との心証を得ることがあります。離婚を拒否し，慰謝料も支払いたくない依頼者が「不貞行為はない。」と言うとき，弁護士から「本当は不貞行為をしているんでしょう。」などとは聞けません。

　このようなときは，「不貞行為」が実際にはどのようにして立証されるかを十分説明しておくことが必要です。何回か相談を重ねる内に，依頼者が「実は……。」などと言ってくることもあり，その際には，これに対応した戦略の立て直しが必要です。

　なお，不貞行為と離婚原因の関係は，後ほど述べます。

　また，不貞行為の立証については，コラム①「離婚原因としての不貞行為」（10頁）を参照して下さい。

(3) 慰謝料の相場の説明

　本件では，B女は不貞行為を理由として1,000万円の慰謝料の請求をしてきました。A男は，裁判所からの呼出し状と一緒に送られてきた弁護士の名前が入っている訴状に「1,000万円を支払え。」と書いてあったのに驚いて，弁護士に依頼する決断をしたそうです。

　A男には，請求する慰謝料額を訴状にいくらと記載するかは原告の自由であること，実際に裁判所で認められる慰謝料額は裁判官によって多少のばらつきはあるがある程度の相場があることを説明して，落ち着いてもらいました。

　慰謝料の相場については，後ほど述べます。

　なお，本件でB女が請求してきた1,000万円の慰謝料は，A男の資力やB女が既に550万円の慰謝料をA男の相手の女性から支払わせていることから，金額的に明らかに相場から逸脱しています。したがって，1,000万円をそのまま経済的利益として着手金額を算定することは弁護士としては厳に慎むべきと考えます。本件では，紛争の実態に合わせた経済的利益を基準として着手金額を決めました。

> **COLUMN**
>
> ## コラム①
> ## 「離婚原因としての不貞行為」
>
> 　離婚原因にいう「配偶者に不貞な行為があったとき。」(民法770条1項1号)は，性的関係(姦通)に限定して解釈されていますが(最判昭48・11・15民集27巻10号1323頁。狭義説)，貞操義務に忠実でない一切の行為として姦通に限定しない説も有力です(広義説)。
>
> 　不貞行為を姦通に限定する狭義説によれば，姦通があっても離婚請求を認めないのは，裁判所が「一切の事情を考慮して婚姻の継続を相当と認めるとき」(民法770条2項の適用)に限り，姦通に至らない行為によって離婚を認めるのは裁判所が「婚姻を継続し難い重大な事由」(民法770条1項5号の適用)を認めたときとなります。
>
> 　ただ，離婚原因として不貞行為を主張するにしても，相手方が不貞行為を否認する場合には，その証明が必要です。よく「行列のできる……」などで知識を得た奥さんから，「夫は浮気しているので離婚したい，離婚できますよね。」などと相談を受けますが，大体夫は浮気を認めません。その場合奥さんが夫の浮気を証明する必要があります。
>
> 　きわどい内容のメールのやりとりだけでは「浮気」の証明としては不十分です。現場の写真を要求することは性質上無理でしょうが，せいぜい，ホテルに2人で入って相当の時間出てこなかったとか，夜女性のマンションに入って翌朝出てきた程度の証拠は必要です。

(4) 養育費の相場の説明

　本件では，B女は，長女の養育費の請求もしてきました。

　養育費については，A男とB女の収入を，「養育費・婚姻費用の算定表」(東京・大阪養育費等研究会「簡易迅速な養育費等の算定を目指して―養育費・婚姻費用の算定方式と算定表の提案―」判タ1111号)に当てはめて算定されること，基本的には長女が成人に達するまで支払い義務があることなどを説明しました。

　A男は，現在の収入は550万円だが，来年度からは約500万円に減額されることになっている，というのでその旨の主張もすることにしました。

なお，本件は既に訴訟になっていましたが，調停手続では，最初から上記算定表を持ち出さないで，依頼者の収入と支出の状況を丁寧に説明し，「現在の収入では，……しか支払えない。」との主張をした方が低めに抑えられることが多いようです。調停手続は話し合いであり，支払えない金額を約束してもすぐに遅滞が始まっては，相手方にとっても，本当に元も子もないからです。

　また，妻が現在無職で収入がない場合でも，妻の過去の稼働実績，現在の稼働能力等から，妻に近い将来賃金センサス，あるいは少なくとも年収110万円程度のパート収入の得られる蓋然性があれば，その旨主張すべきです。調停手続において，実際にこのような主張を取り入れて，養育費が算定されたこともあります。もちろん，夫側が無職の場合でも同様です。

3 本件における法的問題点の考察

(1) 離婚原因について

　本事例では，B女は，裁判で離婚を求めましたが，A男は離婚自体については争わない意向でしたので，離婚原因は直接の争点とはなりませんでした。なお，離婚原因としての「不貞行為」と有責配偶者からの離婚請求の可否については，コラム③「浮気をした夫からの離婚請求」（40頁）を参照して下さい。

(2) 慰謝料請求の可否について

　夫婦は互いに貞操義務を負い，その義務違反はその行為に違法性を与えるため，他方配偶者及び加担した第三者は，配偶者の被った精神的苦痛に対する賠償義務がある，との考え方が支配的です（最判昭54・3・30民集33巻2号303頁）。

　しかし，この考え方は必ずしも普遍的なものではなく，諸外国では不貞行為に基づく損害賠償を認めないか制限する方向にあり，日本でも，様々な見地から，これを制限ないし否定すべきとの考え方が強く，判例もこの傾向にあります。

　この傾向は，婚姻モラルの変化や個人が自然的な合意に基づき性関係を持つ権利をプライバシー権とする考え方が背景にあるようです。

したがって，弁護士としても，依頼者が請求者，被請求者のいずれであっても，制限説ないし否定説に関する知識を持っていなくてはならないでしょう。

制限説ないし否定説の考え方は，以下のように判例上も様々な立場から主張されています。

---

① 婚姻が事実上破綻した後の行為については責任を否定する（最判平8・3・26民集50巻4号993頁等）。

被侵害利益との関係からは，不貞行為があっても，婚姻関係が維持され，破綻していない場合には，慰謝料請求は当然に否定ないし相当に制限されるものと考えられます（婚姻が破綻していない事例で，慰謝料額を50万円に限定したものとして，東京地判平4・12・10判タ870号232頁があります。）。

② 不貞についての主たる責任は不貞を働いた配偶者にあり，不貞の相手方の責任は副次的であるとして，不貞の相手方の責任を限定的に考える（東京高判昭60・11・20判時1174号73頁）。

③ 被害者である妻が，夫とともに嫌がらせ目的で不貞の相手方に対し訴訟を提起する等の事情がある場合には，信義則や権利濫用の法理により請求を制限ないし否定する（最判平8・6・18家月48巻12号39頁）。

この判例は，配偶者に対しては不貞行為を宥恕しつつ，第三者に対してなした慰謝料請求に対抗する主張として，有効と考えられます（判タ1041号29頁以下の辻朗教授の記述は極めて示唆に富みます。教授は，「婚姻関係が維持されている場合の請求は，被侵害利益なしとの理由で正面から排斥する解釈がもっとも有効と思われる。」とされています。）。

④ 不貞行為は第三者と配偶者との共同不法行為を構成するもので，共同不法行為者間の損害賠償義務が不真正連帯債務の関係になることから請求に限定を加える（横浜地判平3・9・25判時1414号95頁。なお，この共同不法行為をめぐる問題点は，後の(3)で説明します。）。

---

(3) 一方配偶者と相姦者との賠償義務の関係

ア 不貞行為をした配偶者とその相手方は共同不法行為者である

不貞行為は，配偶者と相手方の共同不法行為を構成し，両者の賠償義務は，不真正連帯債務の関係になります（最判昭57・3・4判時1042号87

頁。民法719条1項は「連帯して」と表現しています。）。

連帯責任の根拠は、被害者の救済を厚くすることにあり、被害者は、共同不法行為者の各人に対して、損害の全額を請求することができます。

しかし、ここで注意しなくてはならないのは、被害者である配偶者に発生した損害は一つで、その額は一定額、例えば、200万円であり、共同不法行為者各人から最終的に得る慰謝料額の合計は、これを超えることはできないということです。

一方から100万円の賠償を受け取れば、その限度で、他方に対する請求額は100万円に減少することになります。

このことは、理論的には明らかなのですが、実際には、配偶者と不貞の相手方を一つの手続で同時に相手方とする場合（例えば、共同被告として500万円を請求し、200万円が認容される場合）と、不貞の相手方に対してだけ、例えば、500万円を請求する訴訟を提起して、200万円の認容判決を得て、その後で配偶者に対し500万円を請求する訴訟を提起する場合とでは、被害者である配偶者が最終的に手にする総額に相違が出る可能性があります。すなわち、後者の場合にも、配偶者に対する500万円の請求に対して理論どおりに請求棄却の判決が出るか、というと極めて疑問があります。

これは、それぞれの裁判での原告、被告の主張の内容、立証資料の質や分量が異なり、また、裁判官の相場観の違いも影響するからです。

弁護士の事件に対する取り組み方にも影響を受けると考えられます。

イ　共同不法行為であることを考慮した戦術の立て方

弁護士としては、不貞行為に基づく慰謝料請求事件を受任するに当たっては、依頼者がいずれの側かにより、共同不法行為である点を考慮した弁護の方針を考えていかなくてはなりません。

例えば、依頼者が請求する側の被害配偶者である場合には、まず不貞の相手方に対して請求し、その解決を待って、配偶者に対する請求、裁判をする方が最終的な慰謝料の額（合計額）が増える可能性があります。

他方、不貞の相手方が依頼者である場合には、不貞行為をした配偶者からも合わせて受任するなどして、両者の共同不法行為である実質を生

かす弁護活動をすべきです。ただし，同一弁護士が受任すると利益相反行為になる可能性があることに注意して下さい。

不貞の相手方を被告とする訴訟が提起され，その被告から受任している場合において，配偶者から受任できないときは，訴訟告知（民事訴訟法53条1項）を利用して，配偶者が訴訟に参加するよう求めていくべきです。

訴訟告知をしても，配偶者が訴訟に参加してこない場合には，婚姻が破綻していない可能性を疑い，この点を調査し，主張，立証を慎重に進めなくてはなりません。

以前私が不貞の相手方から依頼をされた被告事件で，相姦者である夫に対して訴訟告知をしたにも関わらず，夫が参加をしてこなかったことがありました。

その事件では，妻から夫に対し離婚調停も申し立ててない状態では損害が発生しない，との主張をしたところ，妻が遅ればせながらも離婚調停を申し立てたので，これを確認してから，裁判上の和解をしました。

弁護士としては，夫婦の「共同作業」としての不当な損害賠償請求に対し，結果的に「協力」してしまうことがないよう充分注意して事件処理をしていかなくてはなりません（この点は，(2)の判例③で既述しました。）。

(4) 慰謝料金額の相場

不貞行為を理由に慰謝料を請求したり，された場合に，慰謝料の金額の「相場」はいくらぐらいか，は難しい問題で，弁護士の間でも時々話題になります。

当然のことですが，婚姻期間の長短，不貞行為の態様，当事者の社会的地位，資力等が総合的に判断されます。

慰謝料は，被害配偶者の精神的損害の慰謝が目的ですから，先にも述べましたように，婚姻が破綻に至らず元の鞘に納まったような場合には，慰謝料額は，相当に低く抑えられる可能性があります。

特に，請求の時点でも夫婦が同一の家計を営んでいるような場合には，結果的に，被害配偶者に支払われた慰謝料が他方配偶者とともに費消され

ることも考慮して，慰謝料としてはゼロに近くなる可能性もあると考えられますので，前記(2)の判例②や③の主張にも充分配慮する必要があります。

また，慰謝料額は，裁判外の交渉で示談する場合，調停による場合，判決による場合でも，金額は異なります。

平均的事例では，300万円から500万円の請求に対し，100万円を最低ラインとして上限は500万円，一般的には100万円から300万円の範囲での解決が多いようです。

ただし，これは不貞行為を理由とする慰謝料に限定したもので，財産分与等他の金銭的請求を含めない金額です。

4 本事例の解決

本事例は，上記のとおり，A男が複数の女性と関係を持ち，B女が別の原因で別居を決意した後に夫のパソコンに保存されていた一連の不貞行為の映像を発見して持ち出し，先ず不貞の相手方である複数の女性に対し順次裁判外の請求や裁判を提起し，合計550万円の慰謝料を確保した後で，夫に対し離婚と1,000万円の慰謝料を請求する裁判を提起してきたものです。

既述の説明を踏まえて，本事例で実際になされた主張を説明します。

(1) **裁判においての主張①…共同不法行為，不真正連帯債務**

A男は，自分に対する裁判を提起されて初めて弁護士に依頼したので，弁護士が受任した時点では，B女の各女性に対する裁判外の請求や裁判手続で同一の機会を利用して解決する機会は既に逸していました。

裁判では，不貞行為は共同不法行為であり，共同不法行為者が不真正連帯債務を負うこと，B女は既に共同不法行為者から550万円の慰謝料を受け取っていること，A男は，既に不貞の相手方女性から求償を受け，200万円以上の支払いをしていることなどを主張しました。

(2) **裁判においての主張②…B女の心的耐性の強さ**

また，本事例では，B女がA男と結婚するに際し，B女自らも前妻C女のいるA男との不倫関係を出発点としていること，後述のようにB女はA男との婚姻中A男以外の男性と頻繁にメールのやりとりをし，その男性と

会った日には朝帰りもしたこと等から，Ａ男の不倫によってＢ女の受ける精神的ダメージは少ない，したがって，Ｂ女に発生する慰謝料は通常の金額に比べれば相当減額される，との主張もしました。

　なお，私が以前被害配偶者である妻から依頼を受けた事件で，逆上した妻が夫の不貞の相手方に対し行き過ぎた内容のメール等を多数送付したため，相手方から逆に精神的ダメージを受けた，との理由で慰謝料の減額を主張されたこともあります。

　妻の心情を考えればある程度の行為はやむを得ないかもしれませんが，限度を越えそれ自体違法性を帯びる程度に達すれば，慰謝料の金額にも影響するでしょう。

(3)　**裁判においての主張③…婚姻破綻後の不貞行為の発覚**

　裁判で，Ｂ女は，Ａ男の性交渉の求め方が過度で，これが婚姻破綻の原因であり，これを理由に別居の決意をしたが，家を出る際にパソコンに保存されていたＡ男の不貞の映像をたまたま見つけ，不貞行為が発覚した，との主張をしました。

　Ａ男側としては，不貞行為の発覚が婚姻破綻後（Ｂ女が別居の決意をした後）であること，しかも，複数の女性との不貞行為といっても同居中に順次不貞行為が発覚したわけではなく，Ｂ女はパソコンに保存されている過去の不貞の映像を同一の機会に見たに過ぎず，慰謝料額は女性の人数に比例して重畳的に加算されるべきではないこと等も主張して請求された慰謝料の減額を求めました。

(4)　**判　決**

　裁判手続は慰謝料の金額のみが争点だったので，裁判所も証人尋問前に一度は和解を試み，Ａ男側も解決金名目で二桁の金額の支払いを提示しました。

　裁判所にもＢ女の請求が過大であることは理解されたようでしたが，Ｂ女は「金銭が目的で裁判を提起したのではない。」と言いながらも，最低でも500万円の慰謝料を請求し，Ａ男の提示額を不服として，和解手続は頓挫し，証拠調べ手続を経て，判決となりました。

　判決では，Ａ男側の主張をかなり取り入れて，Ｂ女の1,000万円の慰謝

料の請求に対して100万円というほとんど最低額を認定し，養育費は月額4万円とされました。

5 おわりに

　A男は，証拠調べ手続の中で，B女が婚姻中に男性のメール友達と朝帰りを行った事実も証言しました。

　B女は，男性と一緒にいて朝帰りをした事実までは認めましたが，車の中で「話をしていただけ。」であり，その男性と不貞行為があったことは最後まで頑強に否認していました。

　このような経緯で，A男，B女とも，婚姻を，お互い非難の応酬により決算するという戦いを終えたのでした。

　最後に，B女の弁護士は，本件で慰謝料とし1,000万円の請求をしてきましたが，請求額に見合う着手金をB女から受け取って訴訟を提起したとすれば，判決の認定額が100万円であったことから，B女の実際に受け取った金額はさらに少額になる可能性があります。

　弁護士としては，紛争の実体（大きさ）を適正に判断して，依頼者に説明した上，仕事をしていくことも必要だと思いました。

【プライバシー保護のため事例の内容は変えております。】

COLUMN

コラム②
「不倫の証拠」

1 配偶者の不倫は，離婚原因となり，また，慰謝料請求の理由となります。

いずれの請求をするにしても，配偶者や不倫相手は，不倫（性交渉）を否定することが多く，証拠の有無が勝負の決め手となります。

2 不倫を裁判所に認めてもらうには，男女関係そのものの事実の記録（写真やビデオ）があれば一番ですが，少なくとも，①夫と相手の女性が，②2人で，③ホテルや個人の住宅に入り，④一定の時間を過ごした証拠が必要です。「一定の時間」と言っても，ラブホテル等特殊な場所では数時間でも構いませんが，相手の住居では少なくとも一泊することが必要です。

ただ，実際の裁判で，ラブホテルに2人で入るところと出てくるところの写真を目の前にして，「中で2人で話をしていただけ。何が悪いのよ。」と平然と言ってのけられたことはありましたが……。

3 性交渉の直接の現場を押さえるためには，プロである興信所（調査会社）に依頼して証拠を収拾するのが確実です。

興信所は，原則的には時間料金制で，人員の拘束時間を短くできれば，料金も少なくて済みます。また，成功報酬ではないので指定した日時に不倫が無かったとしても，料金は取られます。興信所の料金は，最低でも20万円程度，調査の仕方によっては100万円を超えることもあります。

したがって，興信所に調査を頼むときは，できるだけ詳細な情報を興信所に示して，経済的に調査を行ってもらう必要があります。夫と不倫相手の鮮明な写真を用意し，服装や動作の特徴や夫の日常の行動パターンを詳細に説明し，勤め先からの退社時刻や不倫の行われる日時や場所もできるだけ特定して依頼します。

実際に興信所に頼むときは，調査の内容，例えば調査の開始時刻，終了時刻，終了の事由（ホテルに入るところだけか，出る所も押さえるか，終了予定時刻を超えても調査の必要があるときの延長料金等），尾行を相手の自宅まで継続するか，等も事前に確認しておくことが必要です。

事例2 離婚の戦略・戦術

凶暴性のある夫と同居中の妻と事前に周到な計画を立て，準備をした上で，別居，離婚に至った事例

●概要図

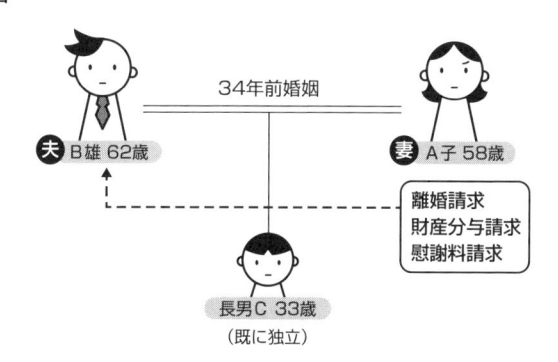

夫 B雄 62歳 ── 34年前婚姻 ── 妻 A子 58歳

長男C 33歳
（既に独立）

離婚請求
財産分与請求
慰謝料請求

はじめに

　一般民事の事件を扱っている弁護士が日常依頼を受ける事件として，離婚及びこれに伴う財産分与の相談が多いと思います。

　私が扱った離婚事件の中で特に印象的な事例を通して，弁護士が実際にどのような戦略を立て，どのような戦術の下で相手に対峙したか，具体的なやりとりの状況をやや詳細に記述してご説明したいと思います。

　実務家が依頼を受け，解決に向けて，実際に何を考え，依頼者に対し具体的にどのようなアドバイスをしたか，ご参考になれば幸いです。

1 事例の概要

(1) 依頼の経緯

　本件は，私がかつて民事事件を処理したＣさんからの電話で始まりました。

　Ｃさんの話では，母親Ａ子さんが離婚を考えているようなので相談に

乗ってあげてほしいとのことでした。

　Cさんから電話で概略を聞いた話では，Cさんは早くから両親の元を独立したので，最近の両親の家庭内のことは詳しく分からない，ただ父親B雄さんは，何事に対しても大変厳しい性格で，Cさんも，父親への反発から早く家を出て独立し，母親のA子さんとはたまに連絡をとっていたが，父親のB雄さんとはもう長く話していない，B雄さんは有名国立大学を卒業し，商社マンとして海外勤務が長く，Cさんも含めて家族3人でずっと海外生活をしてきた，A子さんは，お嬢さん学校として知られる短大を卒業して，商社に入社してB雄さんと知り合って結婚した，B雄さんは既に定年退職してA子さんと2人暮らしをしている，先日，A子さんから電話があり，「もうB雄さんとは一緒に生活していけない，離婚したいがどうしたらよいか。」との相談を受けた，A子さんがパニック状態になっていたので心配だ，とのことでした。

　Cさんも，最近の両親のことは詳しく知らないので，取りあえず，A子さんから，私の事務所に電話してもらうことになりました。

(2) **A子さんからの最初の連絡**

　しばらくして，A子さんから電話がありました。

　A子さんは，最初からおびえている様子で，「助けてください，お願いします。」と小声で繰り返しています。「とにかく直接お会いして，話を聞きましょう。事務所に来てもらえますか。」とお聞きすると，「家を留守にすると，B雄さんに後で理由を問い質されて怖い。B雄さんの留守中に自宅（神奈川県の郊外で，私の事務所からは2時間くらいかかります。）に来てもらっても，B雄さんがいつ帰宅して鉢合わせするか分からないので，どうしたらよいか。」とのことでした。

　結局，B雄さんが家を留守にする時間を見計らって，A子さんが前から相談に乗ってもらっている自宅近くのA子さんの友人の女性の家に私が行き，そこで事情を聞くことになりました。

(3) **A子さんからの事情聴取**

　事前に打ち合わせた時間に指定の駅で待ち合わせ，A子さんの運転する小型車で，A子さんの知人宅にお邪魔しました。

「B雄さんは車で東京に出かけていて，自宅には3時間は帰らない。知人には前から相談しているので，話を聞かれてもよい。」とのことでした。
　A子さんから聞いたB雄さんとのこれまでの関係は，概略，以下のとおりでした。
① A子さんは58歳，B雄さんは62歳。
② B雄さんは，国立大学を出て商社に就職し，2年前に定年退職して，以後は仕事をしていない。
③ A子さんは，短大を出てB雄さんと同じ商社に勤め，B雄さんと知り合って24歳のとき結婚し，結婚後は主婦として夫であるB雄さんについてきた。
④ 子供は，33歳の長男Cさんだけ。
⑤ 結婚後は，B雄さんの海外勤務に伴って，家族3人で海外の暮らしが長く，子育てはほとんど海外で行った。
⑥ 22年ほど前に現在の自宅（神奈川県の郊外にある，土地約100坪，芝生の庭付きの2階建て戸建住居）をローンで購入した。
　購入価格は，約4,000万円で，頭金は400万円くらい，残りはB雄さんが銀行と勤務先からの借入で支払った。
　ローンの支払は，退職金で清算し，終わっている。
⑦ B雄さんは，収入の管理やローンの支払いは全て自分で行い，A子さんは，毎月必要限度のお金を渡されて家事をやってきた。
　B雄さんは2年前に会社を定年退職した，そのとき退職金を受け取っているが，金額等は分からない。また，預貯金や保有している株式の状況も全てB雄さんが自分で管理しているので，ほとんど分からない。
⑧ B雄さんが会社に勤めていた2年前までは，早朝送り出し，帰宅も遅くなることが多く，時々，神経質で几帳面なところのあるB雄さんが，勤務のストレスからか癇癪を起こして，怒鳴ったりしたことはあったが，大きなけんかになることはなく，夫婦はこんなものと思って生活してきた。
⑨ 定年退職後，B雄さんは，退職金で，世田谷区にあるワンルームマンションを1,500万円くらいで購入して賃料月8万円から9万円で賃貸し

ている。

　このマンションを購入するときは一緒に見に行った。

⑩　ところが、仕事一辺倒だったB雄さんは、2年前に会社を定年退職して一日家にいるようになると、A子さんの一挙手一投足に細かく口出しするようになり、また、近所の人との接触も多くなってしばしば些細なこと、例えばゴミの出し方等で近所の人に文句を言い、口論をするようになった。A子さんは、いつ大ゲンカになるかと思ってひやひやしながら見ていた。

　A子さんは、B雄さんに、外出や旅行等を勧め、B雄さんも海外旅行に行ったりするようになり、一時期はB雄さんの機嫌もよくなった。

　ところが、半年前、自宅の簡単な雨漏りの修繕を工務店に頼んだところ、完全に直っていなくて、再び同じところから雨漏りがした。B雄さんが、工務店に再修理を頼みに行ったところ、工務店の対応が悪かったらしく、大変不機嫌になって帰宅した。しばらく家にいたが、イライラしている様子で、「話をつけてくる。」と言って、再び、工務店に出かけて行った。何時間か後に、「B雄さんは、工務店の社長と大喧嘩をして、隠し持って行った包丁を見せて脅かしたということで、現行犯逮捕した。」との連絡を警察署から受けた。B雄さんは、初めて警察に留置されたため、A子さんが面会に行くとしょぼんとしていた。A子さんが代わりに工務店に謝りに行ったりして、B雄さんは裁判で執行猶予付きの懲役刑を受けた。

　しかし、この事件をきっかけにして、B雄さんのA子さんに対する態度が激変して、些細なことから大声で怒鳴る等の行為が頻繁になり、A子さんは一度は眼の辺りを殴られて、顔に酷い痣ができたこともあった。B雄さんの目つきも変わってきて、A子さんは怖くなって毎日びくびくしながら生活するようになった。B雄さんは、A子さんのそのような態度も気に入らない、と言って、更にいじめをエスカレートさせ、A子さんの痣を撮った顔写真に、A子さんを中傷する言葉をサインペンで書いて、A子さんの目に触れるところに置いておくなどの陰湿な嫌がらせも始まった。夫婦間では、ほとんど口を聞くこともなくなって、B雄さん

は，用事がある時は，用件を紙に書いて渡すようになった。

最近，B雄さんは，一人で海外旅行に頻繁に行くようになり，家を空けることが多くなった。海外旅行の時の写真を見せてもらうと，同行した女性たちと仲良く，機嫌のよさそうな表情で一緒に写真を撮ってもらっていた。特定の女性と付き合っているかは分からない。海外旅行に行く前や帰った直後は機嫌がよいが，しばらくすると，また，A子さんに対するいじめが始まった。高額な貴金属製品なども頻繁に購入し，高級乗用車も購入して乗り回すなど，金銭感覚も少しおかしくなってきている。

A子さんは，B雄さんの目付きが変わってきたこと，A子さんとの間だけでなく近所との間でもトラブルが頻繁になったこと，金銭感覚がおかしくなっていることから，知り合いに紹介してもらった精神科医にB雄さんの様子を話して相談したところ，精神科医から，B雄さんの症状は，精神病との「境界例」であるとの説明を受けた。

本相談のポイント

① 本件では，妻の離婚意思が固く，離婚原因も明確なので，直ちに離婚に向けて行動を開始する。
② 同居中の夫からの暴力等から逃れた上で，対等な交渉を進めるため，妻の別居を先行させる。
③ 別居前にできるだけ**離婚原因を裏付ける証拠の確保と夫の資産状況の調査**をするためのアドバイスをする。
④ 夫に，妻の別居先を知られないように配慮する。

2　受任に際しての注意点と戦略の説明

私がA子さんから受任するに際して留意したこと，A子さんに事前に説明した戦略は，以下のとおりです。

第1章　離婚（婚姻）に関する法律相談

(1)　**離婚意思の確認**

　A子さんは、私との最初の面談の時点で、B雄さんとこれ以上同居生活を続けていくことはできないと考え、離婚の決意を既に固めていました。

　私は、これまで離婚の相談を受けるとき、相談者が夫、妻いずれの場合でも、1回目の相談で方針を決め、行動に移すことはしてきませんでした。夫婦の間は、微妙で、1回目の相談は事情を聞いて、再度1、2週間後に相談の日を設定して、その際に、相談者の離婚の決意が変わらないときに、初めて相手に対して、文書等の発信をして交渉を開始します。

　1回目の相談では、相談者から詳しく事情を聞いて、離婚の可否、離婚までの時間的・手続的スケジュール、離婚した際の精神面、経済面でのメリット・デメリット、特に小さい子供がいるときの将来の養育費、母子手当等各種手当の受給の可能性、子供の心身に与える影響等を説明します。時として、相談者は配偶者との関係だけに視野が狭められ、時限的にも短絡的に考えがちなので、相談者の5年後、10年後の姿を、離婚した場合と離婚しない場合に分けて具体的に想像して考えてみるように話します。特に、夫婦がお互いに年齢を重ね、子供も成長した姿を想像してもらいます。

　離婚の決意が固い人からは、「夫と同じ空気を吸いたくない。」、「そばにいると虫酸が走る。」とか「同じテーブルで食事をしたくない。」等の言葉が出ます。このあたりが、不可逆的な離婚の決意、配偶者から見た性格の不一致のメルクマールかと思います。

　最初の相談からある程度間を置いた2回目の相談で、当面は離婚しないでしばらく別居して様子を見てみるとか、離婚は考え直す等相談者の心境に変化があれば、それに対応したアドバイス、例えば別居調停の説明等をします。もちろん、離婚の決意が変わらなければ、離婚交渉を開始します。

(2)　**離婚に向けての進行計画の説明**

　A子さんの場合も、1回目の面談では事情を聞くだけにしようと思っていましたが、上記のA子さんの具体的な事情を聞き、また、実際にA子さん自身の精神状態も極めて悪かったので、A子さんはこれ以上の同居に堪えられない、離婚の決意は固いだろうと判断し、即日別居、離婚の方針を決め、以下のような戦略を立て、A子さんに説明しました。

① 離婚原因としては，暴行や精神的な虐待等，「その他婚姻を継続し難い重大な事由」（民法770条1項5号）があると考えられるので，B雄さんが離婚を拒否しても，最終的には，裁判により離婚ができる。
② まずは，話し合いによる交渉を開始し，協議離婚による早期決着を目指すが，B雄さんが話し合いでの離婚を拒否するようであれば，調停，裁判の手続を順次進める。
③ スケジュールとしては，別居後交渉に1～2か月，交渉で解決できないときは，調停手続に3～6か月程度，調停でも解決しないときは，裁判に6～12か月程度を考えておく。
④ 交渉を開始するにしても，同居状態を継続していては，B雄さんが逆上した時にA子さんに暴行等を加える恐れがあるので，別居を先行させる。
⑤ B雄さんは，A子さんに対する暴行や精神的な虐待を否定してくると思われるので，別居に先立って，これを裏付ける証拠を集める。
⑥ 同様に，財産分与の請求の証拠として，B雄さんの預貯金や保有株式に関する資料を収集する。
⑦ 別居に際しては，当面の生活費を確保する。

3 具体的戦術の指示

以上の方針の下，A子さんと離婚に向けて，以下の具体的な作業計画を立てました。
① 別居にかかる費用，その後の当面の生活費には，家計の中で少しずつ蓄えてきたA子さんのタンス預金約150万円があるので，これを充てる。
② 別居後の当面のA子さんの数か月間の生活場所となる部屋を賃借する。
③ B雄さんから受けた暴行や暴言の証拠，特に眼の辺りを殴られたときの顔に痣のある写真，B雄さんがA子さんに宛てて非難や中傷の言葉を書いた紙の保存，これから別居までの間にB雄さんが暴言等を吐いたときはその内容と時間を克明にメモしておく。
④ B雄さんが自分の部屋に置いていると考えられる預貯金の通帳や保有株式の資料を，B雄さんの留守中を見計らって全てコピーし，また，B

雄さんの機嫌の良いときに聞き出せればメモしておく。
　別居してからは，一切情報を得られなくなるので，特に銀行や証券会社からB雄さんに宛てて送られてくる郵便等には注意する。
　B雄さんの持っている高価な貴金属類は，写真に撮っておく。
⑤　別居は，B雄さんが次に海外旅行に行き，自宅を留守にする機会に実行する。
　B雄さんの海外旅行の予定が決まった段階で，引越業者の手配を行う。荷物等は，予定日に，あらかじめ賃借しておいた別居先に運び出して行う。B雄さんに対しては，簡単な置き手紙（離婚を決意し，弁護士に依頼したので弁護士から連絡が届くこと，その他簡潔な挨拶）を残す。別居後は，2度と自宅には戻れないと覚悟して，あらかじめ運び出す荷物のリストを作って，準備をしておく。引越先はB雄さんには一切教えない。引越業者にもそのことを確認しておく。
⑥　別居後，B雄さんとの交渉は私が一切行い，A子さんはB雄さんと接触しない。具体的には，A子さんから別居の完了の連絡を私にしてもらい，私から，B雄さんが海外旅行から帰ってくる翌日に届くように，内容証明郵便を発信して，交渉を開始する。

4　別居から交渉の開始へ

(1)　A子さんからの連絡と計画の確認

　A子さんとの面談後，2週間ほどして，A子さんから，「約1か月後にB雄さんが海外旅行に行く計画を立てているので，その機会に別居する予定だ。」との電話がありました。私は，あらかじめ立てた計画を再確認して，別居が完了したら連絡するように指示しました。

(2)　別居の開始

　1か月後に，A子さんから，「荷物は全部運び出した。一応計画通りに実行したので，B雄さんとの離婚の交渉を始めてほしい。」との電話があり，私の事務所に収集した資料を持って来てもらって，相談することになりました。
　事務所に打ち合わせに来たA子さんは，以前自宅近くで会ったときのお

どおどした様子はなくなっていて，集めた資料等も手際よく整理して説明し，いかにＢ雄さんとの同居生活がＡ子さんにとって精神的な重圧であったか分かりました。

　Ａ子さんの集めてきた資料（コピー）は，Ｂ雄さんの預貯金の通帳，証券会社からの保有株式の報告書，海外旅行の申込書，購入した高額な時計，貴金属製品の領収書や写真等極めて多岐にわたり，段ボール箱が１箱一杯になるくらいでした。

　Ａ子さんには，まず，Ｂ雄さんが海外旅行から帰国する直後に届くように，内容証明郵便で離婚交渉の申入れをし，面談の上，当面の生活費の支払と，協議離婚の交渉を開始する，と説明しました。

　なお，Ａ子さんはＢ雄さんに絶対に現在の住所は分からないようにしてほしいと強く希望し，Ａ子さんに署名，捺印してもらって作ったＢ雄さんとの離婚交渉に関する委任状に記載するＡ子さんの住所は，別居前の自宅の住所を記載してもらいました。

(3) **内容証明郵便の発信**

　Ｂ雄さんに送る内容証明郵便については，上記のＢ雄さんの激しい性格，Ｂ雄さんの留守中にＡ子さんが別居したという環境の激変等を考慮して，できるだけＢ雄さんを刺激しないよう，財産分与や慰謝料の要求は記載せず，「Ａ子さんは，Ｂ雄さんとの離婚を考えている。面談の上，Ｂ雄さんの意向を聞きたい。」との抽象的内容だけの内容証明郵便を作成して，発信しました。

　離婚の交渉で，財産分与や慰謝料の話を持ち出すと，それまで紳士的に話していた相手が豹変して感情的になることがしばしばあります。財産分与等金銭面の話をどのタイミングで持ち出すかは慎重に考慮しなくてはならないと思います。

5　Ｂ雄さんからの反応と第１回の面談

(1) **Ｂ雄さんからの電話**

　内容証明郵便を発信した翌日，早速，激昂したＢ雄さんから私に電話がありました。

B雄さんのそのときの言葉です。

「通知書を読んだ。帰ったらA子の荷物がなにもない。書き置きひとつだけで一体どうなっているんだ。A子は生きているのか，死んでいるのかも分からない。お前は本当にA子から頼まれたのか。お前がA子にやらせたのか。A子の声を聞かせろ。直接A子の声を聞かないと信用できない。」

私は，「A子さんは長い間よく考えて，B雄さんとの離婚を決断した。一度面談してA子さんの考えをお伝えしたい。その上でB雄さんの考えを聞かせてほしい。」との説明をし，弁護士会館の面談室で面談する日時を決めました。

面談の場所ですが，これまでにも激昂した交渉相手から，書類を投げつけられたり，椅子をひっくり返されたりした経験もあり，特にB雄さんには工務店で包丁を振り回して脅かしたことによる前科があること，近所の人やA子さんと激しいやりとりをしていたことを聞いていたので，私の事務所にB雄さんに来てもらうことはしないで，弁護士会館の面談室を使うことにしました。場合によっては，B雄さんの自宅近くの喫茶店等で交渉することも考えていました。

交渉の場所ですが，特に相手が女性の場合には，後々，事務所に呼び出されて脅かされた等言われることのないよう，多くの人が出入りしている喫茶店等を利用するのが良いと思います。むやみに，事務所にきてもらうのは考えものです。

(2) B雄さんとの面談

所定の日時に，弁護士会館の面談室で，B雄さんと面談しました。

B雄さんの第一印象は，「三島由紀夫」でした。まさに青年将校の風貌です。その時のB雄さんの第一声は，「私は，弁護士が嫌いだ。」でした。

それに続いて，「A子からは，だれの紹介で引き受けたのか。A子は今どこにいるのか。A子の依頼を受けた証拠を見せろ。」でした。

私は，「受任の経緯は話せません。A子さんの現在の住居もお教えできません。A子さんに伝えたいことがあれば伝えます。これがA子さんが署名した委任状です。コピーをお渡しします。」と言いました。

何を言うかと思いましたが，B雄さんは，「合格！」の一言でした。

それから，B雄さんに，「A子さんは，引っ越した後，元気で生活している。A子さんは考え抜いた末に離婚を決断し，別居した。今もB雄さんと離婚したいとの決意は変わらない。当面の生活費がなく困っているので生活費を払ってほしいとも言っている。」と説明しました。

　B雄さんは，とにかく，A子さんの声を直接聞かないと納得できない，と時には涙を見せながら話し，当日の面談は終わりました。

(3)　相手方に対する離婚意思の説明

　離婚の相談を受け，依頼者の代理人として離婚の交渉を始めると，相手，特に夫から，「そんなはずはない。離婚の話など出たことはない。本人が本当に離婚したいと言っているのか。」との抗弁を受けることがしばしばあります。自分が妻に対して行ってきたことの反省がない夫にとって，妻からの離婚の申出はまさに晴天の霹靂です。

　このような夫に対して，しばしば配偶者の心が完全に離反していることを理解してもらうことが困難なことがあります。私も，本人に手紙を書かせるとか，やむを得ないときは，本人に会わせて本人の口から直接宣言させるとか，様々な方法をとって納得させてきました。

6　電話での離婚意思の確認

(1)　離婚意思の伝達方法

　B雄さんが，A子さんの声を直接聞かないと話し合いには応じないとのことだったので，A子さんに私の事務所に来てもらって，私がB雄さんの自宅に電話した際に，A子さんに代わってもらう手はずとしました。

　こうすれば，B雄さんを自宅に釘付けにしておけるので，事務所でA子さんがB雄さんに待ち伏せされることもないと考えたのです。

　というのも，弁護士会館でのB雄さんとの面談後，何日かして，B雄さんが私の事務所のあるビルの前でA子さんを待ち伏せしていたことがあったからです。当時私の事務所はビルの3階にあったのですが，執務中何気なく外を見ると，B雄さんがこちらを見上げていました。B雄さんがどういうつもりで来たのかは分かりませんが。

(2) 離婚意思の伝達

　約束の日時に，私が，B雄さんの自宅に電話して，B雄さんが電話口に出て自宅にいることを確認して，あらかじめ別の所で待機していたA子さんを事務所に呼んで，A子さんに電話を代わりました。

　代わったA子さんは，B雄さんに，「私は元気です。離婚を弁護士に依頼したので話し合いをして下さい。」と話し，私に電話を代わりました。

　私は，B雄さんに対し，「A子さんが，日々の生活に困らないよう，当面の生活費を送金してほしい。」と交渉し，B雄さんは，離婚はしない，と言いつつ，渋々ながら，当面の生活費として直ちに20万円を私の口座に送金することを了承しました。

7　生活費の送金と返金の要求

(1) 生活費の送金

　B雄さんは，すぐに20万円を私の口座に送金してきました。

　私は，送金された現金を，直ちに，A子さんに送金しました。

(2) B雄さんからの返金要求

　ところが，その2〜3日後，B雄さんは，「A子は，まだ離婚したいと言っているのか。離婚するなら，この間送金した20万円は返せ。離婚は絶対にしない。」と電話してきました。

　私が，「20万円は，A子さんに渡した，生活費だから，返す必要はない。」と言うと，B雄さんは，「詐欺だ，返せ。ただではおかない。」と激昂して電話を切ってしまいました。

　翌日，B雄さんは，前日の激昂した様子とは打って変わって，「送金した20万円を返して下さい。」と怒りを抑えた，低い声で電話してきました。

　私が，「生活費として送金してきたものだから返還はできない。」と言うと，B雄さんは，「今日，弁護士会に行ってきました。手元に弁護士会でもらった懲戒申立書があります。これは3枚つづりになっているんですね。20万円をすぐに返さないのなら，弁護士に20万円を騙し取られたと書いて，あなたに対する懲戒の申立てをします。」と言いました。

　私は，B雄さんが包丁をかざして逮捕され，現在執行猶予中であること

思い出し,「嘘の事実を書いて懲戒の申立てをするなら,B雄さんを誣告の罪で告訴しますよ。」と言ったところ,B雄さんは,無言で,電話を切ってしまいました。

もちろん,B雄さんは,懲戒の申立てをしませんでした。

8 離婚調停の申立て

B雄さんとはこのような交渉経過で,到底話し合いによる協議離婚ができる可能性はないと判断し,以下の内容で離婚の調停を申し立てることにしました。

(1) **離婚原因**

B雄さんのA子さんに対する精神的,肉体的な虐待の状況を詳しく説明し,民法770条1項5号の「その他婚姻を継続し難い重大な事由があるとき。」を主張し,証拠として,A子さんがB雄さんに殴られたときの顔に痣のある写真(B雄さんのA子さんをからかう内容のコメントが書いてあるもの),B雄さんがA子さんに宛てた数々の誹謗中傷の内容の文書,A子さんの陳述書等を提出することにしました。

(2) **慰謝料の請求**

離婚慰謝料は,離婚原因を作った有責配偶者に対する不法行為(民法709条)に基づく損害賠償請求の性格を持つものですが,有責行為と一応切り離して離婚すること自体による精神的苦痛を受ける当事者(一般的には女性側)に対する精神的慰謝としての性格(離婚自体に対する慰謝料)もあると言われています。本件では,B雄さん側の有責性が明らかでしたので,この点の主張は必ずしもする必要はなかったのですが,有責性の明らかでない離婚請求においては,離婚自体に対する慰謝料の請求もきちんと主張すべきでしょう。

本件では,婚姻期間が30年以上に及ぶこと,既述の精神的,肉体的虐待の状況,B雄さんの資産状況(時価総額で4,800万円程度)から,請求額としては1,000万円とし,実際の妥結金額としては200万円から500万円を目指しました。

A子さんには,離婚慰謝料についての判決例(請求額と認容額)を多数

見せて，本件の慰謝料の認容予想額は上記の範囲内であることを十分に説明した上で，請求額を上記のとおり1,000万円とすることにしました。依頼者によっては，請求額が調停申立書や訴状に記載されると，その金額が認められて当然と考えてしまう人が多いので（請求額から減額されると，弁護士のやり方が悪かった，と言われます。），この点の説明はしっかりしておきました。また，調停や裁判上の和解の可能性もあり，その際には，早期解決の観点から，慰謝料額を交渉材料とすることも説明しておきました。

(3) 財産分与の請求

財産分与は，婚姻解消に当たって夫婦の潜在的共有関係の解消（清算的財産分与）を主眼としていますが，離婚後の一定限度での扶養義務の延長の要素も含まれる（扶養的財産分与）とも考えられています。

扶養的財産分与は，婚姻期間が短く上記の清算的財産分与の対象が乏しいような場合に補充的に主張されるもので，判例上も認められるようになっています（東京高判昭50・6・26判時790号60頁等）。

調停に際して，婚姻費用相当額の1～2年分を主張する例が多いようです。

本件では，B雄さんに以下のような資産がありました。全てA子さんとの結婚後に形成されたもので，清算的財産分与の対象となるものです。

① 自宅の土地・建物

神奈川県下の土地約100坪，総床面積約130㎡の木造2階建て建物で，22年ほど前にB雄さん名義で約4,000万円で購入した。

頭金400万円，残金はローンで購入し，ローンはB雄さんの定年退職と同時に退職金で清算し，完済された。

現在の時価は，知り合いの不動産業者に問い合わせたところ，土地だけが評価の対象で2,000万円が上限との話であった。

② 世田谷区内の賃貸中のワンルームマンション

B雄さんが2年前に退職金を原資に1,500万円の現金で購入した30㎡のマンションで，現在月額7万2,000円の賃料で賃貸中である。

これも不動産業者に問い合わせたところ，1,400万円であればすぐに買い手がつくとのことであった。

③　預貯金

　A子さんがB雄さんの通帳をコピーしてきたが，A子さんの言っていたとおり，B雄さんが最近海外旅行や高価な宝飾品を購入しているため，支出が激しく，当時の残高で合計800万円程度しか残っていなかった。

④　株　式

　5銘柄ほどに分散して，当時の時価で総額400万円程であった。

⑤　宝飾品，自家用車

　A子さんが写真に撮ってきた時計は5点あまりで，スイスのパテック，ヴァシュロン等高級腕時計であったが，インターネットで調べると換価金額は，50万円程度にしかならないことが分かった。

　また，B雄さんが自慢していた国産最高級の自家用車については，中古で購入したもので，購入価格は不明であるが，年式等で調べたところ，評価額は150万円程度であった。

　以上の分与対象財産の合計は約4,800万円で，その2分の1相当の金額で2,400万円の財産分与を請求していくことにしました。

　A子さんは，結婚を期に商社を退社し，以後専業主婦として家事全般を行ってきました。このような専業主婦についての清算割合（潜在的共有持分の割合）については，先の民法改正要綱が2分の1を原則とする旨規定したこともあって，2分の1とすることが実務上定着しつつあるものと思われます。私も，多くの専業主婦の離婚事件で，当然のことのように2分の1の清算割合を主張してきましたが，特段の反論を受けたことはありません。ただ，法律上認められている割合ではないので，専業主婦として財産の形成，維持に貢献したことの説明はしておくべきでしょう。

　A子さんには，このような説明をして，本件では2,400万円相当の財産分与を請求するが，具体的分割方法についての希望を伺いました。A子さんは，自宅は広すぎるのでいらない，世田谷のワンルームマンションは，現在7万4,000円で賃貸中で，すぐに住めなくても当面貸しておいて，いずれ自分が住めるようになれば住みたいので，世田谷のマンションの分与を第一に要求したい，とのことでした。上記のとおり，世田谷のマンショ

ンは現在1,400万円程度の価格であり，2,400万円との差額1,000万円は現金で請求することにしました。

9　調停申立てに際しての付随手続

(1)　調停進行についての上申書の提出

　B雄さんが包丁を振り回した事件で執行猶予中であること，A子さんがB雄さんと同居中精神的，肉体的に虐待を受けていたこと，B雄さんの海外旅行中に別居を開始したことによるB雄さんの心理的反発，B雄さんが交渉中からA子さんへの面談を執拗に要求し，実際私の事務所の前でA子さんを待ち伏せしていた経緯等から，調停の申立てとともに，裁判所に対し，調停期日の進行に配慮を求める上申書を提出しました。

　裁判所は，離婚調停，特にDV被害者からの調停の申立てに際しては，進行方法についてかなりの配慮をしてくれます。調停期日に，相手方と廊下ですれ違うことさえはばかられることもあります。進行方法について，書記官と十分な打ち合わせをしておくべきです。

　私自身，調停室への出入りの際，相手方から，「盗人猛々しい。」とか，「汚らわしい。」とか言われたこともあります。弁護士は，こうした言動に普段から慣れていますが，本人が興奮して不測の事態を招くこともあります。

　本件では，書記官との話し合いにより，調停期日の進行は，同じ日に申立人と相手方の聴取の時間をずらして行うこととなりました。

(2)　自宅の仮差押え

　B雄さんが一度支払った生活費について執拗に返還を求めていること，最近の浪費的生活態度等を考え，調停申立てに際して将来の財産分与請求権の実効性確保のために，自宅の仮差押えの申立てをしました。

　裁判所（神奈川県下の家庭裁判所支部）に対し，保全の必要性等を詳細に主張し，A子さんの陳述書を添付して郵送で申し立てたところ，裁判官からの電話により，担保金なしで仮差押命令を出してもらえることになりました。不動産仮差押えは，通常不動産の価格の5～30％に相当する担保金が必要ですが，本件では，対象が自宅で，夫名義ではあるが夫婦で築き上

げた財産であることが明らかであること，離婚原因の存在も明白で，申立人であるＡ子さんも窮状の状況にあること等を陳述書で疎明した結果，担保金なしでの命令となり，Ａ子さんも喜んでいました。

Ａ子さんには，あらかじめ仮差押えには通常担保金が必要なことを説明し，Ａ子さんは命令が出ても用意できる可能性はないと心配していたのですが，取りあえず申立てはしてみようということで始めた手続でした。

私は，この時点で，この事件は「勝てる！」と思いました。

なお，余談ですが，賃貸建物の賃料不払いによる明渡しの事件で，占有移転禁止の仮処分を先行させると，執行官が建物に赴き，相手が留守でも部屋に入って仮処分命令書を置いてくるので，相手はその命令書を見てビックリするのか，本訴を提起するまでもなく，任意の明渡しに応じてくることが多々あります。明渡訴訟の提起から強制執行まで急いでも６か月くらい，通常８か月から１年はかかることを考えると，保全処分を是非活用すべきです。

10　調停の経緯

(1)　家裁支部への出頭

第１回目の調停が，申立てから約１か月半後の10月中旬に神奈川県下の家裁支部で開かれました。

私が，Ａ子さんの相談を受けたのが７月でしたので，ここまでで３か月半経っています。

当日の進行は，書記官と相談して，午後１時からＢ雄さんを先に聴取し，２時からＡ子さんの聴取をすることとなっていました。Ｂ雄さんとＡ子さんができるだけ顔合わせしないようにする配慮です。

当日Ａ子さんと，横浜駅で待ち合わせ，電車に乗って，家裁支部に予定の時刻に到着しました。

(2)　調停での事情説明

申立人であるＡ子さんの聴取が予定どおり２時から始まりました。調停委員の話では，Ｂ雄さんは，離婚はしない，の一点張りで，ほとんど事情聴取できないまま，30～40分前に帰ってしまった，とのことです。調停委

員は,「次回はどうしますか。」と聞いてきましたが,私は,調停の続行をお願いし,次回期日を11月中旬に入れてもらいました。

(3) 相手方が離婚を強行に拒否する場合の調停の進行

　私のこれまでの経験では,交渉の当初かなり強行に離婚を拒絶された事案でも,間を置いた面談交渉を何度かすることで離婚の承諾を得られたり,調停においても3回,4回と期日を重ねることにより離婚が成立することが多く,相手に考える時間を与えること,自分の置かれている状況を認識させること,特にそこまでしても相手は離婚をしたいことを相手に伝え,自分はこれほどまで嫌われたのかを自覚させることが必要と実感しています。特に男性の場合は,プライドもあってか,上記のような自覚をなかなか持たないことが多いようです。

　場合によっては,「一緒の部屋にいると虫酸(むしず)が走る。」,「同じテーブルで食事をしたくない。」,「同じ部屋の空気を吸いたくない。」等の言葉や,特に夫から妻に対する離婚請求の場合には「全財産(少ない場合に限りますが)をやるから別れてほしい。」とのメッセージを上手に相手に伝えていくことが必要と思います。

　このようなことを考慮して,相手方の離婚拒否の意思が強固な本件においても,2回目の期日の指定をしてもらいました。

　また,本件とは異なり,離婚原因が微妙な場合,特に有責配偶者(と思われる)側からの離婚請求においては,判決に至らせないで解決するためにも,間を置いた粘り強い交渉,調停の積み重ねが必要だと思います。現在でも,破綻主義は徹底されず,有責配偶者からの離婚請求に対しては,少なくとも5年以上の別居期間が必要と考えられているようなので,別居期間を稼ぐ意味でも多少時間をかけても,交渉,調停による解決を目指すべきだと思います。自分の依頼者に,婚姻破綻の原因(特に不倫)があると疑われるような場合(依頼者は,弁護士に全ての事実を打ち明けてくれるとは限りません。),時間を稼ぐことにより,場合によっては,別居と破綻原因の時間的前後関係が曖昧になるというメリットもあります。

(4) 調停の帰途の出来事

　さて,A子さんの第1回目の調停が終わり,裁判所支部を出て,最寄り

駅のロータリーに来たとき，A子さんが突然凍りつきました。「あの人です。」と言うので，そちらを見ると，ロータリーに止めてある車の運転席にB雄さんがいて，こちらをじっと見ていました。私は，「無視して行きましょう。」と言って，そのまま，改札に入り，電車に乗りました。私も実は冷や冷やでしたが，B雄さんは，私たちの後を追いかけてくることはありませんでした。

このときが，B雄さんの元気な姿を見る最後となりました。

11 第2回調停まで

(1) 今後の調停の見通し

このようにして第1回の調停が終わり，横浜駅に向かう電車の中で，A子さんに，今後の見通し，スケジュールを説明しました。以下のとおりです。

① 次回期日に，B雄さんが欠席した場合は，調停は不調又は取下げ，直ちに裁判を起こす。第3回の調停期日は入れてもらわないこととする。

裁判は2〜3週間以内に提起し，第1回弁論は，その1か月半後くらい，弁論は3回くらい，証人尋問1回で8〜12か月での判決による決着，場合によっては裁判上での和解もあり，その場合には，1〜6か月くらい短縮して決着できる可能性もある。

② 次回期日にB雄さんが出席した場合には，引き続き，A子さんの離婚希望の強いメッセージを伝え，B雄さんに現状の認識をさせ，その反応の変化を伺い，調停を続行させるか判断する。財産分与の話をし始めたときは，離婚の脈ありと考え，第3回，第4回と調停を続ける。

(2) 第2回調停までの間

このようにして，第1回目の調停が終わり，11月中旬の第2回調停を待っている間は，B雄さんからは何のアクションもなく，A子さんからは，当初の引越先から，都内のワンルームマンションに引っ越し，大分生活も落ち着いて，パートの仕事も始めた，との連絡を受けました。

(3) B雄さんの死亡

11月初め，A子さんから電話があり，「今，自宅の近所の方から電話が

あって，『B雄さんが庭で倒れているところを発見され，救急車で運ばれた。大分悪いようだ。』と言われた。詳しい事情が分かったらまた電話します。」とのことでした。

しばらくして，A子さんは電話で「夫が亡くなりました。」，と伝えてきました。A子さんの話では，その日の明け方，B雄さんは，自宅の庭で倒れているところを散歩中の近所の人が見つけて119番通報してくれた，救急病院の医師は，B雄さんは，病院でもらっていた薬（精神安定剤と思われる。）をお酒と一緒に飲んで，ふらふらの状態で自宅の庭に出てきて，そのまま倒れていたらしい，病院に運ばれたとき心臓は既に止まっていた状態だった，とのことでした。A子さんは，警察官から一応事情聴取を受けたそうですが，B雄さんとは別居中で，弁護士に頼んで離婚の調停中であることを説明したら，そのまま帰宅してよいことになったそうです。

B雄さんの死亡原因については，犯罪の可能性がなかったことが確認されましたが，自殺か，多量の薬とアルコールの同時摂取による事故死かははっきりしていません。遺書は発見されませんでした。

12　本件の顛末

B雄さんが死亡したことにより，A子さんとB雄さんの婚姻関係は当然解消されたので，A子さんの申し立てた離婚調停は取り下げました。

B雄さんの遺産は，A子さんと長男のCさんが相続することになりました。A子さんの希望で，私が立ち会って，A子さんとCさんが自宅の状況，遺産の内容を確認することになりました。高価な腕時計等はそのまま机の中に残されていました。自宅の内部はきれいに整頓されていて，B雄さんの几帳面な一面が垣間見られました。

B雄さんが生前自慢していた一面芝生張りの庭は，B雄さんの倒れていた当たりだけ人の踏み荒らした後が残っていて，A子さん，Cさんと共に合掌しました。

本件は，B雄さんが亡くなられなければ，最後は離婚判決により，A子さんは問題なく離婚できたし，相応の財産分与も得られたと思います。

B雄さんが亡くなられ，A子さんは長男のCさんとともにB雄さんの遺

産を共同相続しましたが，Cさんは，母親のA子さんに全て譲る，とのことで，A子さんは経済的には心配なく過ごされています。

　また，B雄さんの葬儀も，A子さんが執り行い，A子さんは，こんな別れではあったけれど，互いに最後まで言い争い，悪いところを指摘し合って別れるより良かったのでは，と話していたのが印象的でした。

13　おわりに

　本件は，私が扱ってきた離婚事件の中でも，最も印象深いものの一つです。

　私が初対面でまさに「三島由紀夫」との印象を持ったB雄さんは，直情的であっただけに，奥さんのA子さんがいなければ人生に生きる価値なし，と考えたのでしょうか。種々の過激な言動はA子さんに対する彼なりの愛情表現だったのかもしれません。

　弁護士の仕事を選び，依頼者の権利を守るための仕事をしていく中では，「死」の問題に直面することも多いと思います。私自身，本件の他に，建物明渡訴訟の最中に，相手方が自宅敷地の駐車場に停めてあった自動車の中で排気ガスを引き込んで自殺をしてしまった事例も経験しました。この時は，相続人である相手方の奥さんに対して，ご主人の遺影の前で，明渡しの交渉を続けました。

　本文が，依頼者の権利を守る仕事を選んだ方々のご参考になれば幸いです。

【プライバシー保護のため事例の内容は変えております。】

コラム③
「浮気をした夫からの離婚請求」

　長い間，自ら浮気して婚姻を破綻させた原因を作ったいわゆる有責配偶者からの離婚請求は認められませんでした（最判昭27・2・19民集6巻2号110頁。いわゆる「踏んだり蹴ったり判決」です。）。国民の倫理観がこれを許さなかったからです。

　ただ，裁判所も，破綻した婚姻関係をいつまでも当事者に強制することの不都合を考慮して，①長期間の別居，②未成熟子の不存在，③離婚後の相手方配偶者の苛酷状態の回避可能性の三条件を基本に，ようやく有責配偶者からの離婚請求を認めるようになりました（最大判昭62・9・3民集41巻6号1423頁，判時1243号3頁）。

　有責主義から破綻主義への方向転換ですが，必要な別居期間については，上記の最高裁判所は別居期間36年余りの事例について夫からの離婚請求を認めましたが，その後は，5年間の別居を離婚原因に加えようとする民法の改正動向も影響してか，徐々に必要な別居期間を短縮する傾向にあるようです。

　弁護士が，浮気をした夫から離婚の相談を受けたとき，別居期間がどのくらいであれば離婚請求が認められるか迷うと思いますが，一応5年の別居期間があれば申し立ててみる価値はあるのではないでしょうか。調停や裁判をやっているうちには1～2年はすぐに経過してしまいますし，相手方の「あきらめ」も期待できないこともないからです。

　ただ，あくまでも妻に対して，その間もきちんと婚姻費用を払う等裁判所に対する受けを良くしておくよう夫にアドバイスすることもお忘れなく……。

事例 3 離婚に伴う婚姻費用・養育費・財産分与

抽象的離婚原因と婚姻費用，そして離婚認容後にする養育費及び財産分与請求に関する事例

● 概要図

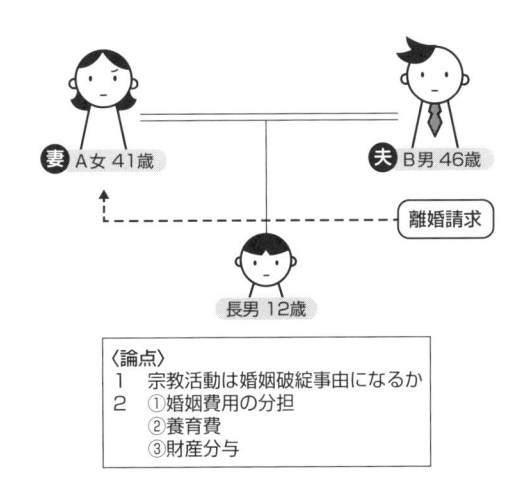

妻 A女 41歳　　夫 B男 46歳
　　　　　　　　　　　離婚請求
長男 12歳

〈論点〉
1　宗教活動は婚姻破綻事由になるか
2　①婚姻費用の分担
　　②養育費
　　③財産分与

はじめに

　本件は，宗教活動により夫婦関係が壊れ離婚訴訟になった事案です。

　離婚事件は，相談時に離婚を希望されていなくとも，離婚になる場合も想定して相談に応じる必要があります。本件は妻が宗教活動一途の人生を送るようになり，彼女の信仰心にも影響されて，通常予想される経緯をたどりませんでした。しかし，それでも離婚前の婚姻費用の分担，離婚後の養育費，財産分与という論点を含むことになりますので，ご紹介したいと思います。

第1章　離婚（婚姻）に関する法律相談

1 事例の概要

(1) 本件の特殊性

　法律相談センター事務局から，A女の離婚相談を受けてもらえないかという連絡がありました。法律相談を行った担当弁護士は業務多忙を理由に受任できないと申出されたとのことでした。でも業務多忙を理由にされるほとんどの場合は，本当は事件の内容が面倒だと判断されるのだと私は思っています。

　事務局によりますと，相談者A女は「宗教にはまっており」，「既に訴訟になっているようです」と説明がありました。法律相談センターは，相談にこられた方に満足を得てもらうため種々の努力をしております。

　事務局の要望に応えるべく早速お会いしましたが，予想に反して，A女はとても愛くるしく素敵な女性でした。「神様に帰依する」経緯についても，むしろ普通に説明してくれる姿勢には好印象を持ちました。

　しかし，それでも神の話になると私を説得しようという姿勢が感じられました。

　信仰に関する知識も不十分である私は，A女に対する質問の仕方についても注意が必要でしたし，その後の事件の進行についても釈然としない気持ちを幾度か持ちました。具体的には，第一審では勝訴したが高裁における逆転離婚認容判決に対してはなぜ上告をしないのか，また養育費は請求するのに慰謝料請求はなぜしないのかというような事項について，特に違和感をもちました。慰謝料請求については「神との約束に反すること」だからだそうですが私には分かりません。しかし依頼者の要望に反することはできません。このような意味で本件には特殊性があると前置きして紹介させていただきます。

(2) 結婚から婚姻生活の破綻まで

　昭和62年，A女は大学を卒業してOLとして働き始めた23歳の時に5歳年上であったB男と結婚しました。B男は一流企業に勤めるエリートサラリーマンでした。

　A女は専業主婦となりましたが，遅かったとはいえ子供にも恵まれ，外

から見れば幸せ一杯の人生のように見えました。

　Ａ女に何があったのか私には分かりません。そのきっかけについても説明を受けましたが，説得の匂いを感じて私から拒絶しました。とにかくＡ女は宗教にのめりこむようになりました。詳細を書きますとどのような宗教かの説明になりますから省きます。

　Ａ女は子供も連れて宗教活動をするようになりました。親権に争いがなく会う必要がなかったため，ご子息には本事件終了後にお会いしましたが，立派に成長しておられました。

　Ａ女は，Ｂ男を同じ宗教に帰依させようとして熱心に誘いました。Ｂ男からは激しく拒絶されたようであります。Ａ女は宗教に邁進するようになり，夫の不在中，宗教活動のため子供と共に家を空けることも出始めました。Ｂ男はＡ女を避けるため，家の中にバリケードを作りＡ女との接触を拒絶しました。それでもＡ女は，Ｂ男の日常の世話をしようとすることから，Ｂ男による暴力沙汰も頻発したようです。後に慰謝料請求をしますかとの私の質問に対して前に書きましたとおり，Ａ女にはその選択肢がなかったので，これらの事項については省略します。平成12年，Ｂ男は突然家を出ていき別居となりました。

(3) 調停不調から当職依頼まで

　別居して４年程経過後，Ｂ男はＡ女に対し，家庭裁判所に離婚調停を起こしたそうです。子供は既に小学校高学年でしたが，親権をＡ女とすることには不満はなかったようです。別居後は，子供も宗教活動を一緒にするような関係にあったので，それは当然といえば当然の結論だったのでしょう。

　半年程調停をしていたそうですが，Ａ女にとって離婚は信仰上あり得ないこととして認められず，不調に終わりました。

　その後，裁判所より離婚の訴状が送られてきたという経緯です。

　以上の経過をたどり，当職に上記訴訟事件に対する依頼がありました。

> **本相談のポイント**
>
> ①　離婚原因は何になるか。訴状によれば宗教活動だけでなく，別居期間も破綻原因とされている。
> ②　本件宗教活動は抽象的離婚原因である民法770条1項5号に該当するか。
> ③　訴訟とは別に婚姻費用の請求をするか。請求する場合その金額の算定はどのようにするか。住居関係費はどのように考えるのか。
> ④　離婚認容判決が出た場合，養育費の請求をするのか。請求する場合その金額の算定はどのようにするのか。
> ⑤　前項と同じく，財産分与の請求をするのか。請求する場合その金額の算定はどのようにするか。特にオーバーローンになっている住宅財産をどのように評価するのか。退職金及び企業年金は論点になるか。

2　受任に際しての注意点

私が受任に際して注意したのは以下の諸点でした。

(1)　**離婚意思の確認**

A女は信仰を理由とする離婚請求は認められないと主張していました。仮に自らに離婚破綻原因があったとしても離婚は認められないということです。

ところで相談を受ける場合，安直に離婚を前提とした話を先振りしたりしてはなりません。何回かに分けて話を聞くべきですが，そこで当事者が拒否している離婚を勧めるなど論外です。しかし，結論として離婚になる場合も多いことを念頭において話を聞いておく必要はあります。

本件の特殊性から，訴訟において敗訴判決が出た場合には，最高裁まで争うことになるのだと当時は思っておりました。

(2)　**生活状況の確認**（特に婚姻費用の分担及び親権等の附帯処分の関係）

A女の生活状況について詳細を聞き取っておく必要があります。特にB

男から婚姻費用の送金があるのかについて聞き取りました。

　本来，婚姻費用の問題は離婚訴訟に附帯するものではないので（人事訴訟法32条），離婚訴訟と別途に解決されるべき課題であります。

　附帯処分と言えば親権の問題がありますが，Ａ女が親権者になることについては当事者間に争いがありませんでした。しかし養育費及び財産分与に関する主張は，離婚訴訟の申立人がＢ男であることから，離婚を認めない本件において附帯処分として審理の対象にはなりません。

　今回のように，Ａ女には離婚の認容はありえないのですから，離婚を前提とした附帯事実に関する主張は一切許されないのです。

　将来離婚認容判決が出た後に，当方はやむなく養育費及び財産分与に関する調停申立てをすることになります。当事者で話し合いがつかない場合には審判手続に移行することになりますが，受任時にこれらの事実については確認するのが難しい案件でありました。

3　受任後の進行

(1)　離婚訴訟と婚費分担請求

ア　離婚訴訟

①　まず離婚訴訟から説明しますが，答弁書において，Ａ女の信仰によって婚姻生活が破綻させられた事実はないこと（実際に宗教活動が激しくなったのは別居後でした。），むしろＢ男の暴力が原因であるとの主張をしました。別居期間についても5年強であるから離婚原因たりえないと主張しました。日常生活についてはＡ女の献身ぶりを強調しました。むしろ論争もなく突然別居を選んだＢ男に破綻の責任があると主張しました。一年半程経過した後の判決は，原告の請求を棄却し離婚は認められませんでした。

　ところが引き続き行われた控訴審では離婚の請求が認められてしまったのです。判決理由は宗教活動だけでなく，別居期間が7年程度経過したことについても破綻の判断要素になっておりました（念のため，これらは主要な判断要素であり，その他の付随要素も含めて判断して

おります。)。

　そもそも控訴審は憲法20条「信仰の自由」をめぐる論争でした。憲法論争に負けたと感じた私には大変な衝撃でした。しかしA女は「親方(意味不明ですが)の仰ることですから」と淡々と受け入れたその姿勢に対し，私は敗訴判決以上に衝撃を受けたことを今でも鮮明に覚えています。

② 「婚姻を継続し難い重大な事由」等に関する法的部分について解説します。

　抽象的婚姻破綻の事由については，婚姻の不治的破綻を意味するといわれますが，婚姻を継続し難いかどうかは，厳密にはほとんど判定不可能であるといわれています(島津一郎ほか編『新版注釈民法(22)親族(2)』(有斐閣，2008)380頁)。

　宗教活動については，家庭の放置にあたる場合とする認定が多く，夫からの離婚請求の事案が多いのは皮肉です(東京高判昭42・6・15家月20巻10号39頁)。次に長期の別居ですが，現状では7～8年程度の別居(有責かどうかは別にして)では離婚を認めていない事例が多いと判断できます(東京高判昭58・6・30判タ509号221頁，東京高判昭60・6・26判時1161号123頁等)。ただし，解釈論としては，民法改正を念頭において5年程度の別居期間を婚姻破綻として適当とするものが多いと思われます。なお婚姻破綻の有無は，事実審口頭弁論終結時までにあらわれた一切の事情を考慮します。つまり婚姻破綻認定基準時は，現時点であることに注意が必要です。本件では別居後の宗教活動を含め，微妙な期間を経過していることになります。

イ　婚姻費用の請求

① 離婚訴訟と並行して婚姻費用分担調停の申立てをしました。本件ではA女に金銭要求の熱意が低く，自らの生活を切り詰め，最低限の生活をされている状況でした。しかし婚姻費用の支払時期は，実務上調停の申立時とされています。B男がエリートサラリーマンであり，婚姻費用の分担請求に容易に応じるであろうと判断できましたが，何年も放置されていたのは，まさしく「神の御心」しだいということなの

でしょう。そのため，審判前の保全処分まで考慮にいれなくともよいであろう事案と判断しました。
② 婚姻費用の分担義務は，生活保持義務であるといわれていますので，B男は，A女及び子供に対してB男が営む生活と同程度の生活を保持させなければなりません。婚姻費用の計算は，いわゆる「算定表」（東京・大阪養育費等研究会「簡易迅速な養育費等の算定を目指して―養育費・婚姻費用の算定方式と算定表の提案―」判タ1111号）により計算されます。近時算定表の見直し論も出ておりますが，裁判所でも普通に利用されております。要は，それまでの欠陥（煩雑な計算方式と当事者の結果予測性がないこと，それにより紛糾して審理が長期化したこと）を埋めるものとして運用されています。

本件では，結婚してから購入した，かなり高額のマンションがあり，同マンションの所有名義もB男ですが，別居後居住していないB男が，毎月高額の住宅ローンを支払っておりました。このような特別事情の一つである本件住宅ローンは，算定表の示す幅の中には収まりきらず，仮に全額控除してしまうと婚姻費用が大きく減ってしまいます。つまり生活保持義務よりも，高級マンションという資産形成を優先することになってしまいます。このような場合，双方公平になるよう算定表の見直しが行われます。種々の聴き取りをし，資料の提出を行いましたが，A女に収入がなかったこと等により最終的には審判で決着することとなりました（生活保持義務といわれる婚姻費用ですが，基本的には養育費と重なる部分が多いので，養育費の項でまとめることとします。）。

(2) **敗訴後の養育費と財産分与請求**
ア 調停申立てを受任するまで
高裁において敗訴判決を受け多大のショックを受けた話はしました。勝訴するなどとは一度も言っておりませんが，憲法論争に負けた悔しさからできることはすると決めました。

離婚が確定したのですから婚姻費用の分担は無くなり，A女及び子供は直ちに厳しい生活に追いやられました。本人は宗教活動が自由にできる楽しさからか，金銭面に関しては鷹揚でしたが，それでも年金分割は

私に申し訳ないと言って自分でされました。

　慰謝料を除いた養育費と財産分与請求の申立てについては，私に依頼されましたが，財産分与請求の方針についてはどうしたものか悩みました。結婚中に形成された財産である高額マンションは大幅なオーバーローン状態でした。厳格に2分の1ルールを適用するとマイナス財産になる可能性があったからです。預貯金，株券，生命保険類については結婚時より別居時までを期間として計算し，さらに2分の1ルールにて計算しましたが，やはりマイナスです。残された財産である退職金は不明でした。特に一流企業であるB男の企業年金は分からず，計算できません。最後はA女の意見に従って申立てすることとしましたが，A女の居住するマンションの処分が，B男にとって最大の関心事であろうと判断できました。A女の当該マンションからの退去を条件に多少でも財産分与を受けられるのではないかと判断したのです。

イ　**養育費の申立て**

　申立てした養育費についても婚姻費用と同様の論点があります。

　養育費も審判により決しましたので，本件の特殊な事情については，以下，「審判書」で紹介しましょう。

　紹介する前に，本件に関与された裁判官（ここでは審判官）に感謝の気持ちを伝えたいと思います。養育費だけを区分して審理し，申立後，すみやかに決定していただいたことについてです。家庭裁判所の後見的役割を裁判官の裁量によりお示しいただきました。本件は，審判書に示された特殊な事情については話し合いがまとまらず，以下，財産分与を後回しにして調停手続が行われております。

　審判書の概略は以下のとおりです。

①　総論部分（以下，変更を加えて転記しますが，要旨は以下のとおりです。）

　「双方の年収等認定の事実を前提にし，B男が負担すべき養育費の額については，関係法規の規定等から導かれた公租公課の収入に対する標準的な割合及び統計資料に基づき推計された費用の収入に対する標準的な割合から算定される双方の基礎収入並びに生活保護の基準及

び統計資料に基づき推計された生活費の割合に基づく算定方式（いわゆる養育費・婚姻費用の標準算定方式）を採用する。」

② A女の収入の算定

「A女の収入については，賃金センサス平成20年版第3巻第13表の区分により潜在的稼働能力があるものとして計算する」

③ 住宅ローンと住宅関係費

「標準算定方式においては，特別経費として住宅ローン等の住居関係費も包含されている……，B男の負担する住宅ローンの一定額は既に標準的な住宅関係費として考慮済みであるが，標準的住宅関係費を超える部分を考慮し，以下の割合にて特別経費を加算する」

④ 私立学校費用

「標準算定方式による算定結果には標準的教育費が考慮されているので，子供の在籍する私立学校費については，標準的教育費部分を超えた○○円をB男の負担とする。」

①の総論部分において，いわゆる算定表を利用することが明記されました。審判書では，算定方式といっておりますが，簡易・迅速に算定するために，公租公課，職業費，特別経費を，法律や統計に基づいて標準的な割合で推計することにより算定するという方式です。総論部分では，標準的割合とか生活保護の基準というような用語で上記算定方式を説明しています。②において，A女の収入が平均所得を大幅に下回っていたことから潜在的稼働能力があるものとみなして賃金センサスによって計算し，合理的な考え方に符合させております。また③及び④において，算定表の枠を超える住宅ローン負担額と私立学校費については，特別事情として考え，両当事者いずれにも配慮した比率を求め，裁判所としての判断を示していることが参考になるものと思います。

ウ 財産分与の申立て

① 財産分与については，夫婦の協同で形成された財産を2分の1ルールによって計算することになります（秋武憲一ほか『離婚調停・離婚訴訟』（青林書院，2009）168頁）。

東京家庭裁判所では，各自の資産，負債に関する事項毎に，各人の

主張を入れた項目を付記させた表を作成し，互いに提出しあうことが多いようです（「表」の形式は裁判所で教えてくれます。）。私は，まず財産分与の対象になるものは当然に，そして相手が特有財産と主張して表の記載から省いていても，当方の寄与度があれば当方の表には載せます。そして，その詳細については，証拠も付けて改めて準備書面で主張することとしています。

本件では，預金，財形預金，株式，生命保険等が財産分与の対象となることは当初の準備書面のやり取りと調停委員の指導で定まっていきました。そして，婚姻した時から，実務において定着している別居までの期間を夫婦の資産形成期間として計算し，厳格に2分の1ルールにて算出します。ゴルフ会員権等もあったのですが，資産評価をして金銭価値に該当しないものは省きました。

主要な論点は，退職金とマンションに関するオーバーローン分のマイナス財産が争いの対象になりました。

② 通常の退職金についてはB男より開示されましたが，当方は企業年金も開示するよう相手方に要求しました。年金分割の対象は，厚生年金，共済年金の報酬比例部分であり，企業年金は対象になっていません。前記秋武憲一ほか『離婚調停・離婚訴訟』によっても，「難しい問題である」としながらも「『その他の一切の事情』として総合的に考慮するのが穏当であろう」（179頁）とされています。

しかし，相手方からは企業年金の開示はされず，そこでやむなく調査嘱託の申立てをすることとしました。調査嘱託の申立ての書式は非常に簡単ですし，こちらが申立てをする姿勢を見せることによって相手方から任意で提出させることも期待してのことです。そして，こちらの見込みどおり，相手方は調査嘱託をかけられることを嫌い，結局相手方から任意の開示を受けることができました。

③ 問題はマンションとその借入金です。

当方は，マンションと住宅ローンとを一体としてとらえる立場を主張しました。すなわち住宅ローンは資産形成の一環であり，マイナス財産を計算してしまうと，最終的にマンションを取得しえないA女は

マイナス財産のみを負担させられる結果になり不公平であること，また2分の1ルールを適用されるとA女には資産の獲得もなく，マイナス財産のみを清算されることになるデメリットも強調しました。多くの解説書も双方の立場から解説しておりましたが，当時，オーバーローンと資産の関係に関し，本件に符合する判例がなく，当方の必死の主張にも審判官の同意を得られない状況でした。やむなく，扶養的財産分与等の主張も付加したいと述べたほどです。

このような最終局面において，マンションの明渡しがなされるというB男にとっての最大利益を強調し，明渡しと現金の同時履行を内容とする和解にこぎつけ終わりました。

4 おわりに

依頼者にとって何が良かったのか今も不明です。誰に遠慮もなく宗教活動をできる環境を作ったことが最大の功績だったのでしょうか。

信仰が絡むだけに金銭だけで割り切ることもできず，依頼者に寄り添うことの難しさを痛感しました。

【プライバシー保護のため事例の内容は変えております。】

COLUMN　コラム④
「甘えん坊亭主の離婚訴訟
―駄々をこねる道具に裁判所を使った話―」

1　離婚事件の調停では裁判官も調停委員も，最初は円満な夫婦関係の回復を目標に双方本人の説得を試みます。しかし，いったんこじれた夫婦関係を元の鞘に収めるのは至難の業。結婚相手への愛情が消え去り，相手の全てに我慢がならず，顔を見るのもイヤになったら，他人の意見など聞く耳持たず，恋愛結婚をした時の初心を問われ「若気の過ちでした。なぜ愛してしまったのか不思議です。」と返答し，説得する側は二の句が継げません。

2　そんな離婚事件でも，なぜか突然円満解決した離婚訴訟事件がありました。乳飲み子のある若夫婦の夫が離婚を請求する訴状を裁判所に提出しました。素人ながら自分で書式など調べて書いた訴状で，夫に対する日頃の妻の非情な仕打ちが事細かに書き連ねてありました。その妻の行動を整理すると，つまり，妻の関心も愛情も一番に我が子に向けられ，夫に対するそれは二の次になったというのです。それが離婚の理由になるのか疑問ですが，調停を申し立てず，いきなり訴状を出した夫の鼻息の荒さも相当なものでした。

3　この事件は，調停に移されるとともに，練達の家裁調査官が担当して家庭状況の調査が行われ，夫妻との面接も，別々の日に裁判所で実施されました。夫は激しく妻を非難し，子連れで実家に戻ったという妻は「夫は言い出したら聞かない人なので，離婚も仕方ないと覚悟しています。」と述べるなど深刻です。

4　妻との再度の面接調査日のこと，面接を終わった妻が裁判所の玄関を出て門に向かったとき，夫が車を運転して現われ，妻を車に押し込んで出て行きました。

　数日後，夫婦揃って現われ，離婚訴訟の取下書を提出し，二人仲良くオテテツナイデ帰って行きました。この亭主は，愛する女房が自分達の赤ん坊にばかり向いているのが不満で，「ボクモボクモ」と駄々をこねる甘えん坊だったわけ。訴訟という過激な手段で効果的な刺激を得て夫婦円満という，裁判所の変わった利用方法のお話です。

事例4　年金分割請求権と法的解決―離婚による年金分割で注意すべき事例―

事例 4　年金分割請求権と法的解決
―離婚による年金分割で注意すべき事例―

年金分割制度改正前に離婚し，すぐに再婚した夫婦が不仲となり，妻から夫に離婚請求がなされた場合の年金分割請求

●概要図

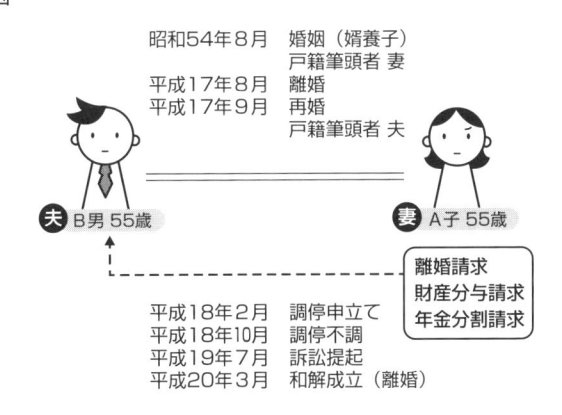

昭和54年8月　婚姻（婿養子）
　　　　　　戸籍筆頭者　妻
平成17年8月　離婚
平成17年9月　再婚
　　　　　　戸籍筆頭者　夫

夫 B男 55歳　　　　　妻 A子 55歳

離婚請求
財産分与請求
年金分割請求

平成18年2月　調停申立て
平成18年10月　調停不調
平成19年7月　訴訟提起
平成20年3月　和解成立（離婚）

はじめに

　離婚時の年金分割については，年金制度改革の一環として法律が改正され，平成19年4月1日以後に離婚した場合及び平成20年4月1日以後に離婚した場合について段階的に新たな制度に移行しました。そのことは，当時の話題となりましたが，現在では，離婚の際に年金分割ができることは，一般に浸透してきているようであり，通常の場合は特に問題なく行われているように思われます。今回ご紹介するのは，結婚の中途で一度離婚し，その後，再度結婚（復縁）して結婚が中断した場合における年金分割で特に注意を要する事例がありましたので，ご紹介します。

1　事例の概要

　A子さんは，B男さんと30年程前に婚姻しました。A子さんは，長女であり，B男さんに婿養子に入ってもらい，戸籍筆頭者には，A子さんがな

りました。その後，両親が亡くなったため，A子さんがA子さんの両親のほとんどの遺産を相続しました。A子さんの実家は地主で遺産の大部分が貸地であったため，B男さんは，専業主婦のA子さんがその維持管理をするのは困難であろうと考えて，今後，自分が貸地の維持管理を手伝うが，借地人の手前もあるので，自分を戸籍筆頭者にすることを求めたところ，A子さんはこれを了承し，その方法として，一度離婚をし，再度婚姻をして，新しい戸籍を作り，B男さんが戸籍筆頭者となりました。

ところが，この相続の処理を契機として，夫婦仲が悪くなってしまい，A子さんは離婚の申し出をすることとなりました。しかし，当事者間の協議がまとまらず，離婚調停が申し立てられましたが，それも不調となって，離婚訴訟が提起されるに至りました。

この離婚訴訟において，離婚すること自体は双方合意に至ったので，離婚の条件である財産分与の話し合いに入りました。そして，年金分割問題にも踏み込んだところ，戸籍筆頭者を変えるために離婚し，再婚をしたため，年金分割（合意分割）の対象となる離婚前の婚姻期間は再婚した平成17年9月3日から離婚時までとなってしまい，当初の結婚の昭和54年8月から再婚時までの分は年金分割の対象とならず，年金分割の対象期間は再婚後以降しかできないことが分かったのです（確かに，年金分割のための情報通知書には，婚姻期間の始期が平成17年9月3日と記載されていました。）。

裁判所も，婚姻期間の大半を占める離婚以前の年金分割（昭和54年8月16日から平成17年8月31日までの婚姻期間に対応する分）については，年金分割制度に基づく分割請求をすることはできないという態度でした。

A子さんは，先の婚姻期間と後の婚姻期間とは，便宜的な離婚により遮断されているだけで，実質上，同一の婚姻期間とみなすべきであると主張して，行政庁（社会保険庁）へ不服申立てを訴訟外でしたりしましたが，その不服申立ても認められませんでした。

そのような経緯の中，私はA子さんから何か良い解決方法はないかという相談を受けることとなりました。

事例4　年金分割請求権と法的解決―離婚による年金分割で注意すべき事例―

> **本相談のポイント**
>
> ①　便宜的に離婚・再婚をした場合であっても，離婚前までの期間について年金分割制度による分割請求ができなくなるのか。
> ②　消滅した権利であっても，当事者の事情によりそのことを主張しない場合があり得るので諦めずに請求すること。

2　離婚の年金分割制度の概要（受任に際しての注意点）

年金分割制度の概要は以下のとおりです。

現在の年金制度は，国民年金（基礎年金）を基礎として，その上に厚生年金保険・共済年金が積み重なり，またその上に厚生年金基金や確定給付企業年金等が積み重なるという3階建て構造となっています。年金分割制度は，厚生年金（民間給与所得者）や共済年金（公務員等）の比例報酬部分（2階部分）のみが対象となります。したがって，1階部分の国民年金だけに加入する自営業者等については，年金分割の対象となりません。なお，

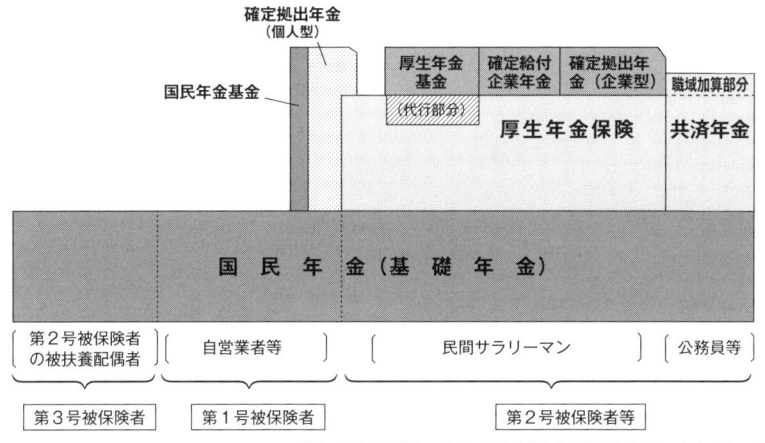

(注)　厚生年金基金，確定給付企業年金及び私学共済年金の加入者は，確定拠出年金（企業型）にも加入できる。
(注)　国民年金基金の加入員は，確定拠出年金（個人型）にも加入できる。
(注)　第2号被保険者等は，被用者年金被保険者のことをいう（第2号被保険者のほか，65歳以上で老齢又は退職を支給事由とする年金給付の受給権を有する者を含む。）。

厚生年金や共済年金の加入者を第2号被保険者等といい、第2号被保険者等の被扶養配偶者を第3号被保険者といい、それ以外の国民年金加入者を第1号被保険者といいます。

(1) 年金分割制度が始まるまで

　年金分割制度が開始される以前であっても、離婚時に「夫が受け取る年金額の一定割合を財産分与として妻に支払う」という内容の合意がされたり、「扶養的財産分与として一定額を一定期間支払う」という内容の合意や裁判所の決定がなされることがありましたが、いずれも夫の年金の受給権を妻に分与するということを認めたものではありませんでした。すなわち、あくまでも年金は元夫に全額給付され、元夫はそれを原資として元妻に合意に基づき金銭を給付する、ということにすぎません。したがって、元夫が亡くなれば、そこで元夫の年金受給権は消滅し、元妻が元夫の年金を受け取ることはできなくなっていたのです。

(2) 平成16年の厚生年金保険法改正

　平成16年の厚生年金保険法改正により、平成19年4月以降に成立する離婚に関して年金分割をすることが可能となりました。これまでとは異なり、元妻は自分の権利として年金を受給することができることになり、元夫が死亡したとしても元妻の受給権に影響を及ぼさないことになります。この改正法は、「婚姻期間中に支払った保険料は、夫婦で共同して支払ったものである」との基本認識に基づくものであり、この改正法の趣旨は法律において明記されています（厚生年金保険法78条の13）。

(3) 厚生年金の仕組み

　厚生年金は、毎月の月給及び賞与をもとに保険料や年金額が計算されますが、各人の給料体系は様々で、かつ変動するため、そのまま使うのは事務的に煩雑であるので、報酬月額・賞与額を一定の幅で区分して仮の報酬月額・賞与額を決め、計算の基礎にしており、これを標準報酬（標準報酬月額及び標準賞与額）といっています。年金分割制度の対象となるのはこの報酬比例部分のみであり、基礎年金の額には影響しません。

(4) 年金分割の方法

　年金分割の方法は、年金額そのものを分割するのではなく、離婚する夫

婦二人の年金額を計算する基になる婚姻期間中の保険料納付額（標準報酬記録）を分けることになります。

　婚姻期間中の標準報酬を再評価したものの総額が多い人が，少ない人に対して保険料納付額（標準報酬記録）の一部を分け与える形をとっています。

　後に述べる合意分割においては，厚生年金の被保険者又は被保険者であった人で，納付記録をあげる側の人を「第1号改定者」（一般的に「夫」の場合が多いが，「妻」となる場合もあります。）といい，納付記録をもらう側を「第2号改定者」（第1号改定者の配偶者であった人）といいます。

　以下，離婚の成立時期に分けて説明します。なお，年金分割制度の対象となる「離婚」には，婚姻の取消しや事実婚の解消の場合も含まれます。

ア　平成19年（2007年）4月1日以前に離婚が成立した場合

　年金分割制度は，平成19年（2007年）4月1日以前に成立した離婚には適用されません。

イ　平成19年4月1日以降，平成20年3月31日までに離婚が成立した場合

　この時期に離婚した場合には，当事者の合意又は裁判手続により，婚姻期間中の報酬比例部分の納付記録を分割することができました（いわゆる「合意分割制度」）。しかし，もともと年金分割は離婚成立から2年以内に請求をしなければならないとされているため（厚生年金保険法78条の2第1項ただし書），この期間に離婚が成立した場合は，現時点で既に2年を経過していることになりますので，もはや年金分割はできません。

平成19年4月1日以降平成20年3月31日までに離婚が成立した場合		
第3号の被保険者期間	決　定　方　法	分割（按分）割合
結婚から離婚まで（平成20年3月31日まで）	当事者の合意又は裁判手続	最大2分の1

ウ　平成20年4月1日以降に離婚が成立した場合

　平成20年4月1日以降に成立した離婚の場合，平成20年4月1日以降の第3号被保険者期間について，当事者の一方が請求すれば第2号被保険者の厚生年金（共済年金）の被保険者保険料納付記録を自動的に2分

の1に分割できることとなります（いわゆる「3号分割制度」。あくまでも当事者による分割請求手続が必要であり，離婚すれば自動的に2分の1が分割されるものではない，という点に注意をして下さい。）。

　例えば，平成元年3月1日に結婚，平成25年3月1日に離婚するという場合，平成元年3月1日から平成20年3月31日までの部分については合意（又は裁判手続）により分割をし，平成20年4月1日から平成25年3月1日までの部分については3号分割制度によって2分の1が分割されることになります。つまり，合意分割による部分（平成20年3月31日以前の婚姻期間）と3号分割による部分（平成20年4月1日以降の婚姻期間）が併存する，ということになります。

　仮に，平成20年4月1日以降に結婚した者がその後に離婚したという場合には，3号分割だけになりますので，社会保険事務所に標準報酬改定請求書を提出すれば，全婚姻期間につき自動的に2分の1に分割されることになります。

平成20年4月1日以降に離婚が成立する場合		
第3号の被保険者期間	決　定　方　法	分割（按分）割合
結婚から平成20年3月31日まで	当事者の合意又は裁判手続（合意分割制度）	最大2分の1
平成20年4月1日から離婚まで	法定（3号分割制度）	2分の1固定

3　本件の経過

　本件では，以前に戸籍の筆頭者を変更するため便宜的な離婚をしたというもので，その目的を達成するとすぐに同じ相手と再婚しましたので，離婚に伴う財産分与等は行われず，当然のことながら年金分割も行われませんでした（もっとも，この離婚は，平成19年4月1日以前にしたものだったので，そもそも年金分割制度は適用されない事案でした。）。その後夫婦関係が悪化し，夫婦関係調整（離婚）調停が起こされましたが，そこでは，年金分割の話に入ることなく不調となりました。その後さらに，離婚訴訟が提起されてようやく年金分割の話に入りましたが，そこでの分割対象期間は，

再婚時(平成17年9月3日)からということが判明しました。

　再婚以前の婚姻期間の年金分割については，財産分与請求の形で請求をするという構成も可能ですが，財産分与請求は，離婚時から2年を経過するまでの間にしないと請求ができなくなります(民法768条2項ただし書)。

　まさに本件では，再婚するために離婚した時から既に2年経過してしまった以上，財産分与請求権は消滅し，結局，再婚時から再離婚時までの期間を対象とする合意による年金分割だけとなってしまったのです。

　なお，この年金分割請求も，離婚したときから2年を経過したときには請求できなくなります(厚生年金保険法78条の2第1項ただし書，同法78条の14第1項ただし書，厚生年金保険法施行規則78条の17第1項2号)。したがって，離婚再婚を繰り返しているような場合には，年金分割請求権の消滅を回避するため，離婚した際には，その都度，離婚時から2年内に年金分割請求をしておく必要があります。そうしないとそれぞれの年金分割請求権は，離婚のときから2年で消滅してしまいますので注意が必要です。

4　本事案の解決

　本事案では，そもそも先の離婚は厚生年金保険法改正法施行前だったため，年金分割制度の適用はされない事案でした。また，それに代わる財産分与請求権も時効消滅していたため，B男さんは，A子さんからの年金分割相当分の財産分与は，拒否すればできた事案です。

　しかし，A子さんとB男さんの先の離婚は，戸籍筆頭者を代えるための便宜的なものであり，婚姻期間は中断することなく継続していたことには争いはありませんでした。そのためB男さんは，先の離婚までの間の年金分割ができないことの代わりに，財産分与の一部としてB男さんが将来年金を受け取った際に一定割合をA子さんに支払う，という債権的合意をすることで，解決をすることとなりました。

　ただし，将来受け取る年金額を正確に知ることはできないことから，分与する一定割合をどう定めるかは，かなり問題となり解決に時間を要しました。

　また，このような解決の場合には，上述したように年金分割制度による

分割と異なり，B男さんが死亡すれば，A子さんはB男さんの年金を受け取れなくなってしまうという難点があります。

5 おわりに

　通常の離婚協議では，離婚の条件として財産分与，慰謝料が争点となり，年金分割が問題となることは少ないと思われます。本件では，過去に一度離婚した時は平成19年4月の改正厚生年金保険法の施行前で年金分割制度の適用はありませんでしたし，そもそもの離婚の理由が「戸籍の筆頭者を変えるために便宜的に行う」というものにすぎなかったので，年金分割をすべきかどうかという問題意識は当然俎上にあがりませんでした。そして，再婚後夫婦関係が悪化し，問題に気が付いたときは既に最初の離婚から2年以上経過してしまっており，財産分与請求権として将来の年金相当分の分与を求めることもできなくなっていました。

　本件のように，離婚まで通常とは異なる経緯がある場合には，特に注意が必要といえるでしょう。

　なお，年金分割制度の対象外となっている厚生年金基金等の3階建て部分の分割については，将来の検討課題として議論の余地が残されていると思われます。

　　　　　　　　　　　【プライバシー保護のため事例の内容は変えております。】

コラム⑤
「浮気相手の言い分」

　妻が，夫の浮気相手に慰謝料請求をしたときに，浮気相手から「既に夫婦関係が破綻していたので，慰謝料請求をしている人の権利や利益は何ら侵害をしていない。したがって，自分には責任はない。」と反論されることがあります。

　浮気相手は，夫婦関係が破綻しているかどうかを正確に知ることはできないでしょうが，「浮気をするような状態であれば夫婦関係は破綻していたはず。」と考えて，このような反論をしてくることが多いようです。

　こうした反論は裁判で認められるでしょうか。

　夫婦関係がうまくいっていなかったとしても，それのみで直ちに浮気が正当化されるわけではありません。

　しかし，平成8年3月26日の最高裁判所の判決（民集50巻4号993頁）では，夫婦関係が既に破綻していたときには浮気相手に対する慰謝料請求は認められないとされました。

　もっとも，夫婦関係が破綻しているかどうかは，浮気をした配偶者の言い分だけで認められるわけではなく，婚姻生活をめぐるさまざまな事情に基づいて判断されることになりますので，実際の裁判では夫婦関係が破綻しているかどうかの認定が争点のひとつになるでしょう。

　そして，浮気相手の主張にも関わらず，裁判所が「夫婦関係は破綻していなかった。浮気によって破綻した。したがって，浮気の相手にも法律的な責任がある。」という判断がなされることもあり得ます。

　また，浮気相手から，「自分は浮気をしようと思わなかったが，配偶者に強引に誘われて関係を持つようになった。」というような反論がなされることもあります。

　結果としては，誘いに応じて浮気相手になっているのですから言い訳としては通用しないような気がします。

　しかし，例えば浮気相手が夫の職場の部下だったような場合には，上司に逆らうと職場でひどい目にあうと考えて誘いにやむをえず応じるということもあるかもしれません。

　実際の裁判例としては，浮気相手を呼び出して暴行脅迫を加えて関係をもっていたような事例で浮気相手の責任が否定されたものがあります（横浜地判平元・8・30判時1347号78頁）。

第1章　離婚（婚姻）に関する法律相談

事例5　婚約の成立と効果

交際相手から，婚約の成立を主張されて，慰謝料の請求がなされた事例

●概要図

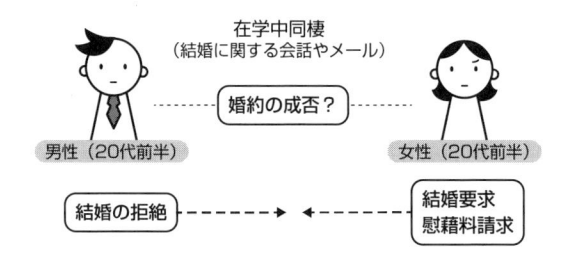

在学中同棲
（結婚に関する会話やメール）

男性（20代前半）　――婚約の成否？――　女性（20代前半）

結婚の拒絶　→　←　結婚要求　慰藉料請求

はじめに

　婚約とは，将来婚姻をしようという当事者間の契約のことをいいます。なお，古い裁判例では，内縁と婚約を区別せずに婚姻の予約という用語で表現されていましたが，両者は異なる概念であり，最近では，婚姻の予約といえば内縁のことを指します。

　婚約をした場合には，誠意をもって交際し，夫婦共同体を成立させるように努める義務を負い，一方から婚約を解消する場合は，後述のとおり損害賠償責任を負うことがありえます。しかし，交際中の男女の付き合いにおいては，いつをもって婚約したと判断すべきなのか，必ずしも明確ではない場合があります。交際中には，多かれ少なかれ，将来の結婚を意識した言動をすることもあるでしょう。そのような言動があった場合に，ただちに婚約が成立したといえるのでしょうか。

　本稿では，実際に問題になった事件（内容はプライバシー保護のため改変を加えています）を題材とし，関係する論点に関する裁判例を紹介しつつ，考えてみたいと思います。

事例5　婚約の成立と効果

1　事例の概要

今回ご紹介するのは，私が男性側の代理人として交渉を受任した以下の事例です。

(1)　交際から破綻までの経緯

20代前半の男女は，大学の同級生であり，在学中から交際を続けてきました。双方とも地方出身で，東京で賃貸マンション住まいをしていたため，互いの部屋を行き来し，在学中は半分同棲しているような関係にありました。なお，在学中に，女性は男性の子供を妊娠したことがありますが，中絶しています。

就職後は互いに忙しくなったため，部屋を行き来することが少なくなりました。そうするうちに，男性は恋愛感情が冷め，女性との距離を置くようになり，ついには別れを告げました。

女性は，男性の心変わりに立腹し，別れを受け入れようとしません。そして，結婚を約束していたと主張して，結婚してほしいと強く主張し，男性への連絡をやめません。ストーカーとまではいかないまでも，男性の職場にまで電話をかけてきたこともあり，男性は困り果ててしまいました。また，女性は，男性から拒絶され続けているうちに次第に怒りが大きくなり，結婚してくれないなら慰謝料を払ってほしいとも言うようになりました。

(2)　女性の主張

女性は，結婚を約束していた根拠として，①在学中に妊娠が分かったときは，学生であったため中絶せざるをえなかったが，「将来は2人の子供を産みたい」と男性に話したら，頷いてくれた，②就職した年の交際記念日には，男性が女性に指輪を贈ってくれ，その夜，2人で将来結婚したときのことを話し合った，③その後も，将来結婚したときにどんな家に住みたいかなどについてメールをやりとりしたことがある，④双方の両親も交際を公認していた，等を挙げていました。

(3)　男性の主張

しかし，男性からすれば，①中絶直後の話は，女性を慰めていた際に頷

63

いたにすぎず，将来結婚して子供を作ることを約束したわけではない，②指輪は婚約指輪という位置づけのものではない，③「結婚」という言葉を口にしたことはあっても，具体的な話はしていない，④互いの親は交際していることは知っているけれども，婚約者として紹介したわけではないし，友人にも婚約したとは公表していない，という言い分がありました。

そこで，私は，男性から，女性との交渉を依頼され，女性との関係の解消（結婚の拒絶）とその際の金銭的条件交渉を行うことになりました。

> **本相談のポイント**
>
> ①　女性からの結婚の要求に対する対応（法的に結婚に応じる義務がないことを女性に納得してもらうこと）。
> ②　婚約の成否。
> ③　慰謝料等の支払義務の有無。また，婚約不成立の場合であっても，円満に別れるために，いくらかの金額を支払うか否か。

2　受任に際しての注意点と依頼者への対応

本事例では，男性には，女性との結婚に応じたり，再び交際を行うという意思は全くありませんでした。本人に結婚に応じる意思がない以上，仮に女性が主張するように婚約が成立していた場合であっても，現在の意思に反してまで結婚を強制される必要はありませんので（後述のとおり），まずはその点を依頼者と確認しました。

その上で，仮に訴訟になった場合に，裁判所に婚約の成立が認定されうるかどうか，男性からヒアリングを行い，有利・不利な証拠としてどのようなものがあるのか調査を行いました。その結果，後述のように本事例は婚約が成立すると認められるような案件ではないと判断し，婚約が成立しないことを前提として，交渉を行いましたが，女性に有利な事実・証拠も一部に存したため，そのリスクについてはあらかじめ相談者にも説明しました。

3 本件における法的問題点の考察

(1) 婚約を破棄された場合に要求できる内容

上記事例では，婚約が成立していたかどうか，また婚約が成立していたとすれば，具体的に何を要求する権利があるかが問題になります。いかなる場合に婚約成立といえるかについては後述することとし，まず婚約が成立していた場合に，何を要求できるかについて説明します。

なお，民法では婚約について規定した条文はありません。

婚約が成立していた場合には，上記事例の女性のように，相手方に対し，「約束どおり，結婚してほしい」という要求ができるでしょうか。婚約も契約である以上は，婚約した当事者は，誠意をもって交際し，夫婦共同体を成立させるように努める義務を負い，この義務を履行するよう相手方に要求することはできます。しかし，結婚というのは，当事者が自由な意思によって行うものですから，結婚するように法律によって強制することはできません。したがって，要求を拒否された場合には，裁判によって強制的に結婚させることはできません。

そうすると，相手方が婚姻に応じず婚約を破棄された場合には，あとは，財産的損害や精神的損害（慰謝料）について損害賠償請求することができるかどうかということになります。なお，その損害賠償請求権の法的性質については，婚約を契約と考えて債務不履行責任と考える見解と，不法行為責任と考える見解があります。

また，婚約を破棄された場合であっても，相手方に対し損害賠償を請求できるのは，婚約を破棄する正当な事由がなかった場合に限られます。例えば，相手方が不貞行為を行った場合や，相手方が暴行，侮辱等を行った場合等には正当事由が認められやすいでしょう。家族の反対があったというだけでは容易に正当事由ありとはされないものと考えられます。いずれにしても，上記事例のように単に恋愛感情が冷めたという場合には正当事由とは認められないでしょう。

また，正当事由がなく，したがって婚約の不当破棄である場合には，婚約破棄と相当因果関係がある損害の範囲も問題となります。上記事例にお

いては，婚約式・挙式の準備はなされておらず，また結婚生活の準備もなされていませんので，もっぱら精神的損害（慰謝料）をどう考えるかが問題になります。

　このように，上記事例でも，婚約の不当破棄にあたる場合は，婚姻を強制されることまではされないものの，慰謝料等を支払う義務が生じることになります。

(2)　**婚約成立の判断基準と裁判例**

ア　婚約とは

　では，次に，いかなる場合に，婚約が成立するかについて検討します。

　婚約は，当事者の意思の合致により成立します。判例は，誠心誠意，将来夫婦になることを約束すれば婚約が成立するとしており，結納の授受等の一定の形式は必ずしも婚約成立には必要ではありません。

　とはいえ，結納の授受等がある場合には婚約が成立しているとの判断が比較的容易ですが，そのような形式がない場合には，婚約の成立が認定されるのか，判断が困難な場合が多くあります。

イ　婚約の成否に関する裁判例

　では，どのような事案であれば，婚約の成立が認定されるかということになります。これについては，実際の裁判例で婚約の成否が争われた事例を概観することによって，検討したいと考えます。

　なお，このような問題は時代によって判断基準が微妙に異なる可能性はあるのですが，公刊されている裁判例が必ずしも多いわけではありませんので，古い時期の裁判例についても紹介いたします。

---

①　**前橋地判昭和25年8月24日下民集1巻8号1328頁【否定】**

　5回くらいにわたって情交関係を結び，男が女に対し，将来夫婦になることを心から求める手紙を送り，また将来夫婦となるべきことを語りあったとしても，恋愛関係にある男女の睦言というべきであり，男が当時まだ16, 7歳であり，男女とも女の懐妊まで双方の親に秘密にしており，関係を知った男の母が反対し簡単に男が関係を断ったことを考え併せれば，誠心誠意をもって終生の結合を誓う婚姻予約が成立したものとは認められない

としました。
② 大阪地判昭和26年5月15日判タ13号76頁【否定】
　前後6，7回にわたって情交関係を継続し，第2回目の関係の前に「親が反対しても一緒になる」と話し合ったものの，将来についての話し合いはこのときのものにとどまる事案において，結婚の話し合いがどれほどの真面目さで語られ，受け取られたか疑問であるとし，閨房の睦言の類を出ず，真剣に将来婚姻することを約束したとは認められないとしました。
③ 東京高判昭和28年8月19日東高民時報4巻4号118頁【否定】
　婚姻の申込みに対し承諾したとはいえ，若い男女間にはありがちなことで，双方の一時の情熱に浮かされた行為で，誠心誠意をもって将来夫婦たるべき合意が成立したものと認め難いとし，当事者のした約束は未だ法律的保護に値する程度の確実な婚姻の予約とは判断し難いとしました。
④ 最判昭和38年9月5日民集17巻8号942頁【肯定】
　女が男の求婚に対し，真実夫婦として共同生活を営む意思で応じて婚姻を約した上，長期間にわたり肉体関係を継続した事案で，双方の婚姻の意思が明確な場合，たとえその関係を両親兄弟に打ち明けず，結納，同棲をしなかったとしても，婚姻予約は認められるとしました。
⑤ 最判昭和38年12月20日民集17巻12号1708頁【肯定】
　互いに将来夫婦となることを約して肉体関係を結び，その後も情交を重ね，双方の両親もこれを黙認していた場合，男がなお学業を継続しなければならない状態にあったとしても，当事者が当初，肉体関係を結ぶに当たって真面目に婚姻予約を締結していたものとしました。
⑥ 東京地判昭和40年4月28日判時417号50頁【否定】
　婚約は結婚当時当事者双方が真実将来結婚する意思を有していたことを要件とするとした上で，男が，将来結婚する意思を明らかにするような行動をとって情交関係を継続しながら，他方当初から女と結婚する意思を有せず，さりとて情交関係を断絶することにも未練が残り，その場その場を糊塗してきたような場合，婚姻予約の成立を前提として請求を行うことはできないとしました。
⑦ 東京高判昭和43年3月5日東高民時報19巻3号55頁【肯定】
　当事者の間には，外形上，通常の婚約者にみられるような生活上の目新しい出来事こそはなかったが，長期間にわたって深められ確かめられてきた両人の精神上の交わり，エンゲージリングの贈与，友人らになされた婚約の公示，他方の母，姉によってなされた婚約の認容等を伴っているから，

婚約の当事者は互いに誠心誠意交際し将来夫婦となるよう努める義務を負うとしました。
⑧　東京地判平成6年1月28日判タ873号180頁【肯定】
　　高校時代から男女関係にあり，その後同居していた男女について，婚約者であると周囲に紹介していたこと，女性が男性の祖母の葬儀に出席し婚約者と紹介されたこと，1年近く夫婦同然の生活をしていたことから，婚約成立を認めました。
⑨　仙台地判平成11年1月19日判時1704号120頁【否定】
　　男女とも互いに結婚の気持ちを有していたとはいっても，具体的な形で婚姻を約したわけではないし，双方とも知り合って4か月余の時期であり，両親に結婚の話をしていたわけでもないことなどからすれば，どこまで確実な合意といえるかは疑問が残るとしました。

ウ　裁判例の評価
　上述しましたように判例は当事者の意思の合致のみをもって婚約の成立を認めます。ただ，当事者の意思を認定するには，それが誠心誠意をもって，確実になされたものである必要があるようです。上記裁判例のうち①ないし③は，口頭では婚姻の約束があっても，その他の周辺事実も勘案して，誠心誠意をもって婚約が成立したものとは認められない，としています。身分関係を決定する重要な法律行為である以上，「男女の睦言」という程度では足りず，誠心誠意の確実な約束であることが要求されているものと考えられます。
　また，婚約の成立を認めた裁判例も，単に当事者間の口頭の合意内容のみから判断するのではなく，当事者間の交際状況，会話の内容，結納や婚約指輪の授受，結婚に向けた具体的な準備や予定，親族への紹介・認容，友人等への公表等の諸般の事情をも踏まえて，誠心誠意の確実な約束であったかどうかを認定しているようです。
　なお，学説においては，儀式その他慣行上婚約の成立と認められるような外形的な事実が全然ない場合に，婚約の成立を認定するには相当慎重でなければならないとの指摘もなされています（青山道夫ほか編『新版注釈民法⑵』（有斐閣，1989）280頁）。

4 実際の解決までの実務

(1) 事案の検討

さて，冒頭の事例では，結納の授受等の儀礼的な行為はなされておりませんでしたが，口頭ないしメールで結婚に関する会話を行ったことがありました。

そのため，私は，結婚に関する会話が具体的にどのようなものであり，どの程度の頻度でなされたのかを男性から詳細にヒアリングを行い，また，メールや手紙の内容も確認しました。その結果，結婚に関する会話は具体性を欠き，結婚の予定が明確になっているわけでもない，さらに，結婚に関する会話自体が単発的で数少ないことが分かりました。

また，親族や友人には，婚約したという話は全くされていませんでした。

したがって，会話の中で「結婚」という言葉が出たことはあったものの，両者間では，誠心誠意夫婦になることが明確に合意されたものではなく，交渉決裂して訴訟になった場合でも，婚約の成立が認定される可能性はほとんどないと考えられました。

(2) 実際の交渉と解決

そして，交渉においては，この事例では婚約はそもそも成立していないことを女性に説明し，男性としては結婚に応じる気持ちはないし法律上もそれを強制することはできないこと，また，婚約がそもそも成立していない以上，慰謝料を支払う義務もないと回答しました。

女性としては，婚約がそもそも成立していないことは概ね納得してくれたものの，当初は，まだ感情的におさまりがつかない様子でした。他方，男性としては，女性との紛争を早期に解決したいとの意向が強く，また，調停や訴訟まで行うことになれば，解決までの時間が長引く上，労力やコストもかかることが見込まれました。

このような両当事者の意向を踏まえ，結局，男性が女性に対し解決金という名目で数十万円の金銭を支払った上，交際中の出来事に対し謝罪の意を表することとし，あわせて，婚約が成立していないこと，双方に債権債務がないことを確認する内容で，合意書を取り交わして解決に至りました。

5 おわりに

　上述しましたように，婚約の成立が認められるためには，「男女の睦言」以上の誠心誠意の確実な約束があったと言えるだけの具体的客観的事情が必要ですから，そういった事情がなかなか認められない本件では，婚約が成立しているとはいえません。しかし，在学中から交際をし，その間には妊娠中絶も経験した女性からすれば，男性側のいわば一方的な心変わりは許せない，という心情もある程度理解できるところであります。この場合，婚約は成立していないと法律論だけで女性の申出を拒絶するのではなく，女性の心情にも配慮しつつある程度の解決金を交付することは，早期解決のためにも必要なものといえるでしょう。

　以上，簡単ではありますが，婚約の不当破棄について具体的事例に基づいて紹介いたしました。

【プライバシー保護のため事例の内容は変えております。】

第2章
DVに関する法律相談

DVに関する相談を受けるときのポイント

1 相談者がDVの被害者であることを意識して接する

　DV被害者には，家庭内という閉鎖的な空間で，特に夫から長期にわたって陰湿な身体的，精神的虐待を受けてきた人達が多く，精神的にも相当に疲弊した状態で相談に来られます。

　相談者は精神不安定やうつ状態であることも多く，また，配偶者からのDVが被害者自身に原因があると思い込み逡巡した末，一大決心の下に相談に来る人もいます。

　特に女性相談者の中には，男性不信になっている人も見受けられます。

　したがって，DV被害者からの事情聴取にあたっては，法的アドバイス以前に，被害者との信頼関係の醸成を優先させ，そのためには，被害者にできるだけ状況を自由に説明してもらい，弁護士としては，その説明を真摯に聞く態度が必要で，被害者の説明を中途で遮ったり，否定的発言をすることは避けるべきでしょう。

　被害者の話を真摯に聞くだけでも，被害者は安心し，弁護士を自分の味方と考えてくれるようになります。

　最後に，この弁護士に依頼し，「一緒に」相手と戦っていこうと考えてもらえれば，相談はスムースに進むでしょう。

2 相談の場で緊急に取るべき方策を指示し，実行してもらう

　DVは，同居者が加害者であることから，相手方との別居がまず取るべき方策となります。相談者の中には，当日夫の暴力に耐えられずに家を飛び出してきて，顔を腫らしたまま来所する人もいます。したがって，居住先の確保のアドバイスを求められることも多く，いくつかの選択肢をその場で提示する必要があります。具体的には，実家，友人宅への避難が多いのですが，場合によっては公的なシェルターの紹介も必要です。

相手方は，相談者に対して，ストーカー的な行動を取ることも多いので，相手方に避難先が分からないようにする方策のアドバイスや，場合によっては早急に弁護士から相手方へ受任通知を発送することも必要です。弁護士としては，相手方との間で早期の面談の日程を設定し，相手方と面談して「相手方との間」に人間関係を構築することで「相手方の感情」を和らげ，いたずらな紛争の拡大を防ぐことも考えるべきです。

　また，相談者と弁護士とが常に連絡を取れるようにしておくことはもちろんですが，緊急時における弁護士の対応には自ずと限界があるので，相談者には，現実的には警察の援助が必要であり，できればその足で避難先の警察署への相談を勧めることも必要でしょう。その際には，警察署では女性の被害者には女性警察官が対応してくれることも説明しておくと良いでしょう。これらの対応は，ストーカー行為に対する対策と同じです。

3 法的手続を取る際の相手方からの被害を防ぐ対策を説明し，法的手続に進むことの不安を解消する

　被害者に対して，弁護士が今後取っていく方策をそのスケジュールと一緒に具体的に説明することになりますが，被害者は，相手方との接触を忌避する傾向が極めて強いので，相手方との接触を避ける対策も説明し，法的手続への進行を躊躇させないようにします。

　相手方は，あらゆる方策を取って被害者に接触しようとします。実家はもちろん，友人にも，被害者の避難先を教えないように注意しておくこと，住民票は移動しないこと，郵便の転送先も実家とするなどの具体的アドバイスも必要です。弁護士に依頼したことを相手方に知らせた後は，相手方からの電話やメールは着信拒否とし，その代わりに弁護士から相手方に早期かつ積極的に接触していくべきです。

　離婚調停の申立てに際しては，書記官と事前に相談して相手方と被害者が裁判所内で接触しないように配慮してもらうこと，離婚裁判では，証人尋問に際して裁判所に対し警備の要請をすることも必要で，被害者に裁判所が取るであろう具体的対策を説明して，法的手続に入ることの不安を解消するよう努めるべきです。

第2章　DVに関する法律相談

事例6　ドメスティック・バイオレンス被害者への対応

婚姻後に夫から継続的な暴力等の被害を受けてきた妻が，耐えきれず子供を連れて家から逃げ出したところ，生活費にも困り，また別居後も夫から執拗な嫌がらせを受けている事案

● 概要図

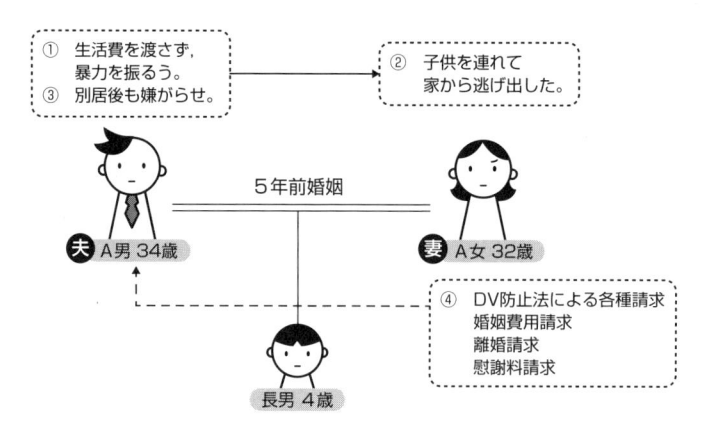

```
①  生活費を渡さず，
    暴力を振るう。              ②  子供を連れて
③  別居後も嫌がらせ。              家から逃げ出した。

    夫 A男 34歳  ———5年前婚姻———  妻 A女 32歳

                                  ④ DV防止法による各種請求
                                    婚姻費用請求
                                    離婚請求
                                    慰謝料請求
           長男 4歳
```

はじめに

　平成23年中に全国の警察が被害届や相談で認知したドメスティック・バイオレンス（以下「DV」といいます。）は3万4,329件で，年間統計を取り始めた平成13年以降で最多となりました（警察庁調べ）。全国の配偶者暴力相談支援センターに寄せられる相談件数も年々増加しています（平成21年度7万2,792件，平成22年度7万7,334件，平成20年度8万2,099件。内閣府男女共同参画局調べ）。さらに，平成19年に改正された「配偶者からの暴力の防止及び被害者の保護に関する法律（以下「DV防止法」といいます。）」が平成20年1月に施行されて被害者保護の拡充が図られたこともあり，平成20年度中の接近禁止等保護命令事件の認容数も前年比13.2％増の2,534件と大幅に増加し，その後も毎年2,100～2,400件の認容数で推移しています（最高

裁判所調べ)。

　この点，総務省は，平成21年5月，DV防止法に基づく行政機関の対策につき不十分とする政策評価を公表し，内閣府など6府省に対して，自治体へのDV対策に関する情報提供や助言，要請などを進めるよう改善を勧告しています。

　しかし，DV被害の相談を受ける弁護士等職務関係者の認識が深まっているとは言えず，相談時の対応による二次被害のおそれも否定できません（参照　内閣府男女共同参画局「配偶者からの暴力の被害者対応の手引～二次的被害を与えないために～」）。

　そこで今回は，DV被害の具体的事例をもとに，DV被害者への対応について，掘り下げて考えてみたいと思います。

1　事例の概要

(1)　結婚までの経緯

　Aさん（32歳・主婦）は，夫（34歳・中小企業のサラリーマン）と子供1人（長男4歳）の3人家族，東京都内のアパートに住んでいます。Aさんは，もともと夫の勤務先でアルバイトをしていましたが，職場内で夫と知り合って交際し，約5年前にいわゆる「できちゃった結婚」をしました。

　夫はどちらかというと内向的なタイプで，結婚する前はそれがむしろ可愛らしく思えたほどですが，いざ結婚・同居してみると，それまで知らなかった夫の身勝手で粗暴な性格が明らかになってきました。

(2)　夫からの暴力と長男の誕生

　夫は，結婚・同居当初から，仕事から帰ってくると，あまり口をきかずに，Aさんが用意した夕食を食べて，ゲームばかりやっています。休日はパチンコばかりです。Aさんに内緒で消費者金融などからも借金があるようです。生活費は毎月夫から手渡されますが，生まれてくる子供や生活費のことを相談しようとすると，急に不機嫌になって，Aさんのほうにお茶碗を投げつけたり，大声で怒鳴ったり，突き飛ばされて殴られたりすることが，ほぼ毎日続きました。長男が生まれると，夫は更にイライラしてAさんに当たるようになりました。長男の夜泣きがうるさいと夫が怒るので，

真夜中でも家の外であやすことが何度もありました。夫は長男が高熱を出したときですら知らん顔で、病院への送迎も何も手伝ってくれません。それどころか、少しでもＡさんが不満を述べようものなら、逆上して、Ａさんを怒鳴り散らし、馬乗りになって顔面を殴られることすらありました。

　このようにＡさんや家族には酷い仕打ちをする夫ですが、そんな仕打ちの後ほど妙に優しく謝ったり諭すような態度を取ってきます。仲が良くなれば、求められるままに夫婦関係もありました。もともとＡさんも夫のことが好きで結婚したので、優しくされると嬉しかったですし、酷い仕打ちをされたこともだんだん許せるようになり、それどころか、むしろ夫を怒らせた自分が悪いかのように思い込んでいました。

　それでも、仲の良い期間は長く続かず、夫は些細なことを見つけては、すぐにＡさんに怒鳴り散らしたり、暴力を振るうなどの酷い仕打ちの繰り返しでした。Ａさんは自分さえ謝れば夫と仲良くできると思い、いつもビクビクと夫の御機嫌を伺い、謝ってばかりでした。

(3)　**暴力のエスカレートから別居へ**

　そのうちに、夫の勤務先の経営状態が傾き、夫の給料や賞与も減額されてしまったので、夫から渡される生活費も少なくなってきました。Ａさんは夫の収入だけでは家計が苦しいので、家事や子育てと並行して、パートの仕事を始めました。しかし、夫はまるで家事や子育ての協力をしてくれず、暴力の頻度や度合いも増してきました。

　そしてついに、先日、Ａさんが思わず夫のパチンコや借金についてなじったことから、夫は逆上し、台所から包丁を持ち出し、大声で怒鳴りながら切りつけてきたので、Ａさんは驚いて、長男を連れて着の身着のままで友人宅に駆け込み、かくまってもらっています。

(4)　**別居後も続く執拗な嫌がらせ**

　夫は、別居後もＡさんの実家・勤務先・長男の学校にまで徘徊し、Ａさん母子の様子を伺っているようです。一日に何十件もメールをしてくることもありますが、その内容は「お前をいつも監視しているぞ」とか「ぶっ殺してやる」とか「どんな手を使ってでも子供を奪い返してやるからな」など怖い内容ばかりです。また、４か月に一度約２万円の児童手当が夫の

口座に振り込まれ続けていますが、夫は生活費を送ることもありません。Aさんは怖くて、どうしたら良いか分からず、自分ばかりを責めています。そんなAさんを見かねて友人がAさんを連れて弁護士に相談しました。

> **本相談のポイント**
>
> ① DV被害者からの相談を受ける際には、DV被害者が配偶者等からの暴力等により心身ともに傷ついていることに十分留意し、二次被害を与えないように注意する。
> ② DV被害者や子供が、現在も暴力等の被害に遭っているか、今後遭う危険性があるか、住む場所や生活費が確保されているか、緊急性の度合いを確認し、DV被害者の安全確保を最優先する。
> ③ 警察や配偶者暴力相談支援センターへの相談の有無を確認し、併行して行わせる。

2 受任に際しての注意点（二次的被害を生じさせないための心構え）

(1) DV相談の特殊性

　DVは、夫婦という特別な関係の間の暴力であるために潜在化しやすく、しかもその重大性について加害者の認識が薄いという傾向があるので、周囲も気づかないうちに暴力がエスカレートし、被害が深刻化しやすいという特殊性があります。

　そのため相談者は主訴として「DV被害」を明確にして相談に来るとは限りませんので、問題の背景としてDV被害の可能性があることを見抜いたら、少なくとも相談を受ける側が二次的被害を与えないように心がけなければなりません。

(2) 控えるべき対応

　例えば、①相談者の話をじっくり聞かず、ふんぞり返ったり、イライラしながら話したり、「あなたは〜すべきだ」などと高圧的に決めつけるような言動は、DV被害を受けてきた相談者に更なる精神的苦痛を与えるこ

とになりかねません。また，②DV加害者と相談者とは，仲の良い時期と加害時期を繰り返しながら，被害が深刻化していくという特質があることを理解せず，「長男を産んでいるし，その後も夫婦関係もあるなら仲は良いのではないか？」「少しくらいの暴力も愛情の裏返しだ。」などと無神経な回答をすることも絶対に避けるべきです。さらに，③DV加害者からの暴力に耐えかねて家から逃げ出した相談者に対して，相談者が望んでもいないのに，「夫婦のことだから，もう一度家に戻って話し合って下さい。」などと，被害者の安全確保を度外視した回答をすることも非常に危険ですので注意が必要です。

(3) DVに当たらない事案

ただ，相談者の中には，夫婦の問題が単に「性格の不一致」に過ぎなかったり，DVとはとても言えないような場合であるにも関わらず，自分を正当化したいがために大袈裟にDV被害者であることを訴える人もいます。このような場合であっても頭ごなしに相談者の主張を否定することは厳に慎むべきであり，優しく「DV」の定義から説明し，後日予想される裁判手続において自己の主張を基礎付ける証拠が必要となることを懇々と説明するしかないでしょう。

(4) DVの定義の把握

そこで弁護士等相談を受ける側も「DV＝配偶者からの暴力」の定義をキチンと把握しておく必要があります。すなわち，DV防止法においては「DV＝配偶者からの暴力」とは「配偶者からの身体に対する暴力（身体に対する不法な攻撃であって生命又は身体に危害を及ぼすものをいう。）又はこれに準ずる心身に有害な影響を及ぼす言動（以下「身体に対する暴力等」と総称する。）」を指します。単に意地悪をされ続けたとか，経済的に困窮させられたとかといった場合は，広い意味でのDVには含まれますが，DV防止法におけるDVには該当しません。

3 相談者への説明

本件においては，AさんはDV被害に遭っているにも関わらず，夫の支配下に置かれているがゆえに，これがDV被害であることをも深く認識せ

ず，自分を責めています。

　弁護士は，Aさんに対して，「夫の暴力は明らかな犯罪であること」，「Aさんが悪いから暴力を振るわれているわけではないから，自分を責める必要がないこと」，「別居後も執拗に嫌がらせをする夫の行動を法的に抑制する必要があること」，「子供のためにも，住む場所や生活費の問題を法的に解決するべきこと」，「その後，落ち着いて離婚について法的請求をするべきこと」等，Aさんが置かれているDV被害者という立場や今後の手続等の流れを優しく説明してあげる必要があるでしょう。

　その上で，弁護士は，Aさんの住む場所の確保やその後の生活再建のために，配偶者暴力相談支援センターに連絡し，また，夫からの危険の排除のために必要であれば警察に相談し，かつ，DV防止法上の保護命令申立てを行い，さらに，夫との離婚手続を進めていくことになります。

4　配偶者暴力相談支援センター

　DV防止法3条に基づき，都道府県に必ず1か所は設置されており，市町村にも設置することが努力目標とされています。もともと売春防止法上設置されていた婦人相談所等が同センターとしての機能を合わせ持つこととされており，DV被害の相談，心理学的・医学的判定・指導や一時保護（シェルター）だけでなく，就業の促進，住宅確保，教育扶助・生活保護等の援護，DV被害証明書の発行なども業務として行っています。

　本件においても，着の身着のまま逃げ出してきたAさん母子の一時的な居住場所を提供し，DV被害の相談やカウンセリングを実施してくれました。

5　DV被害に関する警察の対応

　警察は，DV被害が起こる前段階の夫婦間や男女間の困りごとに関する電話相談（警視庁：03-3501-0110）から始まり，実際の110番通報等に基づく暴行脅迫等の犯罪の検挙はもとより，裁判所の保護命令の発令への協力（DV被害者からの相談対応票を提出する等），発令後に受ける通知によるDV被害者及び加害者の把握，保護命令違反に対する刑事事件としての対応，

DV防止法でカバーできない範囲の犯罪行為に対する対応等を行い，幅広くDVにまつわる被害に対応します。

なお，後述のとおり，DV被害者が配偶者暴力相談支援センターや警察にDV被害の相談に行かずに保護命令を得ようとする場合，公証人の認証があるDV被害者の宣誓供述書の提出が必要となり（DV防止法12条2項），煩雑です。そこで，DV被害の相談を受けた弁護士は，DV被害者が配偶者暴力相談支援センターや所管の警察署の生活安全課にDV被害の相談に行ったかどうか確認し，行っていないようであれば速やかに相談することを勧めるべきでしょう（なお，事前に警察署の生活安全課に電話して，DV被害の相談に行く旨伝え，女性警察官を配置するよう依頼することも可能です。）。

このDV防止法の要件である「相談」には電話相談は含まれませんが，DV被害者が代理人を通じて相談した場合も含むと考えられています。

一昔前ですと，警察に相談に行っても「家庭内の揉めごとを持ち込むな」という冷淡な対応をされることがしばしばあったようですが，警察の対応不備が原因で重大事件が発生することを未然に防ぐために，現在では比較的積極的に対応してくれるようです。

6　DV防止法に基づく保護命令

保護命令とは，被害者の生命又は身体に危害が加えられることを防止するため，裁判所が被害者からの申立てにより，身体に対する暴力や生命等に対する脅迫を行った配偶者に対し，一定期間，被害者又は被害者の子や親族等へのつきまとい等の禁止や，被害者とともに生活の本拠としている住居からの退去などを命じるものです。

(1) **保護命令の種類**

保護命令には，以下の5種類があります。①の被害者への接近禁止命令を基本としながら，事案ごとに必要に応じて組み合わせて申し立てることになります。

> ① 被害者への接近禁止命令
> 　　6か月間，被害者の身辺につきまとい，又はその通常所在する場所の付

近をはいかいしてはならないことを命じます。

② 被害者への電話等禁止命令

被害者への接近禁止命令期間中、面会要求、無言電話・連続メール、その他の行為（監視していると思わせるような言動をする。著しく粗野又は乱暴な言動をする。汚物・動物の死体等著しく不快・嫌悪の情を催す物を送りつける。名誉を害する言動をするなど。）をしてはならないことを命じます（平成19年改正により拡充）。

③ 被害者の子への接近禁止命令

被害者への接近禁止命令期間中、被害者の同居している子の身辺をつきまとい、又はその通常所在する場所の付近をはいかいしてはならないことを命じます（平成16年改正により拡充）。

④ 被害者の親族等への接近禁止命令

被害者への接近禁止命令期間中、被害者の親族その他被害者と社会生活において密接な関係を有する者の身辺をつきまとい、又はその通常所在する場所の付近をはいかいしてはならないことを命じます（平成19年改正により拡充）。

⑤ 退去命令

2か月間、被害者とともに生活の本拠としている住居から退去すること及びその住居の付近をはいかいしてはならないことを命じます。退去命令が効力を生じると、可及的速やかに退去しなければなりません。いったん出て行った後に戻ってきても、命令違反となります。

(2) **保護命令の要件（DV防止法10条）**

ア 実質的要件

```
配偶者からの身体に対する暴力を受けた者
            が　配偶者からの更なる身体に対する暴力→
配偶者からの生命等に対する脅迫を受けた者
            が　配偶者からの身体に対する暴力→
（離婚・婚姻取消後に、配偶者であった者から引き続き受ける暴力も含む。）
→により、生命又は身体に重大な危害を受けるおそれが大きいとき
            （ □ ＝枠囲み部分は「被害者」を示す。）
```

「被害者」とは，「配偶者からの身体に対する暴力又は生命等に対する脅迫を受けた者」に限られ，単にこの「配偶者」には事実婚の場合も含みますが（DV防止法1条3項），単なる恋人同士は含みません（別途刑法やストーカー行為等の規制等に関する法律等により対処されることになります。）。「暴力」は刑法上の暴行罪・傷害罪の構成要件に該当するような行為であり，「脅迫」は刑法上の脅迫罪に当たるもののうち「生命又は身体に対し害を加える旨の告知」です。これに当たらない精神的暴力や性的暴力を受けていても該当しません。

　さらに，③「同居の子」への接近禁止命令については「配偶者が幼年の子を連れ戻すと疑うに足りる言動を行っていることその他の事情があることから被害者がその同居している子に関して配偶者と面会することを余儀なくされることを防止するため必要があると認めるとき」である必要があります（当該子が15歳以上である場合には，その子の同意も必要です。）。

　また，④「親族等」への接近禁止命令については，「配偶者が被害者の親族その他被害者と社会生活において密接な関係を有する者の住居に押し掛けて著しく粗野又は乱暴な言動を行っていることその他の事情があることから被害者がその親族等に関して配偶者と面会することを余儀なくされることを防止するため必要があると認めるとき」であることが必要となります（親族等の同意も必要です。）。

イ　形式的要件

　警察又は配偶者暴力相談支援センターへの相談か，相談が無ければ公証人の面前において作成した宣誓供述書が必要となります。

(3) **保護命令の実効性担保**

　保護命令は，その違反につき刑罰（1年以下の懲役又は100万円以下の罰金。DV防止法29条）を科して実効性を担保する非訟事件の一種です。ただし，民事上の執行力はありません（DV防止法15条5項）。

　相手方が，保護命令違反を犯す場合には，すぐに警察に連絡をし，逮捕等の対応をしてもらうことになります。

⑷ 本件におけるあてはめ

ア 被害者であること

Aさんは，日頃夫から暴行脅迫を受けており，別居当日も夫から包丁で切りつけられています。そして，夫は一日に何十件も「ぶっ殺してやる」等のメールをし，Aさんの実家等をはいかいしており，更なる身体に対する暴力により生命又は身体に重大な危害を受けるおそれが大きいといえますので，「被害者」に当たります。

イ 接近禁止命令の申立て

夫は，Aさんの実家や勤務先をはいかいしていますので，①被害者への接近禁止命令を申し立てることになります。

ウ 電話等禁止命令の申立て

そして，夫はAさんに対して一日に何十件もメールをし，その内容が「お前をいつでも監視しているからな」，「ぶっ殺してやる」などというものですから，②被害者への電話等禁止命令も申し立てることになります。

エ 子や親族等への接近禁止命令の申立て

また，Aさんの実家や長男の学校の周辺をはいかいしたり，「どんな手を使ってでも子供を奪い返してやるからな」などと述べていますので，③被害者の子への接近禁止命令や④被害者の親族等への接近禁止命令を申し立てることになります。

オ 退去命令の申立て

さらに，Aさん母子は着の身着のまま家を飛び出していますので，洋服や生活必需品等を運び出す必要もあるでしょう。そこで，⑤退去命令も申し立て，2か月間の退去期間内に，それらの荷物を運び出すことになるでしょう。

⑸ その他の重要な問題

ア 生活保護の問題

DV加害者である夫が勤務先まではいかいするような場合，安全のために仕事まで辞めなければならないこともあります。確かに夫には別居後も妻子の扶養義務はありますが，DVのケースでは婚姻費用を請求す

ることが困難なことが多いです。それゆえ，このような場合，離婚が成立していなくとも生活保護の申請が可能な場合があります（なお，被害者保護のため，DVのケースにおいては，扶養義務のある夫に確認の連絡等はなされない取扱いとなっています。厚生労働省通知「生活保護法による保護の実施要領の取扱いについて」）。申請が可能かどうか，また具体的な金額は個々の事案によって様々ですので，お近くの市区町村役場や福祉事務所に相談するとよいでしょう。

イ　児童扶養手当の問題

　離婚が成立していなくとも，父親から「引き続き1年以上遺棄されている児童」については支給されます。この「遺棄」については，母が子を連れて家出した場合であっても，父の酒乱，暴力行為，女性関係，犯罪行為，借金，ギャンブル狂等のため，父の監護意思及び監護事実が客観的に認められず，かつ母に離婚の意思がある場合には，仮に父の居所が判明していて，税法上母子が父の扶養家族の取扱いをされている場合であっても，「遺棄」に該当するとされていますので（厚生労働省通知「児童扶養手当の遺棄の認定基準について」昭55・6・20児企25号通知），DV被害者が子供連れで家を出て，離婚の意思が明らかであれば「遺棄」に当たるでしょう。申請が可能かどうか，また具体的な金額は個々の事案によって様々ですので，お近くの市区町村役場に相談するとよいでしょう。

ウ　住民票や戸籍の附票の取扱いについて

　「住民基本台帳の一部の写しの閲覧及び住民票の写し等の交付に関する省令」及び「戸籍の附票の写しの交付に関する省令」の一部が改正され，平成16年7月1日から，DV被害者やストーカー被害者からの申請があった場合には，加害者からの住民票や戸籍の附票の閲覧交付申請を，1年間，役所が拒否できるようになりました（加害者を代理する弁護士等からの請求も同様です。なお，延長も可能です。）。

　ただ，この取扱いは完全ではないですから（加害者が第三者を通じて取得することは防げない，裁判上の書類には住民票上の住所が掲載されるなど。），この取扱いを受ける場合でも，加害者に知られても構わない住所地に住

民登録したほうが無難でしょう。
エ　健康保険について
　　多くの場合，DV被害者は子供とともに加害者である夫の扶養家族として健康保険給付を受けていますので，別居後，病院にかかった場合，医療費の請求が加害者の健康保険組合に届き，DV被害者がかかった病院が加害者に知れてしまいます。
　　そこで，加害者の健康保険が国民健康保険の場合には，世帯分離をすることによって妻名義の健康保険を取得することが可能です（DVの場合には，住民登録が無くても現住所がある役所で取得可能です。）。
　　また，加害者の健康保険が社会保険の場合には，被害者が自分の勤務先の社会保険に入ることにより自ら健康保険証を取得できます。そうではなく国民健康保険に入る場合には，加害者である夫に資格喪失手続の協力を求めるのは困難ですから，配偶者暴力相談支援センターの証明書等の公的証明書を提出して，職権による資格喪失手続を取ることも可能です（厚生労働省通知「配偶者からの暴力を受けた者に対する被扶養者資格の取扱いについて」）。
オ　子供の学校について
　　DV被害者の子供は，住民登録をしていなくとも，居住地域の学校に通うことができます。もしも，加害者である夫から以前の学校に問い合わせ等があっても，以前の学校関係者はDV防止法23条1項「職務関係者」に当たり，被害者の安全確保や秘密保持に配慮する義務を負いますので，転校先を回答されることはないでしょう。

7　おわりに　〜その後の手続〜

　Aさんは，その後，代理人弁護士を通じて，夫に対して婚姻費用を請求しましたが，夫は「勝手に出て行ったくせに，金を払えとは何事だ」と争ってきましたので，結局，婚姻費用請求調停を申し立て，これによってようやく解決されました。
　次に，Aさんは，夫に対して，離婚調停を申し立てましたところ，夫は「自分は全く悪くない。離婚に至ったのは，Aが家事・炊事・育児を疎か

にしたからである。親権者には自分が相応しい。実家の母親が面倒をみてくれる。」などと争ってきましたので，調停は不調に終わり，離婚訴訟を提起しました。そして，最終的には勝訴判決を得て，解決することができましたが，弁護士に相談してから解決するまでに約2年の期間が経過しました。

　このようにDV案件は，離婚の問題を含めて全面解決に至るまでには，長い時間と多大な労力が費やされることが多いですので，受任の際には，相談者に解決までのおよその期間と，解決できるかどうかの見通しを説明しておいたほうが良いでしょう。

【プライバシー保護のため事例の内容は変えております。】

事例7 暴力を振るう夫との法廷対決

夫から度重なる暴力を受けている妻から，夫と離婚をして，子の親権も持ちたいとの相談を受けたが，調停等で顔を会わせることも困難な場合の事例

●概要図

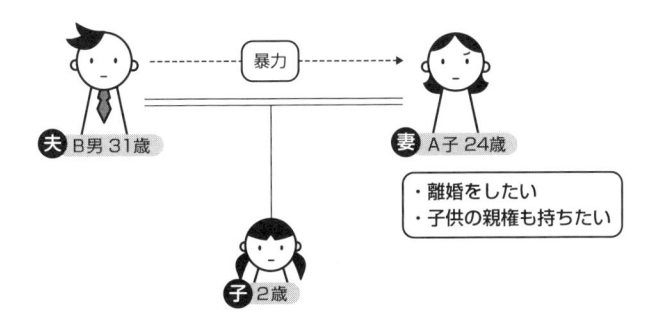

夫 B男 31歳 ──暴力──→ 妻 A子 24歳
・離婚をしたい
・子供の親権も持ちたい

子 2歳

はじめに

　夫からの暴力に耐えかねて離婚を思い至るが，子供を抱えての居所など経済的事情，裁判で夫と直接対峙することへの恐怖などから決断を躊躇している場合が多いと思われます。本事例は，婚姻中に夫から度々暴行を受け，夫に対して恐怖心を抱くようになった妻からの離婚並びに親権者指定の裁判において，第一審が，通常の場合には法廷で行われる当事者本人らの尋問を行わないまま結審して，妻からの請求どおりに当事者の離婚を認め，かつ，子の親権者を妻と指定する判決をしたのに対し，控訴審では当事者本人らの尋問が必要であるとして法廷内警備の措置を講じた上で当事者双方の尋問を行った上，第一審の結論を支持した事案です。

1 事例の概要

　A子さんは，地方から上京して，弟さんと一緒に住んでいました。その

うちに，近所に住むB男さんと知り合うようになりました。B男さんは実家の家業を手伝っており，B男さんの父親は既に亡くなっていて，実家の仕事はB男さんと母親とで行っているという環境にありました。

　A子さんはB男さんと親しく交際するうちに妊娠したことが分かりました。そうしたところ，B男さんから結婚を申し込まれるようになりました。しかし，B男さんは粗暴な性格で，特にお酒を飲むとその気性の荒さが一層ひどくなり，A子さんは交際中から殴られたり蹴飛ばされたり，ある時は包丁を持ち出して暴れるなど，その他様々な仕打ちを受けたことがあったので，B男さんとの結婚には気が進みませんでした。しかし，再三にわたってB男さんから結婚を申し込まれ，また，子供が生まれれば気性も変わるであろうと期待もして，結局断り切れずに結婚することになりました。交際をはじめてから2年ほどで，A子さん22歳，B男さん29歳の時でした。A子さんは男の子を無事出産し，結婚後は，B男さんの実家に，B男さんの母と同居することになりました。

　後で分かったことなのですが，B男さんは一時期暴力団の組員であったことがあり，暴力沙汰で何回か警察に逮捕されたこともありました。

　結婚後も，また子供が生まれてからもB男さんの性格は変わらず，自分の母親にまで暴力を振るう始末で，母親は近所に住むB男さんの妹夫婦のところへ身を寄せるようになりました。

　母親が家を出た後は，B男さんの態度はさらに乱暴になり，A子さんもたまらずにB男さんの母親が身を寄せているB男さんの妹夫婦のところへ避難したりするようになりました。そうすると，妹さんのところへB男さんが押しかけて来たりするので，A子さんや母親はその場所からも一時逃げ出すことが何度かあったようです。不幸なことにA子さんは事情があって，実家に帰ることもできない環境にありました。

　このような状況のもとで，A子さんはB男さんとの離婚を決断し，相談に見えました。結婚してから2年が経過していました。

事例7　暴力を振るう夫との法廷対決

本相談のポイント

① 夫が暴力を振るうため，協議離婚・調停離婚は困難であること。
② 夫からの暴力から逃れるため，妻の住む場所を直ちに確保すること。
③ 子供の親権についても勝ち取る必要があること。
④ 妻が夫と顔を合わせることなく，事件を解決する必要があること。

2　受任に際しての注意点（基本的な方針）

本事例では，後に述べるように協議離婚や調停離婚ではB男さんとの合意は得られないであろうと考えられました。また，B男さんからの暴力から逃れるために直ちに家を出て子供と一緒に住む場所を確保することを考えなければなりませんし，その後はB男さんにA子さんの居所を知られないようにもしなければなりません。さらに，A子さんのB男さんに対する恐怖心を考えると，後の手続でB男さんと顔を合わせることなく，離婚と子供に対する親権を勝ち取る必要があると判断されました。これらのことを念頭におきながら，以下に説明するような方法で事件解決にのぞみました。

3　裁判までのもって行き方

(1)　A子さんと子供の住む場所の確保

相談に見えたA子さんは，B男さんに対する恐怖心から，すぐにでも家を出たいと思い詰めていました。A子さんから話を聞くと，B男さんから受けた仕打ちはかなりひどいもので，また，B男さんの風貌は写真で見てもA子さんが言うように，いかにも暴力を振るうような様子に見て取ることができました。A子さんは，それまで子供のためと思って，ずっと耐えてきたのですが，B男さんから「子供を置いて出て行け。おまえの物は何もない。出て行かないのであれば，追い出してやる。」などと言われて，押し倒されたり，蹴飛ばされたりしたため，ようやく家を出て，離婚する

決意をしたようでした。

　そこで，A子さんはすぐに家を出る手立てを考え，知人に紹介された女性相談センターへ駆け込み，未就学の子を連れて，まず家を出ました。もちろん，行く先はB男さんには知れないように万全の注意を払って決行しました。家を出る時には文字通り着の身着のままという状態で，センターで数日を過ごしました。A子さんは，センターにいる間にセンターの協力も得て住まいを探し，また，パートの仕事を探すこともできました。A子さんの住まいは，上下一間ずつの2階建て一戸建てで，それからは東京にいた弟を呼び寄せて一緒に暮らすようになりました。

(2) 離婚の方法についての検討

　ところで，離婚をするには当事者間で話し合ってする協議離婚（民法763条）か裁判所の手続を利用する裁判上の離婚のいずれかの方法で行うことになります。裁判上の離婚には，訴えを提起して判決する場合（民法770条）と調停・和解で離婚する場合があります。しかし，本事案ではB男さんと話し合って協議離婚するということは難しいであろうと想像できました。B男さんが離婚に同意してくれるとは考えられないからです。そうなると裁判上の離婚をすることになりますが，それには調停前置（旧家事審判法18条，家事事件手続法257条，244条）といって，まず家庭裁判所で調停手続（夫婦関係調整事件）を行わなければなりません。この調停手続では，原則として当事者が決められた期日に家庭裁判所に出頭する必要があります。当事者本人の意思を確認する必要があるからです。

　しかし，A子さんが裁判所に出頭した場合，A子さんの身に危険が及ぶことが明らかですし，せっかくB男さんに内緒にしている居所を知られてしまうかもしれません（もっとも出頭時間をずらすという方法も考えられましたが，細心の注意を払うことにいたしました。）。

(3) 調停手続における戦略

　そこで，A子さんが家庭裁判所に出頭しないまま，調停手続を終えるということを目指しました。協議離婚の合意はもちろんのこと，調停手続での離婚の合意ができるとも考えられませんでしたので，裁判手続の前に調停手続を終えているという結果を残すことだけを考えました。調停前置で

すので，いきなり裁判手続を行うことはできません。調停手続を行ったけれども，合意が成立せずに調停が不成立で終了したということになってはじめて裁判手続に移ることができるのです。

　A子さんは，「B男さんと離婚する。二人の間の子の親権者をA子さんと定める。」として夫婦関係調整調停の申立てを行いました。調停を申し立てる場合，裁判所に提出する申立書に当事者の住所を記載しなければなりません。しかし，A子さんの場合には現在の住所を記載しては，せっかく居所をB男さんに分からないようにしてきたことが水の泡になってしまいます。そこで，申立書にはA子さんの住所として，以前B男さんと住んでいたB男さんの実家の住所を記載して裁判所に申立てをしました。また，通常，離婚の際には夫婦間の財産分与（民法768条）や慰謝料（民法709条）を求めることができますが，A子さんはとにかくB男さんと離婚できれば，それだけで良いと考えていましたので，これらの請求はしませんでした。

　B男さん側にも代理人として弁護士が就任し，B男さんはA子さんとの離婚には応じるつもりはないし，子供の親権者をA子さんと定めることにも合意できないという対応でした。B男さんは，どこで何をしているか分からないA子さんに子供を任せるわけにはいかないと言うのです。はじめから調停で合意ができるとは考えていませんでしたし，調停を終えて地方裁判所に離婚裁判を提起する（注：この事例は平成16年の人事訴訟法の改正前の事件ですので，離婚訴訟は地方裁判所に提起することになっていました。）予定でしたので，B男さんの対応は予想したとおりでした。

(4) **裁判所に一度も出頭することなく調停手続を行う**

　さて，そうなると次の裁判手続のことも視野に入れて考える必要がありました。裁判手続でもA子さんが裁判所に出頭しないまま，離婚と親権者の判決を勝ち取ることができるようにしなければなりません。そのために調停手続の段階で，しておくべきことはないかを考えなければなりませんでした。

　まず，進行している調停手続ではA子さんが出頭しなくても手続を進めてもらえるように調停委員や家庭裁判所の裁判官（審判官）を説得して了解を得ることができました。その上で，家庭裁判所調査官による調査（旧

家事審判規則7条の2，家事事件手続法261条）をお願いすることにしました。調査官はA子さんから事情を聞くために，一度目は，家庭裁判所でA子さんと直接面接して，これまでの経過などの事実聴取を行いました。これは，調査官の調査のための家庭裁判所への出頭で，調停期日ではありませんので，A子さんだけが呼ばれており，B男さんと顔を合わせる心配はありません。

　その後で，調査官は実際にA子さんの家を訪ねて，子供さんとの暮らしぶり等の事実調査を行いました。調査官とは，家からどのような物を持って出たかを聞かれたり，これから将来子供と二人で生活していく決意やこの先同じようなことを繰り返さないためにどうすべきかなど，およそ1時間にわたってかなり突っ込んだ話をしたようです。そうしているうちに，子供が保育園から帰ってきたので，調査官は，直接子供に話しかけ，「ママと何をして遊んでいるか，ママのごはんはおいしいか，ママのごはんで何が好きか」など色々と聞いたようです。

　裁判手続においてもA子さんを出頭させずに手続を進めることを考えておりましたが，A子さんが出頭しないままでは離婚原因はともかく，A子さんが子供の親権者としてふさわしいと裁判所に認めてもらうための証拠が足りないと考えました。そこで，離婚裁判の手続で家庭裁判所調査官による調査報告書を証拠として提出しようと考えたのです。

　申し立てた調停手続は2～3回行って合意が成立する見込みがないということで不成立として終了しました。もちろんA子さんは一度も家庭裁判所には出頭せず，代理人のみが出頭しました。

(5)　**第一審手続 ── 当事者尋問を行わずに裁判を終結させた**

　調停は不成立に終わりましたので，直ちに地方裁判所（当時）へ離婚と親権者指定の訴えを提起しました。訴状の住所は調停申立てのときと同じようにA子さんがB男さんと同居していた当時の住居表示にしました。

　さて，裁判が始まると，証拠書類等を当事者双方が裁判所に提出して争うことになります。証拠には文書（書証），証人，本人等があります。離婚事件では，夫婦の間がこじれてしまった原因が重要な争点ですので，夫と妻の双方を法廷で尋問して調べることになります。しかし，夫婦間のそ

れまでの出来事は大変長い時間と，それに伴って様々な出来事が生まれているので，これらを法廷で聞いていては，時間が足りません。そこで，「陳述書」といって，自分が言いたいことを書面にして裁判所に証拠として提出するという方法が採られます。しかし，陳述書の提出は，あくまで本人が直接法廷で述べることの補完的なものですので，陳述書を提出すれば，当事者本人が法廷に出頭しなくてもよいということになるわけではありません。陳述書を一つの証拠とした上で，法廷で当事者に対する尋問（本人尋問）を行い，その結果やその他の証拠に照らして離婚原因があるかどうかを裁判官が判断することになるのです。

　しかし，A子さんはB男さんを大変に怖がっており，どうしても法廷へ出ることはできないと言います。

　裁判所に事情を説明し，考えていたとおりにA子さんが書いた陳述書と家庭裁判所調査官による調査の報告書を証拠として提出することにしました（書式例「**調査報告書**」次頁参照）。もちろんA子さんの居所が分かってしまわないように差し支えのある箇所は全て黒塗りした上で証拠として提出しました。調査報告書にはA子さんが子供と平穏に暮らしていることが報告されていましたので，親権を勝ち取るためには有効な証拠であると判断したのです。実際に，調査官報告書は，家の中の様子を見て母子で暮らすためには十分な調度品が揃っていることが指摘されていたり，また，保育園から帰宅した子供との対話の様子が詳しく記録されていて，保育園からの連絡帳による子供の日頃の様子についても記載がなされており，「日焼けして，まるまるとした男児であり，照れながらも終始ニコニコしており，健康で健全に育っているように見受けられる。」と結んでいました。A子さんが親権を得るための有力な資料になったといえます。

　B男さんの代理人は当事者尋問を行わずに裁判を終結させることに対して大変に反対をしましたが，なんとか裁判所を説得してA子さんは法廷に出ることなく無事裁判を終えることができました。判決では，調査官の調査報告書などからA子さんの言い分が認められて，A子さんは離婚とともに子供の親権も勝ち取ることができたのです。

【書式例】調査報告書

調査報告書

家事審判官　○○　殿
平成○年○月○日

東京家庭裁判所
家庭裁判所調査官　○○　印

　　　事件の表示　　平成○年（家）第○○号
　　　当事者の表示　申立人　○○
　　　　　　　　　　相手方　○○
　　　受命年月日　　平成○年○月○日
　　　調査事項　　　期日間調査
　　　調査経過　　　○年○月○日　面接調査（於：当庁）
　　　　　　　　　　○年○月○日　面接調査（於：申立人方）
　　　申立人の実情　申立人は当職に対して次のように述べた
　　　　　　人定事項　　氏名
　　　　　　　　　　　　生年月日
　　　　　　　　　　　　本籍
　　　　　　　　　　　　住所
　　　　　　　　　　　　職業
　　　　　　申立人の主張　　１相手方と離婚したい
　　　　　　　　　　　　　　２親権者を申立人にする
　　　　　　申立人の生活史
　　　　　　婚姻に至経過と紛争の経過
　　　　　　婚姻生活の実情，紛争の経過
　　　　　　監護者指定の実情
　　　　　　現在の生活状況
　　　　　　子の状況等　申立人宅において子に面接したので，その状況を報告する。
　　　　　　　　　　近隣や住居の状況
　　　　　　　　　　面接の状況
　　　　　　　　　　子の生活状況について
　　　　　　　　　　　保育園からの連絡帳をもとに

(6) 控訴審の手続① ─ 高等裁判所からの本人尋問の要求

　A子さんの求めたとおりの結果になったので，A子さんも本当に喜んでいましたし，私も安堵しておりました。

　そうしたところ，B男さんから第一審の判決を不服として高等裁判所に控訴が提起されました。高等裁判所から私のところに連絡があり，A子さんからの委任状を高等裁判所に提出して，私宛に控訴状と期日呼出状が送達されるようにしました。B男さんの控訴の理由は色々ありましたが，不服の理由の主なところは，第一審ではA子さんを含めて本人尋問が全くなされていないというものでした。本人尋問もしないままで結論を出したことは手続上問題であると言うのです。つまり，A子さんが証拠として第一審で提出したA子さん作成の陳述書は，A子さんが一方的に書いたもので，書かれている内容についてB男さん側からの反対尋問をする機会がなく，そこに書かれている事実が真実かどうかの保証がないというのです。

　一般的にはもっともな主張ですが，第一審ではA子さんの陳述書が調査官の調査報告書と相まって十分に信用できると判断されたものと思います。

　B男さんは「どこでどういう生活をしているか全く分からないA子さんに親権者として任せるわけにはいかない，一方自分にはきちんとした仕事があり，実家には子供の面倒を見ることができる母親がいる」という反論が出されていました。高等裁判所はこれらのことを考慮したのだと思いますが，同じ日にA子さんとB男さんの双方を法廷で尋問するという方針を示しました。私はA子さんの代理人として，本事例では離婚原因は明らかであるので本人達を調べるまでもないと裁判所を説得いたしましたが，認められませんでした。高等裁判所は，子供の親権者を誰にするかということを判断するにはA子さんの本人尋問が必要だと考えたのかもしれません。

(7) 控訴審の手続② ─ 本人尋問における対応策

　さて，本人二人を同じ日に調べるということになりました。そこで，私は万が一の場合を考えて裁判所に対して警備の申入れをしました。また，尋問を行う順序もA子さんを先にしてA子さんの終わった後にB男さんに対する尋問を行うこととし，A子さんは尋問終了次第帰ってよいということにするようB男さんの代理人に対しても申入れを行いました。

A子さんに，法廷で尋問をすることになったという話をすると，A子さんは過去の恐怖を思い出してか，その場でがたがたと震える有様でした。幸いA子さんには同じような環境の友人が大勢いて，この人達の励ましもあり，A子さんは法廷に立つ決意をしました。

　裁判の当日は，あらかじめ裁判所から指示された部屋にA子さん，その友人達，私が集まり，法廷へ向かいました。A子さんは，これからまたB男さんと顔を合わせなければならない恐怖から，震えが止まらず友人達に支えられながら法廷の前まで来ました。しかし，身体が法廷へ入ることを拒んでいるようで，A子さんの足は前へ出ません。そこで，警備の方達（警備のために裁判所が用意した人数は複数人で法廷の前や法廷の中に待機していました。）の手を借りて，なんとか法廷に入り，席につきました。もうほんのすぐ左隣にB男さんが，A子さんを睨みつけています。A子さんは本当に怖かったと思いますが，なんとか裁判官や相手方代理人からの質問に答え，打ち合わせどおりに先に尋問を終えて，友人達や警備の方達と法廷を去りました。その後，B男さんの尋問を行うわけですから，B男さんは法廷から出て行くわけにはいきません。控訴審の手続も無事終了しました。

　このようにして，難局を乗り越え，A子さんはB男さんと離婚し，子供の親権者ともなり，B男さんに居所をつきとめられることなく，全ての手続を終えることができました。

4　おわりに

　離婚裁判において，当事者双方の尋問をしないまま終結して判決をすることが許されるかどうか大いに問題のあるところかも知れません。しかし，私は裁判所が陳述書やその他の証拠から十分に判断できると考えた上でのことであれば，許されるものと考えます。ただし，陳述書は一方当事者の言い分を書いたものです。したがって，他方当事者からの反対尋問を受けていないわけですから，法廷で尋問が行われた場合と同視して，そのまま証拠として信用してよいかという問題は残ると思います。民事訴訟法上は証拠能力に制限はもうけられておりません。裁判所は自由な心証のもとに

判断することができるということから見れば，理論的に異議を述べることも困難であろうと考えます。ところで，離婚原因については上記のように考えられるとしても，離婚に伴って通常争いとなる親権者指定の問題について，裁判所が当事者本人（両親）の顔も見ないまま結論を出すことができるのかと考えると，あらためて難しい問題があるように思います。いずれにしても本事例の第一審は英断を振るっていただいたと言えるでしょうし，控訴審はより慎重を期したと言ってよいでしょう。そうして，なによりもＡ子さんの頑張りが深く印象に残る事件でした。

【プライバシー保護のため事例の内容は変えております。】

第3章
子の奪い合いに関する法律相談

子の奪い合いに関する相談を受けるときのポイント

1 冷静かつ客観的な状況を把握する

　子を自分の手元に取り戻したいとの相談には，父親の手元に子を置いてきた母親からの相談，子を妻に連れて行かれた父親からの相談，子を夫に連れて行かれた母親からの相談などがあります。

　特に深刻なのは，母親が夫からのDVに耐えかねて乳幼児を同居していた家に置いたまま逃げ出してきたような場合です。

　子の問題になると，一般に母親は冷静さを欠いていることも多いので，同居中や子と離れてから現在までの子の監護状況などを客観的に話して貰う必要があります。

　特に，相手からは親権を放棄して出て行ったとの主張が出ることも多いので，子を手元から離してしまった事情について，相手からの将来の反論に備え，当時の状況を客観的に把握しておく必要があります。できれば，相談者の両親などで同居時の状況を客観的に説明できる人の同席を求めたり，家族の写真等も持参してもらうと良いでしょう。弁護士は，受任した以上相談者のために子の取り戻しに全力を尽くすのですが，相談者の言い分だけで動いた結果が真の意味での「子の幸福」を破壊する結果になってはならないからです。

　仮に，相談者が子の取り戻しを強行に主張しても，弁護士としては子の取り戻しが「子の幸福」に反すると判断した場合には，その判断を相談者に伝えて，受任しないことも考えるべきでしょう。

　もちろん，子の取り戻しが，「子の幸福」に必要であると弁護士が判断した以上，弁護士としては，あらゆる手段を尽くして相談者の意思の実現を図るべきです。

2 取り戻しないし確保の可能性について冷静な判断を示す

　子を取り戻せるかは，親権の帰趨にかかりますが，その際の究極の判断基準は「子の幸福」です。

　一般的に言えば，母親が親権者と指定される場合が多く，乳幼児については母親が優先されます。したがって，夫からの相談に際しては，母親が優勢であることを説明し，安易な見通しは示さないようにするべきです。

　なお，裁判所は，現在の監護状況を尊重する傾向もあるので，子の取り戻しを受ける側においては，子を安易に手元から離さないよう具体的な指示を与えるべきです。

　しかし，最後の判断は，「子の幸福」が実現できるかにかかるので，一般的基準では困難と考えられても，「子の幸福」が確信できれば，弁護士とし最善を尽くすべきでしょう。

3 早期に取るべき対策を指示する

　相談者に対し，法的手続やそのスケジュール等の説明をすることは当然ですが，弁護士としては，先ず相手方との交渉による子の取り戻しを検討すべきでしょう。裁判所が現状すなわち継続性も重要な判断基準にしている以上，母親が同居していた家を飛び出したような場合には，保全処分の発令まで手をこまねいている間にも夫側では着々と継続性の要件を積み重ねることで取り戻しが益々困難になる可能性があり，また，保全処分等による法的手続の実効性にも疑問があるからです。

　母親が乳幼児をおいて飛び出してきた直後，特に数日内の相談であれば，母親の監護状態は以然継続しているとも考えられるので，母親に，自分の親族も同伴してもらって，直接子の取り戻しに行かせることもアドバイスの一つとして検討して良いのではないでしょうか。ただ，その場合には，実力行使に伴うデメリットも事前に十分に説明しておくべきで，また，弁護士としては，事後処理にも責任を持って当たるべきでしょう。

第3章 子の奪い合いに関する法律相談

事例 8　子の奪い合い
―法的解決手段とその限界―

二人の子供を連れて別居していた妻の元へ，夫と夫の実家家族がやってきて子供たちを実力で奪い去った事案

● 概要図

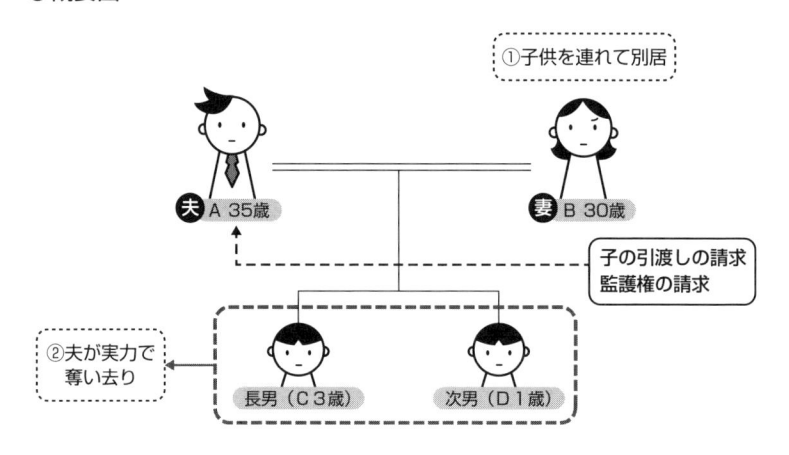

①子供を連れて別居

夫 A 35歳　　妻 B 30歳

子の引渡しの請求
監護権の請求

②夫が実力で奪い去り

長男（C 3歳）　次男（D 1歳）

はじめに

　夫婦が離婚するにあたって，大きな問題となることの一つに，離婚後の子供の親権があります。また，離婚が成立する前の別居期間中であっても，どちらが子供を監護するのかが問題となります。離婚する，あるいは離婚しようとする当事者にとっては，「どちらが子供を自分の下で育てるのか」はとても重要な問題です。離婚自体はやむを得ないと納得できたとしても，我が子と離れ離れになってしまうということは，夫婦双方にとって耐えがたいものでしょう。

　それゆえに，思い余って，一方の親の下で暮らしている子供を実力で自分の下へ連れ戻してきてしまう……というような当事者も少なからずいるようです。

　このような子の連れ去りがあった場合に，奪われた側の親はどのように

して子供を取り戻したらよいのでしょうか。

　本稿では，離婚を前提に妻が子供（3歳と1歳の男の子2人）を連れて実家に戻っていたところ，夫と夫の実家の家族が妻の所へやってきて，妻から子供たちを実力で奪い去ったという事例を元に，子の奪い合いの解決方法・問題点について検討したいと思います。

1　事例の概要

(1)　別居後の子供の連れ去り

　夫Aさんと妻Bさんは，結婚して翌年には長男Cに恵まれ，またその2年後には次男Dにも恵まれましたが，もともと内向的な夫と外交的な妻という性格の違いからか，既に長男C誕生後から，夫婦間には不協和音が響いていました。そしてついに，次男Dを出産した後，BさんがCとDを連れて実家に戻るという形で別居することとなりました。

　別居後のある日，妻Bが買い物に出かけようと，長男Cと手をつなぎ，次男Dを抱っこして外に出たところ，突然後ろから誰かに羽交い締めにされ，その瞬間に別の人間が次男Dを取り上げ，また別の人間が長男Cを連れ去り，近くに停めてあった車に乗せようとしたのです。Bさんは何が起きたか瞬時には判断できなかったのですが，子供を奪われないようにもみ合った際に，子を奪おうとしているのが夫Aだということに気がつきました。そして，後ろから羽交い締めにし，またCを連れ去ろうとしたのが，夫の実母と兄弟であることに気がつき，夫一家が実力で子供たちを奪いに来たということに気がついたのです。Bさんは子供を奪い返そうとしましたが，一人ではそれも難しく，夫一家は長男Cと次男Dを連れて車で走り去ってしまったのです。

(2)　連れ去り後の経緯

　Bさんは直ちに警察に連絡をし，その連絡からさほど時間が経たないうちに夫一家の車は発見され，警察署に連行されました。そして，夫一家の身柄を確保したとの連絡を受け，Bさんも警察署へ行きました。ところが，警察署では，夫一家と長男Cと次男Dを一緒のままにし，妻側とは別の部屋に待機させて，警察官は，とにかく夫婦で話し合うようにということで

「民事不介入」の態度に終始しました。夫Aさんと妻Bさんは話し合いをしましたが，なかなか結論が出ず，話し合いの時間が長引くと，今度は警察官から早く話をつけるように催促されるようになってしまい，Bさんはとても焦ってしまいました。そのために，夫が，離婚はやむを得ないが，気持ちの整理を付けるために1週間だけ子供たちを預からせてほしい，1週間後に必ず連れて戻る，ということを申し出たことに対し，Bさんは，非常に不本意ながら，それを受け入れることとしました。ただし，まだ幼かった次男DについてはBさんが連れて帰ることとし，長男Cのみを夫側に1週間預けることとしました。

しかし，その約束は果たされず，1週間経ってもAさんは長男CをBさんの下へ連れてくることはありませんでした。

そこで妻Bさんは私のところへご相談に来ました。

> **本相談のポイント**
>
> 長男Cを一日も早く妻Bの下へ戻すにはどうしたらよいか。

2 受任に際しての注意点と依頼者への対応

本事例では，長男Cを連れ戻すことを最優先として，法的にとりうる手段を依頼者である妻Bさんに説明しました。まずBさんを監護者として指定し，Bさんへ長男Cを引き渡すよう求める審判と，この審判に対する保全処分としてCを引き渡すことを求める審判を申し立てるべきことを説明しました。ただ，実力で子供を奪うことも辞さないという夫Aさんの態度からすると，法を軽視しており，審判の結果に従わない可能性が少なからずあること，その時には強制執行によらざるを得ないこと，またこの強制執行も，子供の引渡しについては，そもそも裁判所が認めない場合もあるし，裁判所が認めたとしても子供の居場所がわからないと奏功しないことも，併せて説明しました。そして，強制執行ができない場合には，人身保護請求や，刑事手続も視野に入れざるを得ないことも補足して説明しまし

事例8 子の奪い合い―法的解決手段とその限界―

3 審判の審理経過

(1) 審判の申立て

　この事例では，まず，①離婚について話し合うための離婚調停と，②子の監護者として妻Bさんを指定し，Bさんへ長男Cを引き渡すよう求めるという審判，③②の審判前の保全処分として長男Cの引渡しを求めるという審判を，夫の住所地を管轄する家庭裁判所に同時に申し立てました。

　③の審判については，申立てからおよそ1か月程度で，妻Bさんへ長男Cを仮に引き渡すことを認める審判が出されました。この審判手続では，当事者から話を聞くための審問期日が2回開かれたのですが，指定された2回の期日とも，夫Aさんは弁護士のみを出席させて自らは出席しないという態度をとり，そのこともあり裁判所は子供の監護環境を把握できず不安があると認定し，妻Bさんの申立てを認めました。また，Aさんが実力を行使して子供を奪取しようとしたことも妻の申立てを認める理由として挙げられていました。

(2) 子の引渡しの審判

　このように③の保全処分の申立てが認められたのですが，本件ではこの保全処分の執行はしませんでした。夫側に代理人弁護士がついておりこの代理人を通じた話し合いが可能であったため任意で引渡しを受けられるのであればそれが最善であること，また，直接強制による執行がそもそも可能なのか，可能としても実効性があるのかという問題があったためです。

　そのため，引き続き①と②の審理手続が続行される中で，子供の引渡しについて話し合いをすることとなりました。この①と②は同時に審理され，通常の夫婦関係調整の調停のように男性1名，女性1名の調停委員が，期日に双方の当事者から交代で言い分を聞く，という方法で進められました。

　①については，合意成立が見込まれないということで，2回程の調停期日で不調（不成立）で終了となりましたが，②の監護者指定と子の引渡しについての審理は継続されました。そこでは，どちらの親の下で生活するのが子供の福祉に適うのかという見地からの判断が必要となります。その

105

ため，家庭裁判所の調査官による調査が行われることとなりました。

(3) 調査官の調査

　この調査官調査をするに際し，まず双方から陳述書を提出しました。この陳述書は，これまで行ってきた子供に対する監護方法や，自らの子供たちとの関わり方，そして今後どのように子供を監護するのか，といったことについて記述をしました。この陳述書を踏まえ，裁判所で調査官との面談を受けます。この面談調査は，当事者別々の日時が指定されて行われます。妻だけで2回の期日にわたって実施されました。1期日あたり，2時間ほど，じっくりと調査官はこちらの話を聞いてくれました。

　裁判所での面談に加え，実際に子供が監護される環境の調査ということで，妻と夫が現在住んでいる住居（双方とも実家で実家家族と生活していました。）を調査官が訪問し，同居家族からも話を聞いて，実際の生活環境の調査もなされました。この訪問調査では，大体1時間ほど調査官が滞在して，子供自身から話を聞いたり，同居の家族からも話を聞いたりしました。

　私が一連の手続に同席して感じたことは，調査官がしっかりと時間をかけて双方の当事者からヒアリングや家庭訪問をして事案を把握し，子供の利益という見地からどちらの親の下で暮らすことが適切なのかという判断をしようという姿勢が強く感じられたことです。審判結果に対する当事者の納得という意味でも，当事者がこのような印象を持つことができるということはとても重要なことと思います。また，余談ですが，家庭訪問時にこちら側が出した茶菓に対して，調査官は，「いただくことはできないのです」と恐縮されながら固辞され，また，妻の実家が最寄駅から距離があったために車で駅まで送るという申し出もお断りになりました。仮に夫側の家庭訪問時に調査官が茶菓子を食べたり駅まで送ってもらったとしても，そのことで公正性に疑念を持つようなことはありませんが，中立公平な立場であろうとする調査官の職業意識の高さを示すものとして私の中で深く印象に残っています。

(4) 審判結果

　このような調査官調査を経て，②の審判では，妻のBさんが監護者とし

て指定され、Bさんへの子の引渡しが認められることとなりました。

なお、その後の離婚訴訟の証拠として提出するために、この時作成された調査官の調査報告書の謄写をしたのですが、40頁以上にわたり作成されており、なぜ母親Bを監護者とするのが相当かという結論が詳細な事案分析とともになされていました。子の引渡しや監護者指定というのは、裁判所による法的な判断ですが、その前提として、心理学や教育学、社会福祉学等の専門的知識を有する調査官が行う調査というのは極めて重要なもの、必要なものと、改めて認識することとなりました。

4 子の引渡しの強制執行

(1) 直接強制の申立て

上記のとおり、③の保全処分による強制執行はしませんでしたが、その後の話し合いも平行線で、長男Cの引渡しを任意にしてもらえる見込みがありませんでした。そこで、②の審判結果を受けて、強制執行をすることとしました。

しかし、子供に対する直接強制はできるのか、というのは議論のあるところで、この点は現在でも決着のついていないところです。本件当時には、そもそも子供の引渡しについての執行方法について触れられている文献自体の数があまり見当たらず、しかも、その限られた文献には、「直接強制はできず、間接強制しかできない」という見解が主流のようなことも書かれていました。「動産執行に準じて直接強制は可能」とする見解も紹介されていましたが、子供は「モノ」ではなく人格を有する「ヒト」であるから、自ずと限界はある、ともありました。つまり、直接強制に着手しても、相手方が子供を抱きかかえて離そうとしないような場合、その腕を強引に引き剥がして、子供を腕づくで連れてくるということまではできないのです。

ただ、私が司法研修所を卒業する直前に東京家庭裁判所の裁判官による特別講義があり、そこで講師の裁判官が「最近は子供に対する直接強制も積極的に行う方向で運用されるようになっています」と発言されていたのを記憶していたため、その記憶を頼りに、「とにかくやってみるしかない」

ということで強制執行の申立てをすることとしました。ただし，依頼者のBさんには，ⅰ直接強制をそもそも執行官が受け付けてくれるかどうか分からないこと，ⅱ受け付けてくれたとしても長男Cの居場所が分からないと執行できないこと，ⅲうまく執行に着手できても夫がCを抱きかかえて離さないような状況になれば，そこから強引に子供を連れ戻すことはできないことを十分説明した上で，申立てをしました。

(2) 直接強制申立ての受理

果たして執行官は直接強制の申立てを受理してくれるのか……。緊張しながら裁判所に赴きました。ところが，こちらの緊張とは裏腹に，案外あっさりと受理してくれて，拍子抜けしたのを覚えています。ただし執行官からは，上記ⅲのような状況になったら強引に連れて帰ることはできない，ということの説明を受けました。

なお，本稿を執筆するに当たり改めて子の引渡しについて勉強しようと思い，『民事執行における子の引渡し』（園尾隆司監修，杉山初江著，民事法研究会，2010）を読んだところ，本件事件当時の『執行官提要第4版』（最高裁事務総局民事局の監修のもと発刊される執行官の指針となる資料）には，「意思能力のない幼児の引渡しについては動産に準じて執行官が取り上げて債権者に引き渡す直接強制によることができるとの説と間接強制によるべきとの説がある。……意思能力のない幼児の引渡しであっても，その執行方法は間接強制によるべきであり，動産に準じて執行官が債務者からこれを取り上げて債権者に引き渡す方法によることはできないと解すべき」と記載されていた，ということを今になって知りました（『民事執行における子の引渡し』96頁）。また，執行官によっては「（直接強制の申立てについては）通常は申立てをさせないか，申立てをしても却下するかで」あるようで（同書178頁），当時，素直に直接強制の申立てが受理されたことは幸運なことだったのかもしれません。

(3) 直接強制の執行

さて，執行官が直接強制の申立てを受理してくれたので第一のハードルはクリアできたのですが，一番の問題は上記ⅱの長男Cの居場所の把握でした。実は，夫のAさんは，本件審判の審理中に勤め先を辞めてしまい，

Aさんを含めたAさんの実家家族は揃って，Bさんの知らない別の場所で暮らし始め，たまに必要なものを取りに実家に戻ってくるというような生活をしていたのです。恐らく妻Bさんが長男Cを連れ戻しに来ることを恐れて身を隠したのでしょう。

妻Bさんは，探偵に依頼して長男Cの居場所を探ろうとしましたが，結局手掛かりは得られませんでした。探偵費用は調査期間およそ1か月程度で約100万円と高額で，それ以上の調査を依頼することはできませんでした。

そのため，やむなく強制執行は，Aさんの実家を執行場所として行いました。執行は，執行申立てから約2週間後の，在宅率の高そうな平日朝にまず行いました。その時には，執行官のほか鍵屋と，妻Bさんと私も立ち会いました。しかし，雨戸が閉め切られたままで，電気のメーターも動いておらず，不在であることが明らかだったため，鍵屋を使って開錠するまでもないと判断し，日を改めて再度執行をすることとなりました。

そして翌週の日曜の朝に，再度Aさんの実家に上記4名で行きましたが，やはり前回同様に雨戸は閉め切られ，電気メーターも動いていない状況でした。連続して同じ状況だったため，日を改めて臨場しても執行は難しいだろうという執行官の判断により，執行不能ということで終了せざるをえませんでした。

5 本件を振り返って

(1) その後の離婚訴訟の経緯

以上のように執行は不能で終了し，その後の離婚訴訟において妻Bさんの言い分がほぼ認められ，Bさんが長男Cと次男Dの親権者として指定されました。私は，長男Cを取り戻すための次の手段として，人身保護請求や，夫の居所が分からないならば，一緒になって長男Cを実力で連れ去った夫の家族に対しても損害賠償請求訴訟を提起することで解決の糸口になるのではないかというような提案をしました。しかし妻Bさんは，これ以上夫や夫の家族を追い込むと，夫は私に見つかることを恐れて長男を家から出さず，幼稚園や小学校にすら通わせないようにするのではないか，そ

のようなことを以前口走っていたこともあるし，勤めを辞めてまで身を潜めている夫の現状を考えるとその可能性も十分ある，それでは長男が社会から完全に隔離されてしまうがそれだけは避けたい，だから自分は今はこれ以上の法的手段は取らない，という決断を口にされました。またその時に妻Bさんは，私は法律に則って手続をして裁判に勝ったけれども，法律を無視する人には意味がないのですね，法律では結局は子供は戻ってこないというのであれば警察で強引に子供を連れ帰ればよかった，とも言いました。これには私には返す言葉がありませんでした。正直者が損をしない世の中にしたい，その一助になりたいと弁護士を目指した私にとって，法律の限界，弁護士の限界を突き付けられた事案で，今でも苦い思い出となっている事件でした。

(2) **警察の対応のまずさ**

今本件を振り返って残念に思うことの一つに，夫らの子の奪取行為に対し警察が「民事不介入」として関与を避けていたことです。警察では，連れ去られた子供たちを夫一家側と一緒にして，妻とは別室にし，子供たちをとにかく連れてきてほしいという妻からの願いも，それはできないと拒絶しました。また，夫一家が実力で子を奪取した際に，妻のBさんは地面に引き倒されて怪我をしており，警察署でBさんは，これは暴行罪になるのではないかと警察官に述べたのですが，警察官は夫婦間では暴行罪は成立しないと言って取り合わなかったそうです。もちろんその説明は誤りですから，とにかく関与したくないがゆえの説明だったのでしょう。

(3) **最高裁の判決**

仮に本件で妻Bさんへの暴行がなかったとしても，相手方の了承を得ずに実力で子供を連れ去ってしまう行為は，刑法224条の未成年者略取誘拐罪として3月以上7年以下の懲役刑が科される刑法上の犯罪です。最高裁判決でもその違法性が指摘されています（最決平17・12・6刑集59巻10号1901頁。ただし，本件事件発生はこの最高裁決定が出される前ではありました。）。

この最高裁の事案は，別居中の夫が妻のもとで監護されている子を隙をついて実力で連れ去ったというものでしたが，最高裁は「未成年者略取罪の構成要件に該当することは明らかであり，被告人が親権者の一人である

ことは，その行為の違法性が例外的に阻却されるかどうかの判断において考慮されるべき事情」とし，「本件行為につき，違法性が阻却されるべき事情は認められない」として夫の上告を棄却しました。また，その補足意見では「たとえそれが子に対する親の情愛から出た行為であるとしても，……家庭裁判所の役割を無視し，家庭裁判所による解決を困難にする」と述べ，このような実力行使を許さなかったのです。

(4) まとめ

　本件でも，警察が暴行罪や未成年者略取誘拐罪として立件するかは別としても，夫一家の身柄を確保した時点で子供たちを夫一家から隔離して妻の下へ連れてくるべきだったのではないでしょうか。もしそうしてくれていたのであれば，妻が警察から早く話をつけろと迫られて夫に子供を預けることもなく，本件は別の様相を示していたように思います。

　今は，長男Cが元気に小学校に通っていてくれていることを祈るばかりです。

【プライバシー保護のため事例の内容は変えております。】

COLUMN
コラム⑥
「祖父母の面会交流について」

　親と子供の面会交流（面接交渉）が問題になることは多いですが，その一つ上の祖父母の面会交流についても紛争になることがあります。

　日本民法では離婚後は単独親権ですので，一方の親が親権者（通常は監護権者）となり，一方は非親権者（非監護権者）となります。また，離婚する前に，一方の親が子供を連れて家を出て行くことは珍しいことではありません。そして，監護している親が子供と会うことに同意していなかったり，連絡をとらせなかったりした場合には，監護していない親が子供に会うためには，現実的には面会交流を求める調停を申し立て，調停の中で話し合い，調停がまとまらない場合には，審判で裁判所に決定してもらうということになります。

　では，離婚後や別居後，祖父母が孫に会いたい場合どうしたらよいでしょうか。以前，同様の相談を受けたことがあります。

　面会交流権とは，本来，離婚後親権者又は監護者とならず，子を監護していない親が，その子と個人的に面接したり文通したりする権利であり，一般に，祖父母には孫に会う権利，面会交流権は認められていません。そうすると，監護権者である親が同意してくれないとなかなか孫と会うことができないのが現状です。

　ただ，裁判所による手続が一切とれないのかと言われるとそういうわけではありません。少し特殊な事例ですが，祖父母に対して面会交流を認めた事例として，東京高裁昭和52年12月9日決定（家月30巻8号42頁）があります。この事案は，親と祖父母の争いで，祖父母には子が生まれてから長い間の監護実績があり，子が祖父母に心の底からなじんでいるという事案でした。裁判所としては，その状態を変更すれば子の福祉に悪い影響を与えるとの点から，経過期間としてそれまで監護していた祖父母にも面会交流を認めたもののようです。

　もっとも一般的には，祖父母に対して，面会交流を認めるのは，なかなか難しいようです。祖父母が孫に会うことの悪影響が明らかではないのであれば，裁判所は積極的に面会交流を認めてもよいのではないかと思います。

事例9 離婚と子供の奪い合い

夫妻の両方から離婚等の請求がなされたが、その中心的問題が子供の奪い合いであった事例

●概要図

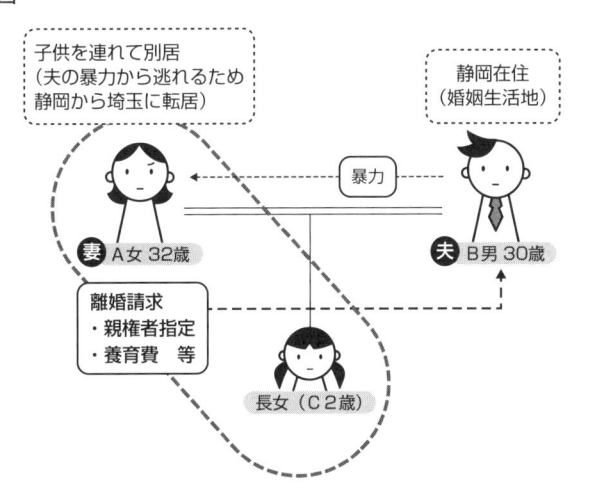

子供を連れて別居
（夫の暴力から逃れるため静岡から埼玉に転居）

静岡在住
（婚姻生活地）

妻 A女 32歳 ← 暴力 ─ 夫 B男 30歳

離婚請求
・親権者指定
・養育費　等

長女（C 2歳）

はじめに

　離婚訴訟等において、子供の親権等をどちらが確保するかについて、紛糾することがよく見受けられます。

　ここでは、その一例をご紹介し、実際に、どのような道筋を辿って、どのような結論に至ったか、その間においてどのような問題があったか等についてご説明していきたいと思います。

1　事例の概要

(1)　結婚生活破綻までの経緯

　A女（結婚当時29歳）は、平成15年にB男（結婚当時27歳）と結婚し、夫の郷里である静岡県で新生活を始めました。夫の両親も近くに住んでおり

113

ました。A女の両親も、隣県の山梨県に住んでいました。隣県ではありますが、新生活を始めた場所には比較的近い場所でした。

そして、夫妻の間には、平成16年に生まれた女の子一人がいました。夫妻とも、また、夫妻のそれぞれの両親（子供の祖父母）とも、その子供をとても可愛がっていました。

(2) 結婚生活の破綻

A女とB男との結婚生活は、当初はうまくいっておりましたが、B男がA女の家事のやり方等に細かく口を出し、B男の意に沿わないと、A女に対し殴る、蹴るといった乱暴を働き、また、何かにつけA女を罵倒するようになりました。

B男は、子供に対しては、今までどおり可愛がっておりましたが、A女は、B男のA女に対する乱暴行為や罵倒行為に耐えきれなくなり、別居を決意し、平成17年から、A女の実家で別居を始めました。その間、子供は、B男の家・B男の実家とA女の実家を行き来していました。

しかしながら、B男には全く反省の態度が見られなかったどころか、子供を交互に引き渡す際にA女に激しい暴行を加えるようなことがあったため（このときには警察官もやってきました。）、恐怖を感じたA女は、子供をB男に引き渡すことをせず、子供を連れて、A女の実家に紹介された埼玉県の地に身を隠すことになりました。A女は、たまたま医療関係の資格を持っていたため、埼玉県で何とか子供と二人で生活するだけの収入を得ることができていました。A女は、住民票は移さず、新しい居所については、もちろんB男には教えませんでした。

(3) A女からB男に対する離婚調停の申立て

A女は、B男に恐怖を感じており、B男の住んでいる所に少しでも近づきたくなかったため、平成17年中に、B男に対し、静岡県内の家庭裁判所ではなく、埼玉県内の家庭裁判所に対し、離婚調停を申し立てました。管轄については、後述します。その内容は、夫婦が離婚すること、子供の親権者をA女とすること、B男は、A女に、子供の養育費として毎月8万円を支払うこと、財産分与として500万円を支払うこと、慰謝料として400万円を支払うこと、でした。

(4) **Ａ女からＢ男に対する，また，Ｂ男からＡ女に対する離婚訴訟の提起**

その後，Ａ女が申し立てた調停は不成立となりましたので，平成18年に，Ａ女は，Ｂ男に対し，調停申立てと同様の内容の離婚訴訟を，埼玉県内の家庭裁判所に起こしました。また，Ｂ男も，Ａ女に対し，反訴として，離婚訴訟を起こしました。Ｂ男が反訴を提起したのは，Ａ女の主張する離婚原因とＢ男の主張する離婚原因が全く異なるため，慰謝料への影響も考えてのことのようです。離婚を求めることについては，両者とも同じでありましたが，子供の親権者については，Ａ女はＡ女に，Ｂ男はＢ男に，という請求でした。また，子供の養育費，財産分与及び慰謝料については，それぞれ，一定額を相手に支払えという内容でした。

> **本相談のポイント**
> ① 離婚自体については争いがなく，焦点は，親権者を誰にするかである。
> ② 調停，裁判の管轄はどこか。
> ③ 子供の親権者は誰になるべきか。

2 受任に際しての注意点

本当に離婚する意思があるかどうか，後で離婚したことを後悔することがないかについて確認しておくことは当然でありますが，私は，特に子供がいる場合には，子の福祉の観点から，本当に離婚していいのですねと，再度確認することにしております。法的には，子供の意思に関係なく，離婚は成立しますが，両親の離婚によって不幸な人生を余儀なくされた子供の例をたくさん見てきておりますので，再確認するのです。もっとも，そういった子供の例は，両親の離婚が原因ではなく，両親の子供に対する接し方に問題があるのだ等の意見があることは十分承知しておりますが。

3 本件に関連する法的問題点等の考察

(1) 管轄について

　夫婦関係事件（離婚）の調停の申立ては，原則として，相手方の住所地を管轄する家庭裁判所に対して行うことになっております（家事事件手続法245条1項，旧家事審判規則129条1項）。

　したがって，本事例の場合の調停の管轄は，B男が住んでいる静岡県内の家庭裁判所になるのが原則ですが，本事例の場合には，A女が，B男に対する恐怖心から，B男が住んでいるところには近づきたくない，という事情がありましたので，その事情を，A女が現在住んでいる埼玉県を管轄する家庭裁判所に上申して，調停申立てを行ったところ，受理をされたケースです。上申書の内容は，申立人は相手方の激しい家庭内暴力の被害にあってきたことから，その暴力から逃れるため，別居等を余儀なくされたこと，申立人は今なお相手方の暴力におびえ，恐怖心を抱いており，相手方が住んでいる静岡県に行くことにより相手方から危害を加えられることを極度に恐れていること，また，関係者の言から，そのおそれは十分あること等を訴えた内容です。離婚訴訟についても，A女の住所地を管轄する同家庭裁判所で行われました（人事訴訟法4条1項）。

(2) 離婚請求について

　本事例では，双方とも，裁判で離婚を求めましたので，離婚原因は直接の争点にはなりませんでしたが，慰謝料の金額に影響してくることが考えられますので，自分に有利と思われることは，できるだけ多く，離婚原因を主張しておいた方が良いでしょう。なお，双方が離婚を求めた場合でも，裁判で離婚が認められるには，婚姻を継続し難い重大な事由がある等の離婚事由が必要になりますので，この観点からも，離婚原因はきちんと主張しておくべきでしょう。

(3) 慰謝料請求について

　婚姻関係が破綻した責任が重い（または，ある）方が軽い（または，ない）方に慰謝料を支払うという考え方が一般的です。したがって，相手方の，婚姻関係を破綻させた原因をできるだけ多く，できるだけ強く主張すべき

です。
(4) 財産分与について
　夫婦が婚姻期間中に形成した財産を基に計算されますので，相手に隠し財産があるかどうかについても，しっかりチェックすべきです。相手が所有していそうな不動産の登記簿を取り寄せたり，相手が預貯金を持っていそうな金融機関の支店に対する裁判所への調査嘱託を申し立てたりする方法も一方法でしょう。
(5) 養育費について
　夫婦それぞれの所得を前提に，判決確定の日から子供が満20歳に達する日まで一定額を支払うという結論になるのが一般的ですが，夫婦の学歴が高い場合には，例えば双方とも4年制大学を卒業している場合には22歳まで計算される場合もあります。また，各段階の学校の入学費等が別途計算される場合もありますが，いずれにしても，養育費については，今後において，子供の成長に応じて，見直しを求める（求められる）場合もありましょう。なお，金額については，東京・大阪養育費等研究会の「簡易迅速な養育費等の算定を目指して—養育費・婚姻費用の算定方式と算定表の提案—」（判タ1111号）が参考になります。
(6) 親権者の指定について
　夫婦のどちらの方が子供に対して愛情を持って育ててきたか，今後もその可能性があるか，両方が仕事を有している場合において育児について実家の援助を受けることができるか，両者の経済力はどうか等々，いろいろな要素で親権者が指定されますが，本事例では，B男がA女の実家から子供を実力で奪い返そうとしたという裁判所の認定がB男に不利に働いたようです。結論的に，本事例においては，A女が親権者に指定されました。また，B男の，子供に対する面会交流（面接交渉）も，当分認められないことになりました。本事例の女の子は判決時点で約2歳半で，この年齢ですと，母親に有利という説がありますが，そうした説の表れだったのでしょうか。もっとも，判決には，女の子の年齢については一切触れられておりませんでした。
　なお，本事例においては，裁判所は，親権と監護権を分離指定すること

には消極的でしたが（裁判官からそのよう内容のことを口頭で言われましたが，判決書には示されませんでした。)，親権と監護権を分離指定するという解決策もあったのではないかと思っております。

4 子供の奪い合いについての一考察（私見も交えて）

(1) 子供の奪い合いに関する制度，状況等

ア 子供の権利の保障

児童の権利に関する条約が批准され，我が国の法として効力が発効したのが平成6年5月22日ですので，それから既に16年以上もたっています。同条約第12条は，その第1項で，「締約国は，自己の意見を形成する能力のある児童がその児童に影響を及ぼすすべての事項について自由に自己の意見を表明する権利を確保する。この場合において，児童の意見は，その児童の年齢及び成熟度に従って相応に考慮されるものとする。」と規定し，第2項で，「このため，児童は，特に，自己に影響を及ぼすあらゆる司法上及び行政上の手続において，国内法の手続規則に合致する方法により直接に又は代理人若しくは適当な団体を通じて聴取される機会を与えられる。」と規定しています。

しかしながら，子供の権利の保障は，我が国では，未だに，極めて不十分な状態といえましょう。子供は，いうまでもなく，一個の人格を持った「ヒト」であり，「モノ」ではありません。しかしながら，我が国の法制は，特に離婚に関する法制は親中心の法制になっております。子供からの視点は薄いといわざるをえません。

イ 我が国の離婚制度

我が国における離婚の方法には，協議離婚，調停離婚，審判離婚及び判決離婚があります。圧倒的に多いのが協議離婚であり，さらに，調停離婚，判決離婚と続きます。当事者の合意のみで簡単に成立する協議離婚は，外国ではあまり例を見ない制度といわれており，簡単すぎる点に批判もありますが，我が国と外国では，婚姻制度や事実婚の普及程度が違うこともありますので，単純には比較できないでしょう。

ウ 親権の内容

親権の内容は、子に対する居所指定権（民法821条）、懲戒権（同法822条）、職業許可権（同法823条）、財産管理権（同法824条本文）、親権者の収益権（同法828条ただし書）等です。なお、親権には、子に対する監護教育の義務も含まれると解されております。

エ 裁判における親権者指定の判断要素

子の親権者の指定は、協議離婚の場合には、両親の協議によってなされますが、裁判官が指定する場合には、親側の事情としては、子への愛情や態度、監護能力（年齢、性格、教養等）、経済状態等が、子側の事情としては、年齢、心身の状況、現状への適応能力、新しい教育環境への適応能力、子の意思等が判断要素であるとされている、といわれております。子の年齢が低い間は子の意思のウェイトは低いと思われます。

これらの判断要素のうち、子の「現状への適応能力」が曲者です。なぜならば、この判断要素を重視すると、子を実力で手中に収めている方が有利になるからです。子供は、概して、身近にいる親に適応しやすいのです（子供は自己保存本能から身近にいる親に迎合しやすいともいわれております。）。「実力」が明らかに「違法な力」である場合には、裁判官は「現状への適応能力」を考慮しないでしょうが、実際は、違法かどうか判然としないことも多いのです。

オ 親権と監護権の分離

親権と監護権（民法766条）を分離して指定する方法もあります。この場合には、それほど多くはありませんが、親権者ではない他方の父又は母が監護権を有するのではなく、祖父母その他の親族や児童施設職員等が監護権を有する場合もあります。

なお、監護権の内容は、必ずしも明確ではありません。

カ 面会交流（面接交渉）

面会交流権というものがあります。親権（監護権）を持たない親が未成年の子と手紙を交換したり、その子に電話をしたり、その子と面接したりする等の権利のことです。面会交流権については、民法には全く規定がありません（編注：平成23年法律61号により、民法766条に「子の監護

について必要な事項」の1つとして面会交流の文言が明記されるに至りました。)。しかしながら，一般的には，内容はケースバイケースですが，裁判所はこの権利を認めております。この権利は，親の権利とされておりますが，親と面会交流するのは子の権利でもあると考えるべきでしょう。

また，親権（監護権）を持たない他方の親と頻繁に面会交流をさせるとその子の人格形成に悪影響を与えると考える傾向もあるように思いますが，他方の親と面会交流するのは子の権利でもあると考えるならば，面会交流を制限すべきではないでしょう。もちろん，当該親がその子を虐待する場合などは論外ですが。

(2) **子供の奪い合いについて考える**

ア 離婚に付随する問題

離婚に関しては，いろいろなことが問題になります。財産分与，慰謝料，子の親権，子の養育費，子との面会交流，名字等の問題があります。しかしながら，これらのうちの大部分は，お金で解決できます。お金で解決できない大きな問題が，子の親権問題です。

イ 子供の奪い合いに関する問題

別居中あるいは離婚後の夫婦等の子供の奪い合いは熾烈なものになることがあります。特に，夫婦の両親（すなわち，子供の祖父母）が絡んできた場合は，なおさらです。本事例は，まさにこのケースです。

子供を二人のどちらが取るかについては，現在の法制上，一応の定めがあり，もちろん，それに対応した裁判制度もありますが，実際は，現に子供を確保している方が勝ちという現実があります。極端にいえば，子供を実力で連れ去ろうが，子供又は子供の監護者を欺き，当該子供を自己の支配下に置こうが，そのことが事実上認められてしまうのです。親権者であっても，そのようなことをすれば犯罪になるという最高裁決定（最決平17・12・6刑集59巻10号1901頁，判時1927号156頁）もあります。この事例は，母親が子を抱きかかえる等して家を出た後，父親がその子を連れ戻したという事例でありますが，最高裁決定は，その父親を未成年者略取罪に当たるとしました。すなわち，当該最高裁決定は，次のように述べております。

> 「本件において，被告人は，離婚係争中の他方親権者であるBの下からCを奪取して自分の手元に置こうとしたものであって，そのような行動に出ることにつき，Cの監護養育上それが現に必要とされるような特段の事情は認められないから，その行為は，親権者によるものであるとしても，正当なものということはできない。また，本件の行為態様が粗暴で強引なものであること，Cが自分の生活環境についての判断・選択の能力が備わっていない2歳の幼児であること，その年齢上，常時監護養育が必要とされるのに，略取後の監護養育について確たる見通しがあったとも認め難いことなどに徴すると，家族間における行為として社会通念上許容され得る枠内にとどまるものと評することもできない。以上によれば，本件行為につき，違法性が阻却されるべき事情は認められないのであり，未成年者略取罪の成立を認めた原判断は，正当である。」

しかしながら，この決定に対しては，そもそも母親の行為こそが未成年者拐取罪に当たり，父親はその子を連れ戻したに過ぎない，という批判もあります。また，この最高裁決定には，反対意見があり，子の奪い合いに刑事介入を認めることに疑問が呈されております。

ウ 共同親権に関する考察

次に，子供の奪い合いとの関連で，そもそも離婚の際に親権者を両親のどちらかに決めなければならないという日本の法制が問題であります。両親のいずれもが親権者になることを望んだ場合，どちらが親権者になり，他方が一定回数面接する面会交流権を得るというのが一般的な解決のように思いますが，これでは，両親のそれぞれが子と関わる度合いにあまりにも差があります。しかも，この面会交流も，決めても，実際には実施されない場合もあります。離婚はやむを得ないにしても，子供が両親と関わる度合いは，基本的には離婚前と同じで良いのではないでしょうか。なぜ日本では，両親の一方のみしか親権が与えられないのでしょうか。ドイツ，フランス，イタリアでは，離婚後も両親の共同親権であり，離婚前と同じです。イギリスも，離婚後も親のそれぞれが親責任を持ち続けますので，離婚前と同様です。アメリカでも，ほとんどの州で共同監護の形態の選択を認めております（平成19年11月17日に行われた日弁連主催の「家庭裁判所シンポジウム『離婚と子どもⅡ―共同親権を考

える―』」の資料5「日本と諸外国との比較一覧表」による。)。親の離婚は親の都合によるのが普通であり，子供には大変迷惑な話です（もちろん，親による子の虐待が行われている場合は別ですが。)。両親が離婚したからといって，子供の，両親との関係が薄れて良い訳がありません。子供の福祉，健やかな成長のために，日本も共同親権の制度を取り入れるべきです。

　しかしながら，我が国に共同親権制度を取り入れるまでには，まだ時間がかかるでしょう。そこで，私は，現時点では，共同親権になるだけ近いような運用を心がけるべきだと考えます。現在ほとんど認められていない親権からの監護権の分離や，面会交流の大幅増等により，共同親権にできるだけ近い形に持っていくのです。もっと工夫がなされて良いと思います。

エ　子の引渡し（強制執行）に関する考察

　両親の協議が調わない場合における子の引き渡しに関しては，家庭裁判所の調停・審判，人事訴訟といった方法のほかに，調停前の仮の措置，民事保全手続，人事訴訟手続法の仮処分，審判前の保全処分，人身保護法による釈放命令・仮釈放命令といった手続がありますが，問題は，実現方法です。単に決めても，子の引き渡しが現実に実行されないようでは意味がありません。子の引き渡しに直接強制を認めるべきかどうかについては意見が分かれているようですが，私は，15歳（遺言可能年齢）未満の子供については，場合によっては，裁判所の執行機関による，子の引き渡しの執行を認めるべきだと考えます（子供の人権に大きく関わってきますので，このことを法律に明定すべきです。)。15歳以上の場合は，子供の意思を尊重すべきでしょう。なお，執行を認める場合には，判決や決定等にその旨を明示すべきです。

オ　おわりに

　子供は，一個の，独立した人格を有する人間です。両親や各祖父母の私物ではありません。子供の健全なる成長という観点から最善の解決策を考えるべきです。

【プライバシー保護のため事例の内容は変えております。】

第4章
親権・養育費に関する法律相談

親権・養育費に関する相談を受けるときのポイント

1 子供の利益を第一に

　親権・養育費に関する事件の依頼者は親ですが，子供の利益をまず第一に考えなければなりません。親権であれば，子供の福祉という見地からみて，仮に，依頼者である親が残業や休日出勤が多くほとんど家にいないというような場合や，依頼者が再婚相手と同居しておりその再婚相手に子供に対する理解がないような場合には，依頼者の要望どおり依頼者に親権を獲得させるのが最善なのか，十分確認する余地があるでしょう。また養育費については，養育費がなければ子供に十分な教育や医療の機会を与えられない状況であるにも関わらず「元配偶者との関係が続くのが嫌なので養育費を請求したくない」というような相談者がいるかもしれません。しかしこれも，養育費はあくまでも子供のためのものである，ということを説明して養育費請求を求めるべきといえるでしょう。

　このように，子供の利益を第一に考えた結果，親である依頼者の要望に反する場合も出てくることもありますが，相談を受けた者としては，制度趣旨や子供の将来について粘り強く説明して，その子供にとって最善の結果を目指すべきです。

2 見通しを伝える〜親権の場合

　親権を獲得したいという相談者に対し，その実現可能性について十分な説明が必要です。特に相談者が幼い子供の父親である場合には，「母性優先」が現在の実務基準であることから，母親に不適格性をうかがわせる格別の事情がなければ，父親が親権を獲得することはかなり困難といえます。

　また，「現在子供の置かれている環境を変えることは好ましくない」というのが裁判所の基本的な考え方であることから，現に子供を監護していない親が親権を獲得するというのもまた，子供の置かれている今の環境に

問題があるような場合や親権変更を子供が希望する場合等でなければ、難しいといえるでしょう。

このような、相談者にとって悪い見通しであればあるほど、早期に伝えておく必要があります。この点をあいまいにしておくと、「こんなはずではなかった」などと相談者との間に無用なトラブルを招きかねません。

3 見通しを伝える～養育費の場合

養育費については、いわゆる算定表（判例タイムズ1111号「簡易迅速な養育費等の算定を目指して―養育費・婚姻費用の算定方式と算定表の提案―」参照）に基づいて算出されるのが実務であり、相談者と相手方の収入と、子供の人数を聴き取った上で、算定表を基に出た数字を依頼者に答えることとなります。算定表の見方自体は難しくはありませんが、判例タイムズ1111号に掲載されている解説は、一度十分に読み込むことが必要です。例えば、給与所得者の場合の年収は、給与額面額を見るのか手取額を見るのか、あるいは自営業者の場合の年収は、総収入額で見るのか経費を差し引いた後の金額でみるのか、初めてだと戸惑うかもしれません。判例タイムズ1111号の解説には、給与所得者の年収は「源泉徴収票の支払額」であり、自営者の年収は「課税される所得金額」を指す、というように、表の見方や使い方について説明がなされています。

その他にも、例えば、「子供が私立学校に通っている場合もこの算定表の枠内で考慮されるのか」であるとか、「養育費請求者が現在無職である場合の収入額はゼロと見てよいのか」等、養育費算定をめぐっては様々な問題があります。これらの問題点については種々の文献がありますので、それらも参照にされるとよいでしょう（大阪弁護士協同組合「養育費・婚姻費用の算定方式と算定表」、岡健太郎「養育費・婚姻費用算定表の運用上の諸問題（判例タイムズ1209号）」など）。

第4章　親権・養育費に関する法律相談

事例10　離婚訴訟と親権の争い

DVを理由とする離婚事件において，夫も妻も子の親権者となることを拒否した事例

●概要図

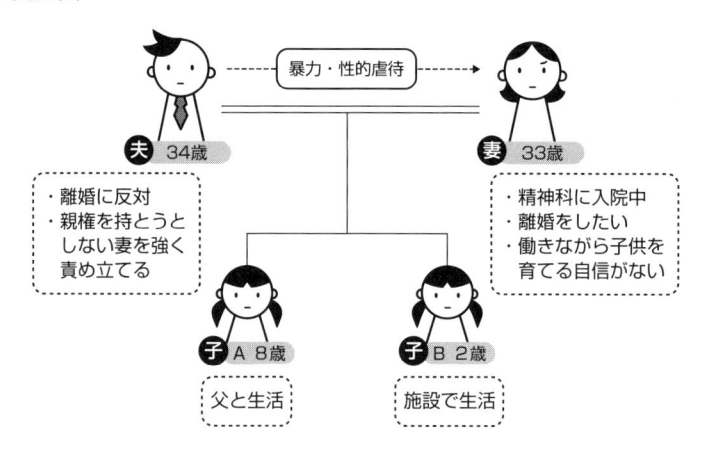

```
       夫 34歳 ----暴力・性的虐待----> 妻 33歳
・離婚に反対                    ・精神科に入院中
・親権を持とうと                ・離婚をしたい
 しない妻を強く                ・働きながら子供を
 責め立てる                     育てる自信がない

         子A 8歳         子B 2歳
         父と生活          施設で生活
```

はじめに

　離婚の際に，子供の親権につき争いになることが多いと思います。子供の親権に関しての争いは熾烈で，当事者間での話し合いによる解決が困難である場合が多く，訴訟で争われるケースが多いようです。子供と別居している親が，親権を求めて子供を無断で連れ去る事例も珍しくはありません。
　親権をめぐる争いは，子供の親権者となることを希望するのが一般的ですが，親権者となることを双方が拒否して争いになることもあります。極めて稀な事例と思いますので紹介いたします。

1　事例の概要

　事件は，夫からDVを受けている妻から依頼された離婚事件で，夫からは日常的に暴力や性的な虐待を受けていました。妻は，暴力に耐えかねて，

何回か家を出て警察に保護を求めたこともありました。夫の執拗な暴力等から精神的な病気にもなり，裁判当時は市役所の保護下で病院の精神科に入院中でした。市役所は，夫が妻の行方を執拗に探していましたが，DVがあったというこれまでの経緯に配慮して，妻の居所を知らせていませんでした。夫婦の間には子供が2人いて，内1人の小学生の子供Aは夫が引き取り一緒に生活していましたが，もう1人の子供Bは2歳と幼いこともあり，施設で生活をしていました。

> **本相談のポイント**
> ① 妻の生活の自立を図るために，早期の離婚を目指すこと。
> ② 精神的に病んでいる依頼者に対して，ゆっくりと丁寧な説明を心がけ，コミュニケーションがうまく図れるよう注意する。

2 受任に際しての注意点と依頼者への対応

事件受任の際に妻と面談しましたが，精神的に相当に病んでおり，夫との婚姻生活にこれ以上耐えられる状況ではありませんでした。妻は，離婚について，慰謝料等の金銭は一切請求しないので，できるだけ早く離婚したいとの希望でした。市役所の担当者とも面談をしましたが，早期に離婚をした上で病院を退院し，生活の自立を図る計画をした方が良いとの説明を受けました。

そこで，まずは離婚調停を申し立てて，一日も早い離婚成立を目指すこととしました。

3 本件における法的問題点の考察

調停で離婚が合意できればよいですが，これまでの夫の態度からするとその可能性はあまり高く見込まれず，そうなると離婚訴訟を提起して裁判所に離婚を認容してもらう必要があります。

離婚原因については，夫からの暴力や性的虐待は日常的に繰り返されて

おり，それによって妻は精神的な病気を患っていることから，この事実を主張立証すれば，「婚姻を継続し難い重大な事由」（民法770条1項5号）があるとして，離婚を認めてもらえるだろうと考えられました。

　ただ，妻の精神状態からすると，十分な立証活動ができるのか不安でしたが，早期の離婚成立を目指し，まずは離婚調停を申し立てることとしました。

4　手続の経過

　事件受任後，家庭裁判所に離婚調停の申立てをしましたが，夫は離婚の意思が全くなく，家庭裁判所の調停期日に出頭しようとしませんでした。しかも，家庭裁判所からの呼出通知を受け取って激怒したのか，書記官に暴言を吐いたようでした。結局，調停は2回で不調となりました。

　その後，離婚訴訟を提起することにしました。妻は，夫と離婚して早期に自立することを希望していました。事案の内容から判断して夫のDVは明らかと思われました。ところが，夫は弁護士を依頼せず，本人だけで裁判所に出頭して，妻が被害妄想で精神的な治療の必要があると述べたのです。暴力等については，自分は関与していないとして一切否定をしました。そのため，離婚原因の事実関係に関する主張が双方で全く異なることとなり，訴訟は難航しました。裁判官は，双方の事実関係の主張が全く異なるために，どちらの話を信用してよいか分からないようでした。

5　親権の争い

　裁判が進み，子供の親権が問題となりました。妻は，訴訟の当初は幼い子供Bの親権を希望しましたが，訴訟がある程度進んだ段階で，子供Bに関しても親権を希望しないと述べるようになりました。これから自立して働いて生活していくのに，幼い子供を育てる自信がないという理由でした。代理人として，子供Bの将来を考え，親権を主張するように説得をしましたが，妻の意思は固く変えることはできませんでした。

　夫は，最初から離婚に猛烈に反対していましたが，妻が子供Bの親権を主張しないことを知ると，責任逃れと激しく反発して親権者を妻とするよ

うに求めました。

　裁判所は，妻が子供の養育の負担を逃れようとしているとして，妻に対する心証を悪くして，さらに訴訟は難航しました。

　代理人としては，正直対応に苦慮しました。母親が，幼い子供の親権を希望しないことを合理的に説明できなかったからです。妻が現在精神科に入院中であることや，病院を出ても仕事がなく，当分は生活保護を受給せざるを得ないことを説明して，裁判所の理解を求めました。しかし，妻の証言だけで，どこまで裁判官を説得できたのかとても不安でした。

6　判決の内容

　裁判所は，最終的には妻の事情を理解して，離婚を認めた上で子供2名の親権者を夫と定めました。判決では，妻の主張が全面的に通りました。訴訟費用も夫の負担と判断されました。勝訴の理由としては，妻の証言というよりは，裁判所が市役所の担当者から得た情報が大きかったと思います。この市役所の担当者は，当初夫が妻が病気であることを立証しようとして申請していた証人候補者でした。結局証人尋問は行われませんでしたが，裁判所は書面で事実関係の照会をし，そこで情報を得たのです。

　夫は，控訴をしなかったので第一審で判決は確定しました。

　しかし，幼くして施設に入所している子供の将来を考えると，代理人としては後味の悪い裁判となりました。

7　本件を振り返って

　離婚裁判で，当事者が精神的に病んでいる事例は少なくありません。今後も増加すると思います。両当事者とも精神的に病んでいる場合があり，一方が婚姻の継続や親権に固執すると裁判は紛糾します。本件でも，裁判所での夫の態度から判断して，夫の精神状態も普通とは思われませんでした。代理人は悪者扱いでしたし，裁判官の話にも一切耳を貸そうとしませんでした。このような離婚裁判では，通常の事例とは異なる対応が必要と思われますが，離婚裁判は多種多様であるために現実的には個別に対応を検討するしかありません。

子供の親権に関しては，代理人として法律上の主張はできても，子供の救済を現実的に図ることはできません。代理人としての限界を痛感させられた事件でした。

【プライバシー保護のため事例の内容は変えております。】

事例 11　親権者の変更について

8年前の離婚の際に子供の親権者を父と定めたが，現在，父が子へ暴力を振るっていることを理由として，母から親権者を変更したいとの依頼があった事例

●概要図

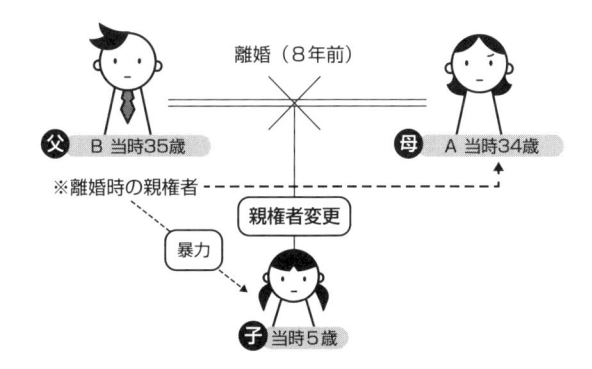

```
               離婚（8年前）
   父 B 当時35歳        母 A 当時34歳
   ※離婚時の親権者
         ┊      親権者変更
       暴力
         ┊
         子 当時5歳
```

はじめに

　親権者の指定に関しては，離婚時にいったん指定されればそのまま変更ができないかに思われている方が多いようですが，現実には離婚後の親権者をとりまく諸事情により，親権者を変更すべき場合が顕在化することがあります。

　本件も離婚後8年もの期間が経った後に，親権者を変更することになった事案を例に実際にどのような道筋を辿って解決がなされたか，ご説明していきたいと思います。

1　事例の概要

　Aさん（女性―離婚当時34歳）は，8年前に離婚しました。
　その際，未成年者の子（離婚当時5歳）の親権を夫Bさんとしました。

親権とは，親が未成年の子の監護及び教育をするために認められた権利及び義務をいいますが，この親権をBさんとすることについて，Aさんは当時あまり深く考えず，離婚後自分の収入が安定しないとの思いで，地方公務員であるBさんに親権を委ねることにしたわけです。

ところが，その後，Bさんと同居するようになった子よりAさんのもとにSOSが発信されるようになってきました。

どうやらBさんが子に暴力をふるうようになっているようです。

そのような状況を知り，Aさんとしては，親権を自分のところに戻し，やり直したいとの希望をもつようになりました。

とはいえ，親権をBさんに決めてしまってから8年も経っているのです。

それを変更することはできないのではないか，半ばあきらめていましたが，あきらめるまえに最後に弁護士に相談しようと考え，相談にいらっしゃいました。

本相談のポイント

① 離婚時には夫を親権者とすることに同意していた。
② 離婚後8年もの期間が経過していた。
③ 子供の置かれた状況が待ったなしの状態であった。

2 受任に際しての注意点

相談を受けた私は，親権者の変更は可能である，と回答しましたところ，Aさんは，早速手続を私に依頼することになりました。

本件の最大の問題点は，Bさんと同居していた子からAさんのもとにSOSが発信されているという事実をいかにBさんに知られずに子の安全を確保しつつ手続できるか，という点でした。

この点に関し，私はAさんと連絡を密に行うことでわずかな変化にも速やかに対応できる体制を作ることに重きを置きました。

そして，家庭裁判所に親権者変更の調停申立てをすることとしました。

とにかく，子供が待ったなしの状況に置かれていると考えられましたので，速やかに調停申立てを実行しました。

3　本件における法的問題点の考察

離婚時に父母の一方に親権者が定められた後，他の一方に親権者を変更したい場合には，法律上「子の利益のため必要があると認めるときは，家庭裁判所は，子の親族の請求によって，親権者を他の一方に変更することができる。」(民法819条6項)と規定されています。

親権者は，調停又は審判によって変更されるものであり，父母の協議のみではできません。

4　裁判の手続

私は，家庭裁判所に親権者変更の調停申立てをしました。

この後，Aさんも，家庭裁判所に計4回通うことになりました。

他方，Bさんも各回出席し，AさんBさんともに，家庭裁判所で各々意見を言いました。

当初，Bさんには歩み寄りは見られませんでした。

Bさんとしては（暴力等をふるっていたとはいえ），現実に8年間，自分一人で子を育ててきたという思いがあったからです。

調停は平行線をたどりましたが，何とか双方の話し合いがうまく進展しないか，2名の調停委員（60代の男性，女性，各1名）がAさん，Bさんの意見を根気強く聞き続けました。

本件では，経験豊富な調停委員2名により，AさんBさんの主張を直ちに否定することなく時間をかけて聴取したことが解決に向けて功を奏したものと考えられます。

5　調査官による調査

最終局面で家庭裁判所調査官による子供に対する調査がありました。

この調査は，調査官が子供に直接会って話を聞くというものです。

本件では1名の調査官が調査を行っております。調査は計1回，2時間

程度，Aさんも Bさんも立ち会うことなく家庭裁判所内で調査官が子供の率直な意見を聴取できるような環境が取られました。

その際，子供は，Bさんの暴力行為を認め，その行為をいやがっており，Aさんと一緒に暮らしたい，などといった意見を述べたことが大きなターニング・ポイントになりました。

親権者の変更を認めるか否かは，子供の今後に重大な影響を与えるものであることから，当事者である子供の意見を無視した解決はありえません。

本件では，子供が調査官の調査で，Aさんの主張にほぼ沿う形の話をしたことが大きかったわけです。

6　調停成立

最終的には，Bさんも折れ，親権者をAさんに変更し，未成年の子の監護養育をAさんがしていくことに同意することになりました。

このようにして，この調停は無事成立しました。

本件では，調停成立まで半年もかからずに成立となりました。

なお，親権者変更の調停が成立し又は親権者変更の認容審判が確定したときは，親権者となった者は，調停成立の日又は審判確定の日から10日以内に調停調書謄本又は審判書謄本を添付して親権者変更届を出すことになります（戸籍法79条，63条１項）。

7　おわりに

現在，Aさんは，子供と一緒に幸せに暮らしているとのことです。

本件では，そもそも，Aさんが離婚時に親権をBさんに譲ることなく，自己を親権者とすることを強く主張されればよかったのかもしれません。また，これはおかしい，と感じた時点で弁護士に相談いただければ，早めの解決が可能になったのではないかと考えられます。

親権者の問題も含め，離婚に関する相談を受ける際には，将来の時間軸を考慮に入れた慎重なアドバイスが必要であると考えます。

【プライバシー保護のため事例の内容は変えております。】

第5章
親子関係に関する法律相談

親子関係に関する相談を受けるときのポイント

1 親と子のそれぞれの立場から

　親子関係の相談もさまざまですが，法的なアドバイスが必要な事案ともなれば，親の立場，子の立場で，視点が大きく異なることがあります。親子関係の相談では，当事者のうちに判断能力が十分でない者が含まれ，また，既に死亡している者が関係者である場合も少なくありません。何が事実なのか，見方や評価として考えなければならない内容はどこまでなのか，一般の相談でも重要なことですが，親子の問題についての相談では，当事者それぞれの立場に立って，意識的に分別して聴く姿勢が特に大切になるでしょう。

2 親族関係の把握

　親と子のそれぞれの生活環境，交流の有無や方法，期間，家計の関連性など，客観的なところから把握される親子関係の事情もあります。直接問題となっている親と子の他にも，兄弟や他の親族との関係がポイントとなる場合があります。可能な限り広く親族関係を押さえ，その中での，各当事者の立場や関係性を把握することで，紛争や問題の実態を理解するための参考になることがあるでしょう。事実の把握に迷った時，証拠や材料を探して，少し視点を広げて他の親族関係にも注目してみることで，思わぬ収穫が得られることもあります。

3 意思の理解

　例えば養子縁組について，民法上の要件は，「縁組をする意思」とされています。古いものでは男の子を養子にして家を継がせる目的での養子，相続税の控除を目的とした養子など，その背景には何らかの現実的な目的があることがあります。相談が寄せられる事案では，大抵，経済的な問題

なども背景にあります。過去には、いわゆる「仮装・方便縁組」として無効とされた裁判例もありますが（岡山地判昭35・3・7判時223号24頁、東京高判昭57・2・22家月35巻5号98頁など）、得てしてこうした併存的な「意思」の存在が問題を複雑にしています。

意思は本来「主観」の問題ですが、その把握のためには、縁組の目的、経緯、その背景について、特に意識して、細かく聴取し、調査することが求められます。

4 手続についての知識

親子関係に関わる手続には、様々なものがあります。とりわけ戸籍に関する知識は不可欠な分野です。出生届、縁組届の効力、認知の手続、それに伴う戸籍の記載など、また、裁判所を用いた手続としても、縁組無効確認、嫡出否認の訴え、父を定める訴え、認知無効の訴え、強制認知（認知を求める訴え）、親子関係不存在確認の訴え等々、人事訴訟として調停前置が求められる場合もあります。

中には弁護士の日常の業務で、そう頻繁に用いることのない手続が使われることもあります。親の死亡後に、また子の死亡後に、それぞれの手続を行うことはできるのか、その方法は？　解決に必要な法的手続の内容について、単に法律の知識だけではなく、実際の運用や必要書類、その入手方法など、具体的に把握する必要があります。

実体法の解釈や事実の評価には幅があるとしても、手続については「できるか」「できないか」のいずれかということがあります。要する時間や労力など、その負担を考慮すると現実的ではない選択もあるでしょう。より適切な判断のためにも、実際に目的とする解決が得られるのかどうか、事案によっては事前に関係機関に問い合わせるなどして、しっかり固めておく必要があるでしょう。必要とされる手続とその利用の可否やその帰趨を踏まえ、現実に執り得る解決方法を探り、相談の際にも、それを踏まえたアドバイスが求められる分野と言えるでしょう。

5 生殖倫理の視点

　実親子関係の相談などで，その判断に必要な証拠も，今ではDNA鑑定など科学的な方法で，ある程度客観的なものの収集が可能になっています。それでもなお，鑑定の拒否をはじめ倫理的な問題や宗教的な問題など，完全にクリアしきれない問題も残っています。

　将来的には，代理母や，卵子・精子の提供といった生殖補助医療とも関連し，親子関係の法的な判断について新たな問題が生じる可能性が考えられます。「事実」は明らかであるとしても，それを法制度の枠組みの中でどう考えるべきか。依頼者，当事者の求める答えと，関係者の意図，それに対する倫理観なども，今後，意識して相談にあたることが求められるのかもしれません。

事例 12 鑑定を実施しなかった親子関係存在確認訴訟

戸籍上は親子関係とされていない母と子につき，DNA鑑定を用いずに親子関係を立証した事例

● 概要図

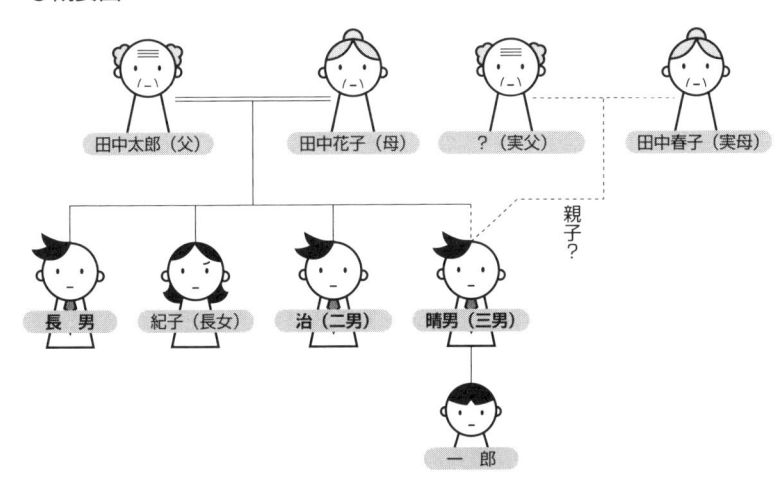

[家系図：田中太郎（父）＝田中花子（母）／？（実父）‥‥田中春子（実母）。子として長男、紀子（長女）、治（二男）、晴男（三男）。晴男と実父・実母との間に「親子？」の関係。晴男の子として一郎]

はじめに

　実親子関係の存否確認訴訟は，人事訴訟法2条2号により，人事訴訟と定義されるものの，実体法上，嫡出推定やこれに伴う嫡出否認の訴え（民法772条，775条）・認知の訴え（同787条）等があり，どのような場合に親子関係存否確認訴訟となるのかは必ずしも判然としません。そして，本件は，いわゆる「藁の上からの養子」のような事案ですが，現代社会においてもまだまだそのような講学上の概念のような実例が存在しています。また，法律上の実母子関係は，分娩の事実により生じる（最判昭37・4・27民集16巻7号1247頁）とされており，この分娩の事実をより直接的に立証する手段の一つとしてDNA鑑定がありますが，これも場合により利用できないことがあり得ます。そうなると，間接事実を積み上げて立証するほかあ

139

りません。訴訟上の立証活動として，間接事実の積み上げ作業が大切なことを改めて認識させられた事例としても有用と思われ，ここに紹介するものです。

1 事例の概要

　もともと昨年の12月に登録したばかりの，しかも"即独"の新米弁護士に事件の依頼もなく，正月のお屠蘇気分が抜けない時期に事務所を開けたところで事務所は開店休業状態が続いている。静かな落ち着いた空気の中で，電話が鳴る。

　高校時代の友人の田中一郎である。たしか一族で大企業のゼネコンRを経営しているはずである。そういえば，年末に弁護士としての独立開業の案内は出した。

　おきまりの挨拶を一通り終えると，おもむろに田中が話を切り出す。

　彼の話は，祖母が亡くなりその相続の問題で田中の父親が相談したいという。具体的な話は直接田中の父親から聞いた方が良さそうであり，早速打ち合わせの日時を決めた。

　田中の祖母には，高校時代に一度だけ会ったことがある。田中の家に遊びに行ったとき，田中の祖母がお茶を出してくれた。小柄な老婆であったが，どこか品が良く，凛とした雰囲気があり，妙に記憶に残る人だった。

(1)　親子関係の存否に関する相談

　田中父子が事務所に来たのはそれから数日後，曇天の冬の日の午後である。

　田中の父親は，晴男といい，相談時は62歳。手広く不動産会社を経営している。友人の田中一郎自身も実はその会社に身を置いているという。本来なら家業のゼネコンに入るべきだろうが，そこはどういう訳か田中家の家業から独立して商売をしていた。

　この日の相談でその理由がはっきりした。

　田中の父親は，戸籍上は，ゼネコンRを一族で経営する田中家の三男である。ところが，戸籍上両親であるはずの田中太郎及び花子は，実の両親ではなく，田中春子という女性が，本当の母親であるという。そして，そ

の実母である春子が，昨年の11月末に亡くなったという。高校時代に，田中の家でお茶を出してくれたあの老婆が，田中春子であった。

(2) **戸籍上の両親と実母の関係**

「田中」という苗字が同一であることから，田中春子と晴男の戸籍上の両親とは親戚か何かの縁があるのかと思ったが，晴男は，そうではないと言う。

亡くなった春子は，もともと東北地方の貧しい農家の8人兄弟の末子として大正7年に生まれ，昭和初期にいわゆる口減らしのために東京に出てきたという。東京での生活ではあらゆる辛酸を舐めさせられたそうである。春子は紆余曲折を経て，終戦直後，ようやく焼け跡の新橋の裏通りに慎ましやかな店を構えた。店といっても，一杯呑み屋である。

田中太郎は，そんな春子の店に足繁く通っていたお客の一人であったそうである。田中太郎は，今は妻花子ともども鬼籍に入っているものの，生前は，建設業界の風雲児としてならした。戦後の動乱期に豪腕とも言うべき経営手腕を発揮して，一建築業者に過ぎなかったRを東証上場の優良な企業にまで発展させた人物であった。

しかし，春子は，そんな田中太郎と男女の仲になったわけではない。むしろ，そういう関係を望んだ田中太郎の要求を，毅然と，そして，にべもなく断ったそうである。ところが，それがかえって剛胆な太郎の気に入った。いわゆる馬が合ったらしい。場末の，そして，決してきれいとはいえない店に太郎が頻繁に顔を見せるようになったのは，そんな経緯であったそうである。

しばらくして，田中太郎は，妻の花子を伴ってまでして店に来るようになった。

この話が，春子の自慢話であったそうである。

(3) **血縁関係の無い夫婦の戸籍に入籍した経緯**

ところが，終戦直後の東京がどんなものであったかは，今の姿からはたやすく想像することはできない。女手一人で店を開き，それを維持するなどそうそう簡単にできるわけはなかった。

春子は，とある男性の子供を身ごもってしまった。その子が，田中晴男

であった。

　春子は，妊娠の経緯については，生前息子である晴男に一切語らなかったし，晴男もそれ以上のことを母親である春子に問うことはできなかったそうである。だから，晴男自身自分の父親が誰であるかは，今も知らない。ただ，戸籍上の両親である田中太郎及び花子が実の親ではないことだけは確かだという。晴男が自らの出生の秘密を知ったのは，大学を卒業して就職するときだったという。

　春子は，晴男の出産を相当悩んだようであるが，結局，出産を決意した。
　そして，晴男を田中太郎と花子の子供として田中家の戸籍に入れてもらえるように，太郎夫妻に頼み込んだのだという。

　たまたま姓が同じだけで，他人の夫婦の戸籍に我が子を委ねようとした春子の気持ちは，どのようなものであったかは，また，それを受け入れた田中夫妻の気持ちもどのようなものであったのかは，今となっては分からない。

　いずれにしても，田中晴男は，こうして，田中太郎・花子夫妻の三男として届け出られた。

(4) 実母との生活と遺産

　しかし，田中晴男は，春子と共に生活をし，実母である春子の手によって育った。春子は，戸籍こそ田中太郎・花子夫妻に借りたものの，それ以外は，1円たりともまったく迷惑をかけなかった。それが春子の矜恃であったのかもしれない。

　春子の商売は順調であった。生まれもって兼ね備えた商売の才覚が花開いたと言うべきであった。むしろ，田中太郎も春子の商才を知らず知らずに感じ取っていたのかもしれない。春子親子は，店の二階に起居しながら，昼夜を問わず働き，少しばかりの余裕ができると，借金をして，賃貸の共同住宅を建て，不動産賃貸業に乗り出した。これが当時の住宅不足，そして高度成長の追い風に乗った。東京オリンピックの時には，既に小さいながらも5棟のアパートを経営していたそうである。

　晴男は，不動産業を家業にすることを決心していた。大学で経営学を専攻し，しばらく大手不動産業に就職し，数年後退職して自ら会社を興し，

母親春子の不動産業に専念した。しかも，建築当初にはあまり交通の便が良くなかった場所も交通網の整備とともに都心の一等地へと変貌していった。

春子が亡くなる時点で春子名義の不動産は，丁度10棟になり，その遺産（土地及び建物）は少なく見積もっても，10億円以上にもなってしまうという。

もちろん，春子のことであり，生前の節税対策や相続税対策はそれなりにしていたそうであるが，いかんともしがたい部分が残ってしまったという。

(5) 相続のための親子関係の立証

窓の外はとっくに夜である。相談も佳境に入る。

「そうすると，父上の晴男さんが相続するために何か法律的な手段とか，方法はないか，ということですか？」と新米弁護士は晴男に質問した。

すると，晴男からは，次のような要望が寄せられた。

「いいえ，相続自体は，母親が遺言を残しているので構わないのですが，戸籍上私は母の子供ではありませんから，まったくの第三者になっています。そうすると，子供として相続する場合の相続税に加えて2割ほど加算されてしまうのです。ですから，何とか母との親子関係を証明したいのです」。「相続税法にそのような規定があるのですが，ご存知ないですか？」。

相談者に反問されると弁護士は窮する。

晴男の要望は，簡潔に言えば以下のとおりであった。

晴男自身の相続については，母親である春子が公正証書遺言を残しており，第三者の遺贈として処理することで，晴男自身の相続は可能である。しかし，そうすると，晴男の相続税は，相続税法18条1項により，20％の加算がされてしまう。

バブル経済華やかな時代，相続税を節税するために孫を養子に迎える例が流行った（相続税法15条1項・2項，及び，63条参照。）。春子においても将来の相続を見越して，孫である田中一郎とその妻である恵子を夫婦養子している。ところが，この養子についても，前述の相続税法の規定が引っかかってしまう（相続税法18条2項参照）。

そうであるならば，晴男と春子の実親子の関係を回復して，相続税の加算を免れようというのである。

相続税の税率は，課税価格3億円以上は50％にも及ぶ（相続税法16条参照。）。

そうすると，春子の遺産については，4億円以上の税額となる予定であり，もし，養子である田中一郎夫婦が全遺産を相続するとなれば，8,000万円近い税額が加算されることになる。

晴男は，これを実子である晴男が相続することで，回避しようと考えていた。

長時間の相談で頭も回転しなくなってきている。

「そうすると，単なる親子関係ではダメで，実の親子関係でなければならないということですね。少し調べないとならないので，今日はこのくらいにしておきましょう」。そう言って，新米弁護士は，とりあえず，田中父子が持参した戸籍関係の全部事項証明書を受け取り，どのような手段を取るか検討させて貰うことにした。

田中父子が帰った後で，受け取った戸籍関係の書類が，○○教という名前の宗教団体の封筒に入っていることに気付いた。

この宗教は，輸血や採血を信仰上の理由から拒絶していることで有名であった。

実親子関係を問題にする以上，親子関係の立証は，DNA鑑定によるのが手っ取り早く確実である。

しかし，DNAを抽出するため母親側の鑑定試料すら，既に死亡していることから確実に取得できるかどうかわからない状態であることに加え，子供の晴男が○○教では，依頼者から鑑定試料の提出に協力してもらえない可能性がちらついた。

新米弁護士は，ため息をついた。

本件は，客観的に見れば，田中父子の相談は相続税対策である。金持ちの財産保全に利用されるのは，友人の父親の事件とはいえ，少々気が引ける。

しかし，過去に一度だけしか会ったことのないあの老婆の姿が脳裏に浮かび上がってきて離れない。そして，晴男から聞いた春子の壮絶な人生と

記憶に残っている彼女の上品な立ち居振る舞いとが，自分の感覚の中でどうしても重ならなかった。

> **本相談のポイント**
> ① 相続をするために親子関係の存在を立証しなければならないが，本相談は，既に養子縁組はしており，相続税の関係で実親子関係の存在を立証する必要があること。
> ② 実親子関係を立証するにあたってDNA鑑定の利用ができないため，その他の方法を検討することが必要なこと。

2 受任に際しての注意点と依頼者への対応

本事例は，法律上は後に述べるように，①実親子（母子）関係と，②戸籍訂正の必要性等，が要件事実となるという簡単な内容ですが，そもそも晴男と春子間の親子関係存在確認訴訟だけでよいのかどうか即断しかねるところもあります。

弁護士として，このような不案内な案件については安易な回答は避け，十分な調査期間を設けることや，それでも不明瞭な場合には，そのような点を依頼者に十分に説明しておく必要があると思います。

特に人事訴訟関係は，戸籍の問題も絡むため，関係官庁へ事前確認も怠りなくしておきたいところです。

さらに，本件では相続税の関係で間接的に大きな金額が絡んできます。相続税の申告期限や延長手続，延滞税等にも注意をしておく必要があるでしょう。

3 裁判までの準備と法的問題点の考察

(1) **戸籍謄本の取得**

ア 相続人を確定するために必要な戸籍の範囲

田中父子の相談に翌日から早速取りかかる。

そういえば、弁護修習先のA弁護士は、相続の時には、相続人を確定するために、被相続人の出生から死亡まで戸籍を揃える必要があると言っていた。本当は、生殖能力の無い時代から死亡までだそうだが、まあ出生から揃えるのが普通なのだろう。
　今回は、春子についてはそれでよいだろうが、晴男はどうしたものだろうか。
　戸籍上、晴男は田中太郎花子夫妻間の嫡出子として届けられているのであるから、晴男についても、出生から現在に至る戸籍を取り揃えておいた方が良さそうだ。

イ　戸籍謄本を取得するための手続
　田中父子の持参した全部事項証明書は、春子の除籍関係と、晴男の戸籍、そして一郎の戸籍の各関係のもの計3通である。いずれもコンピュータ処理による全部事項証明書である。また、春子のいわゆる除住民票、晴男と一郎の住民票の各写しも揃えていた。
　これをさかのぼって調べるには、平成の改製原戸籍の謄本というやつを取り寄せる必要がある。要するに、コンピュータ処理になる以前の紙媒体で処理していた時代の戸籍謄本である。そして、その戸籍謄本で出生にまで辿り着けないなら更にさかのぼって戸籍謄本を取得する必要があると、A弁護士は言っていた。
　これらを取り寄せるには、日本弁護士連合会の統一書式「戸籍謄本等職務上請求書」に基づき請求をしなければならない。弁護士会で買い求めた書式に必要事項を記載して気付いた。春子や田中親子の戸籍の本籍地はたまたま東京の下町にある。それなら、ついでに直接区役所に行ってみたらどうか。請求書の書式を見ると、使者として事務職員の住所・氏名を記載する欄がある。使者で直接窓口での交付が認められるなら、当然弁護士が窓口で請求することも可能だろう。どうせ時間はあり余っている。

ウ　子の戸籍の収集（区役所窓口における戸籍の請求）
　春子らの本籍地を管轄する〇〇区役所に赴き、戸籍を統括している住民課に赴いた。

案の定，直接の請求も可能であった。

加えて，担当の区役所職員が親切だった。新米弁護士であることが歴然であったためか，相続関係の調査ということが分かると，たまたまその区役所で管轄している春子らの以前の戸籍の関係を調べてくれた。

これにより，晴男の出生から現在までの戸籍は一応揃った。晴男は，相談の時の話のとおり，戸籍上は，田中太郎と花子の夫婦間における三男一女の4人兄弟の三男としての記載がなされていた。

ところが，春子は，昭和60年に晴男と同じ本籍地に転籍してきていたが，転籍前には，なんと北方領土のとある島に本籍を有していた。

思いもかけぬところで北方領土問題にぶち当たった。

すると，区役所の職員が，声を掛けてくれた。北方四島を本籍地とする戸籍は，北海道の根室市が管轄していると（北方領土問題等の解決の促進のための特別措置に関する法律，昭58・3・14民二1819号通達参照）。

エ　母の戸籍の収集（郵送による戸籍の請求）

さすがに根室まで自ら出向くことはできず，郵送で春子の戸籍を取り寄せた。

春子は，16歳の昭和9年に，田中源治という人物と結婚していたのである。

そして，翌昭和10年に長女明子を出産していたが，この明子は可哀想に僅か半年で亡くなっていた。さらに，昭和11年には夫源治も他界していた。

この亡田中源治が今は北方領土のとある島の出身であった。この春子の結婚については，晴男も知らなかった。

オ　旧法戸籍

さらに，春子の結婚前の戸籍をさかのぼると，春子の実父山田善三を戸主とする旧民法上の戸籍を経て，春子の祖父山田竜吉を戸主とする旧民法時代の古い戸籍に辿り着いた。

これらを見ると，春子は，祖父竜吉の三男山田善三の五女として生まれていた。春子の父善三は明治10年（西南戦争！）に，祖父竜吉は嘉永6年（ペリー来航！）にそれぞれ生まれ，東北地方のとある山村を本籍

地とする戸主竜吉の戸籍には，なんと合計29人もの記載がなされていた。戸籍の大河ドラマである。

(2) 戸籍訂正の方法

こうして，晴男は，田中太郎と花子の嫡出子として戸籍上記載があり，春子とは何の関係も有しないことが確認できた。

晴男が目的とする春子との親子関係は，結局，戸籍の上で明らかにしなければならないであろうから，戸籍の記載の変更とか訂正ということになろう。このような観点から，戸籍法を見ると，113条以下に「第5章　戸籍の訂正」という条項が定められている。ところが，戸籍法113条・同114条・同116条の関係は必ずしも明らかではない。

113条は，「戸籍の記載が法律上許されないものであること」又は「その記載に錯誤若しくは遺漏があること」と「家庭裁判所の許可」が要件である。

114条は，「届出によって効力を生ずべき行為について戸籍の記載をした」こと（いわゆる創設的届出事項……婚姻や養子縁組など），その後に「その行為が無効であることを発見した」こと，そして「家庭裁判所の許可」が要件である。

この両条文における「家庭裁判所の許可」は，特別家事審判規則10条・家事審判法9条2項（家事事件手続法226条3号）により，家庭裁判所の審判をさす。

他方，戸籍法116条は，確定判決によって戸籍の訂正をすべきときの期間を定めているが，これでは，一体どういう場合において確定判決を必要とするのかについては，明らかにしていない。

したがって，条文を見ただけでは，どのような場合に家庭裁判所の許可（審判）の取得で戸籍の変更が可能なのか，それとも確定判決（訴訟手続）が必要なのか，が判明しないのである。

これについて，戸籍実務では，戸籍訂正の結果が関係人の身分関係に重大な影響を及ぼす恐れがある場合には，戸籍法116条の確定判決に基づいて戸籍の訂正を行うべきであるとされている（東京高決平11・9・30家月52巻9号92頁参照，昭25・12・5民事甲3108号回答参照，福岡法務局戸籍実務研

究会編「最新戸籍の知識123問」日本加除出版516頁以下参照。なお，学説等の状況や，戸籍実務に反対する立場については，野田愛子・若林昌子・梶村太市・松原正明編「家事関係裁判例と実務245題」判タ臨時増刊1100号120頁以下が詳しい。）。

　しかも，春子は既に亡くなっている。死者に調停や審判の当事者能力は無く，人事訴訟法12条3項のような検察官に当事者能力を認める条文も無い。

　とすれば，もはや人事訴訟により判決を取得して戸籍の訂正を求めるしか方法はない。

(3)　**親子関係存在，それとも，親子関係不存在？**

　このようにして，どうやら，春子と晴男との間の親子関係（母子関係）の「存在」を確定判決によって証明しなければならない，ということがわかってきた。

　しかし，晴男は，田中太郎と花子夫婦の子供として戸籍に記載されているのである。

　したがって，春子と晴男の親子関係を確認すると同時に，晴男と田中太郎及び花子夫婦との間の親子関係の「不存在」も確認しなければならないのではないだろうか。

　つまり，田中夫婦と晴男の関係は，田中太郎と晴男との間の父子の親子関係と田中花子と晴男との間の母子の親子関係という2つの親子関係がある。

　春子と晴男の母子親子関係は，分娩の事実により確定されるから，春子と晴男の母子関係が確定すれば，田中花子と晴男との母子関係すなわち親子関係は否定されるはずであるから，事実認定の問題ではなく，訴訟物として，春子と晴男の親子関係の存在以外に，田中花子と晴男の親子関係不存在を掲げるべきか否かという理論的な問題である。

　一方，田中太郎と晴男との父子関係は，春子と晴男の母子関係が確定しても，直ちに否定されるわけではない。加えて，虚偽の嫡出子出生届に認知の効力を認めた有名な最高裁判決がちらつく（最判昭53・2・24民集32巻1号110頁）。

春子との関係で親子関係存在確認を申し立て，田中花子に対する親子関係不存在確認と田中太郎に対する認知無効の訴えを併合して提起するのであろうか。

こうなるともうどうしようもなく，研修所時代の民事弁護教官B弁護士に泣きつくしかない。

すると，B弁護士は，「今回の相談は，被相続人春子との親子関係の確定が必要なのであるから，たとえ晴男と田中太郎との間の父子関係が残ったとしても，春子との間の親子関係（母子関係）が認められれば，それだけでよいのではないか，今までだって，他人の戸籍上に生活していたのだから」という。結構ラフでドラスティックな判断である。

そして，まず，仮にいわゆる無効行為の転換としての認知が存在するとしても，それを争うには親子関係不存在確認請求で足り，認知無効の訴えによる必要はないと教えられた（最判平9・3・11家月49巻10号55頁参照。この判決は，親子関係不存在確認請求訴訟について権利濫用の主張を排斥した判決として頻繁に紹介されるが，その事実は，いわゆる虚偽の嫡出子出生届（無効行為の転換として認知の効力を有すると考えられる）をした父親とその嫡出子として届け出られた者との間の親子関係の不存在を親子関係不存在確認請求訴訟形式で争った事例で，最高裁はこの争いの形式自体を排斥する判断を示していない。なお，最判昭56・6・16民集35巻4号791頁参照，法律上の父子関係と法律上の母子関係は別個の訴訟物とされ，父母子三者間の合一確定の必要性は無いとされる。）。

そして，戸籍実務では，判決や審判の理由中の判断に親子関係不存在の記載があれば，訂正の申請を受理するそうである（昭37・12・26民事甲3722号回答）。

そうであるならば，春子と晴男の親子関係存在確認の判断の中で，田中夫妻それぞれと晴男との間に親子関係がないことが記されれば，それでよいのではないか。

案ずるより産むが易し。

とにかく，春子と晴男の親子関係（母子関係）存在確認請求訴訟を提起することにした（人事訴訟法2条2号）。

> **親子関係存在確認訴訟の訴訟物と要件事実**
> 　訴訟物　　法律上の親子関係の存在
> 　要件事実　① 法律上の実親子関係の存在（母子関係の場合は分娩の事実*）
> 　　　　　　② 戸籍訂正の必要性，又は，法律上の親子関係につき争いの存在
> 　※ 法律上の父子関係は認知によって発生するので，非嫡出子が認知によらずに父子の実親子関係の存在確認訴訟を提起することは許されないとされています（最判平2・7・19裁判集民160号271頁参照）。

4　親子関係存在確認の裁判手続

(1)　鑑定拒否?!　そして訴訟提起

ア　裁判管轄・訴えの相手方・訴訟要件

　春子は亡くなっているのであるから，亡くなった東京の家庭裁判所が管轄（人事訴訟法4条1項）となり，検察官，すなわち，この場合東京地検検事正を被告（人事訴訟法12条1項・3項）として，訴訟を提起する。

　検事正を被告にするなんて少々小気味よい。

　親子関係存在確認訴訟では，春子と晴男の親子関係（母子関係）の存在そのものが訴訟物となり，請求原因としては，母子関係であるから，春子が晴男を分娩した事実が主要事実となる。

　また，確認訴訟であるから訴訟要件として，訴え（確認）の利益の存在が必要であろう（岡口基一『要件事実マニュアル5（第3版）』（ぎょうせい，2010）367頁以下参照）。ここで訴え（確認）の利益とは，戸籍法116条に基づく戸籍訂正の必要性ということになろう。

　なお，戸籍記載が真実と異なれば，この要件を充足するということになりそうである。養親子関係との記載が，真実である実親子関係を反映していないということで，この要件をクリアできるのであれば，節税の片棒担ぎの心理的負担は軽くなる。

イ　母子関係の立証方法

　分娩の事実は，医者の診断書とか，母子健康手帳などで立証できるが，

晴男の話ではそんなものはなかった。

　となれば、母子関係の存在を立証するには、いわゆるDNA鑑定をするのが簡便である。鑑定に必要な試料としては、対象者が亡くなっていても髪の毛などが存在すれば鑑定は可能だという。

　しかも、聞くところによれば、単純な親子関係の存在は10万円程度から可能という。

　ところが、この話を晴男にすると、案の定、晴男は鑑定のための試料提供を拒否してきた。

　母親春子の髪の毛については、彼女が生前使用していたブラシなどを探せば取得することは可能な状況であったが、晴男自身が信仰する宗教上の理由から血液の提供などはできないという。

　これには、予想されたとはいえ、正直頭を抱えた。

　しかし、晴男の意思は固く、結局、DNA鑑定を利用しない方針を固めた。

　ところで、鑑定をする場合、民事訴訟法においては212条以下に証拠調手続の一つとして「鑑定」が規定されている。

　しかし、親子関係存在確認訴訟は、人事訴訟であり職権探知が採られる（人事訴訟法20条）。人事訴訟において鑑定がどのようになされるべきであるかは、特段の規定がない。（なお、前出「家事関係裁判例と実務245題」判タ臨時増刊1100号586頁以下参照）

　離婚のような対立的構造の人事訴訟においては、事実上当事者が鑑定の申立てをして、当事者が鑑定費用を負担するという民事訴訟同様の手続となることが想定されるが、本件のような検察官相手の訴訟では、そのようなことはあり得ない。

　必然的に、当事者が自ら鑑定を私的に実施して、まずはそれを鑑定書などの書証として提出するということになろう。仮に、そのような私的鑑定をしなければ、そして、後述のように鑑定に代わるような立証を尽くさなければ、裁判所の心証形成の問題として、たとえ職権探知主義の人事訴訟といえども、鑑定など行わずに訴えは棄却されてしまうであろう（最判昭29・1・21民集8巻1号87頁、最判昭35・2・2民集14巻1号48

頁参照)。

　DNA鑑定を行わないとなれば，全力でそれ以外の立証手段を尽くさざるを得ない。

ウ　DNA鑑定に代わる書類の収集 ── 分娩の事実・同居の事実 ──

　前述のように，DNA鑑定を利用しないで親子関係を立証しようとすれば，実親子の関係が存在することを前提とするような書類や資料をかき集めなければならない。

　しかも，晴男と田中太郎との関係において父子関係が存在していないことも，判決理由中にそれを明記してもらうためには，実際にはその点の立証も必要となろう。

　春子が晴男を出産した医院は既に無く，担当した医師も誰であったか分からない。したがって，分娩の事実そのものを直接的に立証する余地は無くなった。

　しかし，幸いにも，詳細な春子の日記が残っていた。ただし，晴男の本当の父親のことは一言半句も触れていなかった。そして，晴男が幼い頃に店で撮影した数葉の写真，幼稚園から高校までの入学式の写真（春子と晴男が写っている），高校・大学の授業料の納付書（よくもこんなものが残っていた），晴男の結婚式の写真（春子が母親として写っている）などをかき集めた。

　ところで，春子と晴男の幼少時からの同居の事実については，親子関係を推測する重要な事実であるが，戸籍の附票や住民票をもって立証することが可能である。同じ住所に居住していれば，同居していたことの証拠にはなる。ところが，住民票も戸籍の附票も，原則として，保管期間は5年間である（住民票は転居してから，戸籍は除籍されてから，それぞれ5年間となる。なお，戸籍自体は，除籍されてから150年間の保管期間が定められている。戸籍法施行規則5条4項等参照）。

　そうすると，晴男が生まれた頃の住所や春子との同居の事実は，公的な文書では立証できない。やむなく，晴男宛の手紙や葉書，そして，春子宛の郵便物の住所が一致しているものは無いかと捜した。そして，春子の日記に，晴男の就学通知が丁寧に貼られているのを見つけた。しか

も，宛名は，春子と晴男の名前が併記されていた。

　親子関係をDNA鑑定以外で立証しようとすると，なかなか大変である。
当然の事実を立証することがいかに困難であるかが，身をもって理解できた。

エ　DNA鑑定に代わる書類の収集　── 遺産分割協議書・陳述書 ──

　他方，田中太郎と花子夫妻には，晴男の戸籍上の兄弟が3人いたが，既に1人は他界し，戸籍上の兄田中治と姉（鈴木）紀子が生存していた。

　晴男と田中太郎との間の父子関係の否定がどうにも気になっていたし，利害関係人（人事訴訟法15条参照）として訴訟に関与することがあり得る人たちである。訴訟提起前に直接面談して事情を聞くべき，と決心した。

　治は海外に居住していたが，晴男の戸籍上の6歳年上の姉鈴木紀子が快く面談に応じてくれた。

　紀子は，晴男の存在を知っていたし，晴男が，田中太郎と花子夫妻の子供でないことは，生前の両親からよく聞かされていたという。しかも，田中太郎が亡くなったときの相続で遺産分割協議書を作成しているという。

　紀子はなかなか気が利く女性で，その遺産分割協議書を持参していた。昭和50年に作られた遺産分割協議書では，晴男が戸籍上は三男と記載されているが，実際は田中春子の子供であり，田中太郎と田中花子夫婦の子供ではないこと，田中太郎の相続権を有しないこと，そして，田中太郎の相続に関して一切の相続はしない旨がしっかりと明記されていた。

　コピーを頂戴し，晴男に確認すると，晴男も思い出してくれた。

　鈴木紀子には，両親から聞いていた話や，春子や晴男とは同居も親戚付き合いもしていなかったことを陳述書にして貰えないか依頼した。紀子は，快諾してくれた。

　もちろん，晴男の詳細な陳述書も作成した。

　これらの証拠を書証にして，東京地検検事正を被告とする親子関係存在確認訴訟を東京家庭裁判所に提起したときには，桜が満開となっていた。

(2) **訴訟の進行**
ア 第1回期日 ── DNA鑑定の不実施の理由・訴えの利益 ──

　裁判には，検事正自ら来ることはなく，検察官が1人だけ被告として出廷して，訴訟が始まった。答弁書は，末尾に墨書のサインがあり，あたかも古い刑事事件の検察官調書のようである。

　第1回目から，いきなり裁判官に尋ねられた。DNA鑑定の意向を問われた。

　正直に，晴男の信仰と意向を回答した。心配とは裏腹に，それ以上裁判官から厳しく突っ込まれることは無かった。検察官に対して，鈴木紀子の陳述書について，真否を確認するように指示がなされた。

　しかし，矢継ぎ早に，訴えの利益についての質問が飛んできた。訴状には，晴男が春子の相続をするために戸籍訂正の必要があるとしか記載していなかったためである。

　裁判官は，「春子に遺言状は無かったのか」と尋ねてきたので，晴男に全財産を遺贈する旨の公正証書遺言が存在することを回答したところ，「それなら戸籍訂正の必要もないんじゃないですか」と反問してきた。

　しかたなく，相続税を節税する関係で実子であることの証明が必要であると説明した。裁判官は，ぽつりと「ちょっとシンパシーが湧きませんね」とつぶやいた。裁判官も人の子である。ある意味，節税対策の片棒担ぎなのだから。

訴状の概要

請求の趣旨
　原告と田中春子との間に親子関係が存在することを確認する
請求の原因
1　原告は，田中太郎と田中花子夫婦の間の三男として戸籍に記載されている。
2　原告は，田中春子の子として，昭和○年○月○日分娩出生した。
　　なお，田中春子は，平成○年○月○日，死亡した。
　よって，前記戸籍の記載を真実に符合させて訂正するため，原告と田中春子との間の親子関係の確認を求める。

そして，次回に当事者本人尋問を実施することにして，次回期日を指定した。
イ　第2回期日 ── 当事者本人尋問 ──
　晴男に対する尋問は，拍子抜けのような簡単なものであった。詳細な陳述書を提出していたこともあったが，検察官は一言も発しなかった。
　検察官は，鈴木紀子の陳述書が本人の意思に基づくものであることを確認した旨を裁判所に回答し，裁判所は，判決言渡し期日を定めた。
ウ　判決の言渡し
　8月の厳しい日差しの午後に，春子と晴男が母子関係にあることを確認する勝訴判決が言い渡された。ただ，訴訟費用は全額，原告晴男の負担であった。

5　本事件の解決

(1)　戸籍の訂正

　判決は控訴されることなく確定した。
　再び○○区役所に赴き，確定判決を添付して戸籍の訂正を申し立てた。あの親切な担当者が，再び現れた。判決では，判決理由中に，晴男が田中一郎及び田中花子の子供でないことも明記してくれていたので，晴男は田中夫婦の戸籍から除籍され，本来戸籍を有さない人の戸籍を作成する就籍の手続を行った（戸籍法110条以下参照。）。春子が生存していれば，出生届をするそうであるが，出生の届出義務者がいないため，就籍の手続によって新しい戸籍が作成されるとのことである（昭25・8・16民事甲2206号回答，昭26・12・28民事甲2483号回答及び昭36・8・5民事甲1915号回答等参照）。
　こうして，春子の相続税申告期限（相続税法27条1項・相続の開始を知った日の翌日から10か月以内）に全ての処理が終了した。

(2)　エピローグ　戸籍上の親族

　幸い本件では，関係者の利害関係が薄くいわゆる骨肉の争いとならなかったから良かったものの，もしそうでなかったら，鑑定無くして判決に至ることは無かったと推測された。そこで，鈴木紀子には，協力してもらった御礼に後日伺った。すると，紀子は，田中太郎から生前に一度だけ

晴男の父親の話を聞いたことを思い出していた。それは，田中太郎の会社の人間だったそうであるが，その名前については，太郎は口にしなかったそうである。

またひとつ，昭和という時代が遠退いていった気がした。

6 おわりに

親子関係存否確認訴訟は，一般の弁護士にとってはあまり馴染みのない訴訟類型であり，新米であろうとベテランであろうと，それなりに苦労が想定される類型です。そのような事案においては，できるだけ「足で稼ぐ」ことが必要だと筆者は考えています。

本来であれば，簡易に鑑定で済む立証も，様々な資料をそれこそ根こそぎ検討することが必要でした。また，役所の戸籍課，税務署，そして，戸籍上の親族，と本件ではそれぞれのところに赴き，人々と面談し，大変貴重な勉強をすることができました。

弁護士にとって，「足で稼ぐ」ことの重要さや依頼者や裁判所との意思疎通のみならず，訴訟外の関係者とのコミュニケーションの維持・形成が極めて大切であることをいつも思い出させる事例です。

【プライバシー保護のため事例の内容は変えております。】

第5章　親子関係に関する法律相談

事例13　養子縁組をめぐって

子のいない高齢者の養子となった相談者が養親の親族から養子縁組無効確認訴訟を提起された事例

● 概要図

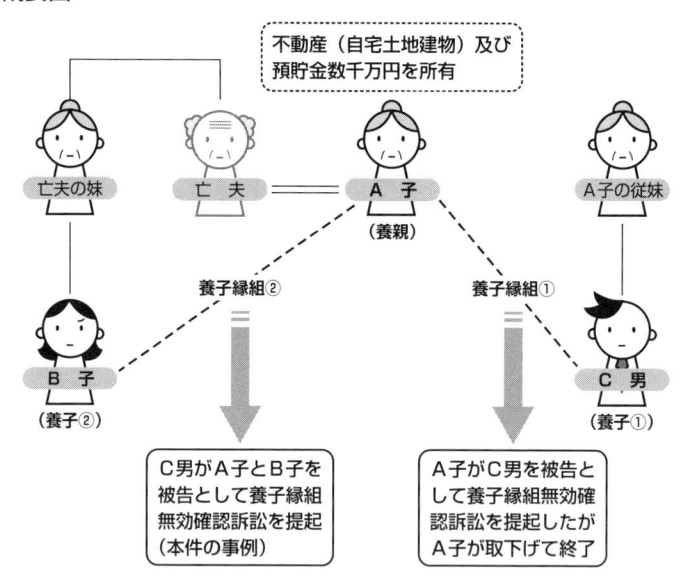

```
          不動産（自宅土地建物）及び
          預貯金数千万円を所有

亡夫の妹    亡 夫 ══ A 子      A子の従妹
                    （養親）
         養子縁組②   　　　 養子縁組①
  B 子                         C 男
 （養子②）                    （養子①）

C男がA子とB子を          A子がC男を被告と
被告として養子縁組        して養子縁組無効確
無効確認訴訟を提起        認訴訟を提起したが
（本件の事例）            A子が取下げて終了
```

はじめに

　養子縁組は，子供が欲しいけれども子供がいない人が親子関係を形成するために利用することが多いのでしょうが，実際には必ずしも本当に親子関係を形成する目的ではない場面でも使われているようです。そこで，養子縁組をめぐって裁判になった事例をご紹介します。

1　事例の概要

(1)　相続人となる子供がいない

　A子さんは，5年ほど前に夫が他界して，自宅で一人暮らしをしていま

した。A子さんには子供はいませんでした。A子さんは、数千万円の預貯金の他に、夫から相続した自宅の土地建物を所有していました。夫の妹の子供であるB子さんは、A子さんの夫が生きていたころから、A子さん夫婦と親交があり、B子さんはときどきA子さんの自宅を訪問して一緒に食事をしたりしていました。A子さんの夫が他界したのちは、B子さん夫婦がA子さんの世話をするようになり、A子さんから頼まれた買い物をしたり、夫のお墓参りをしたりしていました。

(2) **相続のための複数の養子縁組**

しかし、夫が他界したのち、それまではあまり付き合いがなかったA子さんの従妹の子供であるC男さんがA子さんの家を訪問するようになりました。C男さんは、A子さんの家に出入りするようになってから、A子さんの通帳を自分たちで管理すると言って持っていったり、A子さんと養子縁組をしたり、A子さんに公正証書遺言を作らせたりしていました。

A子さんがC男さんと養子縁組をしたころ、B子さんは、A子さんから、「C男さんが勝手に通帳を持っていってしまっている、自分の財産はB子さんに引き継がせるつもりだ、C男さんの勝手な行動を防ぐために養子になってほしい」というような話をされて、A子さんとB子さんとの間でも養子縁組をしました。B子さんもC男さんもA子さんの法定相続人ではないために、このように複数の養子縁組がなされることになってしまったのです。

(3) **B子さんが相談にきた経緯**

A子さんの隣人が、A子さんから「親戚が通帳を勝手に持っていっている」という話を聞き、地元の包括支援センターに相談に行き、市役所の職員がA子さんを訪問してA子さんから話を聞いたこともありました。

A子さんは、市役所の職員に対して、「C男に通帳を預ける約束をしたことはない。C男と養子縁組をするつもりはなかった。C男との養子縁組については、弁護士を頼んで養子縁組が無効であることについて裁判をする」という話をしたようでした。A子さんが提起した養子縁組無効確認訴訟においては養親のA子さんと養子のC男さんの本人尋問が行われました。A子さんの本人尋問において、C男さんの代理人がA子さんに対して、

「訴訟を取り下げてもよいのか」との質問したところ，A子さんが「取り下げてもよい」との供述をしました。このため，この訴訟は，結局，取り下げられて終了したようです。また，このA子さんの本人尋問のときに，C男さんの代理人は，A子さんとB子さんとの養子縁組について質問をし，A子さんは，誘導尋問によって，「B子さんと養子縁組をするつもりはなかった」という供述をしていました。A子さんがC男さんとの養子縁組無効確認訴訟を取り下げたのち，C男さんは，今度はA子さんとB子さんとの養子縁組無効確認訴訟を提起しました。この訴訟を提起されたB子さんが相談にやってきたのです。

(4) B子さんの言い分

相談をうけたときのB子さんの話は次のようなものでした。

「私は，A子さんとは夫の生前から家族同様の付き合いをしていて，A子さんからは自分たちが死んだあとは自宅の土地建物は私に遺贈するという話をされていて，A子さんは遺言書も作成している。A子さんからそのような話をされていたので，自分たちで家を買う機会もあったが，いずれA子さんの土地建物を取得することになると思って購入をしないで我慢していた。ところが，これまではほとんど行き来のなかったC男さんが現れて，A子さんの財産を狙っているのが許せない。また，C男さんがA子さんの意思に反して預金を管理したり，養親縁組を進めたりすることから，A子さんから私にも養子になってほしいと要請されて養子になったのであり，養子縁組が無効といわれるような事情はない」という話でした。

本相談のポイント

① A子さんとB子さんとの養子縁組はA子さんの供述のみで無効と判断されるのか。
② B子さんはA子さんの不動産を取得することができるのか。

2 受任に際しての注意点と依頼者への対応

　B子さんから相談を受け，C男さんから提起された養子縁組無効確認の裁判においては，A子さんとB子さんとの養子縁組当時の具体的事情を立証して養子縁組の有効性を主張していくことになること，そのためには，A子さんやB子さんの尋問をする必要があること，養子縁組届出に証人として署名している人にも話を確認してみる必要があることなどを説明しました。

　また，B子さんが不動産を相続するためには，いくつかの問題がありました。すなわち，まず，養子となったC男さんが新たにA子さんに遺言を作らせている可能性がありました。そこで，A子さんがB子さんに不動産を相続させる旨の遺言を作っていたとしても，その後にC男さんがA子さんに作らせた遺言があるときには後の遺言が効力を持つことになることを説明しました（民法1023条1項）。さらに，後の遺言が作られていなかったり，後の遺言が無効であったりしたとしても，前の遺言が養子であるC男さんの遺留分（民法1028条）を侵害している可能性があること，したがって，C男さんが遺留分減殺請求（民法1031条）をすることにより不動産について権利主張することがありうることも説明をしました。

　そこで，B子さんが不動産を相続するためには，C男さんから提起された裁判で勝訴するだけではなく，C男さんがA子さんに作らせた遺言の無効を確認する裁判や，A子さんとC男さんとの養子縁組が無効であることを確認する裁判をする必要があること，したがって，不動産を相続するのは容易ではないことを説明しました。こうした説明を理解してもらった上で，まずはC男さんから提起された養子縁組無効確認訴訟の対応をしていくことになったのです。

3 裁判の進行

(1) 養子縁組の有効性の検討

　A子さんとB子さんを被告とする養子縁組無効確認訴訟が提起されたころには，A子さんには後見人が選任されていました。

しかし，B子さんの話によれば，養子縁組をしたころは，A子さんは養子縁組のことをきちんと理解をしていたとのことでした。さらに，養子縁組のときには，近所の知人2名が証人になって署名捺印をしており，証人は，A子さんがB子さんを養子とすることを確認し，養子縁組届にA子さんが署名捺印をしたところも確認していました。証拠として提出されている養子縁組届の記載からは，B子さんが養子縁組届を役所に持参し，A子さんは同行をしなかったため，A子さんに対しては役所から届出を受理した旨の通知がなされていることが分かりました（戸籍法27条の2第1項・2項）。

(2) **養子縁組の有効性についての主張立証**

　訴状において，養子縁組が無効である理由は，A子さんとC男さんの養子縁組無効確認訴訟の本人尋問において，A子さんが「B子さんと養子縁組をするつもりはなかった」と供述したことをあげているだけであり，A子さんとB子さんとの養子縁組当時の具体的事情を記載して無効を主張しているわけではありませんでした。

　このため，第1回口頭弁論では，原告にその点を求釈明しようと思っていました。しかし，養子縁組当時の具体的様子を知っているのは被告になっているB子さんなので，考えてみれば当然なのですが，裁判所からは，あっさり，被告において養子縁組のときの状況を具体的に主張するようにと言われてしまいました。

　そこで，具体的な事情についてはこちらで主張をすることにするとともに，証人となった知人について，まずは，簡単な照会書面を作成して回答書を返送してもらうことにしました。

　こちらの主張の骨子は，養子縁組がなされたときの状況や証人の証言によればA子さんはB子さんと養子縁組届出をする意思があること（届出意思の存在）や，それまでA子さんとB子さんは親子同様の付き合いをしていたこと（養親子としての実体の存在）に照らしても，A子さんにはB子さんと養親子関係を形成する意思があるというものでした。他方で，原告の主張のよりどころは，（養子縁組当時ではなく）養子縁組がなされたのちに，A子さんはB子さんとの養子縁組を無効だと言っている，というものでし

た。また，2名の証人からは，A子さんの意思によって養子縁組届がされている旨の回答が戻ってきたので，この書面を証拠として提出しました。さらに，2名の証人とはその後面談をし，養子縁組のときの様子を聞き取りました。そして，そのときの会話を録音して，反訳文を添えて証拠として提出しました。

(3) **裁判所での養親の否定的発言**

こちらが準備書面を提出した次の期日では，裁判所にA子さんを呼んでA子さんの意思を裁判官が直接聞いてみることになりました。裁判官は，A子さんの養子縁組意思がきちんと確認できれば，C男さんに訴えを取り下げるように促す考えでした。したがって，このときに，A子さんが，養子縁組が有効であることを明確に話してくれればよかったのです。しかし，このときには，A子さんはC男さんから裁判所でどのように話すべきかを事前に吹き込まれていたようで，裁判所では，B子さんとの養子縁組について否定的な発言をしました。裁判所は，C男さんに，訴えを取り下げる考えがないことを確認し，A子さんから養子縁組が有効であることを直接聞くことができなかったために，その次の期日において，A子さんとB子さんの尋問を行うことになりました。

(4) **相手方の策略**

この裁判で対応に苦慮したのは，C男さんが自分に有利に裁判を進めるために，普段はA子さんのところに行くこともなく，A子さんの世話をすることもないのに，裁判の節目のときには，A子さんのところに行って，A子さんに自分の考えを吹き込んで，A子さんにC男さんの考えどおりに「B子さんとの養子縁組は無効だ」と話をさせようとすることでした。高齢者の場合には，考え方が一貫せずに，会う人ごとに相手方に都合の良いように話をあわせることがあります。おそらく，自分の老後の面倒をみてもらいたいと思ったり，自分よりも若い人から強い口調で話をされると反論をするのが億劫だったりすることから，相手によって話が変わってきてしまい，首尾一貫しない，相矛盾するような話をしてしまうのだと思われます。A子さんは，90歳を超えているにしては元気でしっかりしていました。また，B子さんとの会話では，A子さんは，C男さんのことを嫌って

いてＢ子さんにこそ養子になってほしいとの話をしていました。しかし，Ｃ男さんは自分の考えを他人に押し付けて他人の意見には全く耳を貸さないタイプの人物であり，Ａ子さんがＣ男さんからいろいろ吹き込まれて，自分の真意ではない話をするのではないかということが懸念されました。

(5) **相手方への対応**

そして，Ａ子さんが裁判所に行って裁判官に話をする予定の日の直前に，Ｃ男さんがＡ子さんの自宅に泊まりに行くという情報が伝わってきたのです。このため，裁判の期日前にＣ男さんがＡ子さんに接近することを禁止する仮処分ができないかを考えてみたりしました。しかし，Ａ子さん自身が仮処分申立てをするのであれば，Ａ子さん自身の人格権などを被保全権利とすることができるものの，Ｂ子さんが申立人となったときの被保全権利をどうするかが難しいこと，Ａ子さんが裁判所で話をするのは，裁判官がＣ男さんに訴えの取下げを促すために事実上なされるものであり，証拠調べとしてなされるものではないこと，Ａ子さんがＣ男さんに影響されて真意を言っていないことは，他の証拠から立証すればよいことから，仮処分申立てはせず，Ｃ男さんの代理人に連絡をして対応を依頼するにとどめました。

(6) **病院での尋問**

Ａ子さんとＢ子さんの尋問を予定していた期日の前に，Ａ子さんは，体調を崩して入院をしたため，とりあえずＢ子さんの尋問だけを行い，Ａ子さんの尋問は病院で行われることになりました。Ａ子さんの尋問は，法廷に比べるとかなり狭い病院の部屋を借りて行うために，Ｃ男さんがＡ子さんの近くにいると，Ａ子さんはＣ男さんのことを気にして真意に基づく供述をしないことが懸念されましたが，結局，尋問を行う病院の部屋が狭かったため，Ａ子さんの尋問は，Ｂ子さんもＣ男さんも同席せずに，裁判官と代理人のみが臨席して行われました。Ａ子さんには後見人の依頼した代理人がついていましたが，後見人はＢ子さんにもＣ男さんにも味方をしないとの対応でしたので，Ａ子さんの尋問において後見人の代理人がＡ子さんに対して質問をすることは全くなく，Ｃ男さんの代理人が主尋問をし，Ｂ子さんの代理人である我々が反対尋問をするという順序で行われました。

法廷での尋問と異なり，比較的A子さんに近いところから，日常的な会話と同じように尋問がなされました。A子さんは，このときもC男さんからいろいろと示唆を受けていたようで，かつてB子さんに話をしていたことは全て否定し，紋切り型の答えに終始しました。反対尋問の最初のうち，A子さんは，C男さんから教えられていたとおり，B子さんとは養子縁組をするつもりはなかったと繰り返し話していました。しかし，B子さんとの関わりをいろいろな角度から質問していく中で，最終的には，ようやくB子さんを養子にするつもりであったという話を引き出すことができたのです。A子さんは，決して寡黙な人ではなく，年齢の割には饒舌に話す人でしたが，尋問においては，こちらに全く視線を向けることはなくうつむき加減で話をしており，特に最初の受け答えは養子縁組を否定することだけを考えているような頑なさでした。反対尋問の始めのころはどうなるかと心配でしたが，最後の方の受け答えは少し柔らかくなった印象でした。A子さんの尋問が法廷で行われていたら，あるいはA子さんは頑なな態度をとり続けたままで終わったかもしれません。病院の一室でA子さんの近くから話しかけるようにして質問できたことで，反対尋問が少しうまくいったような気がしました。

(7) **判決の確定**

この尋問ののちに裁判所によってなされた判決は，原告の請求を棄却するというものでした。C男さんは，この判決を不服として控訴しましたが，控訴審でもC男さんの主張は認められませんでした。

4 本件を振り返って

控訴が棄却され，判決が確定したのちしばらくして，病院に入院をしていたA子さんが亡くなったとの連絡が届きました。A子さんは，結果的に，人生の最後の時期を，B子さんやC男さんとの養子縁組にかかる裁判に費やしたと考えると，とてもやるせない気持ちになりました。

また，C男は，A子さんに全ての財産を相続させるとの遺言を作らせていたので，B子さんの依頼を受けて，遺留分減殺請求をすることになりました。話し合いで解決はしたものの，B子さんが不動産を取得することは

できませんでした。養子縁組にかかる裁判では勝訴をしたものの，不動産を取得できなかったことについては，後味の悪さが残りました。

5 その他の参考事例

もうひとつ，養子縁組を悪用した事例を参考事例として紹介します。

(1) 事例の概要

もう1件は知人からの紹介で相談を受けた方の案件です。

D男さんは，地方都市で仕事をしていましたが，職場の同僚との折り合いが悪くなって仕事を辞めて東京に出てきました。東京に出てきてしばらくは，退職金を使って生活しながら仕事を探していました。しかし，D男さんの年齢のせいか，なかなか仕事が見つかりませんでした。退職金が残り少なくなってきて，不安な気持ちになっていたとき，D男さんは携帯電話のサイトでアルバイトを募集しているのを見つけて，電話をしてみることにしました。話を聞いたところ，仕事の内容は，電気店や量販店に行って，携帯電話の契約をしてくるというものだったので，簡単な仕事だと思ってやってみることにしました。D男さんは，電話で指示された場所に赴き，そこにいた男に言われたとおりに携帯電話の契約をしてくることになっていました。しかし，実際に，量販店に行って携帯電話の契約をしてみようとすると，かつてD男さん自身が携帯電話の料金を払わなかったことがあったので，契約が思うようにできませんでした。そのことを男に話すと，男からは住民票を移して契約をするように指示され，次の日に男に指示されるまま実際には住んだことのない住所に住民票を移しました。住所を移したのち，再度契約を申し込んでみるといくつかは契約できたものの，すぐに新たな契約はできなくなってしまいました。そして，次に，男から養子縁組をすると言われたのです。D男さんは指示されるまま，東京近郊の駅にまで出向き，近くの市役所まで連れていかれました。そこで，初めて養親になる人に会いましたが，D男さんがその男性と直接話をすることはありませんでした。D男さんは，その場で養子縁組届に記入し，届出をして受理証明を受け取り，また東京に戻ってきて携帯電話の契約をするアルバイトを再開したのです。結局いくつか契約をしたものの，男から

指示をされたものと違う携帯電話の契約をしてしまい，D男さんは怖くなって連絡も取らずに逃げ出したとのことでした。D男さんは養子縁組をして姓が変わってしまったものの，このような経緯で養子縁組をしたので，戸籍を元に戻したいといって相談に訪れたのです。

(2) **訴訟提起**

養親に連絡を取って協議離縁という方法をとれば手続は早く進むと思われました。しかし，D男さんが戸籍を元に戻したいという希望を持っていること，このような商売に協力をしている養親が簡単に協議離縁に応じない可能性があること，D男さんが養親との接触を避けたいとの希望を持っていたことから，協議離縁ではなく養子縁組無効確認訴訟を提起することにしました。

家事事件手続法においては，人事に関する訴訟事件について調停前置主義がとられています（家事事件手続法257条1項，事件当時は旧家事審判法18条1項）。しかし，家事事件手続法257条2項ただし書（事件当時は旧家事審判法18条2項ただし書）では，「裁判所が事件を調停に付することが相当でないと認めるときは，この限りでない。」とされています。そこで，訴訟提起後に，係属部に対して，本件は悪質商法に利用されて養子縁組をしたものであって，養親が調停に応じる可能性は低い旨の上申書を提出しました。そして，調停に付されることはなく，あっさりと第1回口頭弁論期日が決まりました。

この時点では，養親である被告は，応訴することはなく，第1回口頭弁論期日において，簡単な本人尋問をした上で，こちらの言い分どおりの判決がなされると予想していました。ところが，裁判所から訴状が届いた被告は，裁判所に対して，協議離縁には応じてもよいが，判決を求めるのであれば争うつもりであると連絡してきたのです。

(3) **協議離縁**

被告に連絡を取ってみたところ，被告としても養親子関係を続けるつもりはなく，養親子関係を解消することは何ら問題がないが，判決になって訴訟費用を負担しなければならなくなることが困るのであり，協議離縁なら応じてもよいとの話でした。

判決で養子縁組無効と確認されれば，D男さんは戸籍の訂正を申請することができ（戸籍法116条1項），戸籍を養子縁組がなかった状態に戻してもらうことができます。しかし，協議離縁だと養子縁組をした事実は戸籍に残ってしまうことになります。

戸籍を元に戻したいというD男さんの希望に添うためには判決によることが必要でした。そこで，D男さんの意思を再度確認したところ，裁判で争うくらいであれば協議離縁の形式でもよいという話になりました。そこで，離縁届書を作成してもらって届出をし，届出が済んだあとに訴訟を取り下げることにしました。D男さんは，仕事が見つからず，生活保護を受けていたために，訴訟救助を受けていました。このため，D男さんは，訴えを取り下げることにより訴訟費用を納めなくてはならなくなります。協議離縁をすることが決まったのは，第1回口頭弁論期日が迫ってきた頃でしたが，相手方が協力してくれて，第1回口頭弁論期日前に取り下げることができたので，訴訟費用は半額を納付するだけで済みました（民事訴訟費用等に関する法律9条3項1号）。

6 おわりに

今回紹介をした事例以外でも，相続人のひとりが，自分の相続分を多くするために自分の妻を両親の養子にしているような事例もあります。このように，弁護士が接することになる養子縁組は，相続をめぐる争いと密接に関連するものが多くあります。こうした事例では，本件で紹介した事例のように，養子縁組の効力だけではなく，遺言の効力や遺留分の主張なども視野に入れて解決を図っていくことになると思います。

【プライバシー保護のため事例の内容は変えております。】

コラム⑦
「数字で示す離婚と離縁の違い」

　離婚も離縁も，身分関係の解消という点で同一といわれますが，両者を数字で比較するとどうなるでしょうか。平成22年度のデータを表にまとめてみました（なお，近年は数字に大きな変化はありません。）。

戸籍届出総数　446万件（出生届約110万件・死亡届約130万件を含む。）

	〈婚姻関係〉		〈離縁関係〉	
a	婚姻届出事件数	698,917件	縁組届出事件数	83,228件
b	離婚届出事件数	250,874件	離縁届出事件数	27,515件
c	解消の割合（b/a）	35.90%	解消の割合（b/a）	33.10%
d	夫婦関係調整調停申立て	57,362件	離縁調停申立て	1,378件
e	裁判所関与の割合（d/b）	22.80%	裁判所関与の割合（d/b）	5.00%

1　成立対解消の割合……同質性

　まず，成立対解消の割合（表c欄）が近似している点は，離婚と離縁の同質性を示しています。そして，婚姻対離婚の割合が，縁組対離縁の割合よりも，ほんの2～3％程度高いという現象は他の年度でも共通している面白い現象です。

2　解消に関する裁判所の関与……異質性

　次に，関係解消場面での裁判所の関与の存否については，離婚と離縁では，著しい乖離があります（表e欄）。

　この原因をどう考えるべきでしょうか。

　第一に，婚姻関係が同世代間の夫婦関係形成という水平的身分契約であるのに対して，縁組関係が異なる世代間の親子関係の形成という垂直的身分関係であるという両者の根本的な違いが挙げられます。

　すなわち，夫婦関係においては水平的な当事者で対等な関係ですから，お互いに譲歩することなく，行き着くところまで，すなわち裁判所の関与を求めることになりがちと考えられます。他方，垂直的な身分契約である養子縁組については，いわばタテ社会と言われる日本では，年長者（養親）に対する譲歩・謙譲のようなものが働くのではないでしょうか（なお，離縁について，垂直的関係であることから養親が他界する確率が高く，それが表c欄の僅かな違いを生んでいると推測しています。）。

　第二に，離婚では，子の親権・財産分与・慰謝料という付随的な処分関係も争点となり，離婚そのものよりも付随処分が主戦場となることが実務上よく見受けられます。これに対し，離縁では，付随処分が問題となることはあまりありません。純粋に親子関係が事実上崩壊し，その法的な解決が問題となるのが通常であり，そういう意味では，紛争を激化する要素が少ないと言えるのではないでしょうか。

第5章 親子関係に関する法律相談

事例14 離縁と縁組の目的

協議離縁を親族の協力のもとに成立させた事例

●概要図

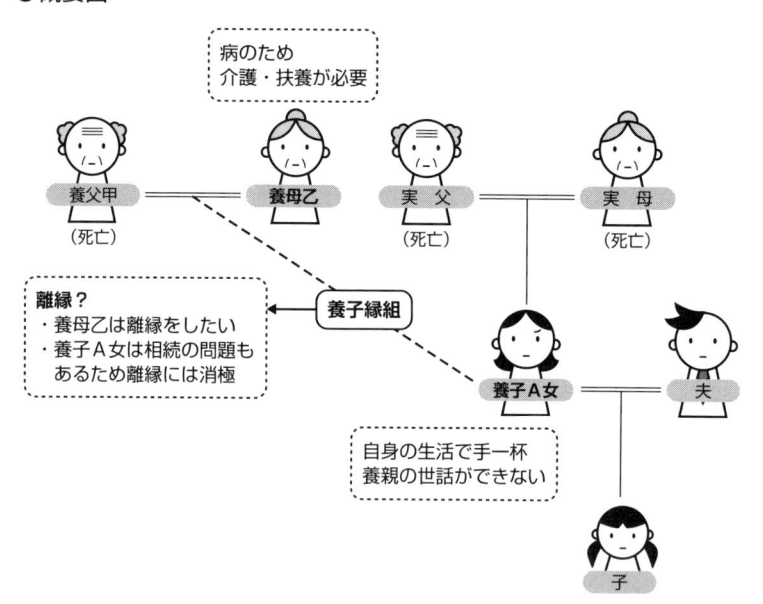

養父甲（死亡）＝養母乙 （病のため介護・扶養が必要）
実父（死亡）＝実母（死亡）

離縁？
・養母乙は離縁をしたい
・養子A女は相続の問題もあるため離縁には消極

養子縁組 → 養子A女＝夫 ― 子

自身の生活で手一杯
養親の世話ができない

はじめに

　養子縁組の解消を離縁といい，夫婦婚姻関係の解消である離婚と類似・対比し身分契約解消の一種として数えられます。ところが，離婚と異なり，裁判実務に携わる弁護士としては離縁事件に遭遇することが，意外と少ないものです。

　このように実務家としての弁護士が関与することが少ない離縁ではありますが，それでもこれに関わる可能性が皆無というわけではないでしょうし，縁組と離縁の特色を活かした実務的な工夫がなされてしかるべきと思います。

以下の事例は，筆者自身の数少ない体験を基にした事例ですが，離縁の特色が存するように思えるので，参考に掲げるものです。

1 事例の概要（養子の養育を目的とした養子縁組の協議離縁）

(1) いわゆる戦災孤児～養子の養育を目的とした養子縁組

　A女は，いわゆる戦災孤児で，子供のいなかった甲乙夫婦の養女として第二次大戦の終戦直後にその養子となる養子縁組をしました。

　ところで，第二次大戦直後においては，いわゆる戦災孤児の養育・監護の問題が大きな社会問題となり，未成年者養子が一時的に急増した時期です。昭和24年度の未成年者養子の許可申立件数（民法798条，家事事件手続法161条・別表第一61項，旧家事審判法9条1項甲類7号）は，44,699件と，平成22年度の1,239件の約40倍という驚くべき数字になっています（コラム⑦「数字で示す離婚と離縁の違い」169頁参照。）。

　A女も中国大陸からの引き揚げで帰国途上実親を失い，甲乙夫婦が養子として引き取ったという経緯にありました。

　その後，A女は，甲乙夫婦の一人娘としてまさしく実子同様大切に育てられ，学校卒業後，就職，結婚して独立し，子供（甲乙夫婦からしてみると孫）をもうけて，養親である甲乙夫婦が居住する近県で生活しておりました。

(2) 不和の発生経緯

　10年程前に養父甲が死亡し，残された養母乙は，A女の迷惑になるまいと単身生活を続けていましたが，数年後乙自身が病を患い，単身での生活がほとんどできない状況になり，介護・扶養の問題が生じてきました。

　ところが，唯一の身内ともいえるA女は，自らの生活が経済的にも手一杯であり，養母乙の世話をすることが到底できず，親子関係がぎくしゃくしてきました。

　そのうちに，両者の関係は決定的に不和となって，離縁の問題に至ったという事案です。

(3) 弁護士の受任

　弁護士が介入した段階で，乙は，病の進行で体力がかなり低下しており，

自己所有の不動産（唯一の資産ともいうべき居住している家屋とその敷地）を売却しその代金をもって老人介護施設に入所しようという計画を有していました。

したがって，あまり時間的な余裕はありませんでした。

また，乙自身が，調停や裁判等のいわゆる裁判手続になることを極端に嫌っていたため，もっぱら交渉により協議離縁による解決に持ち込むしか方法がありませんでした。

裁判所を嫌っているならば，弁護士に依頼すること自体が矛盾するようですが，養親子関係といえども，永年の親子としての生活をしていることから，当事者による直接の交渉はどうしても親子の情がからんでしまい，結局，第三者・弁護士に依頼せざるを得ないという状況が見て取れました。

> **本相談のポイント**
> ① 依頼者である養母乙から，解決手段として協議離縁の方法に限定されて依頼されたこと。したがって，代理人である弁護士として解決手段が選択できなかったこと。
> ② 依頼者が高齢で自身の療養介護の計画として，施設への入所を計画しており，時間及び経済面で，余裕がなかったこと。
> ③ 当初の養子縁組の目的であったと思われる養子の養育監護の目的は，既に達成されたと考えられたこと。

2 受任に際しての注意点と依頼者への対応

本事例では，前に述べたように解決手段について選択の余地は無く，時間的にも余裕の無い状況にありましたから，まず迅速さが要求されました。一方で，依頼者は高齢者ですから，事情聴取にしてもなかなかスムーズには行きませんでした。

また，離婚同様，当事者には養親子関係が長く継続していたわけですから，当事者の感情的な思いも複雑ですし，当事者として主張したい事実が

多々存在しています。

　かかる意味では，依頼者とのコミュニケーションの形成・維持は，極めて大変でした。スムーズ，かつ，効率的に進行するにはそれなりの工夫・努力・忍耐が必要でしょう。

　弁護士単独ではどうにもならないことも多々存します。後述のように，キーマンとなる人物を捜し出すのも一つのヒントになろうかと思います。

　また，協議離縁といえども，法律的な観点からは，離縁の原因をどこに求めるかは，協議の進め方との関係では重要でした。

　これらのことを念頭におきながら，以下に説明するような形で事件解決にのぞみました。

3　本件における法的問題点の考察

(1)　離縁事由の検討

　本件では，協議離縁による解決が主眼でしたから，裁判上の離縁において規定する離縁事由（民法814条1項1号から3号）は，あまり問題にならないと読者の皆さんは考えられるかもしれません。

　しかし，養子A女の離縁拒否の意思が強固であれば，早々に裁判上の離縁の手続を行うこともあり得ないことではないでしょう。また，先方にも弁護士が代理人に就任すれば，協議といえども，当然裁判上の離縁を念頭に置いた協議がなされると想定されます。余談ではありますが，およそ「交渉・示談だから，法的な構成は考えないでも良い」あるいは「何を主張してもかまわない」というような態度・対応は，弁護士としての法令精通義務（弁護士法2条）・品位保持（同法56条1項）に反するように思えます。

　したがって，協議離縁といえども，離縁事由を見据えて対応するべきであることは当然と考えられます。

(2)　包括的離縁事由

　かかる視点から見ると，本件で問題になるのは，民法814条1項1号の「悪意の遺棄」と同3号の「その他縁組を継続し難い重大な事由があるとき」という2つの事由が考えられるところです。

　しかし，1号の「悪意の遺棄」は，ご承知のとおり，「悪意」という，

結果に対する積極的な内容意思とそれを裏付ける行動が必要であって，単なる放置では，これにあたりません。

本件のA女が乙の面倒を見られなかったとしても，単に経済的余裕がないとか，時間がないという理由であれば，「悪意の遺棄」に該当しないことは明らかです。

そうすると，本件では，3号の「その他縁組を継続し難い重大な事由があるとき」といういわゆる包括的事由により，離縁を基礎付けることになります。

ところで，この3号のような抽象的な要件においては，どのような事実がそれに該当するのかが判然としません。少々話が荒っぽいですが，離婚にも同様の包括的離婚事由が規定されていますが，例えば「性格の不一致」は離婚事由になるのでしょうか。テレビネタのような例ですが，同じことは，離縁における包括的離縁事由にも該当します。

もし，具体的な事実の積み上げ（例えば，日常生活での細かい衝突場面の積み上げ）によりこれを立証しようとすれば，訴訟上大変な立証活動が必要になることは明らかです。

(3) 縁組の目的と包括的離縁事由

ところで，いずれの法律行為であっても，法律行為には当事者の企図する経済的又は社会的な目的があり，これが法律行為解釈の第一の標準であるとされています（我妻栄『新訂民法総則（民法講義Ⅰ）』（岩波書店，1965）250頁）。

養子縁組も身分契約ではあるものの，法律行為の一種であるから，当然そこには「目的」があり，これが法律行為を解釈する第一義となることは否めません。

この養子縁組における「目的」は具体的にどの場面であらわれ，あるいは，問題となるのでしょうか。

この点，判例では，成立の場面における縁組意思（民法802条1号）の存否の場面で問題となる場面が多いようです（最判昭23・12・23民集2巻14号493頁，最判昭38・12・20家月16巻4号117頁参照）。未成年者養子の許可（民法798条）との関係があるものの，例えば，学区制を潜脱する目的での養

子縁組を無効とした例もあります（岡山地判昭35・3・7判時223号24頁，札幌家審昭38・12・2家月11巻9号163頁）。節税目的の養子縁組（相続税法15条2項2号参照），面会目的の養子縁組（かつて監獄法により受刑者に対する面会が親族のみに限られていた時代のもの。なお，刑事収容施設及び被収容者等の処遇に関する法律111条参照），も問題があると指摘されています。

　それでは，この「目的」が養子縁組の解消・消滅の場面ではどのように作用するものでしょうか。

　これは全くの私見ではありますが，目的が消滅すれば，その法律行為の効果を維持しておく必要性は基本的には存在しないはずです。そして，未成年者養子のように子の福祉や未成年者の養育・監護という目的は，時間の経過＝未成年の成人によって，一応その目的は達成されて消滅するはずでしょう。

　そうだとすると，民法814条1項3号の包括的離縁事由を検討する場合，養子縁組が未成年養子であった事例で養子が成人して以降は，養子縁組を「継続し難い」とは言えないまでも，少なくとも養子縁組を「継続させる必要性が無い」状況になっているはずです。

　そうすると，本件においては，包括的な離縁事由について，その全部とは言えないまでもかなりの部分まで到達していると考えることはできるのではないでしょうか。

4　本件の解決～協議離縁進行

(1)　交渉の開始とA女の対応

　本件については，最初A女の対応は鈍かったものの，執拗な面談の要請と，それによって度重なる交渉を重ねた中で分かったことは，A女としては，乙名義となっている不動産を将来相続して自ら居住する計画を持っていたことでした。要するに，遺産目当てです。

　もちろん，A女としては，甲乙夫婦が親として育て上げてくれたことに感謝しているものの，一方で，推定相続人として将来相続できるであろう不動産に執着しだしたのです。

　何とか解決の糸口を見いだしたかったのですが，なかなか事態は進展せ

ず，いたずらに話し合いを重ねるだけという状態に陥ってしまいました。

そこで，考えあぐねた結果，乙の実弟である丙を担ぎ出すことにしました。

丙は，Ａ女にすれば叔父にあたる人物です。丙自身は，乙とＡ女の関係が拗れるようになって以来，双方を知ることから距離をおいていたようでしたが，当事者の話し合いではどうにもならない膠着状態をむかえて，実姉のためにＡ女の説得にあたってくれました。

詳細は省きますが，結局，この丙の説得が奏功し，協議離縁が成立したというのが結論です。

(2) 垂直的関係の養子縁組

離婚問題については，「夫婦喧嘩は犬も喰わない」の諺どおり，第三者が介入しても，うまくいかないことが多いのですが，このことは多くの弁護士が体験するところでもありましょう。

しかし，離縁の問題については，必ずしもそうではなさそうです。

先述したように，養子縁組では目的がある程度明確に存するところ，本件でいえば，戦災孤児となったＡ女の養育目的，いわゆる子の福祉の目的であったことは明白です。

そうであるからこそ，Ａ女も実親同様に愛情を持って育ててくれた甲乙夫妻には感謝の気持ちを有していました。そこには，養子縁組の目的が既に達成されていることの認識が当事者に存しており，一方で，養子側に対する説得の契機が見られたのです。さらに，親子関係という垂直的な関係と「タテ社会」の特徴から，当事者をよく知る年長者である叔父からの説得が，Ａ女の頑なな態度を和らげて譲歩を引き出す要因となったことは間違いありません。

加えて，Ａ女が固執した将来的な遺産である不動産について，離婚と異なり，これがもともと亡養父が先代から相続した物件であって，養子縁組関係を通じて獲得した財産ではなかったので，財産分与のような紛争対象にならないということも問題解決を後押ししたと思われます。

5 本件を振り返って

(1) **エピローグ～損して得取れ？**

後日談ですが、乙は、晴れて自宅を売却して施設に入所したものの、残念なことにしばらくして亡くなってしまいました。

ご存知のとおり、有料施設では入所に際して高額な権利金の支払いが要請され、入所後数年あるいは入所と同時に償却されてしまうのが通例であり、本件でも、権利金の返還・返戻はなされませんでした（なお、消費者契約法等の消費者保護法制に基づく主張については、今後検討の余地があると思います。）。

結果として、A女がしばらく無理をしてでも乙の介護や世話に尽力していれば、不動産売却に至らずに、遺産として相続することも可能であった事案です。

(2) **有責当事者からの離縁請求**

また、本件では、もしA女の方から離縁の申出がなされ、それが裁判上の判断を仰ぐ形になっていたとしたら、どうなっていたでしょうか。

おそらく、裁判所としては、乙が同意しない限り、A女からの請求については、有責当事者からの離縁の請求ということでこれを排斥するであろうと推測されます（最判昭39・8・4民集18巻7号1309頁、同昭59・11・22家月37巻8号31頁等）。

ただし、この点については、有責配偶者からの離婚請求同様の議論がなされている模様です。

(3) **縁組の目的とその転化**

ところで、縁組と目的の関係については、本稿の3で先に触れておりますが、未成年養子においては、子の福祉・未成年者の養育監護という目的が一般的に考えられ、未成年者が成人すれば、その養子縁組の「目的」が達成されたことになり、養子縁組を維持する必要性が無いというようなお話しをしました。

しかし、その後の問題において、場合によっては、その目的が「転化」するという理論ないし理屈が立てられないものでしょうか。

例えば，本例では，そもそも未成年者の監護養育という子の福祉の目的であったのですが，その後，その子が成人になるとともに，その目的が，今度は親の扶養や介護という目的に内容を変化させるという構成ができないでしょうか。

仮にこのような構成が可能であるとすれば，有責当事者からの離縁請求については，権利濫用とか信義則違反というような一般条項を適用することなく，これを排斥することが可能となるでしょうし，離婚と異なり，そもそも有責当事者からの離縁請求を認める方向で考慮すべき余地が少なくなるのではないかと考えられます。

このように「目的の変化・転化」を認める解釈は，理屈の上では一見困難を伴うように思えますが，実親子関係でも，年を経てそれぞれの年齢が重ねられることにより，その親子の関係が変化していくのは当然であり，法定親子関係である養親子関係においても，それを目的の変化・転化という形で表現することがより可能なのではないかと考えています。

6 その他の参考事例（裁判離縁に関する相談事例）

●概要図

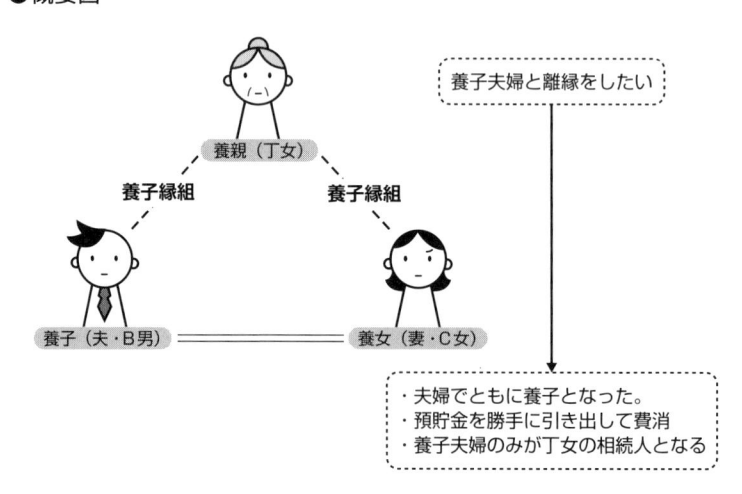

```
                    養親（丁女）
                    
          養子縁組         養子縁組
                                        養子夫婦と離縁をしたい
       養子（夫・B男）＝＝＝養女（妻・C女）

                    ・夫婦でともに養子となった。
                    ・預貯金を勝手に引き出して費消
                    ・養子夫婦のみが丁女の相続人となる
```

最後にもう一つ裁判離縁の相談例を簡単にご紹介しておきます。何らかの参考になればと思います。

(1) 事件の概要〜相談の内容

こちらは関東近県の小都市での事例です。

丁女は，身寄りのない高齢者であったところ，とある新興の宗教団体に入信してその信者となっていました。あるとき，同じ宗教団体の信者であるＢ男とＣ女の夫婦が近所に引っ越してきて，何かと身の回りの世話をしてくれるようになり，これに感じた丁女は，同じ信者であるということも手伝ったのかＢＣ夫婦と一挙に養子縁組をしてしまいました。

しかし，その後，ＢＣ夫婦が丁女の世話をしてくれる頻度が少なくなり，一方で，丁女の財産を管理すると言ってＢＣ夫婦が丁女名義の預貯金の通帳や印鑑を持ち出し，勝手に引き出して費消するなどの行動をするようになってしまいました。

丁女から苦情というか愚痴を聞いた民生委員がＢＣ夫婦に事情を聴くと，親子関係を持ち出して第三者からの介入を拒否したり，宗教団体への寄付のために使ったなどと言われて，それ以上の介入ができない状況でした（民生委員については，コラム⑧「民生委員」183頁参照）。

しかし，ＢＣ夫婦の生活が派手（夜毎の飲食や自宅の改装，自動車の買い替え等）になっていて傍目から見ても，どうにもおかしい，怪しいという事例でした。なお，本例においても，丁女には一応自宅不動産や若干の預貯金等の資産があり，将来相続が発生すれば，これらの遺産が，唯一の相続人であるＢＣ夫婦のもとに転がり込むという状況にありました。

(2) 事前の調査と高齢者依頼者の意思

この事例は，成年養子であり，お互いに同じ宗教の信者であるという宗教上の付き合いがからんでいたため，少々厄介であろうと想像がついていました。弁護士介入後，丁女は，ＢＣ夫婦が持ち出した通帳の口座を凍結し，かつ，それらの履歴を調査し，数か月でほぼ1,000万円以上の預金がＢＣ夫婦の手に渡っていることが判明しました。そして，真実寄付がなされたかどうかを確認するため，寄付の存否やその額について，宗教団体へ問い合わせをしましたが，こちらはナシのつぶてでした。

さらに，肝心の丁女の意思がはっきりしないのが一番困った問題でした。
これは，丁女としては，一時といえども優しく接してくれたＢＣ夫婦に

対して，恩義のようなものを感じてしまっていて，離縁をすること自体はともかくとして，それを調停や裁判という形で争うということに難色を示したのです。

高齢者に取り入った事例では，このように本人の意思が確定的でない，ふらつく余地があるということが往々にして見受けられます。そして，これにより，代理人となった弁護士が難儀することが結構頻発します。

本件では，弁護士が介入することになったきっかけである民生委員の方に丁女説得の助力をお願いせざるを得ませんでした。幸いにして，民生委員の方が地元で古くから丁女と親しくされていた方で，いわば新参者のＢＣ夫婦に対する敵愾心のようなものを丁女に植え付けてくれました。やがて丁女も，交渉での協議離縁が成立しない場合は，調停や裁判の離縁に持ち込む決心をしてくれました。

(3) **交渉・調停・訴訟**

事件の経緯ですが，代理人弁護士からは，協議離縁のための交渉をＢＣ夫婦に申し込んだのですが，面談予定を立てても，ことごとく先方の事情でキャンセルするという対応を繰り返されました。

これにより代理人としては，ＢＣ夫婦の狙いが丁女の財産であると直感で確信を抱きました。

調停を申し立てても，当初，ＢＣ夫婦は呼び出しに応じず，期日の延期を繰り返しました。最後の調停で出頭をしてきたものの，「離縁には応じない，離縁ならば財産分与を要求する」という露骨な請求をしてきました。

裁判離縁の場面に移ると，ご丁寧にも当事者双方が入信している宗教団体の証明書として「丁女がその意思で寄付をした」という内容の書面が証拠として提出され，加えて別の信者から，「ＢＣ夫婦が丁女に対してその療養看護に尽くした」「Ｂ男が最近大きな仕事で多額の収入を得た」という内容の書面が提出されました。

丁女側としては，本来慰謝料や損害賠償として金銭請求も行える立場にあったが，事態を早急に解決することが肝要であり，仮に勝訴判決を取得しても金銭回収の困難性が予測されたことから，金銭請求を伴わないまま，離縁の請求だけを裁判所に求めていました。

しかしながら，度重なるＢＣ夫婦の遅延工作により，丁女勝訴の一審判決が下ったのは，訴訟提起から２年以上が経過した時点でした。

(4) エピローグ〜代理人弁護士の反省

最高裁にまで持ち込まれた判決が確定したのは受任後４年以上が経過していました。これにより，丁女は，ＢＣ夫婦と親族関係を絶つことができました。

ところが，判決確定の数か月後，丁女が亡くなったという知らせが舞い込んできました。

もし，ＢＣ夫婦の遅延工作が奏功してあと数か月判決が確定するのが遅れていたら，ＢＣ夫婦の目論見どおり，彼らは相続人として大手を振って歩いていたに違いありません。そう考えると，まさしく冷や汗ものの判決でした。

さらなる後日談ですが，丁女は悪性腫瘍を患っており，余命を医師から宣告されていたそうです。このことは，本人一人の秘密にしていたようであり，先述の民生委員すら知らなかったのですが，ＢＣ夫婦は養子，つまり子供であるということから医師がこれを伝えていたそうです。

そのため，ＢＣ夫婦は執拗に遅延工作をしてきたと考えられました。

代理人弁護士がこの事実をあらかじめ丁女本人から聴取できなかったのは極めて力不足であったと猛省した事例でした。

もし，この丁女本人の悪性腫瘍罹患と余命の事実を事前に知っていれば，裁判所に対して早急な進行を要請することもできたはずであり，丁女本人に精神的な負担をかける必要もなかったと思います。

丁女としては，余計な心配を代理人である弁護士に負わせたくなかったのかもしれませんが，事情聴取の大切さが改めて重大であることを再認識させられました。

同時に，高齢者が養親である場合の離縁については，養親の健康状態の把握が必要であること，そして，養親の死亡に備えた，十分な弁護活動が必要となることを示唆していると思います。

例えば，任意（任意後見契約に関する法律）・法定（民法７条，838条２号）を問わず成年後見制度の利用を考えるべきであろうし，遺産が残る場合

181

(残ってしまう場合？)の処理に関して遺言の作成についても配慮しておくべきであろうと考えます。

(5) **養親の介護・扶養の目的と離縁事由の関係**

また，本稿において述べた養子縁組の目的との関係から言えば，成年養子で，かつ，養親が高齢者である場合，その目的は特段の事実がなければ，養親の介護・扶養にあると思います（家業の維持であるとか，祭祀承継者の確保という目的が存していたとしても，同時に，上記のような目的も存すると認定することは矛盾しないでしょう。）。

そして，養子において，養親の介護・扶養に反する行動が見られる場合には，基本的に「縁組を継続し難い事由」に該当すると考えてよいのではないでしょうか。

さらに，それが他の目的との関係や事象の程度から鑑みて「重大」と評価可能な場合には，民法814条1項3号の裁判上の離縁事由になると考えてよいのではないでしょうか。

前の事例とあわせて，裁判上の離縁事由の認定に関する一考察として，何らかのヒントになれば幸いです。

7 おわりに

本稿では，離縁を通じて，養子縁組＝法律行為の「目的」をどう考えるか，という理論面の問題にも言及してみました。離婚との対比で少し付言すると，弁護士が関与するのは縁組も婚姻もいずれもその解消場面です。

けれども，離婚の場合，前提たる結婚・婚姻の目的など論じることはあまりありません。これは結婚・婚姻が本能的なものだからでしょう。

一方，離縁の前提である養子縁組は，それが法定親子関係の形成であることから，人為的な制度であり，これを利用する当事者にも何らかの目的が存すると考えられます。

ですから，離縁においては，離婚に比較してより一層「目的」が有する法的な意味が重いのではないか，そんなふうに筆者は考えています。

【プライバシー保護のため事例の内容は変えております。】

COLUMN
コラム⑧
「民生委員」

1 民生委員とは，それぞれの地域において，常に住民の立場に立って相談に応じ，必要な援助を行い，福祉事務所等関係行政機関の業務に協力するなどして，社会福祉の増進に努める方々のことで（民生委員法1条），児童委員を兼ねており（児童福祉法16条2項），児童委員のうち厚生労働大臣から指名を受けて児童に関することを専門的に担当する児童委員を主任児童委員といいます（同条3項）。

民生委員は，民生委員推薦会が推薦した者の中から更に都道府県知事が推薦して，厚生労働大臣が委嘱（任期3年，再任可）します。給与は無給とされています（ただし，実費は支給）（民生委員法6条から10条）。その人数は，平成22年3月31日現在で，22万8,728人となっています。

民生委員の具体的活動は，社会調査・相談・情報提供・連絡通報・調整・生活支援・意見具申など（民生委員法14条・児童福祉法17条参照）で，その状況について，平成21年度の社会福祉行政業務報告によると，相談・支援の分野では，高齢者に関することが全体の54.2％，子供に関することが20.4％，障害者に関することが6.2％とされています（なお，委員1人の1月あたりの活動日数は平均10.7日と報告されており，ボランティアとしてはかなりの激務であり，福祉行政の貴重な資源と言えましょう。）。また，職務に関しては，都道府県知事等の指揮監督を受け（民生委員法17条），守秘義務（同法15条参照）・地位を利用した政治的活動禁止義務（同法16条）が課せられています

2 このような民生委員ですが，一般的には5年ごとに行われる国勢調査の担当者としての活動が思い浮かぶでしょう。平成22年の高齢者所在不明問題では民生委員の活動が取りざたされました。法曹界では，調停委員の出身母体にもなっています。

3 弁護活動との関係では，事件の端緒や重要な情報の供給源として，民生委員と連携を有する機会があり，高齢化社会の進展等に伴いこの傾向は増えています。

他方，先述の通り，民生委員は守秘義務を負担していることに鑑み，その協力を仰ぐ場合には，民生委員に迷惑がかからないように配慮すべきことは弁護士として必要不可欠な対応でしょう。

第6章
渉外身分関係に関する法律相談

渉外身分関係に関する相談を受けるときのポイント

　近年，国際的な結婚・離婚が急増していることから，日本で開業している弁護士にも国際的な家事事件の相談・依頼が増えています。したがって，外国人や外国が関係するケースだからといって敬遠せずに，積極的に取り組んでいきたいところです。

1 準拠法の確認の必要性

　まずは，具体的なケースに適用される法律が，日本法なのか，それとも外国法なのかを判断する必要があります。日本法が適用される場合には，通常の日本人の間の法律問題と同様のアドバイスをすればよいですが，外国法が適用される場合には，当該外国法を調査する必要が出てきます。

　準拠法の判断については，「法の適用に関する通則法」（平成18年法律78号）に規定されていますので，この法律の概要を勉強する必要があります。以前は「法例」という名前の法律で規定されていましたが，内容で変更されている部分もありますので，ご確認下さい。

2 日本法が適用される場合が多い

　「法の適用に関する通則法」では，日本人が関係するケースでは日本法が準拠法となる場合が多いといえます。

　特に，比較的相談が多い離婚事件では，同法27条ただし書に，「夫婦の一方が日本に常居所を有する日本人であるときは，離婚は，日本法による。」と規定されていることから，日本に住んでいる日本人からの離婚又は相手方が日本に住んでいる日本人の場合の離婚に関する法律問題は全て日本法が適用されることになります。

　また，親子間の法律関係についての32条は，子の本国法が父又は母の本国法と同一である場合には子の本国法が適用され，それ以外の場合には子の常居所地法が適用されると規定しています。国籍法では，父又は母が日

本人である場合には日本国籍を取得しますから，夫婦のどちらかが日本人であれば，その子供は日本国籍であり，その親と子供は本国法がともに日本法となりますから，親子関係についても日本法が適用されます。

したがって，特に外国法に精通していなくても，日本法の知識で解決できる国際家族事件は多いですから，まずは相談を受けてみるとよいでしょう。

3 外国法の調査が必要な場合

準拠法が外国法の場合には，その法律の内容を調査する必要があります。裁判所の手続をとる場合には，外国法については職権調査事項ではなく，当事者側が資料を提出する必要があります。

国際家族事件に関して，外国法を調べる文献としては，『全訂　渉外戸籍のための各国法律と要件(上)(中)(下)』（日本加除出版，2007年）等が挙げられます。その他，各国の法律についてインターネットで調べると様々な文献が出版されています。それ以外には，知り合いを通じて外国の弁護士等の協力を求めたり，大使館・領事館に問い合わせるといった方法が考えられますので，個別に努力してみてください。

4 外国での手続が必要な場合

その他，国際家族事件では，日本国内だけではなく，関係する外国で手続をとる必要がある場合も出てきます。

例えば，訴訟の相手方である外国人が本国へ帰国してしまった場合には，その外国の住所へ送達する必要がありますが，その方法については，『国際司法共助ハンドブック』『民事事件に関する国際司法共助手続マニュアル』（ともに最高裁判所事務総局民事局監修，法曹会，1999年）といった資料を参考にして手続して下さい。

さらに，日本で成立した離婚を相手方の本国で届出するとか，養育費の支払いを命じる判決等を相手方が居住する外国で執行するといった手続が必要になるかもしれませんが，そのようなケースでは当該の外国の弁護士等の専門家の協力が必要になるかもしれません。

第6章 渉外身分関係に関する法律相談

事例 15 日本を出国したまま行方不明となった外国人配偶者との離婚

日本人夫から，日本を出国したまま行方不明になった外国人妻に対して，日本の裁判所において離婚訴訟を提起した事例

●概要図

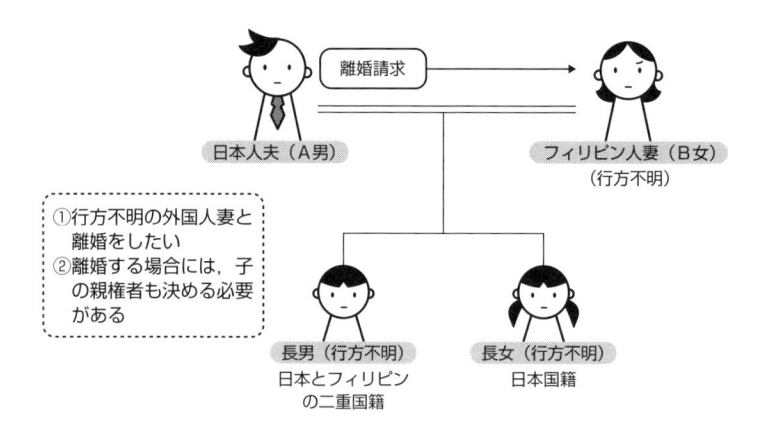

[概要図：日本人夫（A男）からフィリピン人妻（B女）（行方不明）への離婚請求。子は長男（行方不明）日本とフィリピンの二重国籍、長女（行方不明）日本国籍。
①行方不明の外国人妻と離婚をしたい
②離婚する場合には，子の親権者も決める必要がある]

はじめに

　弁護士会における外国人の法律相談（相談者が日本人のケースも少なくありません。）を担当していて，たまに受ける相談として，「外国人と婚姻したのですが，外国人配偶者が帰国して行方不明になってしまいました。そのような場合でも離婚できますか。」というものがあります。

　少し古くて恐縮ですが，平成12年頃に当職が相談を受け訴訟代理人となったケースに沿って問題点を検討していきたいと思います（プライバシー保護のため事案の内容は変えてあります。）。

1 事例の概要

　相談者は日本人（男性）で，フィリピン人の妻と日本で知り合い，交際後フィリピンに一緒に行ってフィリピンにおいて同国の方式により婚姻し

ました。その後，在フィリピンの日本総領事にも婚姻届出を行い，日本の市町村に送付され，日本で相談者を筆頭者とする戸籍に妻の名前が記載されました。

その後フィリピンで長男が生まれ，長男と一緒に3人で日本に帰国しました。帰国後まもなく，長女が生まれました。

しばらくは家族4人の円満な生活が続いたのですが，次第に夫婦仲が悪くなり，口論が絶えなくなりました。ある日，大げんかになり，その翌日に妻は子供2人を連れて，置き手紙もなく家を出てしまいました。パスポートその他の書類は全部持ち出して行きましたので，フィリピンの実家の住所や電話番号も分からず連絡の取りようがありませんでした。

その2年後にフィリピンにいる妻から金を無心する国際電話がかかってきたことがあったものの，以後は完全に音信不通となり，数年が経過しました。

相談者は，戸籍上いつまでも妻に縛られたままなのは嫌なので妻と離婚できる方法はないだろうかと法律相談にいらしたのです。

本相談のポイント

① 渉外離婚の準拠法及び親権者を定める際の準拠法を確認すること。
② フィリピン人妻と子の所在を客観的資料により確認すること。
③ フィリピン人妻の所在が判明しない場合においても，日本にいるか，日本を出国しているかで訴訟における送達方法が異なること（そもそも妻が日本にいない場合には日本の裁判所に管轄があるかどうかが問題となること）。

2 受任に際しての注意点と依頼者への対応

本事例では，日本人と外国人間の離婚（及び子の親権者）に関する相談ですので，まずは準拠法を確認する必要があります。日本法が準拠法となることが確認できましたら，次にフィリピン人妻と子の所在を客観的資料

により確認する必要があります。相談者は，妻と子はフィリピンにいて行方不明だと説明していますが，調査の過程で，例えば，最後の住所地に手がかりがあり，現住所が判明することも考えられます。また，実際に行方不明の場合にも，フィリピン人妻が日本にいるのか，それとも日本を出国しているのかによって，訴訟における送達方法が異なりますし，そもそもフィリピン人妻が日本にいない場合には日本の裁判所に管轄があるかどうかが問題となってきます。

したがって，相談者には，上記のような問題点を説明した上で，住民票や戸籍謄本の収集が必要となるほか，弁護士会照会（弁護士法23条の2）を利用して，法務省入国管理局からフィリピン人妻と子の出入（帰）国記録の取り寄せが必要となる旨を説明し，さらに訴訟提起後も送達の関係で判決まである程度時間がかかることも説明した上で，受任することになります。

3 渉外離婚の準拠法

まず，日本人と外国人との離婚については，離婚原因や離婚の効力・方法等について，いずれの国の法律が適用されるのか，離婚における準拠法が問題となります。

この点，法の適用に関する通則法（以下「通則法」といいます。）27条は，「第25条の規定は，離婚について準用する。ただし，夫婦の一方が日本に常居所を有する日本人であるときは，離婚は，日本法による。」と定めています（通則法が施行される前は，法例16条が同様の内容を定めておりました。）。

通則法25条は婚姻の効力に関する規定であり，具体的には，①夫婦の本国法が同一であるときはその共通本国法により，②その法がない場合は夫婦の常居所地法が同一であるときはその共通常居所地法により，③そのいずれの法もないときは夫婦に最も密接な関係がある地の法による，と定められています。

この規定が離婚にも準用されるわけですが，前述のとおり，通則法27条ただし書は，夫婦の一方が日本に常居所を有する日本人であるときは日本法が適用される旨を定めておりますので，相談者のケースでも，日本法が

適用されることになります。

4 親権者を定める際の準拠法

次に，離婚に際して親権者を定める際に，いずれの国の法律が適用されるのかも問題となります。

子の親権の帰属の問題は，実務上は，離婚の準拠法（通則法27条）ではなく，親子間の法律関係に関する準拠法（通則法32条。通則法施行前は法例21条）によるべきであるとされています（平成元・10・2民二3900号通達「法例の一部を改正する法律の施行に伴う戸籍事務の取扱いについて」等）。

通則法32条は，「親子間の法律関係は，子の本国法が父又は母の本国法（略）と同一である場合には子の本国法により，その他の場合には子の常居所地法による。」と定めています。

相談者のケースでは，長男は日本とフィリピンの二重国籍，長女は日本国籍でした。

長男は二重国籍なので，「子の本国法」が何なのか特定する必要がありますが，通則法38条（通則法施行前は法例28条）1項ただし書は，「ただし，その国籍のうちのいずれかが日本の国籍であるときは，日本法を当事者の本国法とする。」と定めていますので，長男も長女と同様に本国法は日本法ということになります。これは，父である相談者の本国法（日本法）と同一です。

以上より，相談者のケースでは，子の本国法である日本法が適用されることになります。

5 事例の概要（その2）

日本法が準拠法になることは分かりましたが，妻は行方不明とのことですので，妻がまだ日本にいるか否かを確認する必要があります。

なぜなら，後述のとおり，妻が日本にいるか否かで訴訟における送達の方法が変わってきますし，そもそも妻が日本にいない場合には日本の裁判所に管轄があるかどうかが問題となってくるからです。

相談者は，一度かかってきた電話はフィリピンからだったので，フィリ

ピンにいるのではないか，と話していましたが，客観的な証拠ではありません。

そこで，弁護士会照会制度（弁護士法23条の2）を利用し，法務省入国管理局から妻と子の出入（帰）国記録を取り寄せました。

なお，出入（帰）国記録等についての弁護士会照会を行うにあたって，法務省入国管理局から要望事項が出されていますので，実際に照会をなさる場合は参考にされたらよろしいかと思います（第一東京弁護士会『弁護士法第23条の2　照会の手引（五訂版）』128頁，258頁）。

その結果，妻と長女は日本からの出国と再入国を繰り返しており，最後に日本を出国してから，その後日本に再入国した記録がないので，おそらくフィリピンにいるものと思われました。しかし，長男は，フィリピン人として入国した記録はあるものの，日本を出国した記録がありませんでした。記録上は，日本にいるように見える状態でした。

しかし，長男はまだ幼く1人だけ日本にいるとも考えにくいので，長男が日本とフィリピンの二重国籍であることも関係しているのかもしれませんが，記録漏れ等の理由により実際は妻と一緒にフィリピンにいることも考えられました。

また，相談者の戸籍の附票を基に，長男と長女の住民票を取り寄せてみましたところ，住民票は残っていることが分かりましたが，当該住所に訪問してみたところ，既に空き家となっており，転居先等について全く手がかりはつかめませんでした。

6　渉外離婚の国際裁判管轄について

上記のとおり，フィリピン人の妻が日本にいないことが判明しましたので，相談者が日本において離婚訴訟を提起しようとする場合，そもそも日本の裁判所に管轄があるのかが問題となります。いわゆる国際裁判管轄の問題です。

この点に関する重要な判例は以下の2つです。

(1) 最高裁昭和39年3月25日大法廷判決（民集18巻3号486頁）

　この判例は，外国人夫婦間の離婚訴訟についてのものです。具体的には，もと日本国民であった女性が，上海において朝鮮人（韓国人）男性と婚姻し，昭和20年8月の終戦とともに朝鮮に帰国し，同居したものの慣習，環境の相違から同居に堪えず，昭和21年2月に男性から事実上の離婚の承諾を得て，日本に引き揚げてきた，以来朝鮮人（韓国人）男性からは1回の音信もなく，その所在も不明である，という事情のもとで離婚訴訟を日本で提起した，という事案でした。

　最高裁判所は，「離婚の国際的裁判管轄権の有無を決定するにあたつても，被告の住所がわが国にあることを原則とすべきことは，訴訟手続上の正義の要求にも合致し，また，いわゆる跛行婚の発生を避けることにもなり，相当に理由のあることではある。しかし，他面，原告が遺棄された場合，被告が行方不明である場合その他これに準ずる場合においても，いたずらにこの原則に膠着し，被告の住所がわが国になければ，原告の住所がわが国に存していても，なお，わが国に離婚の国際的裁判管轄権が認められないとすることは，わが国に住所を有する外国人で，わが国の法律によつても離婚の請求権を有すべき者の身分関係に十分な保護を与えないこととなり（法例16条但書参照），国際私法生活における正義公平の理念にもとる結果を招来することとなる」と判示し（注1：下線部は筆者が追加したものです。注2：跛行婚とは，国際私法上ある国で有効とされながら他の国で有効と認められない婚姻をいいます。），本件については日本の裁判管轄権を認めました。

(2) 最高裁平成8年6月24日第二小法廷判決（民集50巻7号1451頁）

　この判例は，夫婦の一方が日本人である場合の離婚訴訟についてのものです。具体的には，日本人男性がドイツ連邦共和国の国籍を有する女性との間で，昭和57年5月にドイツ民主共和国（当時）において，同国の方式により婚姻し，昭和59年5月に長女が生まれた，一家は昭和63年からベルリンに居住していたが，平成元年1月以降，ドイツ人女性は日本人男性との同居を拒絶した，日本人男性は，平成元年4月，旅行の名目で来日した後，ドイツ人女性に対してドイツに戻る意志のないことを告げ，以後長女と共に日本に居住している，ドイツ人女性は，平成元年7月にベルリンの家庭裁判所に離婚請求訴訟を提起し，送達は公示送達により行われ，日本人男性が応訴することなく訴訟手続が進められ，ドイツ人女性の離婚請求を認容し，長女の親権者をドイツ人女性と定める旨の判決が平成2年5月に確定した，これに対し

日本人男性は，平成元年7月に離婚訴訟を日本で提起した（訴状がドイツ人女性に送達されたのは平成2年9月であった。），という事案でした。

　最高裁判所は，「離婚請求訴訟においても，被告の住所は国際裁判管轄の有無を決定するに当たって考慮すべき重要な要素であり，被告が我が国に住所を有する場合に我が国の管轄が認められることは，当然というべきである。しかし，被告が我が国に住所を有しない場合であっても，原告の住所その他の要素から離婚請求と我が国との関連性が認められ，我が国の管轄を肯定すべき場合のあることは，否定し得ないところであり，どのような場合に我が国の管轄を肯定すべきかについては，国際裁判管轄に関する法律の定めがなく，国際的慣習法の成熟も十分とは言い難いため，<u>当事者間の公平や裁判の適正・迅速の理念により条理に従って決定するのが相当である</u>。そして，管轄の有無の判断に当たっては，応訴を余儀なくされることによる被告の不利益に配慮すべきことはもちろんであるが，他方，原告が被告の住所地国に離婚請求訴訟を提起することにつき法律上又は事実上の障害があるかどうか及びその程度をも考慮し，離婚を求める原告の権利の保護に欠けることのないよう留意しなければならない」と判示し（注1：下線部分は筆者が追加したものです。），本件については日本の裁判管轄権を認めました。

　また，上記(2)の平成8年の判例が判示した基準を具体的に適用した比較的最近の裁判例として，東京地裁平成16年1月30日判決（判時1854号51頁，ジュリ1291号平成16年度重要判例解説298頁）があります。

　この裁判例では，日本人女性が，来日していたフランス人男性と知り合い，平成11年9月に一緒に渡仏し，同年11月に婚姻届出をし，フランスにおいて婚姻生活を営んでいた，平成13年2月に長男が出生した，フランス人男性は婚姻後暴力を振るうようになり，長男の出生後はその頻度が増した，日本人女性は暴力に耐えかねて家を出る準備をしていた，フランス人男性が日本人女性への暴行を理由に警察に連行された（その後罰金刑の有罪判決），日本人女性は平成13年6月に長男を連れて帰国した，日本人女性は日本において離婚等を求めて訴訟を提起した，なお，フランス人男性は，フランスにおいて平成13年9月ころ，子の奪取罪にあたるとして告訴し，平成14年11月，予審判事によって，日本人女性に対する逮捕状（勾引勾留状）が発布された，またフランスの裁判所に離婚訴訟を提起している，という事案について，上記(2)の平成8年の判例が判示した基準をもとに，日本人女性の帰国の理由がフランス人男性の暴力にあること，暴行の程度も著しいこと，訴訟の途中で辞任したもののフランス人男性が日本で訴訟代理人を選任して応訴していたこ

と等が考慮され，日本の裁判管轄権が認められました。

　相談者のケースは，フィリピンで当初婚姻届出がなされているものの，日本においても報告的婚姻届出がなされ，じきに日本に戻り，夫婦生活の大半は日本において営まれており，生活の本拠は日本にあったといえるケースですので，被告の住所地が日本にないとしても，日本の国際裁判管轄が認められてしかるべき事案といえます。

7　訴訟提起と送達

　管轄が日本の裁判所にあり，準拠法が日本法だとしても，家事審判法18条1項（家事事件手続法257条1項）は調停前置主義を定めています。しかし，相談者のケースでは，フィリピン人の妻は日本国外にいて，かつ行方不明というのですから，調停を申し立てたとしても相手方が出頭する見込みはありません。そこで，調停前置主義の例外を定めた家事審判法18条2項ただし書（家事事件手続法257条2項ただし書）の適用を前提に，調停を申し立てずに離婚の訴えを起こすことになります。

　次に，訴訟を提起した後の送達の問題ですが，日本にいる被告の住所が不明である場合と同様に，外国にいる被告の住所が不明である場合も公示送達の方法によることができます（民事訴訟法110条1項3号）。

　ただし，外国においてなすべき公示送達については，裁判所に掲示を始めた日から6週間が経過することによって効力が生じますので，通常の公示送達が2週間の掲示で足りるのと異なる扱いとなっています（民事訴訟法112条）。

8　本件の結論

　相談者のケースでは，相談者の住所地を管轄する地方裁判所（平成16年4月1日以降は，家庭裁判所の管轄）に対し，離婚とともに長男と長女の親権者をフィリピン人の妻と定めることを求める訴訟を提起しました（書式例「**訴状**」次頁参照）。

【書式例】訴状

離 婚 請 求 事 件

請 求 の 趣 旨

1 原告と被告とを離婚する
2 原告・被告間の長男○○○○（○○年○月○日生）及び同長女○○○○（○○年○月○日生）の親権者を被告と定める
3 訴訟費用は被告の負担とする
との判決を求める。

請 求 の 原 因

1 原告（日本人）と被告（フィリピン人）は，○○年に日本で知り合い，交際後の○○年○月○日，フィリピンにおいて同国の方式により婚姻した（○○年○月○日婚姻届出）。その後原告と被告は，○○年○月○日在マニラ日本総領事にも婚姻届出をし，○○区に送付され，原告を筆頭者とする戸籍に被告の名前が妻として記載された。
2 原告と被告の夫婦間で，○○年○月○日に長男○○○○，○○年○月○日長女○○○○という二人の子が出生した。
3 原告と被告間に，○○年○月頃より諍いが生じ，○○年○月ころ，被告は二人の子を連れて自宅を出ていった。その後，○○年に被告より原告に対し，フィリピンから国際電話があったのみで，以後今日まで被告からの音信は途絶え，被告の居所も判明しない（甲第○号証）。
　また，法務省入国管理局の把握しているところでは，被告は○○年○月○日を最後に日本を出国してから日本に再入国はしていない（甲第○号証）。
　本件においては，被告が行方不明になってから○年以上が経過しており，原告と被告の双方に婚姻を継続する意思がなく婚姻関係が破綻していることは明らかである。
4 以上のとおり，被告の行為は原告に対する悪意の遺棄（民法第770条第1項第2号）に該当し，仮に悪意の遺棄に当たらないとしても原告被告間には婚姻を継続し難い重大な事由（同第5号）があるから，原告は被告との離婚を求める。
5 なお，原告被告間に生まれた二人の子については，日本国外において被告と生活を共にしていると推測され（甲第○号証），他方二人の子の居所を知らない原告には二人の子を養育しようがないので，被告を親権者と指定されたい。
6 本件は，フィリピンで当初婚姻・届出がなされているものの，日本においても婚姻届出がなされ，じきに日本に戻り，夫婦生活の大半は日本において営まれ生活の本拠は明らかに日本であった原告被告間において，被告が原告を遺棄したまま○年以上も経過した事案であるから，被告の住所地は日本にないものの，従来の多数の裁判例に照らしても日本の国際裁判管轄を認めるのが相当な事案である。
　また，原告は被告に対して離婚調停の申立をしないまま本訴に及んだが，右事情に照らし，調停前置主義の例外を定めた家事審判法第18条第2項但書が適用されるべきと解する。さらに，原告は日本に常居所を有する日本人であるから，本件請求の準拠法が日本法であることも法例第16条但書より明らかである。
7 よって，請求の趣旨記載のとおりの判決を求める。

離婚原因は，相談者に対する悪意の遺棄（民法770条1項2号）と婚姻を継続し難い重大な事由（同項5号）を主張しました。

親権については，入国管理局の出入（帰）国記録によると，長男だけが日本にいる可能性もあったので，代理人としては親権者を妻とすることを求めることに躊躇もあったのですが，長男の所在は全く分からないため相談者が親権者となっても実際には養育しようがないので，フィリピン人の妻を親権者と定めることを求めました。

証拠方法としては，①陳述書（相談者本人），②「出入（帰）国及び外国人登録等に関する照会について」と題する書面，③住民票，④戸籍謄本を提出しました。本人尋問も想定していましたが，特に実施されませんでした。

結果として，裁判所は，特に追加の証拠提出を求めることなく相談者の請求どおりの判決を言い渡してくれました。

なお，ご存知のとおり，平成16年4月1日から家庭裁判所において人事訴訟事件を取り扱うことになりました。最近の人事訴訟の裁判所実務については，『東京家庭裁判所における人事訴訟の審理の実情　第3版』（東京家庭裁判所家事第6部編著，判例タイムズ，2012年）という書籍が参考になると思います。

また，日本で成立した離婚が，相手方の本国でも認められるかどうかは別問題ですので，この点にはご注意ください。

9　おわりに

本件訴訟のおける原告は夫，被告は妻です。夫婦であった当事者はどんな結果も自ら受け入れるしかないともいえます。しかし，親が子を選べないように子も親を選べません。この原稿を書いている際に最も気になったのは子供達のその後です。単に相談者の代理人だったという当職の立場では何もできませんが，何ら非のない子供達がフィリピンでも日本でもよいので，きちんとした教育を受けて幸せに暮らしていることを祈るばかりです。

【プライバシー保護のため事例の内容は変えております。】

COLUMN

コラム⑨
「国際結婚,国際離婚の統計」

1 国際結婚の数値

　厚生労働省の発表している婚姻件数の統計一覧によりますと,平成23年(2011年)における夫妻の一方が外国人である婚姻は2万5,934件であり,1日あたり約71件の婚姻が成立していることになります。ちなみに,夫妻とも日本人の婚姻は63万5,961件でしたので,全体の婚姻総数66万1,895件に占める夫妻の一方が外国人である婚姻の割合は約3.92％となります。

　そして,その内訳をみると,夫が日本人で妻が外国人である婚姻の件数が1万9,022件で,夫が外国人で妻が日本人である婚姻の件数が6,912件です。圧倒的に夫が日本人の国際結婚がケースとしては多いといえます。

2 国際離婚の数値

　では,離婚についてはどうでしょうか。同じく厚生労働省の発表している離婚件数の統計一覧によりますと,平成23年(2011年)における夫妻の一方が外国人である離婚は1万7,832件であり,1日あたり約49件の離婚が成立していることになります。ちなみに夫妻とも日本人の離婚は21万7,887件でしたので,全体の離婚総数23万5,719件に占める夫妻の一方が外国人である離婚の割合は約7.56％となります。

　そして,その内訳をみると,夫が日本人で妻が外国人である離婚の件数が1万4,224件で,夫が外国人で妻が日本人である離婚の件数が3,608件ですので,やはり圧倒的に夫が日本人のケースが多いといえます。

3 国際結婚と国際離婚の対比

　これらの統計を見て,すぐに気付かれると思いますが,夫妻の一方が外国人である場合は,婚姻よりも離婚の方が,夫妻とも日本人である場合を含めた全体の総数に占める割合が高くなっています。これらの統計結果をみる限り,いわゆる国際結婚では,夫や妻のそれぞれの文化や価値観の違いを乗り越えて婚姻関係を維持することは,やはり簡単ではないといえそうです。

事例16 外国の裁判所で出された養育費支払判決の日本での執行

事例16 外国の裁判所で出された養育費支払判決の日本での執行

アメリカの裁判所でなされた養育費支払の判決に基づいて、日本在住の前夫に対して日本の裁判所に養育費支払の強制執行を求めた事例

●概要図

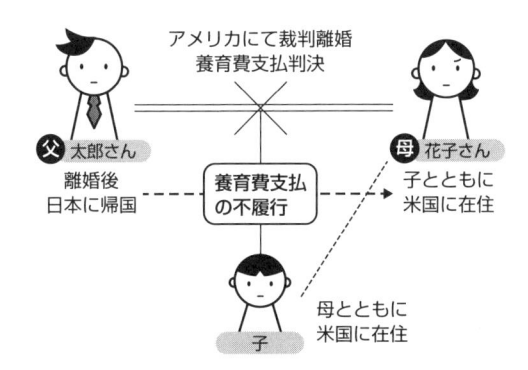

```
         アメリカにて裁判離婚
         養育費支払判決
  父 太郎さん ─────×───── 母 花子さん
  離婚後        養育費支払        子とともに
  日本に帰国      の不履行         米国に在住
                 │
                 子
            母とともに
            米国に在住
```

はじめに

　最近，日本人同士の夫婦が仕事の都合等で外国に住んでいる間に仲が悪くなって外国の裁判所で離婚し，その際に子供の親権者の指定や養育費等の離婚条件が決められたものの，その後日本に帰国してから，決められた離婚条件の履行をしないために紛争になるケースが増えています。今回は養育費を不払いしている事例についてご紹介いたします。

1 事例の概要

(1) アメリカでの離婚及び養育費支払の判決

　花子さんと太郎さんは日本で結婚して子供が1人いましたが，太郎さんの仕事の都合でアメリカへ家族で引っ越しました。

　ところが，アメリカに住んでいる間に，太郎さんの女性問題が原因で離婚することになりました。まだ小学生だった子供は花子さんが親権者となって養育することとし，太郎さんは花子さんに毎月1,000ドルの養育費

を支払うこととなりました。

アメリカでは日本にあるような協議離婚という制度（民法763条，戸籍法76条）はなく，離婚手続は全て裁判所で決定されることになります。

花子さん達の場合も，住んでいた州の裁判所で手続をとり，離婚が認められた上で，親権者，養育費といった事柄についても裁判所の判決がなされました。養育費については，子供が18歳になるまで，毎月1,000ドルを，太郎さんから，子供の親権者である花子さんに対して支払う義務を認める旨が判示されました。

外国に住んでいる日本人同士の夫婦について外国の裁判所で離婚の裁判が確定した場合には，その裁判が確定した日から10日以内に，その国の在外公館の長に報告的届出をすることになります（戸籍法40条，77条，63条）。花子さんはアメリカの裁判所の判決に基づいて日本の大使館に離婚の届出を行いました。これにより，離婚は本人の本籍地で日本の戸籍に記載されました。

(2) **養育費支払の不履行**

花子さんは離婚後もアメリカで仕事に就き，子供と2人で生活しています。

他方，太郎さんは花子さんと離婚が成立するや，交際していた女性と結婚して日本に戻り，日本の会社に転職しました。

太郎さんと新しい妻との間にも子供が生まれましたが，花子さんの方へは決められた養育費を全く支払っていません。

花子さんは，共通の友人を通じて太郎さんに養育費を払うように伝えてもらいましたが，一向に支払がないため，日本に一時帰国した際に弁護士に相談しました。

本相談のポイント

① アメリカの裁判所が出した判決は日本国内で効力を持つものなのかどうか？
② もし効力を持つとしたら，日本の裁判所を利用して，強制執行手続により養育費の取立てを行うことができるのか？

2 受任に際しての注意点と依頼者への説明

　花子さんからの相談を受けた弁護士としては，アメリカの判決書を見慣れていないこと，外国判決を日本で執行した例が少ないことから，直ちにその効力が日本で認められるかどうかは分からないものの，アメリカの判決を日本で強制執行した例があることから，本件についても執行が認められる可能性が高いであろうことを花子さんに説明しました。これを前提として，太郎さんへの請求を受任することにしました。

　まずは弁護士から太郎さんに支払を請求する書面を送り，話し合いでの解決を狙いましたが，無視されてしまいました。

　そのため，やむを得ず日本の裁判所に，外国判決に基づく執行判決を請求する訴訟を提起し（民事執行法24条），これまで太郎さんが不払いしていた金額の合計と，将来発生する毎月の養育費とを，強制的に取り立てることの許可を求めました（書式例「**訴状**」202頁・203頁参照）。

3 外国裁判所の確定判決の効力について

　外国の裁判所で出された判決のうち，民事訴訟法の118条に規定された条件を満たした確定判決については日本国内でも効力を有し，それに基づいて強制執行をすることもできます（民事執行法24条3項）。その条件とは，
① 法令又は条約により外国裁判所の裁判権が認められること
② 敗訴の被告が訴訟の開始に必要な呼出し若しくは命令の送達（公示送達その他これに類する送達を除く。）を受けたこと又はこれを受けなかったが応訴したこと
③ 判決の内容及び訴訟手続が日本における公の秩序又は善良の風俗に反しないこと
④ 相互の保証があること
⑤ 外国の裁判所の確定判決であること
と定められています。以下に，それぞれの要件についての判例・考え方を検討していきます。

第6章　渉外身分関係に関する法律相談

【書式例】訴状

訴　　　　状

平成○○年○月○日

○○地方裁判所民事部　御中

　　　　　　　　　原告訴訟代理人弁護士　　○○○○

アメリカ合衆国○○州○○市
○○○○○○○○○
　　　　　　　　　　原　　　　告　　○○○○
〒○○○
　　　　　　　　　○○○○法律事務所（送達場所）
　　　　　　　　　原告訴訟代理人弁護士　　○○○○
　　　　　　　　　電　話　　○○○○○○
　　　　　　　　　ＦＡＸ　　○○○○○○
〒○○○○
　　　　　　　　　　被　　　　告　　○○○○

執行判決請求事件
　　訴訟物の価額　　　○○○○○○○○円
　　貼用印紙額　　　　○○○○○○円
　　予納郵券　　　　　○○○○円

第1　請求の趣旨
　1　原告と被告間の，アメリカ合衆国○○州○○郡管轄上級裁判所第○○○事件につき，同裁判所が2000年○○月○○日に言い渡した別紙記載の判決に基づき，同判決中の「Ⅲ　ORDER，
　　　IT　IS　ORDERED　that」の
　　(1)　長男○の将来の養育費月額○○米ドルの給付を命じる部分（Ⅲの3．5項）
　　(2)　過去の養育費総額○○○米ドルの給付を命じる部分（Ⅲの3．20項）
　　(3)　過去の養育費に対する金利○○米ドルの給付を命じる部分（Ⅲの3．21項）
　　につき，原告が被告に対し強制執行することを許可する。
　2　訴訟費用は被告の負担とする
との判決を求める。

第2　請求の原因
　1　原告は，1984年（昭和59年）7月14日被告と婚姻し，1987年（昭和62年）8月25日長男○○○が出生した。
　2　被告は，○○○○の国際部門関連会社に勤務していた時にアメリカに勤務することになり，1990年に家族でアメリカ合衆国○○州△△に

転居した。
3　被告から，1999年（平成11年）6月頃に離婚したいとの話があり，被告はそのころ日本に帰国し，原告と長男はアメリカに残り，それ以来原被告は別居した。
4　原告は，アメリカ合衆国〇〇州〇〇郡管轄上級裁判所（以下「本件外国裁判所」という）に被告との離婚及び長男〇についての親権，養育費等の支払いを求めて提訴した（以下「本件外国裁判」という）。
　　本件外国裁判を提訴した際，被告は日本に帰国して〇〇に居住していたので，本件外国裁判の訴状等の訴訟関係書類の送達は，〇〇地方裁判所平成〇〇年（エ）第〇〇〇号事件として，〇〇〇〇年（平成〇〇年）〇〇月〇〇日〇〇地方裁判所第〇民事部書記官室において，担当書記官から被告に対してなされた（甲4）。
　　被告はアメリカの弁護士を代理人として応訴したが，判決前にその代理人は辞任した。
5　〇〇〇〇年（平成〇〇年）〇月〇日に，本件外国裁判所は，原被告を離婚すること，長男〇の親権者を原告とすること，及び被告に対して長男〇の養育費を下記の通り支払うことを命ずる本件外国判決を言い渡し，同判決は確定した（甲1）。
記
将来の養育費　　　　　　　　月額　1,000.00ドル
過去の養育費　　　　　　　　　　　26,000.00ドル
（2000年3月1日から2000年10月31日分）
過去の養育費に対する利息　　　　　1,124.88ドル
6　本件外国判決に基づき，原告は，被告との離婚及び〇の原告親権の届け出を行った（甲2）。
7　本件外国判決は，民事執行法24条の外国裁判所の判決及び民事訴訟法118条の外国裁判所の確定判決にあたる。
　　なお，日本人男女間の子の養育費の支払いについてアメリカ合衆国ミネソタ州裁判所の給与天引き・州の集金機関に対する送金を命じた判決について執行判決の許可を認めた東京高等裁判所平成10年2月26日判決（判例時報1647号107頁）（参考資料）がある。
8　よって，原告は被告に対し，本件外国判決についての執行許可を求め本訴提起に及んだ。

証　拠　方　法
甲1号証（アメリカ合衆国判決）
甲2号証（原告及び長男の戸籍謄本）
甲3号証（被告の戸籍謄本）
甲4号証（送達報告書の写し）

附　属　書　類
1　訴状副本　　　　　　　　　　　　　　　　　1通
2　甲1から4号証まで　　　　　　　　　　　　各1通
3　訴訟委任状　　　　　　　　　　　　　　　　1通
4　参考資料　　　　　　　　　　　　　　　　　1通

以　上

(1) 外国裁判所の国際裁判管轄

　この要件は，日本の国際民事訴訟法の原則から見て，その外国裁判所の属する国（判決国）がその事件について国際裁判管轄を有すると積極的に認められることを意味すると考えられています。

　そして，どのような場合に判決国が国際裁判管轄を有するかについては，これを直接に規定した法令がなく，条約や明確な国際法上の原則もいまだ確立されておらず，当事者間の公平，裁判の適正・迅速を期するという理念により，条理に従って決定するのが相当で，具体的には，基本的に日本の民事訴訟法の定める土地管轄に関する規定に準拠しつつ，個々の事案における具体的事情に即して，当該外国判決を日本で承認するのが適当か否かという観点から，条理に照らして判決国に国際裁判管轄が存在するか否かを判断すべきものとされています（最判平10・4・28民集52巻3号853頁）。

　この最高裁判所の見解は，間接的一般管轄権（外国判決を日本で承認するのが適当か）と直接的一般管轄権（事件を日本の裁判所が審理するのが適当か）は一致する必要はなく，異なった基準により判断されるべきであるとする説であると考えられています（財団法人法曹会編『最高裁判所判例解説民事篇　平成10年度（上）』（法曹会，2001）473頁）。

　この要件について判断した裁判例としては，日本に住所を有する日本人男性に対して養育費の支払を命じたオハイオ州の裁判所の判決について，同裁判所の管轄権を否定した東京高裁平成9年9月18日判決（判タ973号251頁）があります。また，日本で婚姻生活を営んでいた日本人男性とアメリカ人女性の夫婦について，妻がアメリカに帰国してオレゴン州の裁判所に日本に居住する夫に対する離婚訴訟を提起し判決を取得した場合に，この離婚判決の効力を否定した名古屋地裁平成11年11月24日判決（判タ1068号234頁）があります。

　なお，上記の最判のケース（金銭請求の事例）では，被告の住所地である香港の裁判所の国際裁判管轄を認めるとともに，併合請求及び反訴の管轄を肯定しました。

(2) 送達・応訴
ア 送　達

　まず，民事訴訟法118条2号に規定される送達については，日本の民事訴訟手続に関する法令（民事訴訟法98条以下）に従ったものであることまでは必要としませんが，被告が現実に訴訟手続の開始を了知することができ，かつ，その防御権の行使に支障のないものでなければならないとされています。さらに，訴訟手続の明確と安定を図る見地からは，裁判上の文書の送達について判決国と日本との間に司法共助に関する条約が締結されていて，訴訟手続の開始に必要な文書送達がその条約の定める方法によるべきものとされている場合には，条約に定められた方法を遵守しない送達は，この要件を満たす送達には当たらないとされます（最判平10・4・28民集52巻3号853頁）。

　日本における国際司法共助には，多国間条約（ハーグ条約）（民事訴訟手続に関する条約（民訴条約），民事又は商事に関する裁判上及び裁判外の文書の外国における送達及び告知に関する条約（送達条約）），二国間条約及び二国間共助取決めといった制度があります。それぞれの内容については，『国際司法共助ハンドブック』（最高裁判所事務総局監修，法曹会，1999）をご参照ください。

　アメリカは民訴条約には加入していませんが，送達条約に加入しています。

　上記の最判のケースでは，香港在住の当事者から私的に依頼を受けた者が日本で行った直接交付の方法による送達は日本と英国（当時の主権国）との間の送達条約及び二国間条約上許容されていないもので，この要件を満たさない不適法な送達であるとされました。また，前記(1)に記載した，養育費の支払を命じるオハイオ州の裁判所の判決に関するケースでは，日本人の被告がオハイオ州のホテルに一時滞在していた際に日本語の翻訳文の添付されていない英文の訴状と召喚状を送達された場合について，この要件を欠くとされました。

イ 応　訴

　次に，応訴の要件については，いわゆる応訴管轄（民事訴訟法12条）

が成立するための応訴とは異なり，被告が，防御の機会を与えられ，かつ，裁判所で防御のための方法をとったことを意味するとされています（最判平10・4・28民集52巻3号853頁）。この最判のケースでは，管轄違いの抗弁を提出した場合に応訴をしたと認められました。

(3) 公序良俗

この要件に関しては，懲罰的損害賠償の支払を命じる外国判決について，「我が国の法秩序の基本原則ないし基本理念と相いれないものと認められる場合」に当たり，日本の公序に反し，その効力を有しないとして，カリフォルニア州裁判所の判決の一部につき執行判決をすることができないとした最高裁判所の判例があります（最判平9・7・11民集51巻6号2573頁）。

他方，弁護士費用を含む訴訟費用の全額をいずれか一方の当事者に負担させる裁判については，実際に生じた費用の範囲内でその負担を命ずるものである限り公序に反するものとはいえないとされました（最判平10・4・28民集52巻3号853頁）。

また，カリフォルニア州の裁判所が日本人同士の夫婦の離婚に伴い夫から妻に対して扶養料支払を命じる判決について，離婚後，元夫婦双方が日本に帰国していること等の事情の変更も考慮し，外国判決の内容が日本の法律の定める内容と大きく隔たっていることを理由として，公序に反するものとして執行が許可されなかった裁判例があります（東京高判平13・2・8判タ1059号232頁）。

金銭請求以外の判決では，子の引渡しを命じるテキサス州の判決を公序良俗に反するとして執行を認めなかった東京高裁平成5年11月15日判決（判タ835号132頁）があります。

(4) 相互の保証

この要件は，判決国において，日本の裁判所がした同種類の判決等が民事訴訟法118条の要件と重要な点で異ならない要件の下に効力を有することをいうとされています（最判昭58・6・7民集37巻5号611頁）。

アメリカ合衆国との間については，東京地裁平成3年12月16日判決（判タ794号246頁）がネヴァダ州の連邦地方裁判所の金銭支払を命じた判決について「相互の保証」の要件を満たすとして執行請求を認容したほか，

ニューヨーク州との間の相互の保証を認めた東京地裁平成6年1月14日判決（判時1509号96頁）があります。また，東京高裁平成10年2月26日判決（判タ1017号273頁）は，ミネソタ州の裁判所が言い渡した養育費の支払を命じる判決について執行を認めています。

それ以外の国については，英国と日本との相互の保証を認めた東京地裁平成6年1月31日判決（判時1509号101頁），中国と日本との相互の保証を否定した大阪高裁平成15年4月9日判決（判時1841号111頁），ドイツ連邦共和国ミュンヘン第1地方裁判所の判決について相互の保証を満たすとした名古屋地裁昭和62年2月6日判決（判時1236号113頁）があります。

(5) **外国裁判所の確定判決**

民事執行法24条の外国裁判所の判決とは，外国の裁判所が，その裁判の名称，手続，形式のいかんを問わず，私法上の法律関係について当事者双方の手続的保障の下に終局的にした裁判をいうものであり，決定，命令等と称されるものであっても，この性質を有するものは該当するとされています（最判平10・4・28民集52巻3号853頁）。この最判では，弁護士費用を含む訴訟費用の負担を命ずる裁判について，要件を満たすものとしています。

以上の各要件を満たした場合に，日本の裁判所で外国裁判所の判決に基づく強制執行を許可する旨の判決がなされることになります。

4 裁判における解決の内容

花子さんから依頼を受けた弁護士が，太郎さんの住む場所の裁判所に提訴したところ，太郎さんは裁判所が指定した期日に出頭し，養育費を払わなければならないことは分かっていたが，現在の家族との生活に余裕がなく，できれば支払わずに済ませたいとの気持ちから，これまで請求を無視していたと話しました。

しかし，太郎さんの養育費の支払義務は裁判の結果決められたもので，これを逃れることはできないこと，今後も支払わずに年月が経つと遅延損害金が増えたりしてかえって不利になることを話して支払うように説得したところ，不払い分を一括で支払うことは無理であるが，今後の毎月の養

育費に上乗せして支払っていくことで和解が成立し，以下の内容の和解調書が作成されました（民事訴訟法265条）（なお，書式例「**和解条項記載例**」次頁参照）。

① 太郎さんは，アメリカの裁判所が決めた養育費の支払義務があることを認める。
② 太郎さんは，①の金額を分割で支払う。
③ 子供が18歳になった場合には，その後の教育費の支払について太郎さんと花子さんとで協議して決める。
④ 花子さんは強制執行を求める訴訟を取り下げる。
⑤ 訴訟にかかった費用は各自が負担する。

この和解調書には確定判決と同一の効力があります（同法267条）。

したがって，今回のケースでは判決による裁判所の判断はされませんでしたが，アメリカの裁判所の養育費の支払を命じる判決が日本国内でも効力を有することを前提とした和解が日本の裁判所で成立したものと考えられます。

(2) **強制執行による養育費の支払**

この和解によって太郎さんはしばらく養育費の支払をしていましたが，1年くらい経ったところで支払がされなくなってしまいました。

弁護士が事情を聞くため太郎さんに連絡を取ろうとしても返事がありません。

やむを得ず，日本の裁判所の和解調書により，太郎さんの給料を差し押さえる手続をとることにしました（民事執行法143条以下）。

【書式例】和解条項記載例

和　解　条　項

1　被告は，原告に対し，原告と被告との間のアメリカ合衆国○○○○○州○○○郡管轄上級裁判所第○○○○○○○○○事件につき，同裁判所が平成○○年（○○○○年）○○月○○日に言い渡した判決に基づく長男○○（以下，「長男○○」という。）の満18歳までの養育費及び養育費に関する債務として金937万2,987円の支払義務のあることを認める。

2　被告は，原告に対し，前項の金員を次のとおり分割して○銀行○○○支店の「○○○」名義の普通預金口座（口座番号○○○○）に振り込む方法により支払う。
　(1)　平成17年6月30日限り金300万円
　(2)　平成17年12月31日限り金300万円
　(3)　平成18年3月31日限り金337万2,987円

3　被告が前項の分割金の支払を1回でも怠ったときは，当然に同項の期限の利益を失い，被告は，原告に対し，第1項の金員から既払金を控除した残金及びこれに対する期限の利益を喪失した日の翌日から支払済みまで年1割の割合による遅延損害金を支払う。

4　原告は，被告に対し，第1項記載の養育費及び養育費に関する外国判決について強制執行許可を求める訴えを再度提訴しない。

5　原告及び被告は，原告と被告との間には，本和解条項に定めるもののほかに，長男○○が満18歳になるまでの養育費の支払につき何らの債権債務がないことを，相互に確認する。

6　原告及び被告は，長男○○の満18歳以降の養育費について，長男○○の教育費を必要とする生活状況に基づき，その支援につき，改めて双方協議して定める。

7　原告は被告に対する本件訴えを取り下げ，被告はこれに同意する。

8　訴訟費用は，各自の負担とする。

【図】一般的な債権執行の流れ

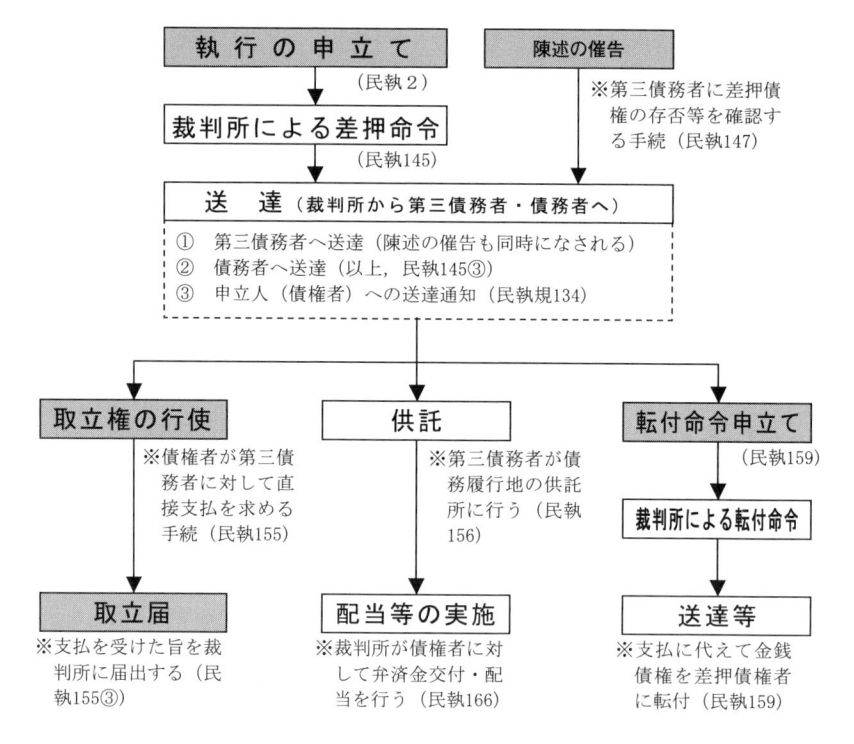

```
┌─────────────┐      ┌─────────────┐
│ 執行の申立て │      │ 陳述の催告   │
│   (民執2)   │      │ ※第三債務者に差押債
└──────┬──────┘      │ 権の存否等を確認す
       ↓             │ る手続（民執147） │
┌─────────────┐      └──────┬──────┘
│裁判所による差押命令│            │
│    (民執145)     │            │
└──────┬──────┘            │
       ↓                    │
┌──────────────────────────────┐
│ 送　達（裁判所から第三債務者・債務者へ）│
│ ① 第三債務者へ送達（陳述の催告も同時になされる）│
│ ② 債務者へ送達（以上，民執145③）│
│ ③ 申立人（債権者）への送達通知（民執規134）│
└──────────────────────────────┘
```

┌─────────┬─────────┬─────────┐
│取立権の行使│ 供託   │転付命令申立て│
│※債権者が第三│※第三債務者が債│ (民執159) │
│務者に対して直│務履行地の供託│   │
│接支払を求める│所に行う（民執│裁判所による転付命令│
│手続（民執155）│156）   │   │
└────┬────┴────┬────┴────┬────┘
     ↓   ↓   ↓
┌─────────┬─────────┬─────────┐
│ 取立届 │配当等の実施│ 送達等   │
│※支払を受けた旨を裁│※裁判所が債権者に対│※支払に代えて金銭│
│判所に届出する（民│して弁済金交付・配│債権を差押債権者│
│執155③）│当を行う（民執166）│に転付（民執159）│
└─────────┴─────────┴─────────┘

　太郎さんの毎月の給料から法律が定める金額（養育費については毎月の給料の手取額の2分の1まで差し押さえることができ，手取額が33万円を超える部分は全部差し押さえることができます。同法152条）を，会社が太郎さんの給料から差し引いて，直接弁護士の方へ支払う方法により取り立てることとなりました。

　ところが，それから半年くらいで太郎さんは勤めていた会社を辞め，その後はどこで働いているかも分からなくなってしまいました。

　そのため，花子さんへの養育費の不払いは現在も続いたままになっています。

5　おわりに

　裁判所の判決といっても，各国ごとに法律の内容や裁判の手続・要件等

は様々であるため,ご紹介した種々の判例のケースのように,外国で取得した判決に基づいて日本でその内容を強制執行しようと思っても不可能な場合があります。

　花子さんの場合のように,相手方が日本に帰国する可能性が高い場合は,できれば外国で裁判手続を始める前に日本の弁護士に相談して,将来,外国の裁判所の判決によって,日本国内で金銭の支払を求めることができるかどうかを確認した上で手続をとることが望ましいでしょう。

　もし日本で効力が認められるかどうか不確かな場合には,できれば同一内容について日本でも強制執行可能な公正証書を作成するなどの方法をとっておくのがよいと思います。

　ただ,たとえ日本で効力のある判決を取得しても,太郎さんのケースのように相手方の財産や勤務先等が不明になってしまった場合は,最終的に養育費の支払を受けることができなくなってしまい,判決はいわば"絵に描いた餅"になってしまう危険があることに留意する必要があります。

【プライバシー保護のため事例の内容は変えております。】

事例17 日本人男性と外国人女性の間の子の認知・国籍取得

法律上既婚の外国人女性と日本人男性の間に生まれた子供を日本人男性が認知して、子供に日本国籍を取得させるに至った事例

● 概要図

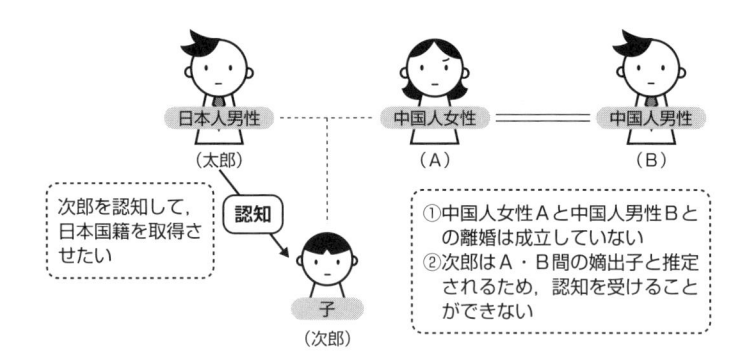

```
日本人男性          中国人女性 ══════ 中国人男性
  (太郎)              (A)              (B)

次郎を認知して、    認知       ①中国人女性Aと中国人男性Bと
日本国籍を取得さ→            の離婚は成立していない
せたい                       ②次郎はA・B間の嫡出子と推定
                             されるため、認知を受けること
                             ができない
        子
      (次郎)
```

はじめに

　日本人男性が外国人女性と結婚したり、外国人女性との間に子供が生まれたりするケースが急増しています。

　しかし、女性が本国で別の男性と結婚し、別居して連絡が取れなくなったままの状態で来日し、きちんと離婚する前に日本人男性との間の子供を出産した場合、その子供は日本人の子でありながら、直ちには日本国籍を取得することができません。

　このような場合に、認知手続を経て日本国籍を取得した事例がありますので、以下にご紹介します。

1 事例の概要

(1) 中国人女性から相談を受けた経緯

　私は、弁護士会の外国人の法律相談を担当していることもあり、時々、

日本人と外国人との間の法律問題や紛争のケースについて依頼を受けます。

以前，全く別の件で依頼を受けたことのある外国人女性から連絡があり，知り合いの中国人女性Aさんが日本人男性太郎さんとの間の子供次郎君を出産して3人で生活しているが，子供の出生を届け出ることができなくて困っているので相談に乗ってほしいと言われました。

(2) **中国における婚姻と日本への渡航**

そこで，その親子3人に事務所に来てもらって話を聞いたところ，Aさんは10年ほど前に中国で中国人男性と結婚してしばらく同居していたのですが，その夫とは結婚後1年くらいで別居しました。夫はたぶん中国にいるらしいのですが，現在では居所が分からず，親族を通じても連絡が全く取れなくなっているそうです。

Aさんは10年前に中国が発行したパスポートを持っています。しかし，日本へはブローカーに依頼して入手した偽造パスポートで5年前に入国しました。相談に来る直前に在留資格なく日本に滞在していることを入管に知られてしまい，退去強制手続が始まっていました。もっとも，入管は一度Aさん達の住まいを調査したものの，生活状況を見た上で仮放免手続が取られたので，Aさんが入管に収容されることはありませんでした。

(3) **日本人男性との交際と子の出生**

太郎さんとAさんは日本で知り合って交際するようになり，3年前には次郎君が生まれました。太郎さんは非常に真面目なサラリーマンで，次郎君が生まれたことをきっかけに自宅マンションも購入し，親子3人の家族として生活しています。そろそろ次郎君が幼稚園に通うことも考えなくてはならず，きちんと日本人の子供として戸籍に届出をしたいと強く思うようになっていたところにAさんのオーバーステイの発覚もあり，弁護士に相談したいと考えるようになったとのことです。

第6章　渉外身分関係に関する法律相談

> **本相談のポイント**
>
> ① 母親であるＡさんは，中国の戸籍上婚姻しており，次郎君には戸籍上の夫である中国人男性の嫡出推定が及ぶため，その親子関係を断つためにどのように手続すればよいか？
> ② 次郎君が太郎さんの子供であることにより日本国籍を取得する手続をどのように行えばよいか？
> ③ Ａさんの在留資格を取得する方法はあるか？

2　受任に際しての注意点と依頼者への対応（解決すべき問題点）

　当初，太郎さんは次郎さんを自分の子供として認知届を出そうとしました。

　しかし，次郎君の母親であるＡさんが中国人の夫と離婚してないことが障害となってＡさんの独身証明書を取得・提出することができず，次郎君はＡさんの戸籍上の夫である中国人男性の嫡出推定を受けることになるため，日本の市役所では認知届を出すことができませんでした。

　こういった事情もあり，次郎君が３歳になってもどこにも出生届も出さずに生活していました。

　しかし，これでは次郎君は健康保険を始めとする社会保障に加入することができませんし，学校に入学するのにも支障が生じる可能性があります。次郎君が太郎さんの子供であることがはっきりすれば，Ａさんは日本人の子供を養育する母親ということで在留資格を取得することも可能になります。

　したがって，次郎君が太郎さんの子供であることを法律的に確定することが急務であると考えました。

　太郎さんとＡさんには，民法の嫡出推定の制度を説明し，本来であれば次郎君はＡさんの戸籍上の夫の子供であると推定されて，その夫からしか嫡出否認はできないことになっているが，Ａさんと夫とは長年会ってもいなくて，次郎君がその夫の子供である可能性が全く無いのであれば，日本

の裁判所で，認知を認めてもらえることを説明し，その方法をとることとしました。

3 解決方針

(1) 強制認知による手続

本件では，Ａさんと中国人男性とは，法律上は夫婦となっているものの，同居の実体がなく，次郎君の父親がその中国人男性である可能性は全くありません。このような場合には，「推定の及ばない子」として，嫡出否認の訴えの方法によらなくても，親子関係の不存在の確認を求めることができるという判例（最判昭44・5・29民集23巻6号1064頁）が確立しています。

また，その方法についても，必ずしも親子関係確認請求訴訟の形式を取らずに，真実の父親に対する強制認知請求の方法も取ることができます。

したがって，私は次郎君を申立人，太郎さんを相手方として，家庭裁判所に強制認知を請求する調停を申し立てることとしました。もっとも，次郎君は未成年ですので，母親＝親権者であるＡさんが次郎君の法定代理人として行動することになります。

(2) 渉外的認知に関する準拠法

なお，本件に適用される法律（準拠法）については，法の適用に関する通則法29条（嫡出でない子の親子関係の成立）に，

① 父との間の親子関係については子の出生の当時における父の本国法
② 母との間の親子関係については子の出生の当時における母の本国法
③ 子の認知は，上記①②によるほか，認知の当時における認知する者又は子の本国法による
④ 子の認知による親子関係の成立について，父又は母の本国法を適用する場合には，認知の当時における子の本国法によればその子又は第三者の承諾又は同意があることが認知の要件であるときは，その要件も備えなければならない

と規定されています。

したがって，本件では太郎さんの本国法である日本法が準拠法となります。また，中国法では特に認知について子又は第三者の承諾・同意は必要

ないようです。

(3) 渉外親子関係訴訟に関する裁判管轄

　さらに，本件のように，当事者が日本人だけではなく，外国人が関係するいわゆる渉外親子関係訴訟について，どこの国の裁判所が管轄を持つかという問題があります。この点については，離婚の裁判管轄権に関する最高裁判決（最判昭39・3・25民集18巻3号486頁）が適用されると考えられています。この判決では，原則として被告の住所地国の管轄権を認め，例外的に，原告が遺棄された場合，被告が行方不明である場合その他これに準ずる場合には，原告の住所地が日本にあるならば，たとえ被告が日本に最後の住所をも有しない場合であっても，日本の裁判管轄権を肯定することができるとされました（なお，国際裁判管轄の基準については，平成23年の民事訴訟法の改正により，法律に規定（同法3条の2から3条の12）が設けられました。）。

　本件では，認知請求の当事者が全員日本に住んでいますので，日本の裁判所に管轄があることは明らかです。

　以上を踏まえて，太郎さん一家が住んでいる場所を管轄する家庭裁判所に，次郎君を申立人，太郎さんを相手方として，認知請求の調停を申し立てました（書式例「**家事調停申立書**」次頁参照）。

4　裁判に当たっての準備

(1)　DNA鑑定

　認知請求を行うにあたっては，太郎さんと次郎君との親子関係を立証する資料を作成・提出する必要があります。その方法は，DNA鑑定が一般的になっています。

　現在ではDNA鑑定を，比較的低額で，かつ迅速に行ってくれる業者が多数あります。その中から，以前に親子関係の鑑定の依頼をしたことのある業者に頼むことにしました。この会社は，日本で採取した鑑定のための資料を，アメリカの研究所へ送って鑑定します。その結果を記載した書面とその翻訳文を作成してくれますので，それをそのまま裁判所に書証として提出します。費用は出張費も含めて100,500円でした。

事例17　日本人男性と外国人女性の間の子の認知・国籍取得

【書式例】家事調停申立書

<u>*この申立書の写しは，法律の定めるところにより，申立ての内容を知らせるため，相手方に送付されます。*</u>

受付印	家事 ☑調停 □審判 申立書　事件名（認知請求事件）
収入印紙　　　円 予納郵便切手　　円	（この欄に申立て1件あたり収入印紙1，200円分を貼ってください。） 　印　紙　 （貼った印紙に押印しないでください。）

○○家庭裁判所　御中 平成○年○月○日	申　立　人 （又は法定代理人など） の記名押印	申立人　○○○○ 法定代理人親権者母 A 上記代理人　弁護士　○○　○○

添付書類	1　戸籍謄本　　　　　　1通　　4　DNA鑑定書　1通 2　外国人登録済証明書　2通　　5　委任状　　　1通 3　公証書（翻訳付）　　1通	準口頭

申立人

本籍（国籍）　都道府県　中国
（戸籍の添付が必要とされていない申立ての場合は，記入する必要はありません。）

住所　〒○○○-○○○○　○○県○○市○○町○番○号　（　　　方）

フリガナ　氏名　○　○　○　○　　大正・昭和・㊤平成　○年○月○日生（　○歳）

相手方

本籍（国籍）　○○　都道㊤県　○○市○○町
（戸籍の添付が必要とされていない申立ての場合は，記入する必要はありません。）

住所　〒○○○-○○○○　○○県○○市○○町○番○号　（　　　方）

フリガナ　氏名　○　○　太　郎　　大正・㊤昭和・平成　○年○月○日生（　○歳）

（注）太枠の中だけ記入してください。

217

この申立書の写しは，法律の定めるところにより，申立ての内容を知らせるため，相手方に送付されます。

申　立　て　の　趣　旨

申立人が相手方の子であることを認知する

との調停を求める。

申　立　て　の　理　由

1　申立人の母親（法定代理人親権者）Aは中国人であるが，平成○○年○月に日本に入国して○○にある店舗で働いていたときに相手方と知り合いになった。

　その後，母親は一旦中国に帰国したが，平成○○年○月○日に再来日し，まもなく相手方と親しくなって男女関係となり，その後平成○○年○月○日から相手方と同居し，平成○○年○月○日にAは相手方との子である申立人を出生した。

2　申立人の母親Aは，平成○○年○月○日中国人Bと結婚したが，結婚後しばらくして別居して以来夫婦関係は破綻した。Bは日本に来たことはない。

3　申立人が出生して以降，申立人及び申立人の母親Aと相手方は3人で暮らしている。今回，本申立にあたり相手方と申立人の父子関係についてDNA鑑定を行ったところ99.99パーセントの確率で父子関係ありとの結論が出た。

4　相手方は，申立人を認知する意思を有しているが，申立人の母親Aは申立人出生時に法律上は中国人と婚姻中であった。中国婚姻法上は嫡出推定の明文の規定はないが，嫡出と非嫡出の子の区別はあり（中国婚姻法25条），日本の戸籍の実務運用でも，中国人母親が婚姻中の場合には裁判所の判断を経ないと任意認知できないことになっている。

　従って，申立人の母親Aとその中国人夫との間には外形上申立人について全く懐胎の機会がなかったことを審理した後に，相手方の子であるとの認知の裁判をいただくべく本申立に及んだ。

※別紙（申立人法定代理人親権者母の記載）は省略

218

今回は，太郎さん，次郎君，Ａさんの３人の口の中の粘膜を綿棒で採取したものをアメリカの検査機関へ送付して鑑定をしてもらいました。その結果は，99.99パーセントの確率で太郎さんが次郎さんの父親であるとのことで，これを調停の資料として裁判所に提出しました。

(2) **中国からの書類等の取り寄せ**

中国人のＡさんについては，日本人のような戸籍がありません。そこで，本人の名前や生年月日を証明する資料として，パスポート，外国人登録の登録原票記載事項証明書（本事例は，外国人登録法の廃止前の事件でした。）のほかに，中国にいる親族に依頼して，公証人に身分関係を証明する書類を作成したものを取り寄せ，翻訳をつけて提出しました。

また，次郎君についても，まだ日本国籍はないため，中国人としての外国人登録を行い，その登録原票記載事項証明書を提出しました。

5 調停申立て

指定された調停期日には，親子３人がそろって出席しました。

まず，２名の調停委員の方に，これまでの事情を一通り説明し，直接本人に対して内容を質問をする形で確認してもらいました。調停委員からは母子手帳の提示も求められ，妊娠・出産の経過についても説明することができました。また，DNA鑑定の結果についても確認がされました。

以上のやり取りの結果，申立ての内容が全て真実であるとの確認ができ，調停委員から担当裁判官に報告がされ，本件については「申立人が相手方の子であることを認知する。」旨の「合意に相当する審判」（家事審判法23条２項，現家事事件手続法277条）がされました。

6 認知の裁判確定後の手続

(1) **母親Ａさんと次郎君の在留資格**

前述したように，Ａさんは偽造パスポートによる入国でしたので，日本での在留資格がなく，退去強制手続も開始されていましたが，仮放免を受け，毎月１回定期的に入管に出頭していました。

出頭すると入管職員に認知の調停の状況について訊かれていました。

第6章　渉外身分関係に関する法律相談

【図】強制退去手続の流れ

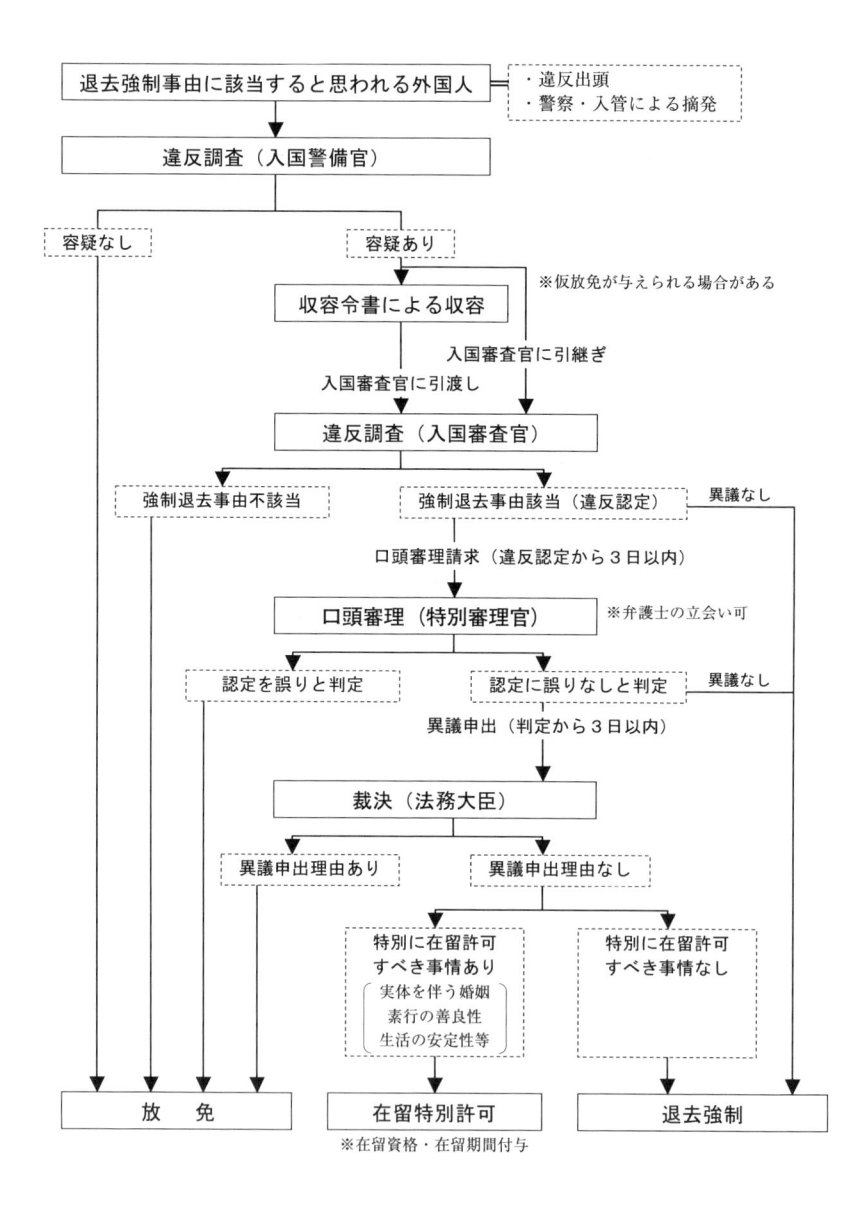

```
┌─────────────────────────────┐   ・違反出頭
│退去強制事由に該当すると思われる外国人│───・警察・入管による摘発
└─────────────────────────────┘
              ↓
   ┌──────────────────┐
   │違反調査（入国警備官）│
   └──────────────────┘
        ↓            ↓
    [容疑なし]     [容疑あり]
                     ↓
              ┌──────────────┐   ※仮放免が与えられる場合がある
              │収容令書による収容│
              └──────────────┘
               ↓            ↓
         入国審査官に引渡し  入国審査官に引継ぎ
                     ↓
              ┌──────────────────┐
              │違反調査（入国審査官）│
              └──────────────────┘
                ↓            ↓
         [強制退去事由不該当] [強制退去事由該当（違反認定）]──[異議なし]
                              ↓
                   口頭審理請求（違反認定から3日以内）
                              ↓
                     ┌──────────────────┐
                     │口頭審理（特別審理官）│　※弁護士の立会い可
                     └──────────────────┘
                        ↓            ↓
                  [認定を誤りと判定] [認定に誤りなしと判定]──[異議なし]
                                     ↓
                          異議申出（判定から3日以内）
                                     ↓
                              ┌──────────────┐
                              │裁決（法務大臣）│
                              └──────────────┘
                               ↓            ↓
                        [異議申出理由あり]  [異議申出理由なし]
                                         ↓              ↓
                            ┌────────────┐  ┌────────────┐
                            │特別に在留許可│  │特別に在留許可│
                            │すべき事情あり│  │すべき事情なし│
                            │実体を伴う婚姻│  │            │
                            │素行の善良性 │  │            │
                            │生活の安定性等│  │            │
                            └────────────┘  └────────────┘
    ↓          ↓         ↓         ↓                   ↓
┌──────┐              ┌────────────┐         ┌──────┐
│放　免│              │在留特別許可│         │退去強制│
└──────┘              └────────────┘         └──────┘
                      ※在留資格・在留期間付与
```

220

すると，認知の審判が出た約1か月後に，Aさんに特別在留許可（出入国管理及び難民認定法50条1項4号）が下りました。在留資格は，日本人の子供を養育していることから「定住者」です。

また，同時に，次郎君に対しては，日本人の子供であることから「日本人の配偶者等」の在留資格が認められました。

これで，ひとまずAさんが日本から強制的に退去させられたり，入管に収容される心配はなくなりました。

(2) 国籍の取得

次郎君は日本人である太郎さんの子供であることが家庭裁判所の審判により確定しましたが，日本国籍を取得するためには，法務局に国籍取得届を提出して手続しなければなりません。

国籍法第2条は，出生による国籍の取得について，以下のように規定しています。

> **国籍法第2条（出生による国籍の取得）** 子は，次の場合には，日本国民とする。
> 一 出生の時に父又は母が日本国民であるとき。
> 二 出生前に死亡した父が死亡の時に日本国民であつたとき。
> 三 日本で生まれた場合において，父母がともに知れないとき，又は国籍を有しないとき。

この国籍法2条1号の「出生の時に父……が日本国民である」とは，出生後に認知のあった場合には適用されないとされています（最判平14・11・22判時1808号55頁）（胎児認知をした場合には，出生の時に父が日本国民であることになるので，国籍法2条1号により日本国籍を取得します。）。

そして，以前の国籍法では，出生後に認知された子供は，両親が婚姻することにより準正がされれば日本国籍を取得しますが，そうでなければ出生又は届出により日本国籍を取得することはできないとされていました。

ところが，この点について最高裁判所は，父母が婚姻をしているか否かによって子供の国籍の取得に区別を設けることは不合理な理由のない差別

であり，憲法14条1項に違反すると判断しました（最判平20・6・4民集62巻6号1367頁）。

これにより平成20年に国籍法が改正され，国籍法3条1項のうち父母の婚姻を要件とする部分が削除され，次郎君のように出生後に日本人である父親から認知された子供は，父母が婚姻関係にない場合にも，以下の要件を備えれば届出により日本国籍を取得することができます。

(1) 届出の時に20歳未満であること。
(2) 認知をした父親が子の出生の時に日本国民であること。
(3) 認知をした父親が届出の時に日本国民であること。
(4) 日本国民であった者でないこと。

（法務省のホームページ「国籍Q&A」(http://www.moj.go.jp/MINJI/minji78.html) 参照）

この届出により，次郎君は，届出の時に日本国籍を取得することができました（国籍法3条2項）。

7 おわりに

このような経過を経て，無事，次郎君は太郎さんの子供として日本国籍を取得することができました。後は，中国でAさんの離婚手続を行い，太郎さんとAさんが結婚できるようにするばかりです。

外国・外国人が関係する家族関係事件は一見複雑で取っつきにくいように思えますが，法律問題ごとに準拠法を分析していけば，日本法を適用することになる場合も多く，是非積極的に取り組んでもらいたいと思います。

最近は，弁護士会での研修や，弁護士の間の情報交換のネットワークなどもありますので，問い合わせをしながら調べていけば必ず解決につながります。

【プライバシー保護のため事例の内容は変えております。】

第7章
遺言に関する法律相談

遺言に関する相談を受けるときのポイント

1 遺言作成に関する相談の場合

(1) 遺産全体及び相続人の把握

　第一に，いずれも遺言作成時点での推定になりますが，遺産全体及び相続人の把握が，必要不可欠です。

　特定の遺産についてのみ遺言するという例もありますが，遺言書作成後遺言者の死亡までの間の遺産内容や遺産総額の変化によっては遺留分侵害を生じる可能性があり，遺言の実現の障害になることも考えられます。たとえ特定の遺産の処分だけであるとしても，遺産全体の把握が不可欠と考えます。

　遺産内容の把握については，遺言者の現有する財産（債務を含む。）を聴取し，それらの財産に関する裏付け（登記事項証明書・通帳等）も取得しておくべきです。公正証書遺言作成や遺言執行の準備にも有益です。

(2) 遺言に記載する内容の確認

　次に，遺言者がどのような遺産の処分や遺言事項を希望しているのかを確認することになります。この点は詳細に聴取するべきです。遺言の動機や背後事情等をきちんと聴取することが重要です。

　また，相続させない相続人のことや相続させる遺産に関して今後どのような変化が考え得るか（処分の可能性・減価の程度，生命保険等による債務消滅の可能性等）も調査すべき事項です。

　場合によっては，これら聴取内容を遺言書に記載することや事実実験公正証書の作成も必要になります。

　遺留分を侵害しそうな場合には，そのリスクを説明し，遺言内容自体を変更するか，減殺方法（割合）の指定（民法1034条ただし書）を遺言することも検討対象になります。

　さらに，遺言執行者の指定・報酬の指定（同法1006条1項，1018条1項た

だし書）も検討対象でしょう。なお，弁護士が執行者になる場合，後日特定の相続人から相談や依頼を受けることが弁護士倫理上問題となることを留意すべきです。

(3) 遺言能力の確認

第三に，遺言能力の確認も重要です。高齢者については，事前に医師など専門家の判断を仰ぎ，それを証拠化することも考えなければなりません。

また，遺言の内容との関係で遺言能力を相対的に判断することもあります。複雑な内容の遺言については，特に，遺言能力の確認が欠かせません。

(4) 遺言の形式の選択

第四に，遺言の形式の選択ですが，遺言能力との関係，遺言執行の容易性等に鑑みると，公正証書遺言（民法969条）が一番妥当でしょう。

しかし，コスト等の関係から自筆証書遺言（同法968条）あるいは秘密証書遺言（同法970条）を選択せざるを得ないときには，検認手続（同法1004条）の問題を，説明しておくべきです。

なお，遺言者の余命が保証のない場合には，危急時遺言（同法976条以下）を選択することに躊躇すべきではありません。

(5) 遺言の作成・保管

最後に，相談場面ではありませんが，遺言の内容については，できるだけ平易にかつ特定する記載が要求されます。紛議が生じそうな曖昧な記載は，法律の専門家である弁護士としては禁忌と言えます。

また，紛失のおそれがありますので，自筆証書遺言の場合には弁護士が保管するという選択も考えられます。

2 遺言者が死亡後の相談

(1) 遺言の存否の確認

いかなる相続問題についても，遺言の存否は前提問題として確認が必要です。既に遺言がある場合でも，これを変更する遺言の存在等を必ず確認しておかねばなりません。

自筆証書遺言については，相続人から聴取するしか有益な方法が無いのが通常でしょうが，公正証書遺言の場合は，公正証書遺言検索システムが

構築されており，公証役場への問い合わせにより確認が可能です（http://www.koshonin.gr.jp/index2.html）。

(2) **遺言を争う遺族からの相談**

　遺言の存在ないし遺言内容を争う場合は，自筆証書遺言の場合には，まず検認手続に参加して，遺言書の形式や作成経緯を確認しておくべきです。ただし，検認手続は遺言内容の確定ではありませんから，その後の遺言の真否や解釈については，遺言無効等の訴訟に発展する可能性があります。

　自筆証書の場合には，筆跡（鑑定）が問題になることがありますが，筆跡は年齢や体調等により同一人物でも変化することがあり，決定的な証拠になりにくい傾向があることに留意しておくべきです。

　遺留分を侵害する公正証書遺言が存在し，高額かつ重要な遺産が遺言の効力発生後に処分されてしまう可能性が考えられるというような場合は，保全処分の申立ても検討対象となるでしょう。

　また，遺留分減殺請求は，その時効期間が極めて短期ですので，抽象的な減殺請求でもその効力があると考えられますので，遺留分侵害のおそれがあるときは早急に減殺請求権を行使すべきです。

(3) **遺言の効力を主張する遺族からの相談**

　遺言が存在する以上，その実現に向けて尽力すべきですから，自筆証書遺言であれば検印手続を経て，公正証書遺言であればそのまま，遺言の執行に入るべきでしょう。

　遺留分を侵害する遺言内容である場合，価額弁償（民法1041条）による解決を目指すことになるのが通常ですが，これは，現実の提供を要することが確定判例ですので，受贈者等の資力の問題が絡むところです。

事例18 「遺言適齢期」とはいつ？

離婚した妻との間に子のある20代独身男性から，所有の自宅土地建物を，自分の死後，母に承継させたいとの相談があった事例

●概要図

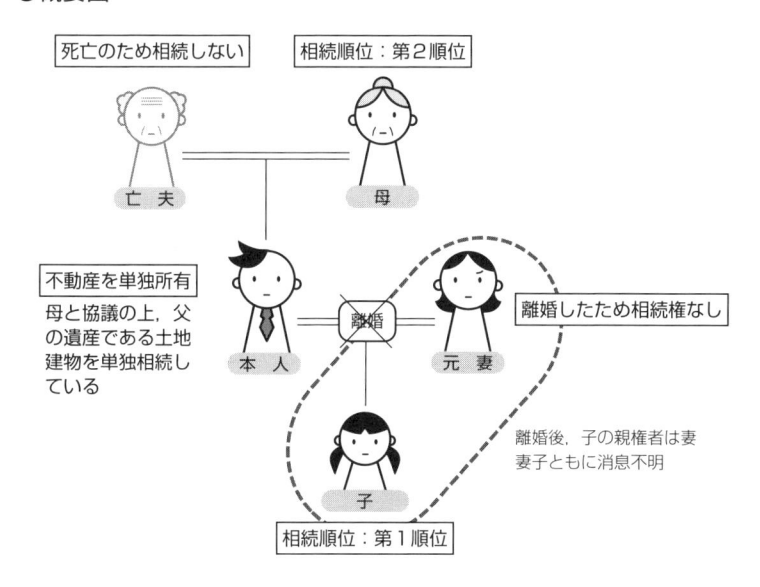

```
死亡のため相続しない          相続順位：第2順位
        亡夫 ——————————— 母

不動産を単独所有
母と協議の上，父
の遺産である土地    本人 —離婚— 元妻    離婚したため相続権なし
建物を単独相続し
ている
                     子
                 相続順位：第1順位

離婚後，子の親権者は妻
妻子ともに消息不明
```

はじめに

　民法961条は，有効に遺言できる最低年齢を満15歳としています。遺言は，代理になじまない一身専属行為として本人が自分でするものです。では，今の社会事情から見て，「遺言適齢期」すなわち遺言をするに適した年齢層というものはあるのでしょうか。世間一般の感覚では，遺言をする人のイメージは，社会生活の年輪を重ね自分の遺産をめぐる親族間の紛争発生を気遣う老境の人になります。しかし，相談所には，若年ながら切実に遺言を必要とする相談者の来訪する事例があります。

第7章　遺言に関する法律相談

1 事例の概要

(1) **若い男性からの相続に関する相談**

　ある土曜日の午前，担当弁護士が待機している相談室。その日最初に予約された相談事項は相続問題とのこと，定刻に案内されて入室したのは，まだ20代の若い男性でした。某有名大学法学部を卒業し超特大企業の本社で採用され勤務するエリート会社員，見るからに俊敏で頭脳明晰を思わせる好青年でした。彼の説明するところによれば，本件の相談事情は以下のとおりです。

(2) **離婚した元妻との間に子もいるが二人とも消息不明**

　この男性は，一人息子で，母と二人だけで住んでいる自宅の土地建物は，先年病没した父の遺産ですが，母と協議して男性が単独相続することと定め相続登記も済ませています。

　彼は，現在は独身ですが，過去に正式な婚姻をし，一子をもうけて間もなく，妻と不仲になって協議離婚をした経歴があります。合意で親権者となった彼女は，乳飲み子を抱いて遠くへ移住し，音信のないまま母子ともに消息不明です。

　最近，同僚との雑談で，10人ほどの甥姪だけが法定相続人になる独身者が遺言もせずに亡くなって遺産の分配について大変な苦労をしたという話を聞きました。これが仮に自分の場合だったらと考え，帰宅後に彼は，六法全書の頁を繰って民法の条文を確かめました。その結果は衝撃的でした。

　母と二人だけの日常生活に慣れて，今後もこの生活が何事もなく続く感覚で過ごしてきましたが，交通事故，食中毒，伝染病や犯罪など，生命の危険に常時脅かされる時代，しかも，遠からず予想される海外勤務による危険の飛躍的増大を考えると，自分が母に先立って世を去る不測の事態もあり得ないことではありません。その場合の遺産相続の関係を，はじめて意識的に調べてみたのです。衝撃的だった問題点は「相続人」です。

(3) **唯一の家族である母が息子の遺産を相続できない**

　学生時代に戻った気分で，民法の相続編の条文を読み進むうち，「直系尊属」を相続人と規定する民法889条1項1号に到達しました。彼にとっ

228

て「直系尊属」とは，唯一の家族である母以外にありません。ところが彼は，この条文の冒頭にある「次に掲げる者は，第887条の規定により相続人となるべき者がない場合には」相続人となるという法文に重大な衝撃を受けたのです。この法文の意味を簡略に言えば，「直系尊属」が相続人になるのは，別に相続人となる「直系卑属」つまり子孫が存在しない場合に限るという定めです。

そうです。彼には子がいるのです。出生後さほど月日を経ないうちに別れた子です。その子が直系卑属として当然に相続人になるならば，前記民法889条の定める前提条件を欠くため，彼の母は，直系尊属ではあるが相続人ではないことになります。

彼は慌てました。今もし彼が致命的な事故に遭うならば，自宅を主とする彼の遺産の全部は，唯一の相続人である子の所有に帰し，彼の母は，生前の亡夫に協力して維持に貢献してきた自宅不動産には何の権利もないことになります。そうすると母は，住家を失って路頭に迷うことになるではありませんか。そこで彼は，助言を求めて相談所を訪れたのです。

(4) 相続関係と遺言の相談

彼の説明する事情を前提にすれば，確かに，彼の第一順位の相続人は彼の子であり，彼が母より先に世を去った場合，母が相続人になるのは彼の子が相続を放棄するなど相続権を失った場合に限られるのです。そして，相続権を有するその子が（未成年であれば法定代理人が）父である彼の死去を知りながら何の手続もせず3か月を経過すれば，民法921条2号によって，その子は相続の単純承認をしたものとみなされ遺産全部を自動的に承継するのです。そうなると自宅不動産の登記も，まずその子を単独承継者とする相続登記の手続をするしかありません（なお，同条2号で単純承認とみなされる例は，世間では別段珍しいことではなく，むしろ普通のことではないかと思われます。）。このような事態を未然に回避するため，本相談で最善の方策として取り上げられたのは，やはり「遺言」でした。

遺言作成の方策を採用するにしても，その手続と内容の両面でいろいろ課題があり，また，子には遺留分の権利があることも考慮に入れなければなりません。

229

第7章 遺言に関する法律相談

> **本相談のポイント**
> ① 離婚に際し相手方と一緒に別れて去った子も，第1順位の相続権者。
> ② 遺産を父母など直系尊属に承継させるのに必要な遺言。
> ③ 子の側にも，遺言に対抗する遺留分の権利。

2 相談・受任に際しての注意点

　本件は，現在何らかの紛争があるわけではなく，相談者とその母について通常予想される年齢順の他界順序を逆転させる不慮の事態が発生した場合を仮に想定し，その場合の耐え難い法律関係に予防的に対処しようとする案件です。

　本件で担当弁護士として留意したのは，次の諸点です。また，そのほとんどを相談者に対し分かりやすく説明するように努めました。

(1) **子が生存していること**

　もしも問題の子が生存していないならば，既に問題は解決済みのはずです。ところが相談者は，風の便りに子は元気でいると聞いたと言い，生存が確認されなくても念のため予防措置を講じておきたいと希望しました。

　なお一般論ですが，世の中には，問題の子（嫡出子）以外に婚外子があって，それを担当弁護士に隠しているような事例もあり（もちろん相談者本人に露骨にそれを質問するような無礼はできませんが），そのような事例では，相談者の死後に，婚外子から，検察官を被告とする認知訴訟（人事訴訟法42条）と遺産相続権の問題を提起されるおそれがあります。紛争の蓋然性は，嫡出子の場合より高いかもしれません。

　本件の予防措置は，仮に婚外子があるとしても，その子に対する関係でも効用のある設計にすれば，かえって有用なので，嫡出子の生存の確認の点は，あまりこだわることもないと思います。

(2) **目的に沿う最善の解決方法の選択**

　具体的事件の解決について助言を求められ検討するとき，筆者は，法的

観点や経済的観点から相談者に最も有利な結果だけを追求するのではなく，広い視野から長い目で見て，どのようにすれば相談者に真の幸福をもたらすのかを探求する観点から結論を出すよう心掛けています。例えば，訴訟案件で，今後も必ず接触の続く関係にある相手方を完全に叩きのめして勝訴しても，その結果，相手方の深い遺恨を買うならば，かえってこれからの社会生活に不都合を生じます。

　そこで，本件についても，相談者の死亡後における母親の住居を確保するという第一目的の達成を主眼とし，過大でも過小でもなく，また副次的に有益な効能のある反面，有害な副作用のない手段を目標とし，最善の方策を選択することに努めたのです。

　例えば，現段階で住居土地建物を母親に贈与するという生前贈与の手法は，息子が母に先立つという仮定の特殊事情に対処する手段としては過大であり，その他の財産の始末がつかない点では過小であるとともに副次的効能もなく，税金の負担や通常の想定どおり死亡順序が実現したときの無駄な所有権の往復という有害な副作用もあって，専門家でなくても，到底選択する気になれないでしょう。

　また，この土地建物の亡父からの相続は，有効な遺産分割の合意に基づいて相続登記の母子共同申請手続が実行されたもので，法的には変更は不可能ですが，これが許されると仮定しても，この古い相続をやり直すという方法は，その結果が，亡父の遺産のうち母親に相続させた部分について上記の生前贈与の手法と同様に評価されるだけでなく，青年の財産のうち亡父の遺産でない部分については全く何の解決にもならず，やはり最善の方策からは程遠いものです。

(3)　**親族関係その他に関する将来の事情変更**

　特に本件のような予防措置の策定という事案では，想像できる限りの今後の事情変更の可能性に注意する必要があります。本件とは別の遺言作成事案ですが，家業に使用している店舗不動産を，後継者にする予定の娘婿に遺贈しようと考えた高齢の遺言希望者は，娘夫婦の将来の離婚可能性について注意を喚起され（筆者は「まさか離婚されることはないでしょうね。」と言っただけです。），熟慮の結果，受遺者を娘婿から娘に切り替えました。

本件の場合，親族関係事情の変更と言えば，すぐ相談者本人の再婚や第２子以降の子の出生が思い当たりますが，母親の再婚だってあり得ないわけではありません。後日いかなる事情の変更を生じても，直ちに容易に対応できるような処理が望ましいのです。この点では，後日の訂正や変更を自由に行うことができる遺言の制度は打って付けと思われます。

(4) **容易に実行できる平穏な処理**

本件では相談の結果，遺言作成が選択されましたが，その理由は，目的の達成に最も適合できることのほか，遺言作成が煩雑な手続や高額な費用を要しないで直ちに実行できる平穏な処理方法だからです。さらに遺言が発効した段階でも裁判所などの手を借りるまでもなく簡便に最終処理ができるよう遺言公正証書を作成することになりました（公正証書遺言の効用については，後記３の(6)「遺言執行者指定の意義と効能」及びコラム⑩「公正証書遺言が専門家に選択される理由」243頁をご参照ください。）。

3 本件における弁護士の対応（法的考察）

本件の相談に来訪した青年の説明を聴いた担当弁護士は，相談者の懸念する自身の不慮の他界が現実になった場合，その時点で存在する子及び配偶者が第１順位の相続権者であるが，もし現状と同じ同居の母と行方不明の子だけの親族構成が継続しているならば，その子が唯一の法定相続人であって，別段の遺言が無い限り，相談者の遺産は，不動産に限らず，現金や預貯金・有価証券などの金融資産，自動車等の動産類を含めて全部その子に相続承継されるのが原則であること，受給遺族が特別法によって定められている労災保険給付や就業規則で別途に定められている死亡退職手当は例外となること，また指定された受取人に支払われる生命保険金は相続財産から離脱することなどを相談者の青年に説明しました。

現状のまま放置して，この青年の懸念する事態になった場合，居住不動産の問題もさることながら，「その他の財産」の始末にも困窮することになります。すぐに問題になるのは預貯金です。「預金者の死去」の情報を，「お節介にも銀行に告げ口してくれた近隣の人がいたため，預金の払戻しができなくなって困った。」と嘆いている遺族の話を聞いたことがありま

す。本件の場合，生き残った母親は以後，葬儀費用や生計の資に用いたくても，生前の息子から使用印とキャッシュカードを渡され自由な使用を認められていた息子名義の預貯金の払戻しを受けられず，常に，行方不明の相続権者や同人からの相続財産の譲受人なる者が出現して権利を主張し住居不動産その他の財産の引渡しを請求される不安にさらされ，生活の安定を期し難いことになりそうです。

本件相談において，担当弁護士から説明と意見を聞き前記注意点なども考慮に加え検討した結果，この青年は，自宅土地建物を含む自分の全財産を母に遺贈する趣旨の公正証書による遺言をする対策を選択しました。これが賢明で適切な選択であることは明らかです。

そして至急に公証人役場で証書作成をするべく，青年は，具体的な手続の全般にわたる実行の援助を相談担当弁護士に要請し，弁護士は，これを承諾して受任に至りました。以後，受任弁護士の立場で，本件の任務を完了するまで遂行した必要な事務処理について観察してみます。

(1) **遺言者本人との打ち合わせと参考資料**

遺言作成に当たっては，遺言者本人の真意を理解し，本人の望む遺言の趣旨を正確に遺言の文面に表示することが最も重要です。そのためには本人との綿密な打ち合わせが不可欠になります。この打ち合わせは1回で済むというものではなく，必要に応じ何回でもします。本件の場合，内容が単純なので，初回は相談段階から引き続く打ち合わせで遺言文の骨子を提示し，次に公証人との事前打ち合わせに同行した際に案文を提示して同意を得たことで主要な打ち合わせは2回で済ませましたが，関係資料等細かい事柄や手続的事項について別途に電話などでも打ち合わせをしています。

一般的には，遺言文に個々の財産を表示したり，指定する承継者ごとに精確な氏名表示や生年月日と続柄の表示を要したりする事案が多く，打ち合わせに当たり登記事項証明書，戸籍事項証明書，住民登録証明書など関係資料を参考にすることが必要になります。個人情報保護が強く主張される現在では，戸籍や住民登録の証明書類は遺言者本人から提供を受けるのが普通になっています。

(2) 受任事務の早急な着手と履行

　受任した事務を早急に処理することは，本件のような事案に限らず，遺言作成事務一般に原則的な必要事項です。特に，重病の床にある遺言作成希望者などの場合に肝要です。公証役場（法律上の名称「公証人役場」の通称）の関係者に聞いた話では，準備に手間取って遅くなり病状悪化により遺言不能になった事例もあるとのことです。もしも万一，本件の委任者男性が遺言実行前に致命的事故に遭ったならば，受任弁護士は，その後長く後悔の念に悩まされたに違いないのです。

(3) 公証人との連絡，打ち合わせ

　公証人は，法務大臣が任命する国家公務員で，指定を受けた地域に「役場」を開設しますが，事務職員の給料を含む一切の費用は自己負担で，国からは全く費用も給料も支給されず，利用者から受け取る手数料で賄います。その手数料は，政令の「公証人手数料令」で定められ，いわば公定価格です。

　遺言証書に限らず，弁護士が公正証書作成などの公証業務を利用する場合，その弁護士の業務経験に照らして信頼できる又は仕事がしやすい知り合いの公証人や，弁護士事務所から交通至便の公証役場などの頼み慣れた公証人を利用するのが普通です。それはまた，面識の形成済みの公証人であれば，個別の嘱託事件ごとに，いちいち弁護士自身の身分証明をする必要がない（当該公証役場保存のいわゆる「面識簿」に登録されている。）という便宜もあるのです。

　受任弁護士は，遺言者と打ち合わせをすると同時に，他方で証書作成を嘱託する公証人と連絡を取り，打ち合わせ期日や遺言期日の面会予約を交わします。そして多くの場合，打ち合わせ期日の事前に，遺言文案のほか遺言者，遺言執行者，立会人など関係者の住所，氏名，職業，生年月日の表示まで記載した遺言証書原稿に代わるメモを作成し，これを関係資料とともに打ち合わせ期日に（急ぐときは，同期日より前に）公証人に提出します。

　打ち合わせ期日には通常，公証人との質問応答に備え遺言者に公証役場まで同行してもらいます。初体験の遺言者本人を過度の緊張から開放する

効果もあります。打ち合わせの際，公証人の助言に従って遺言の内容を修正することもあります。遺言内容が複雑又は多岐に及ぶ場合，打ち合わせ期日終了後遺言期日前に，確認のため，公証人又はその指示を受けた役場の書記（事務職員）の作成した遺言証書原稿が公証役場から弁護士に提示されるのが普通です。なお，単純で間違えようのない遺言（例えば同じ遺言者の２回目以降の一部変更遺言など）の場合，打ち合わせ期日を省略し，書面のやりとりで済ませることもあります。

(4) 公正証書遺言の立会い証人

公正証書による遺言をするには，成人の証人２名の立会いが必要です。証人のうち１名は受任弁護士自身がこれに当たるとして，もう１名については，遺言者の相続人や受遺者及びそれらの配偶者や子孫などは証人資格がないと定められているので（民法974条），その規定に触れない証人の手配が弁護士の仕事になり，多くは同じ所属法律事務所の同僚弁護士や事務職員に依頼しているようです。証人の手配ができない場合は，公証役場に有償ボランティアの証人のあっせんを依頼する方法もあります。

もっとも，遺言者に信頼する縁者，知人があるならば，立会い証人の本来の任務を果たしてもらうことを期待し，その人に依頼できれば最善です。それを判断し立会いを要請して承諾を得るのは遺言者本人の仕事です。これに受任弁護士が事情を説明するなどして協力することになります。

(5) 公正証書遺言の期日

約束の遺言期日には，指定時刻に，遺言者本人，受任弁護士及びもう一人の証人の３名が公証役場に参集して公証人と面談します。なお，遺言者本人が病床にあるなど公証役場に来場できない場合は，あらかじめ打ち合わせの際に申し出て，公証人に遺言者本人の自宅や入院先など所在場所に出張してもらうことができます。ただし，出張できる場所は，所属法務局単位の当該公証人の管轄区域内に限定されます。通常この出張には役場書記が補助者として同行します。

遺言期日には，遺言の趣旨を口述する遺言者本人の身分証明が重要です。そこで遅くとも遺言期日には，官公署が発行した運転免許証や旅券など遺言者の写真付き身分証明書を公証人に提示してコピーさせるか，又は印鑑

登録証明書を提出するとともに期日に登録実印を持参して押印に使用する必要があります。

　予定された遺言期日には，既に遺言証書の中身は決まっているはずですが，追加や訂正を要するときは遠慮なく申し出ます。公証人から完成直前の証書原稿を示されて読み聞かされ，これを，遺言者本人が自分の遺言とする旨述べるとともに証人2名がこれを確認し，この3名が原本に各自署名押印して，遺言者側の公正証書遺言の手続を終わります。怪我などで署名のできない遺言者の場合は公証人が代筆する手続方法もあります。

　さらに公証人の署名押印が加えられ証書番号が付された遺言公正証書の原本は，以後作成公証人氏名と番号で特定され，当該公証役場に保存されます。公証人の証明が付された遺言公正証書謄本のうち1通は，特に「正本」と表示され遺言期日に遺言者本人だけに交付されます。それ以外の謄本は，遺言者なら以後何通でも有料で交付を求めることができ，弁護士が関与する場合の多くは，その遺言の遺言執行者に指定されていることもあり，遺言期日に受任弁護士保管用の謄本1通が用意されます。遺言執行には常に（原本でなく）公証人発行の謄本が用いられます。

(6) 遺言執行者指定の意義と効能

　遺言者が他界して遺言の効力を生じ，その内容を実現するためには何か手続を必要とするとき，相続人は，複数の場合は全員共同して，実行すること（すなわち遺言を執行すること）ができるはずです。しかし，それをするか否かは相続人の意思にかかります。そこで民法1006条は，遺言者が遺言の方法で遺言執行者を指定できることを定めています。本来の遺言とは別途に，遺言執行者の指定をするだけの遺言もできるわけです。

　民法は，遺言執行者の法的地位について，相続人の代理人とみなす旨定め（同法1015条），また，遺産の管理や遺言の執行に必要な一切の行為をする権利と義務がある旨を定めています（同法1012条1項）。初めから遺言執行者の指定がないとき，また，遺言で指定された遺言執行者が就任を拒絶したり就任後に家庭裁判所の許可を受けて辞任したりして遺言執行者がなくなったときは，家庭裁判所に申請して新たな遺言執行者の選任の審判を受けることになります（民法1010条，家事事件手続法209条・別表第一104項，

旧家事審判法9条1項甲類35号)。遺言者としては，遺贈その他遺言執行者による執行を要する遺言を円滑に実現するためには，遺言の中で，就任を承諾して滞りなく遺言執行を行ってくれる見込みのある適任者を遺言執行者に指定しておくことが肝要です。

　執行の確実を期し，複数の遺言執行者を指定するときは，そのそれぞれの遺言執行者が各自単独で執行行為をすることができる趣旨の遺言を付加しておくことが重要です。さもないと，「任務の執行は，過半数で決する」と定める民法1017条1項本文の原則である多数決による共同執行が必要になり，円滑な執行が困難になる恐れがあります。

　なお，遺言執行者の欠格事由については，民法1009条で未成年者と破産者が無資格とされているだけのため，利害関係のある相続人や受遺者でも実定法上有資格であるとする解釈が実務上行われています。実際にも，当該遺言で利益を受ける者が遺言執行者に就任すれば，遺言者の遺志に沿う執行行為が期待できるので，公正証書遺言でも相続人や受遺者が少なからず指定されているようです。

　さらに民法は，遺言執行者がある場合には，相続人といえども遺言執行の妨げになる行為はできない旨規定しています（同法1013条）。例えば，遺言内容に不満な相続人が，遺言に反して法定相続分割合による共同相続登記の手続をし，結果的に，遺言に従う別内容の登記手続をするべき遺言執行者の妨害をした場合，遺言に反する登記は，民法1013条に該当する違法手続による無効の登記とされます。そこで，遺言執行者を指定する遺言には，本旨の遺言を事実上強力にする副次的な効能もあるのです。

4　本事例の解決

(1) 遺言公正証書の作成と遺言執行者の指定

　本件は結局，受任弁護士の援助のもとに，円滑に遺言公正証書が作成され，遺言者となった若い男性の心配は解消しました。遺言の内容は，財産全部を母に遺贈するという本旨と，同弁護士を遺言執行者とする旨の執行者指定です。これで，仮に遺言者男性に不測の事態が起きたとしても，同弁護士が遺言執行者となって，母のために自宅不動産の所有権移転登記，

預貯金の払い戻し，遺産物件の引渡しなど一切の遺贈手続を実行することができることになりました。

ただし，この法律関係の認識は，官公署であれば直ちに当然のこととして受け入れられますが，民間組織で，しかも債務者の立場にある銀行など金融機関の法律手続に不慣れな職員の場合には，遺言執行者の請求による死亡者預金の払い戻しの実行を躊躇する（例えば，相続人全員の共同手続を要求する。）としても無理からぬところです（このような係員に遭遇したときは，本部の法務担当者と協議するよう求めます。）。

そこで，実務では，後日の遺言執行の円滑な処理のため，遺言書作成に当たり，法的には無意味に近くても特に遺言条項を設け，全預貯金について金融機関名，支店名，預貯金種別を掲示した上「遺言執行者は単独で預貯金全部の払い戻し又は名義変更をする権限を有する」旨を宣言する方法が採用されることがあります。名指しされた金融機関を安心させる効果があるようです。

なお，受任弁護士が遺言執行者に指定される場合は，遺言作成援助とは別途に，遺言執行者に就任して執行事務を処理することをあらかじめ承諾する委任契約を締結するはずです。その場合，弁護士報酬について，算定方法や相続財産を特定した支出方法を遺言条項に設定しておくのが安全です。

(2) **包括遺贈と遺留分減殺請求**

この遺言のように財産の全部を遺贈するか又は持分割合で定める財産の一部を遺贈する「包括遺贈」（民法964条）を受けた「包括受遺者」は，相続人と同一の権利義務を有するとされています（同990条）。そこで，この遺言の効力が生じたときは，彼の母は，息子の遺した債務も承継負担することになります。プラスの積極財産を全部承継するなら，債務などマイナスの消極財産も全部負担しなければなりません。

ここで，遺留分をどう見るのかという疑問の声がありそうです。たしかに，彼の唯一の法定相続人である子は，遺産の２分の１の割合による遺留分を有し，本件のように全財産を遺贈する遺言が発効したときは，遺留分に基づき遺贈の減殺請求をして，遺産の２分の１を受遺者から取り戻すこ

とができるのです（民法1028条以下）。しかし，この関係でも筆者は楽観的です。その理由は以下のとおりです。

　第一に，減殺請求権を行使するか否かは，遺留分権利者の全くの任意に属することです。もともと絶縁状態にあった子（又はその親権者）は，その子が相続人になり遺留分を侵害されたことに気付いたとき，必ずしも利益を求めて権利行使に踏み切るとは限らず，場合によっては相続を望まず，又は利得を潔よしとせず，相続放棄を選ぶ人すらありそうです。

　本件の場合，遺留分権利者は受遺者の孫であって，遺贈の発効時点では受遺者祖母のただ一人の直系卑属として全財産の推定代襲相続人の立場にあります。今後この親族関係が変更になる（例えば祖母の再婚など）見込みがないならば，将来の祖母からの相続に期待して，今あえて減殺請求をするまでもないのです。加えて，減殺請求権には遺贈を知った時から1年間の短期消滅時効があり，また遺贈を知らなくても相続開始の時から10年間の経過で減殺請求が許されなくなります（民法1042条）。

　第二に，仮に遺留分減殺請求があったとしても，もともと本件遺贈の動機・目的は，母のために，引き続き住む自宅を確保するところにあります。その目的を達するため母に取得させるべき自宅土地建物の権利は，必ずしも母単独の所有権に限られるわけではありません。減殺請求の結果は，直系血族として互いに扶養義務関係にある（民法877条1項）祖母と孫が各自持分2分の1の共有権を持ち合う関係になり，その共有権は，祖母が自宅居住を正当に継続する法的根拠として十分と考えられます。預金などその他の相続財産も折半すればよいのです。

　仮に子の消息が判明し接触もあったとすれば，むしろ遺言の段階で，財産の全部でなく2分の1以上の割合を定めて遺贈することも考えられたのです。なお，その遺留分減殺請求が契機となって祖母と孫との間に良好な親族関係が築かれるなら，まことに幸いなことです。

5　おわりに ─遺言適齢期の始期と終期─

(1)　遺言適齢期の始期

　本件の遺言をした若い男性のように，年齢の若い人でも切実に遺言を必

要とする事例があって，遺言適齢期の始期には必ずしも老若は関係のないことが分かります。この男性の件は「離婚した父」の嫡出子の例ですが，「未婚の父」の婚外子の場合でも同様の問題が起こり得ることは前に述べました。また，これも前述の同僚の話に出た兄弟姉妹や甥姪だけが相続人となる独身者も，この世に残る周囲の者たちに迷惑をかけないためには遺言を必要としたのです。

　また，子も孫もない夫婦の場合，一方が亡くなると，生存配偶者は，①死亡配偶者に父母祖父母など直系尊属があるときは，合計3分の1の相続分がある義父母などとの共同相続になり，②死亡配偶者に父母などがなく兄弟姉妹や代襲相続する甥姪があるときは，これらの合計4分の1の相続分がある者たちとの共同相続になります（民法889条，890条，900条，901条）。これに対抗し，生き残る配偶者に苦労をさせないためには，生前互いに「全財産を配偶者に相続させる」旨の遺言をすることが最善です。その場合，共同遺言は禁止され反すれば無効になるので（同法975条），遺言証書は各別に作成しなければなりません。正式の婚姻届を出さない事実婚の夫婦の場合常に遺言が必要なことは，よく知られているところです

　なお，兄弟姉妹及び代襲する甥姪には遺留分はないので（民法1028条），これらの者と配偶者との共同相続が予定される場合には，配偶者のための遺言は最強になります。

　さらに，中小企業を経営する事業者の場合，企業の崩壊を避け，適切な後継者に円滑に事業承継させる観点から経営承継円滑化法（略称）による相続法の特則も検討し，遺言を一つの効果的な手段として利用することが肝要です。

　以上のほかにも，遺言が必要な多様な事例が考えられますが，一度遺言をした後にも，事情の変更に応じた遺言変更をする新たな遺言が必要となる場面もあります。本件の遺言をした若い男性も，自分が再婚したり子が出来たりしたときは，その都度，直ちに新たな遺言内容を検討して遺言証書を作り直す（民法1022条）予定でいる旨述べていました。彼は，遺言能力の続く限り遺言適齢期にあるようです。

　どうやら遺言適齢期は，遺言の客観的な必要が生じる都度，始期がやっ

て来ると考えて良さそうです。
(2) 遺言適齢期の終期
　人の終末期に関連して「遺言」という言葉から連想する情景は，重病の床にある老衰した専制権力者が枕元に呼び寄せた重臣達に対し「幼少の我が息子の行く末を，くれぐれも頼む」と繰り返す時代劇の場面が有力でしょう。世間では未だに遺言を，最期の遠くないことを悟った人のすることという印象で受け取る傾向が残ります。

　しかし，人は寿命の尽きようとする時期になれば，気力も体力も衰え，遺言の精確性も妥当性も次第に期し難くなり，時には，自分の目標とする遺言の意味を正しく理解して表示する遺言能力（民法963条）に欠陥の発生する恐れもあります。そうなると，せっかくの遺言が適切を欠きあるいは無効に帰することになります。遺言適齢期限徒過の結果です。

　遺言証書作成専門家である公証人の話では，遺言は元気な時にするべきもので，遺言を希望する入院患者のため公証人が急いで入院先の病室を訪れたときは既に遅く，本人は気力体力共に尽き果て遺言不能に終わる例も稀ではないとのことです。これは適齢期限を過ぎた場合の最悪の結果です。

(3) 結論として遺言適齢期とは
　遺言適齢期は，年齢に係わりなく，遺言の客観的な必要の発生する都度始期が到来し，元気な時に継続し，遺言能力に問題を生じて終期が来るようです。

　ところが，遺言適齢期の始期の到来を本人が自覚するのは結構難しく，元気な時はその気にならず，そして終期は突然やって来るのです。

　弁護士が遺言作成の相談を受けるとき，特に遺言適齢期の終期に近い相談者の場合，複数の子のうち一人だけを取り出して，この子に高額の遺産を承継させる遺言をしたい旨の意向を告げられることがあります。昔風の「家」を維持する長子相続の感覚による人もあれば，平素自分に心地よい言動で迎合する子への格別の好意による人もあります。いずれも自由意思であれば尊重されるべきは当然です。しかし，後日（遺言者の生前でも）その遺言が明るみに出たとき，兄弟姉妹の間で相続に絡む紛争が発生する恐れがあります。

そこで，筆者の場合，そのような相談者に対し，全く財産の分け前にあずかれない相続人は我慢がならず親族間紛争になる旨を説明し，遺留分減殺制度も説得材料に使って，他の子達にも各々多少の財産を承継させる遺言条項を設け，価額が不満でも我慢しやすい遺言にするよう助言しています。先妻の子と後妻とが相続人となる関係でも同じ問題が起こりやすくなります。

　遺言適齢期に関しても，どうしたら関係者に真の幸福をもたらすかという観点から考えたいと思います。

【プライバシー保護のため事例の内容は変えております。】

コラム⑩
「公正証書遺言が専門家に選択される理由」

　遺言をするには，法定の方式に従って遺言証書を作成することを要します。通常の場合，民法967条の遺言証書3種類（自筆証書，公正証書，秘密証書）のいずれかを選択します。この3種類の証書には，それぞれ特色があって後記のように長所と短所があります。

　法律専門家の弁護士は，遺言相談を受けたとき，最も適切な方式の選択を検討し，その結果，多くは自然に公正証書遺言を選択します。

(1) 自筆証書遺言の長所と短所

　自筆遺言証書は，本人独りで作って秘密にできるのが長所です。しかし，これが同時に欠点となり，方式違反や誤記は補正されず，本人他界後に真筆と公認される保障もありません。成立や効力を争われる前に，証書自体が発見されず又は密かに破棄，焼却されて闇に消える危険も内在します。

　家庭裁判所の検認手続（民法1004条，家事事件手続法39条1項別表第一103項）が必要で遺言執行が遅くなる短所もあり，この方式が専門家に選択されるのは，緊急事態など特殊な場合に限られます。

(2) 秘密証書遺言とは

　秘密証書遺言（民法970条）は，作成の最終段階で公証人が関与し，遺言者本人が真正な遺言書として提出した封書であることを公文書で認証する方式です。自筆に限らずパソコン等の機器使用や他人の代筆も許され，真偽が争われることはありません。ただし，公証人も立会証人も遺言内容を全く関知せず，方式違反や誤記の補正の機会は皆無です。

　自筆証書と同様に，証書の紛失や破棄で無に帰する危険と検認手続の必要があります。

(3) 公正証書遺言の特色

　遺言公正証書は，公証人が遺言者本人と面接相談して作成し，原本を公証役場に保存し，遺言執行に用いる謄本を発行するので，安全で確実です。遺言時に立会証人に遺言内容が開示されますが，弁護士とその関係者を証人にすれば，守秘義務の保護があります。

　この遺言には，検認手続が不要（民法1004条2項）の利点があり，遺言執行者の指定をしておけば，効力発生後直ちに執行に着手できます。

　公正証書遺言は法律家にとって最も魅力的な遺言方式なのです。

事例19 争いのおきない遺言書とは？

遺留分に反する遺言について遺留分減額請求訴訟提起がなされ、不動産について価額弁償の抗弁を認める判決により解決した事例

●概要図

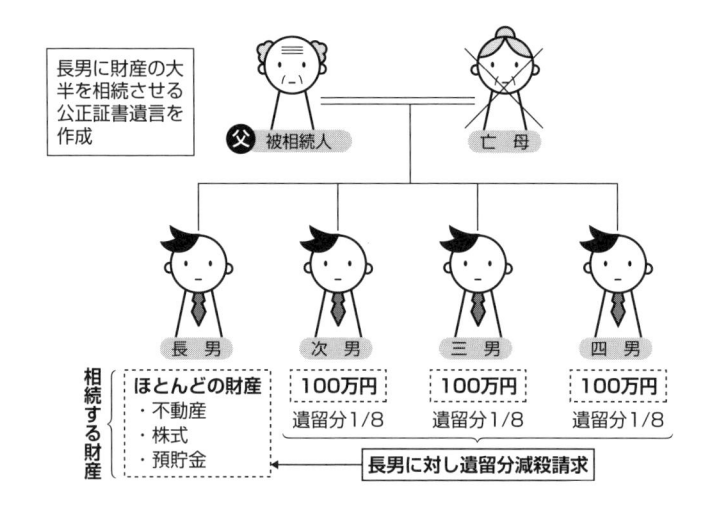

[概要図: 父（被相続人）・亡母の子として長男・次男・三男・四男がいる。父は「長男に財産の大半を相続させる公正証書遺言を作成」。相続する財産として、長男は「ほとんどの財産（不動産・株式・預貯金）」、次男・三男・四男はそれぞれ「100万円（遺留分1/8）」。次男・三男・四男から長男に対し遺留分減殺請求。]

はじめに

　遺言書の作成の目的は、一般的に相続人間の紛争を事前に防ぐことや、遺言者の意思により財産を特定の者に承継させることなどが挙げられています。しかし、遺言書を作成すれば相続人間の紛争の拡大や長期化に一定の歯止めがかけられることは疑いがありませんが、相続人間の争いを全て防げるものではありません。遺言書をめぐって新たな紛争が生じることもあります。争いが起きない遺言とは何かを考えたいと思います。

1 事例の概要

(1) 遺留分に反する公正証書遺言書の作成

　遺言者は，自宅のほか，株式と多少の現金だけを所有していましたが，遺言書で長男に自宅と株式を，他の弟ら3名には現金各100万円（合計300万円）を相続させ，弁護士を遺言執行者と指定する公正証書遺言を作成しました。この遺言は，相続人4名の子供たちのうち長男だけに不動産，株式，預金のほとんどを取得させ，その余の弟たちには各100万円の現金のみを取得させるもので，自宅の価格と比較すれば各兄弟の遺留分（8分の1，民法1028条2号）を侵害することは明らかでした。このような遺言になったのは，遺言者が自分の看病に尽くした長男のために，遺留分を侵害してでも多くの財産を与えたいと強く望んだためです。遺言書を作成する当初から相談を受けていた弁護士（執行者に指定されています。）は遺留分を説明して，もう少し他の兄弟へ配慮するよう説得しましたが，遺言者の意思が固かったようです。また遺留分相当額の現金も用意できませんでした。

(2) 遺言者の死亡と相続人らの遺留分減殺請求

　遺言者が亡くなり，遺言執行者弁護士は，相続人全員に対し遺言書と財産目録を送付しました（民法1011条）。予想どおり，長男以外の3名の兄弟は長男を相手方として不動産について遺留分を被保全権利とする処分禁止の仮処分を裁判所に申し立て，裁判所よりその決定がなされました（民事保全法23条1項）。被保全権利は，遺留分の各自持分8分の1です。この段階で私は，長男の代理人として関与しました。

(3) 長男の希望

　長男は，父親の生前に長らく同居して看病をしていたのに対し，他の弟らが全く父の看病をしなかったことから，自分だけに自宅を取得する遺言書を書いてくれた父に感謝していました。長男は，父の気持ちを考えて遺言書を前提とした遺産分割をして，弟らの遺留分は現金で解決をしたいと希望していました。

第7章　遺言に関する法律相談

> **本相談のポイント**
> ①　相手方による遺留分を被保全権利とする仮処分決定がなされたが，相手方は公正証書遺言の有効性を争い，法定相続分での遺産分割を強く要求している。
> ②　少なくとも遺留分を侵害する遺言書であることに争いはない。
> ③　長男は遺言書どおり不動産の単独所有を強く希望している。
> ④　相手方の強い要求から和解による解決が困難である。
> ⑤　長男が希望する不動産確保のため価額弁償の抗弁の成否と遺留分相当額が争点となる。

2　受任に際しての注意点と依頼者への対応

　私が長男から本件を受任するに際して留意したのは，以下の諸点でした。

(1)　不動産の単独所有の意思の有無と紛争の長期化の説明

　私は，長男に対し不動産を単独所有する意思があるかどうかを確認しました。相手方が強く法定相続を主張しており，早期の解決を希望するなら，代償金の増額という和解案も考えられるからです。しかし，長男は不動産を確保することを強く希望し不動産を処分することを同意せず，一方高額な代償金を用意できませんでした。したがって，相手方が法定相続分をあくまで主張すれば，判決による解決しかありえず，解決まで長期化する可能性があったので，その点を説明し納得していただきました。一般的に依頼者は相手方に対し強く自己の権利の実現を要求するものの，同時に早期の解決も求めるのが普通です。解決まで時間がかかりすぎるときには代理人弁護士に不満を持つこともあるのでその点の説明と納得が必要です。

(2)　価額弁償の抗弁提出の方針と現金の用意の指示

　本件は，前述の理由から和解による解決が困難なため判決が予想される事案でした。判決になれば遺言書は，遺留分を侵害していることが明らかなので不動産を取得するために価額弁償の抗弁を提出し，そのため現金を用意する必要があります。私は長男に対し後述のとおり遺留分侵害相当の

現金をすぐに相手に交付できるよう準備するよう説明し，理解してもらいました。

3 本件における法的問題点の考察

(1) 保全処分に対する起訴命令

相手方は遺留分請求権を被保全債権として本件不動産に対し処分禁止の仮処分を申請しその決定を得ました。当方は，相手方が仮処分の決定を得たのち訴訟提起を迅速にするとは限らないので，起訴命令の申立てをして相手方の訴訟提起を促すことで，少しでも迅速に本件を解決することにしました。起訴命令の申立ては，保全処分等を受けた債務者が裁判所に対し一定期間内に本案の訴えの提起とその提起を証する書面の提出を命ずるもので，その期間内に提起がないと保全処分が取り消されます（民事保全法37条1項から4項）。本件の起訴命令によって裁判所は決定送達の日から1か月以内に当該裁判所に，本案の提起を証明する書面を提出する旨決定しました。起訴命令には担保の保証金は不要です。なお，本件処分禁止の仮処分には一人30万円の保証金を命じられていました。

(2) 遺留分侵害の価額と計算方法

遺留分の減殺方法は，不動産，現金，株式の複数の財産について減殺者が物件を選択できないこと，財産を按分して減殺すること，とされています（中川善之助・泉久雄『相続法〔第3版〕』（有斐閣，1988）618頁・622頁）。したがって，本件で不動産，現金，株式のそれぞれに遺留分割合8分の1で減殺請求をして，当方と共有の関係になりますので，後述の価額弁償の抗弁を提出する際は，各財産について評価を算定して，免れる遺留分相当額を算定する必要があります。

(3) 価額弁償の抗弁の要件 （民法1041条1項）

遺留分減殺請求に対して価額を弁償することで遺留分減殺請求を消滅することができます。この価額の提供に当たっては，単に価額弁償の意思を表示したのみでは足らず，価額弁償を現実に履行するか，弁済の提供をしなければなりません（最判昭54・7・10民集33巻5号562頁）。また，弁償されるべき価額は口頭弁論終結時を基準として算定すべきとされています

（最判昭51・8・30民集30巻7号768頁）。遺留分額の算定は相続開始時が原則ですが（民法1029条1項），後者の最高裁判決は，価額弁償の算定の基準時は，現実に弁償がされる時に最も接着した時点として事実審口頭弁論終結の時としています。したがって，当方は，価額弁償の現金をすぐに交付できるよう用意する必要があります。

(4) **遺留分と寄与分の関係**

本事案で長男は遺言者である父を看病していましたが，これを「被相続人の療養看護」による「特別の寄与」であるとして寄与分を主張して（民法904条の2第1項），遺留分相当額を否定ないし減額することができないでしょうか。寄与分と遺留分の関係は複雑ですが，遺留分を侵害するような寄与分の定めは一般的には妥当性を欠くといわれています（中川・泉・前掲書276頁）。したがって，長男が遺言者の看病をしたことを特別の寄与とみて相手方の遺留分相当額を否定ないし減額する主張は困難と思われます。

4 本事例の解決

(1) **弟らの遺留分減殺請求と保全処分に対する起訴命令申立て**

その後，他の兄弟の代理人弁護士から長男に対し公正証書遺言を認めないことと法定相続分による分割要求がありました。当方は，遺言書の有効性を前提としない協議はしないとしてこれを拒否しました。私は相手方の本案訴訟の提起を急がせるため，裁判所に対し起訴命令（民事保全法37条1項）を申し立て，その決定を得ました。

(2) **遺留分減殺請求訴訟と価額弁償の抗弁**

相手方は，起訴命令に従い遺留分に基づく不動産の所有権登記の移転請求の本案訴訟を提起してきました。この裁判で当方は，遺留分相当額の現金を提供することで，相手方の遺留分を消滅させる価額弁償（民法1041条1項）の抗弁を主張しました。当方は不動産取得の希望があり，またこの不動産が接道義務を満たせず再建築ができない土地なので売却しにくいと予想されたからです（建築基準法43条1項）。一方，価格弁償の主張は，前述のとおり「価額の弁償を現実に履行し又は価額の弁償のための弁済の提

供をしなければならず，単に価額の弁償をすべき旨の意思表示をしただけでは足りない」(前掲最判昭54・7・10)と解されていますから，遺留分相当額の現金を現実に用意していつでも提供できるようにする必要があります。私は長男に前述のとおり現金の用意をお願いしていましたので，この点の心配はありませんでした。

(3) **訴訟上の和解の不調**

当方は，遺留分相当額を立証するため不動産の評価額についての査定書も提出しました。相手方は，公正証書遺言が無効であることを主張し続けて，結局和解はできませんでした。相手方は，本遺言が公正証書遺言であり，しかも長男が同居しながら遺言者の面倒を見てその死をみとったにも関わらず，遺言書の効力そのものを強く争いました。これは当方の予想をはるかに超えるものでした。相手方らの長男への不信感は，相当根深いものがありました。

(4) **価額弁償の抗弁を認容する判決言渡し**

判決は，当方が相手方に対し代償金として弟ら3名に各200万円（合計600万円）を支払わない限り，遺留分に基づき算出した持分割合（民法1028条2号）による所有権移転登記をするように命ずるものでした。逆に言えば，当方が合計600万円を支払うと不動産は長男の単独所有になるという内容です。当方の価額弁償の抗弁が認められました。当方は600万円の代償金を用意して相手方に判決の履行を要求しましたが，相手方は控訴したためさらに裁判が進行しました。

(5) **控訴審での和解による成立**

控訴審では，裁判官の強い和解勧告によりほぼ原審と同様の内容の和解で解決しました。

5 おわりに

この事案は，遺言者が遺留分を無視したため訴訟提起にまで至りました。仮に遺言者が遺留分相当額の現金等を何とか用意できていたら，別の展開になっていたかもしれません。しかし，訴訟での相手方の主張をみますと相続人間の不信感が相当深刻だったことが紛争の長期化要因とも思われま

す。相手方は，さしたる証拠や根拠もなく，通常ならばそこまで争わないと思われる遺言者の意思能力と公正証書遺言の効力を最後まで強く争ったからです。相手方からの処分禁止の仮処分，当方の起訴命令，相手方の本案訴訟提起，当方の遺留分の価額弁償の抗弁提出，それを認める判決，そして控訴提起まで至ってしまったのは，こうした根強い不信感と深刻な対立感情が相続人間にあったからと思われます。

　仮に相手方の不信感や怒りが強いと公正証書遺言書を作成しても，紛争発生の可能性を完全には防止できない一例かと思います。

【プライバシー保護のため事例の内容は変えております。】

COLUMN コラム⑪
「お布施（戒名料）について」

1 「お布施」は，仏教において檀家が菩提寺に財産などを与える寄進などのことで，それは財産に限らないようです。笑顔を他人に見せて幸福感を与えるのも布施の一種だという考えもあるそうで，そうすると，赤ちゃんの笑顔なんていうのは最高のお布施です。

ところで，我々が通常想定するお布施は，人が亡くなり，その葬儀や埋葬をする前提として，いわば死者の名前として「戒名」を付けてもらったその代金あるいは謝礼です。つまり「戒名料」と言われるものです。

2 では，戒名料の法的性質は何なのでしょうか。

この点を明確に判断している判例は，見当たりません。

考えられるのは，戒名料という金銭支払と，戒名を付ける行為あるいは戒名という名前自体（無形の情報）との間に関連性（対価性）を認めて，①売買などと同様に構成する考え方，他方，戒名を付ける行為とお金を支払う行為との間に関係が無いとして，金銭の支払いは単なる寄付＝②贈与契約として構成する考え方との二つでしょう。

3 この点，とある事件が平成22年に起こりました。

某クレジットカード会社が，全国の寺院の協力を得て，自社のホームページ上にお布施の価格の目安という内容の記事（具体的金額も明示）を掲載したところ，仏教界の一部から反発を受け，掲載から数か月でこれを削除したものでした。

これは，戒名の経済的価値を認めるかという点で非常に意味があります。つまり，戒名に価格付けがなされるのであれば，それに関連して支払われる戒名料は，対価としての性格を有する（前出①）と言えるからです。

一方で，この情報が削除されたことは，逆に，相場がない，戒名料と戒名の間の法的関連性を否定する方向（前出②）を示唆します。

ただ，昨今は，戒名料の金額を明記した寺院のホームページも存在し，戒名料の「価格」の存在は肯定することになるのでしょうが，それらの金額は必ずしも近接しておらず，「相場」の形成とは言えません。

4 戒名料の法的性格の議論は，それが売買類似（前出①）であれば一般的には遺族側の保護に傾くでしょう。さらに，消費者契約法の適用も視野に入ります。

しかし，この議論が死者の弔いになるのかは，別問題のようです。

事例20 弁護士倫理と遺言執行

遺言執行における弁護士倫理，すなわち遺言執行者の中立性あるいは公正性という信頼が問われた事例

●概要図

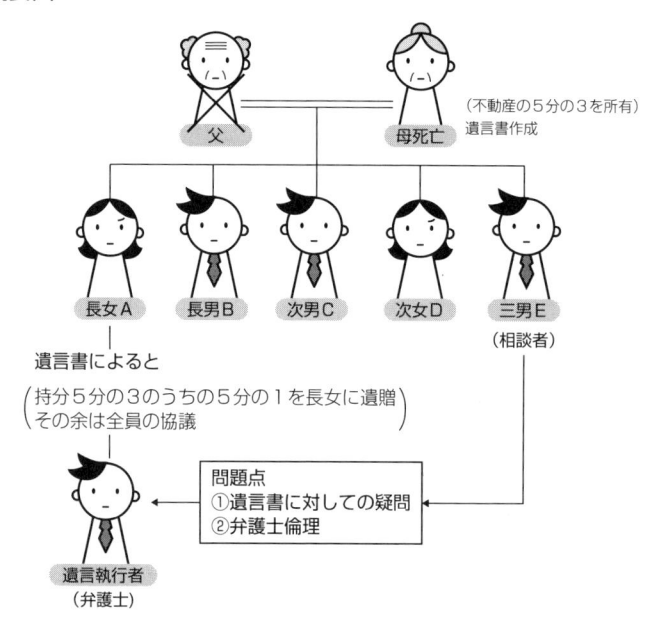

(父)——(母死亡) (不動産の5分の3を所有) 遺言書作成

子：長女A、長男B、次男C、次女D、三男E（相談者）

遺言書によると
（持分5分の3のうちの5分の1を長女に遺贈
その余は全員の協議）

遺言執行者（弁護士）

問題点
①遺言書に対しての疑問
②弁護士倫理

はじめに

　今回は，遺言書作成の指導をした弁護士が，自ら遺言執行者に選任され就任して遺言執行業務を実行したものの，自らの遺言書作成上の不注意に端を発し，一方の相続人の代理人とならざるを得ない対応となったことから，当職が上記弁護士の遺言執行者解任の申立てにまで発展した事例について報告します。

　主要なテーマは，遺産分割や遺言執行との関係で生じる弁護士倫理です。

　遺言執行者の職務の公正性と弁護士倫理については，従来より種々議論

がありましたが，平成17年4月1日施行された「弁護士職務基本規程」以降，特に厳しい対応が求められていることを知っていただければと思います。ところで平成24年1月，上記弁護士職務基本規程解説書第2版が発刊（日本弁護士連合会弁護士倫理委員会編著）されましたが，第1版の解説書（平成17年3月発刊）よりさらに進んだ議論がなされ驚いております。第2版解説書では，日弁連懲戒委員会の議決の指針が，従来の判断基準，すなわち当事者の利益保護・利益相反の問題から，遺言執行者の中立性，公正性における信頼確保を重視した判断基準に変化しているとのことです。この判断基準の変更は今まで許されてきた弁護士業務が倫理上できなくなるという重要な行為規範の変更となります。

数年で，弁護士に問われる倫理に対しての捉え方が大きく変わっていることには困惑せざるをえない側面もありますが，しかし社会の要求が，弁護士に対して厳しい倫理を要求しているという事実を知っていただきたいところです。

本事例は，遺言執行の関係で生じる弁護士倫理について，深刻に議論されていなかったと思われる10年以上前のものです。しかし相談の内容は現在問われる弁護士倫理そのものであり，当時遺言執行業務をされたベテランの弁護士におかれては，現在複雑な心境にあると容易に想像できます。

ところで，本事例は弁護士が業務上のミスを犯したときの，その後の対応についても問われている事例です。

あなたなら，ミスをしたときどう対応されるでしょうか。

1 事例の概要——当初の相談

(1) 事件概要

本事例は，相談が何回にも及んだ事例でありますが，各々の局面において論点が異なります。相談の局面を，論点の異なる2回に分けて紹介しましょう。

発端は，私の大学時代の友人から，亡母に関する相続事件に関し相談の電話を受けたことが始まりです。その電話の内容は，亡母が遺言書で指定した遺言執行者である弁護士の対応が非常に「いかがわしい」というもの

であり，それについて相談にのってくれないかというものでありました。

(2) **相談の内容**

相談内容の詳細は次のようなものでした。

父が亡くなって母の面倒を見ていた長女から，母自筆の遺言書があると知らされ，東京家庭裁判所で同遺言書の検認手続が行われたとのことです。その際，相談人全員である5人と遺言執行者である弁護士が立ち会いました。裁判所における検認手続終了後，全員弁護士会に移動して同弁護士より説明がありました。同弁護士の説明によると，遺言書の内容が検認手続の終了で確定したと話されたということです。数日後，遺言執行者より当該遺言書写しが送付され，日をおかずして，同遺言書の内容に従って作成したという財産目録も送付されてきました。

遺言執行者とは，遺言者により遺言で遺言執行業務を委託される者をいいますが，条文上，「相続人の代理人とみなす」と規定されているものの（民法1015条），必ずしも相続人の利益のためにのみ行為すべき責務を負うものではないとされています（最判昭30・5・10民集9巻6号657頁）。その職務権限としては，「相続財産の管理その他遺言の執行に必要な一切の行為をする権利義務を有する」とされています（民法1012条）。

司法試験を何度も受験した友人は，以下の点について，法律上の疑問があるというものでした。
① 第一に，遺言執行者である弁護士が，検認手続で遺言の内容が確定したと説明した点です。そもそも遺言書の内容が事実と異なっている部分があるので，遺言書の内容が確定したという説明はおかしいのではないかと疑問を提起しました。
② 第二に，遺言書の内容についての解釈が遺言執行者と全く異なるというものです。遺贈する財産の共有持分に関する記載方法についての問題です。
③ 第三に，相談者は，遺言書記載の内容が事実と離齟していると憤慨しておりました。本遺言書では，遺贈される全ての動産の表示が，「亡母と長女の共有」となっているけれども，そもそも自分たちが生まれる前から我が家にあった高価な骨董類，ピアノ，その他について父の相続時

に相続財産として計上もされず処理も終わっていないのに，なぜ突然に両名の共有物になるのかという憤慨です。

> **本相談のポイント**
>
> ①　弁護士の倫理に関する相談を受けた場合には，どのような点に注意すべきか。
> ②　遺言書の内容に疑義があるとされる場合，相談者への説明はどのようにすべきか。

2　相談を受けるにあたっての注意点

(1)　弁護士の業務適正性についての相談

　同業者である弁護士の職務に関し，その業務が適正かどうかという相談は本当に多いのです。その場で回答することにはきわめて慎重であるべきです。相談の中でも，報酬が適正かどうかというような質問はまだましであり，このような典型的な質問には旧日弁連報酬規程等を参考にして見当がつけられます。しかし，本事例のように遺言執行者の「中立性，公正性に関する信頼確保」などというかなり抽象的な質問には直ちに回答をすることは危険です。本件の遺言執行に関する質問も微妙な側面を含みます。本事例も初回相談後の遺言執行者の対応において，業務適正性の判断が可能になる案件でした。弁護士に対する業務妨害的な回答にならないように注意が必要です。

　直ちに返答できない相談も多いので相談の回数を重ねることも必要です。

(2)　遺言の内容に関する相談

　本事例は，遺言者の自筆による遺言書がありましたが，自筆証書遺言に対する理解の程度が問われる事例でもあります。本件のように登記実務が関連する場合には，別途の調査が必要です。そのような場合には直ちに回答しないで，後日回答することで十分だと思います。

3 当職の回答

(1) 検認手続と遺言内容の確定の関係

第一の相談事項については簡単に説明できました。

検認手続は一種の検証手続です。検認手続で遺言内容は確定しません。判例も，検認について「遺言書の現状をありのまま確認するだけで，遺言の真否・有効無効を判定するものではない」（大決大4・1・16民録21輯8頁）としております。したがって遺言内容について疑義があれば，未だ確定していないと説明しました。

弁護士が，検認手続で遺言の内容が確定したと説明したとするなら，弁護過誤の一つと判断できます。遺言執行者になられた先生が少し焦りすぎて，このような説明になったのでしょうと答えております。

(2) 遺言書の記載に対する問題

第二の質問は，遺贈する財産の共有持分の記載方法に関する問題です。本件争いの核心となるところですので，遺言書の内容から見ていきましょう。

ア 共有持分に関する記載

遺言書には，長女に相続させる不動産等が列挙されておりました。長女に相続させる物件のみの表示があり，表示されていない相続財産については「相続人全員の協議によって誰が相続するかを円満に決めること」と記載されていました。

問題は，遺贈される不動産の表示の後に行を換えて「この持分五分の参のうちの五分の壱」との記載があることでした。本件不動産は共有状態にあり，「持分五分の弐」は父死亡時に既に長女が相続しており，今回の母の相続は母相続持分「五分の参」が焦点でありました。当該不動産は都心にある高額物件であり，母の生活を支えた収益物件でありました。その価値は莫大なもので，父死亡時は，母存命であったため遠慮して，母と長女の2人の相続という結果になったということでした。

友人の説明によると，姉弟5人は仲良く，本来紛争になるようなものではなく，弁護士の抗弁等から徐々に互いに溝ができたということでし

た。

イ　遺言書の記載の解釈

「この持分五分の参のうちの五分の壱」との記載の意味について，あなたはどう解釈しますか。

長女以外の相続人4名は「この持分五分の参のうちの五分の壱」と記載されているのであるから，「五分の参のうちの五分の壱」が長女に遺贈される分であり，ゆえに「単純な分数の掛け算となり，長女に対する遺贈分は3／25になると思う。その残りの12／25（遺産「五分の参」のうち長女遺贈分3／25を除いた分）を残り4名の相続人で分けることになると思う（各人3／25の持分となる）」と遺言執行者に伝えたとのことです。

遺言執行者は次のように反論してきたそうです。

遺言執行者は，遺言者から直接聞いて自ら遺言書を起案したのであり，そのような解釈は間違いであるというものです。つまり，遺言書の記載は，単純に「五分の壱」と読むべきであり「分母も分子も同じように5倍すると5／25が長女の相続分です」と主張し，その解釈について撤回する様子はないとのことです。遺言執行者は，亡きお母さんより，長女には遺産全体での持分が「五分の参」という（今回の遺贈分「五分の壱」に長女従来持分である「五分の弐」を付加したもの），他の相続人より多くなるように相続させたいという気持ちを直接聞いて遺言書を起案したのであるから，この解釈に間違いはないと強く主張しているとのことでした。

ウ　相談者への回答

回答として多少曖昧になりましたが，私には相談者・友人の読み方のほうが正しいと思われると答えました。持ち分の書き方としては，単純に遺贈される持ち分を記載するのが通常です。かかる遺言執行者の記載では，単純に掛け算で理解される方も当然出てくるであろうと説明しました。

遺言執行者が遺言執行として，遺言書の指定持分が「五分の壱」という記載内容で法務局に提出しても，他の相続人の協力なくして，はたし

て受理されるのかどうかも疑わしいとも説明しました。登記実務においては，登記官の審査が書面による審査に限られることから（登記官の権限は形式的審査権といわれます。），このように推測しましたが，私の実力では調査をしないと分からない，つまり司法書士と一緒に法務局で聞いてきてほしいともアドバイスしております（一円ももらえない相談案件です。）。

　曖昧な記載をしてしまった遺言執行者の対応は，既に偏頗な対応に終始しており，苦渋に満ちた対応となったことは容易に察しがつきます。

　皆様ならどうしますか。

(3) **事実と異なる遺言書**

　第三の質問は，遺言書記載内容が事実と齟齬している点であります。自分の物でもないのに勝手に遺贈することはできません。事実と異なる遺言に効力がないのは明白です。

　先祖伝来の高価な動産が全て母と長女の共有状態になっていたことは，母の遺言書作成時に立ち会った長女に有利に作成されたことを意味しており，結局は事案を複雑にしただけでした。

　普通方式の遺言書には，自筆証書遺言，公正証書遺言と秘密証書遺言の三種類があります（民法967条）。自筆証書遺言は，遺言者が遺言の全文，日付及び氏名を自書し押印することで作成でき（民法968条），簡単に作成できると同時に秘密も保持できます。しかしその反面，方式が違反しているとか，あるいは本件のように文意が不明で効力が問題になるおそれも多分にあります。

　本事例でも，友人ではない他の相続人らに，遺言執行者の遺言書作成が非常に作為的であると言われたようです。このように弁護士業務が信頼を失うことは本当に悲しいことです。弁護士が，僅かな聞き取り等の事実調査をされたならば，この項目の紛争だけでも避けられたはずです。

(4) **遺言執行者による登記申請**

　今後は，遺言執行者が自ら主張する登記申請がなされるであろうが，法務局が受理するかどうかも疑問があるので，進展があったら再度相談するということになりました。

本件は，相談者らの遺留分は侵害されていないようでしたが，遺言執行者は執行業務として登記申請をされることは明白でした。仮に遺留分を侵害する遺言であったとしても，特定不動産の所有権移転登記申請は可能だからです（昭29・5・6民事甲968号民事局長回答参照）。

4　その後の遺言執行者と相続人の交渉

(1)　遺言執行者からの最初の提案

2か月ほどして友人から相談したいと言ってきました。

私との相談直後，遺言執行者より話し合いを持ちたいとの呼びかけがあり，相続人全員が集まって話を聞いたところ，やはり遺言執行者主張の内容の不動産登記については「法務局で難しいと言われた（ママ）」と説明があったとのことです。しかし，遺言執行者は相続法の法律学全集のコピーを配って「遺言書の解釈が疑問の場合には遺言者の真意探求により決せられる」と説明されたそうです。そして「私は，遺言者から直接遺贈分の説明を聞いたのだから，遺贈持分は聞いたとおりの「五分の壱」と理解するべきである」と主張されたそうです。検認時，遺言内容は「確定した」と説明したとの事実からしても，遺言執行者の胸の内はいかばかりだったでしょうか。

友人等4名の相続人は，そのまま文章どおり読むという従来の主張を繰り返したということです。他の相続人からは，遺言執行者としての業務懈怠の話まで出て，話し合いは結局物別れに終わってしまったそうです。

念のために述べておきますが，遺言が具体的にどのような効力を生ずるかは，遺言者の意思解釈によって決せられるという最高裁の判例もあります。それによると「遺言の解釈にあたっては，遺言書の文言を形式的に判断するだけではなく，遺言者の真意を探求すべきものであり……遺言書の全記載との関連，遺言書作成当時の事情及び遺言者の置かれていた状況などを考慮して遺言者の真意を探求し当該条項の趣旨を確定すべきものであると解するのが相当である」とされております（最判昭58・3・18判時1075号115頁）。しかし，本件では他の4名の相続人が遺言者の真意について納得していないのですから，登記をするためには「遺言者の真意を探求」する

ための確認訴訟をするのかどうかというように微妙な判断が必要な案件です。

(2) 再度の話し合いと提案

ア 遺言執行者からの再度の提案

再度遺言執行者と話し合い，違う提案があったという報告がありました。遺言執行者からは和解案を提示するような話があったとのことです。

その内容は，遺贈持分の記載解釈については，友人等４名の相続人の主張に従うが，残された他の持分12／25を長女を含んだ５名で再度分割しましょうという提案があったとのことです。つまり長女遺贈分「五分の壱」が認められるなら，残りは他の相続人４人で分割するという従来の主張を変更して，遺言書に表示された以外の相続財産については「相続人全員の協議によって誰が相続するかを円満に決めること」と記載されている条項を盾にとって，本件を解決したいという提案でした。

重要なことは，遺言執行者は，本件遺産分割については，亡き母の遺言書起案作成時一緒に立ち会ってくれた長女の代理人として，友人たち相続人４名との間に立って，今後交渉すると言ったというのです。

イ 弁護士倫理に関する問題

そもそも友人は司法試験を何回も受験し，就職後は法務を内容とする業務についてきた経験から，自分で十分交渉できると言っており，私に対し本件については自分で処理すると宣言していました。

しかし，今回は遺言執行者である弁護士のこれまでの対応に猛烈に怒っておりました。遺言執行者の対応が弁護士倫理に抵触しないか，懲戒できるのではないかと私に聞いてきたのには驚きました（弁護士法58条１項　懲戒請求は「何人でもできる」と規定されていますが，友人の質問は当該弁護士が懲戒されるかどうかということです。）。本能的におかしいと思う能力はたいしたものだとつくづく感心しました。

私は，限定的であっても本件を受任したほうがよいと考えるようになりました。相続人らの信頼を喪失させ，紛争を拡大させた遺言執行者には速やかに遺言執行者及び遺産分割から身を引いてもらい（つまり全て辞任），大ごとにならないように解決してはどうかと友人に提案しました。私は，弁護士業界全体の信頼を考えると，直ちに懲戒の問題とする

ことには躊躇があったのです。

　当時の弁護士倫理に対する考え方として，相続人全員の承諾さえ取れれば遺言執行者が間に入ることも許されるという人もいましたが，本件のように，遺言執行中，紛争になっているのにも関わらず，特定の相続人の代理人になることについては懲戒事由に当たるとするのが常識な考え方だったと思います。

ウ　事件の受任

　幸い友人は私を遺言執行者解任だけの代理人にすることには同意しました。他の相続人は，遺言執行者解任の代理人は立てませんでした。友人の一族は聡明でした。すなわち相続紛争は各々別々に代理人を立てるのが本筋だと主張されているようでしたが，私の友人だけは弁護士は不要だと主張し，最後まで私を遺産分割事件の代理人とはしませんでした。

　私は，私のビジネスに直結する遺産分割の代理人にもなれず，弁護士業界の信頼確保だけが業務となってしまったことについて複雑な心境になりました。

5　受任に際しての注意点

　遺言執行者解任の申立てとはいえ，他の弁護士の業務を妨害するわけですから弁護士倫理に通暁していなければなりません。

　本事例は，相談者が司法試験の勉強後，就職した会社でも法務関係の業務を行っていた関係から，弁護士倫理に抵触する事項についてはテープまで取っておりました。遺言の執行業務が終わらないうちに遺言執行の一環として特定の相続人の代理人になるという発言を証拠化していたことは決定的でした。

　本事例の焦点は弁護士倫理です。ゆえに弁護士倫理について次項で述べましょう。

6　弁護士倫理について

(1)　**弁護士職務基本規程と同規程解説書について**

　日本弁護士連合会（以下「日弁連」といいます。）は，従来より国民の信

頼を受けて自治権を有する団体として，弁護士に要求される倫理規範及び行為規範を制定しておりましたが，平成16年11月10日，臨時総会を開き「弁護士倫理の在り方を検討して」，あらたに「弁護士職務基本規程」（平成17年4月1日施行）を会規として制定しました。遺言執行者の職務の信頼性に関し，従来より種々議論のあった事項を確定させるという意味において，同基本規程は，厳しい対応を求めていると理解するべきであります。

同基本規程の解釈として，平成17年3月，弁護士職務基本規程の最初の解説書が日弁連より出されております（「解説『弁護士職務基本規程』」自由と正義56巻臨時増刊号）。

(2) **弁護士に要求される行為規範**

まず，遺言執行者の職務に関して最初の解説書を見ましょう。

同解説書では「弁護士が遺言執行者として執行を終えた後，相続人の1人から受遺者に対し遺留分減殺請求がなされた場合に，遺言執行者であった弁護士は，受遺者の代理人となれるか」と問題提起され，執行業務に裁量の余地があった場合には利益相反になるとされています（前掲書54頁）。かなり限定的な記載の仕方ですが，しかし，業務執行中にいずれかの相続人の代理人になることは予定されていません。民法1015条においても「遺言執行者は，相続人の代理人とみなす」との規定を置いており，本条文の解釈については争いがあるものの，遺言業務執行中，1人の相続人の代理人になることは許されておりません。

(3) **基本規程解説書第2版**

平成24年1月，上記「解説『弁護士職務基本規程』第2版」が発刊（日本弁護士連合会弁護士倫理委員会編著）されました。前項記載「最初の解説書」の内容が大きく書き換えられています。これほどの短期間の書き換えには驚きを覚えます。

第2版解説書に記述されている内容ですが，日弁連懲戒委員会における議決の指針が，従来の判断基準，すなわち当事者の利益保護・利益相反の問題だけではなく（「最初の解説書」54頁），遺言執行者の中立性，公正性においての信頼確保（職務基本規程5条及び6条）を重視した判断基準になっていると記述されていることです（85頁）。「遺言執行者の中立性，公

正性」という概念は次のように抽象的な一般概念です。これは条文上明白です。

第5条「弁護士は，真実を尊重し，信義に従い，誠実かつ公正に職務を行うものとする。」

第6条「弁護士は，名誉を重んじ，信用を維持するとともに，廉潔を保持し，常に品位を高めるように務める。」

これまでの判断基準である第28条3号「利益相反」概念には，それなりに理解できる具体性がありました。

(4) **懲戒事例による分析**

ア　平成18年の懲戒事例

具体的に懲戒事例を見てみますと，確かに平成18年頃より，懲戒委員会の判断指針に重要な変更があったと読むことが可能です。

平成18年，懲戒相当とされた事案の議決内容を見てみましょう。

「遺言執行者は，特定の相続人の立場に偏することなく，中立的立場でその任務を遂行することが期待されているのであって，当事者間に深刻な争いがあり，話し合いによっては解決することが困難な状況があった場合は，遺言執行が終了していると否とに関わらず，遺言と相続財産を巡る相続人間の紛争について，特定の相続人の代理人となって訴訟活動することは慎まなければならない」としています（日弁連懲戒委平18・1・10議決例集9集3頁）。

注意するべきは「遺言執行が終了していると否とに関わらず」とわざわざ従来と異なる限定をつけているということです。確かに「遺言執行者の中立性，公正性」という基本規程5条及び6条により，これまで論じられてきた遺言執行の終了後も，信頼の確保が要請されるという認識に立っていることが読みとれます。

イ　平成21年の懲戒事例

平成21年には，本件に類似した案件において，基本規程5条，6条の規定に照らして「非行」に当たるとした事例を紹介しましょう。

「遺言執行者……としては，遺産相続を巡って相続人間に深刻な対立があり，話し合いによる解決が困難なうえに……（対立相続人による）

遺言執行者選任への反対があるという紛争の実情に鑑みれば，遺言執行者……が（一部の）相続人の代理人を兼務することは，遺言執行の終了の如何を問わず，中立，公正さを求められる遺言執行者の職務，職責」から「弁護士に対する信頼，信用を害する虞を引き起こした」とされております（日弁連懲戒委平21・1・13議決例集12集3頁）。

　抽象的な一般条項により，倫理として行為規範を課されることなど，困惑せざるをえない側面もあります。しかし社会の要求が，我々弁護士に対して厳しい倫理を要求しているという現実から目をそらせてはならないでしょう。

(5) 遺産分割事件

　遺産分割に関する問題でありますが，第2版解説書によっても，頁数も増加しておらず，多少の字句の訂正があるにすぎません。これまでと同様に「利益相反に関する問題」として論じております（53頁）。

　費用の関係等から複数相続人の代理人になることもあるでしょうが，依頼者相互間の利害対立が生じた場合には，辞任等の措置をとる必要や，その前提事項としての説明義務については，従来と同様であります。しかし弁護士に対する信頼を前提にして考えますと，これまで以上に厳しい対応をされることが必要であると考えます。

7　事件受任後の対応

　遺言執行者解任に関してのみ事件受任したことは既に書きました。

　早速，遺言執行者あてに内容証明にて辞任されるよう求めました。しかし反対に説明会を催され，従来と同じ主張をされ時間稼ぎをされたことには大変驚きました。その後の当方の抗議に対して，長女には別途代理人を付けるとの判断しかなされなかったのは，やはり問題であったという認識をもっております。完全に信頼を失っておられるのですから，遺言執行者を辞任されるべきであったと判断します。

　その後も交渉しましたので相当時間は経過しましたが，私は家庭裁判所に遺言執行者解任の申立てをしました（民法1019条1項）。第1回期日において，開廷中にも関わらず，途中遺言執行者だけ別室に連れ出して長時間

要した経緯から，裁判官から厳しい辞任要求がなされたのだと思います。

開廷され，裁判官から「遺言執行者は辞任しますので申立人は取り下げしていただけますか」との要請がなされ，私の業務は終了しました。

友人からは懲戒の申立てをするようお願いがありましたが，懲戒申立ての代理人になってビジネスにするのは体質に合いません。受任はしないとお断りをし，懲戒申立てをしたいなら本人でやってくださいと懲戒申立ての手順を説明しました。

結局，友人による懲戒の申立てはありませんでしたが，その後も相談料もなく，度々相談業務が続き，うんざりしたというのが本件の正直な感想です。

8 本件弁護士は懲戒相当か

ところで，本件では遺言執行業務は終わっていたのでしょうか。

遺言執行者としては，登記はもはやできないのですから，遺言執行業務は終了していると言ってしまえばよいのにと何度か思いました。しかし，遺言執行者自身が遺言執行の任務が終了していたとは考えていなかったようです。裁判での遺言執行者辞任前，執行者自ら，当事者として話し合いの場での同席を求め（友人を除く長女を含めた各相続人に代理人が付いた後のことですが，私は相続事件の代理人でないので正確ではありません。），財産目録の作成に際して，上記話し合いの結果を目録に反映させることにこだわられたこと（民法1011条）等からすると，当時，長女の代理人になるとして和解案を提案されたことだけでも，現在の弁護士倫理からは明白に懲戒事案となるものです。

仮に，遺言執行業務が終了していたとしましても，近時の懲戒事案からはまさしく弁護士としての信頼を喪失させた案件でありました。

長女の側から考察しましても，遺言書の作成が不十分であったこと，その後の説明や対応が相続人の皆の不満を招くものでしかなく，どんどん姉弟間の溝が広がっていったことなどからすると，弁護過誤を主張したい事案であったでしょう。この事実も懲戒案件になりそうだとは思いますが，長女のお考えは分かりません。

弁護士のミスは命取りになりますが，しかしその事後処理も大切です。

本件は，最初の持分記載の不十分さが，後々の弁護過誤を拡大させたともいえる事案であり，弁護士倫理に直結する今日的課題としての事案として紹介しました。

【プライバシー保護のため事例の内容は変えております。】

COLUMN

コラム⑫
「遺言信託」

1　遺言信託─2つの使い方

一時期「遺言信託」という言葉を活字で見かけることが増えた時期がありました。あるいは，目にした方，耳にした方も多いかもしれません。そんな影響でしょうか，弁護士が法律相談を受ける中でも，「『遺言信託』ってどういうことなのでしょうか？」「『遺言信託』をするとどうなるのですか？」などと尋ねられることがあります。遺言はわかりますが，「信託」というのは？　遺言を信託するとどうなるのでしょうか？

「信託法」という法律が平成18年に大改正されました。この信託法という法律，それまでは80年以上前の大正の時代に作られた旧「信託法」が，ほとんどそのまま使われていました。この平成18年12月15日の改正（平成19年9月30日施行）の時に，遺言で使えるような部分についても，いくつか法律が整理されました。その中で，「遺言信託」という言葉が話題となったことがありました。

「信託」というのは，簡単に言うと，自分の財産を，「信」頼できる他人に譲り（「託」し），その他人が財産を管理して運用したりすることで得た利益を，指定した者に与えるというような契約のことをいいます。「Aさんが，Bさんに対して，自分の財産をCさんのために使ってほしいと指定して，信託する」というのが，最も基本的な使い方になります。これを「遺言」で行うのが，「遺言信託」の基本です。

ただ，一般に使われている「遺言信託」という言葉は，必ずしもこの「信託法」で使われる「遺言信託」の意味で使われることばかりではないようです。どうやら，「遺言信託」という言葉が使われるときは，大きく

分けると，⑴「遺言」に関係することを「信」頼して誰かに「託」する，という意味と，⑵「遺言」で「信託」をする，という意味，との2つの使い方があるようです。

2　遺言信託─「遺言」「信」「託」

「遺言信託」というとき，「信託法」でいう「信託」よりも，もっと広い使い方で，一般には，金融機関などが行う，遺言に関する業務全般を指して使われることがあります。

その中には，遺言の作成方法のアドバイスや，遺言書の保管，遺言執行などの業務が含まれます。遺言書のある相続でも，争いのない事案で，子の認知などの身分に関することを含まない「遺言執行」であれば，弁護士でなくても行うことができるものもあります。信託銀行などの金融機関でも，遺言に関する定型的なサービスを，「遺言信託」といった商品として提供しています。

普通に生活していれば，相続というのは，一生のうちに何度も経験するものではありません。相続に「慣れている」方というのも稀でしょう。そうすると，いざ「遺言」が見つかり，「相続」となっても，どうしたらよいのか分からず，やることは分かっていても，時間を作ることができず手続を進めることができない，そんな相談で来られる方もいます。

定型的な，簡単な事案であれば，専門家からアドバイスを受けるだけでも，やらなければならない手続が整理され，楽な気持ちで進められることもあるでしょう。ただ，一見，「手続だけなのですが……」，「争いはありませんが……」といった相談であっても，開けてみると，結構大変な事案になっていることもあります。最初は容易に解決するかと思われていた相続でも，始めてみると遺族の間で意見が対立して話が進まなくなってしまったり，今まで誰も知らなかった遺産が出てきたりして，ややこしい問題になってしまうこともあります。

そんな面倒なときに，また，そんな面倒なことにならないように，「遺言」を作るところから専門家に相談してみる。作った「遺言」をスムースに実現できるように遺言執行をお願いしてみる。出てきた「遺言」に従った手続を専門家に相談してみる。これも広い意味での「遺言」「信」「託」です。争いのある事案の処理など，弁護士でなければできない仕事もあります。弁護士としても，大変な仕事の一つですが，それだけに，力を発揮しなければならない場面になります。

3 遺言信託—「遺言」「信託」

「信託法」に言う「遺言」「信託」についても，いろいろな使い方がありますが，典型的な「信託」の使い方の例を考えてみます。

例えば，①まだ幼い子供のいる方が，将来の相続を考えて遺言を書こうと思うような場合を考えてみましょう。多くの遺産を子供に残したいと思う反面で，せっかく遺産を残しても，子供がうまく使えるのだろうか？と心配なこともあるでしょう。

また，ほかにも，②病床の妻に遺産を残したいが，妻が遺産の管理をできるだろうか？ ③夫の今後の生活のために遺産を使ってもらいたいが，浪費家の夫に渡すとすぐに使ってしまうのではないか？ といった不安があるような場合もあるでしょう。

こんなときに，「遺言」で，信頼できる第三者や専門家に対して「信託」を設定して，遺族を「受益者」として使ってもらうという方法を考えることができます。これが，「遺言」で「信託」するという方法が有用な場面の一つです。

遺言というと，亡くなった時点の遺産を，誰にどれだけ分けるのかを指定するだけのものと考えられていることもあります。しかし，場合によっては，様々な法律を使って方法を工夫することで，複雑な要請に応えるだけの柔軟な使い方ができることもあるでしょう。

相談を受けていると，「法律」というと，形式的で，現実に合わない意固地なものだという印象を持たれている方も少なくないように感じることがあります。しかし，使う人や，使い方によっては，便利な方法が見つかることもあります。

重要なのは，何がしたいのか？ それはなぜなのか？ といった正直な気持ちを整理してみることなのかもしれません。法律はこうなっているみたいだから……，こうしなければならないはずだ……，などといった先入観や偏見をなくして，素直に，本当の気持ちを，信頼できる専門家に相談してみると，新しいアイデアや解決方法を見つけやすくなることがあります。

相談を受ける中で，相談者とともに悩み工夫を重ねることで，相談者や依頼者が真に求める「解答」を見つけられたときなどは，専門家にとっても，苦労を忘れる充実感を味わえる瞬間です。

第8章
相続分・遺産分割に関する法律相談

相続分・遺産分割に関する相談を受けるときのポイント

1 聴き取り・資料の収集

　遺産分割の相談に際しては，以下のポイントを早期に確認し，事件の全体像を把握することが必要です。

(1)　**戸籍関係**

　まずは相談者から親族関係について聴き取りをすることになりますが，相談者が知らない親族（認知した子供や離婚した配偶者との間の子供等）がいる場合もありますので，相続人の範囲を確定するために，亡くなった被相続人の除籍謄本を始めとして，被相続人の出生時からの戸籍・除籍謄本その他家族の方の戸籍謄本等を収集する必要があります。相談者の方が，被相続人又は自分の戸籍・除籍謄本を全て取り寄せて相談に来ることもありますが，不足しているものがある場合は弁護士が職務上の請求により取り寄せることになります。

(2)　**遺産の内容の確認**

　ア　不動産

　　相談者から，被相続人名義の不動産があるかどうか，地番又は住所を聞き，登記を確認する必要があります。被相続人が支払っていた固定資産税の納付書等により，被相続人名義の不動産全てを把握するようにします。

　イ　預貯金・有価証券

　　これらについても，相談者が通帳等で確認しているものや，被相続人が生前利用していた金融機関の支店等を調査することになります。法定相続人であれば被相続人名義の金融資産の残高証明書や取引明細を取り寄せることができますので，本人に資料収集を依頼します。

　ウ　動産類

　　価値の高い動産類があるかどうかを聴き取った上で，調査します。

(3) 相続分の確定

次に，それぞれの相続人の相続分を確定するためには，まずは遺言書が残されているかどうかを確認し，遺言がある場合にはその内容を検討します。特定の相続人に大部分を相続させたり遺贈したりする内容の遺言だった場合には，遺留分減殺請求についても説明する必要があるかもしれません。

遺言がなければ，法定相続分の割合で相続することを前提に相談を行うことになります。

(4) 生前贈与・寄与分の有無の確認

さらに相続分に影響を及ぼす要素として，一部の相続人に生前贈与があったか，あるいは寄与分が認められる可能性があるかといった事情についても留意すべきでしょう。

2 親族の関係を把握する

前記の資料の収集に関して事情を聞いている際に話に出ると思われますが，複数の相続人の間に心情的な対立があるのかどうかという点が遺産分割の処理に当たっては重要なファクターになりますので，その観点から親族の関係を理解・把握する必要があります。

こういった事情について，相談者から効率よく話を引き出すためのノウ・ハウは，弁護士としての経験を積むことによって養われるものですが，初心者の場合には，まずは相談者の立場に立って状況を理解するという姿勢で相談に応じていくのがよいと思います。話の内容が多少不合理だと思っても，他にも背景事情があってそのような発言をしているのか，それとも本当に不合理なのかといった判断は難しいことが多いので，相談者の言い分を肯定的に受け止めて聴き取りをした上で，さらに相手方の主張も聞き，妥当な解決方法を探ることになります。

3 遺産分割後の紛争の防止についての配慮

遺産に，不動産，預貯金，有価証券といった種類がある場合，また，遺産である不動産に相続人の一部の方が居住している場合など，事案ごとに

特殊性があり，妥当な分割方法というのは様々です。また，相続人の要望が相容れない場合など，調整に困難を極める場合が少なくありません。

さらに，当面の分割方法について，例えば不動産を法定相続分に応じて共有にするといった結果になる場合がありますが，親族間で物件を共有状態にしておくと，将来，一部の親族から不満が出たり，物件の有効活用をすることができずに，新たな紛争を発生させる原因になる危険もあります。できれば，その点についても配慮した解決を図ることが望ましいでしょう。

事例21 親の世話をした人の相続分

事例21 親の世話をした人の相続分

相続人のひとりが被相続人と同居して面倒を見ていたときに，その相続人の相続分が問題となった事例

● 概要図

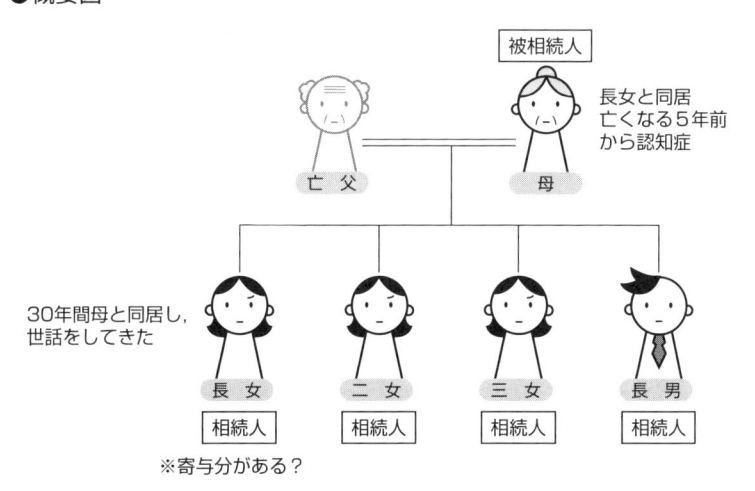

（被相続人）
母：長女と同居　亡くなる5年前から認知症
亡父
長女：30年間母と同居し，世話をしてきた（相続人）※寄与分がある？
二女（相続人）
三女（相続人）
長男（相続人）

はじめに

　明治時代につくられ戦前まで使われていた民法では，家督相続制度がとられていて長子が財産を全て相続することになっていました。老後の親の世話は，親の全財産を相続する予定の長子がしていました。

　現在の民法では家督相続という制度がなくなり，被相続人の嫡出子は均等に相続権を有することになりました。相続権は，長子だけではなく，他の兄弟姉妹も同様に有することになったのです。法の下の平等の考え方からすれば，兄弟姉妹が同等の相続権を持つことは当然の帰結と考えられます。しかし，相続人のうちの一人だけが老後の親の世話をしていたような場合で，相続財産の主たるものが不動産である場合には，兄弟姉妹が均等に相続権を有することが，ときとして相続に関する争いの火種となること

273

があります。

1 事例の概要

(1) 母と同居して世話をしてきたのはA子さんだけであったこと

　A子さんには，弟が1人，妹が2人いました。お父さんは既に亡くなっていて，A子さん夫婦はお母さんと一緒に暮らしていました。A子さん夫婦とお母さんが住んでいた家の名義はお母さんの名義でした。

　A子さんは，結婚をしたときからずっとお母さんと同居をしていたので，お母さんが亡くなるまで約30年にわたってお母さんと同居して世話をしてきていました。A子さん夫婦は，できれば自分たちの家を持ちたいとも考えていましたが，お母さんから一緒に暮らしてほしいと頼まれていたので長年にわたってお母さんと同居をしてきたのです。お母さんには亡くなる5年前くらいから認知症の症状が出始めていました。このため，A子さんは，夜中に外出してしまって居所が分からなくなったお母さんを探しに出かけたり，治療のために病院に付き添って行ったりしていました。A子さんはお母さんの世話をするために大変な思いをしていたのです。A子さんがお母さんの世話で大変な思いをしているのに，A子さんの弟や妹たちは，お母さんの世話はA子さんに任せきりで，自分たちは全く世話をしようとしませんでした。

　A子さんのお母さんは，A子さんがずっと世話をしてくれていたことに感謝していて，元気なころには，自分が死んだあとは自宅の土地・建物はA子さんにあげると言っていました。しかし，A子さんのお母さんは，遺言書を書かないまま亡くなってしまったのです。

(2) 遺言は作成されず法定相続に

　A子さんがずっとお母さんの世話をしていたことは，弟や妹たちも知っていました。このため，A子さんは，遺言がなかったとしても，自分がずっと住み続けてきている家を相続することについて，弟や妹たちが文句を言うことはないだろうと考えていました。ところが，実際にお母さんが亡くなって相続の話をしたところ，弟や妹たちは自分たちにも相続権があるので，相続財産の4分の1ずつを渡してほしいと言いだしたのです。お

母さんには不動産の他に預貯金（約3,000万円）があったので，相続財産は，その預貯金とＡ子さんたちが住んでいた不動産（約7,000万円の価値）の合計約1億円相当の財産でした。弟や妹たちの主張は，①単純に兄弟姉妹で等分すると，一人当たり約2,500万円相当の相続権を有するから，預貯金を弟や妹たちに1,000万円ずつ分けるだけでは足りない，②不動産を売却して売買代金を均等に分けるか，Ａ子さんが自分でお金を工面して弟や妹たちに2,500万円を分けてほしい，③Ａ子さんが自分でお金を工面できないのであれば不動産を売るしかなくＡ子さんがその不動産に住み続けることは認められない，というものでした。

⑶ **Ａ子さんの言い分（母と同居して世話をしたことを考慮してほしい）**

Ａ子さんが法律相談に来たときに，Ａ子さんが自分の言い分として話したのは，①お母さんは亡くなる前にＡ子さんに不動産をあげると言っていた。遺言書はないけれども不動産をＡ子さんがもらうのがお母さんの遺志に添う，②自分がずっとお母さんの世話をしてきたことが相続にあたっても評価されるべきであり，お母さんの世話を何もしてこなかった弟や妹たちと自分の相続分が同じになるのは納得できない，③弟や妹たちはそれぞれ家庭を持っていて住む場所があるが，不動産を売ったら自分は約30年間住み続けてきた家を追われることになる。本当に不動産を売却してまでして相続財産を分けなければならないのか，というものでした。

本相談のポイント

① 遺言書が作成されてないためＡ子さんが不動産を当然取得するわけではないこと。
② Ａ子さんが母を療養看護したことにつき寄与分が認められる可能性があること。
③ Ａ子さんの居住の利益が相続において考慮される可能性があること。

2 受任に際しての注意点と相談者への説明

　生前にお母さんがA子さんに不動産をあげると言っていたとしても，お母さんが遺言書を書いていない以上はお母さんの遺志どおりにA子さんが不動産を取得できるわけではないこと，したがって，兄弟姉妹が均等に相続分を有することを前提としつつ，弟や妹たちにA子さんの要望を考慮してもらうよう話し合いをしていくことになります。A子さんの要望を考慮してもらうためには，A子さんがお母さんの療養看護にかなりの労力を費やしていたことを寄与分として主張したり，A子さんがお母さん名義の不動産に住み続けてきていることを居住の利益として考慮してもらうことを主張したりすることになります。相続財産中で不動産の占める割合が多い（約7割）のでA子さんが不動産を取得するのは容易ではありません。こうした説明をA子さんにしました。そして，A子さんの弟や妹たちに連絡をして，できればA子さんが不動産を相続して家に住み続けられるように，そうでなくてもできるだけ多くの財産を相続できるように協議を進めてみることにしたのです。

3 A子さんに寄与分は認められないのか

(1) 寄与分とは

　A子さんが長年にわたってお母さんと同居をしてお母さんの世話をし続けてきたことは，相続にあたり考慮されないのでしょうか。

　民法には寄与分を定めた条文が置かれています（民法904条の2）。相続人の中に，被相続人の事業に関する労務の提供又は財産上の給付をした者や被相続人の療養看護などをした者がいた場合に，そうした寄与を相続にあたって考慮するというものです。相続人が寄与した分を相続財産から控除し，控除したのちの財産を基にしてそれぞれの相続人の相続分を算出するので，寄与をした人はその寄与分を他の相続人より多く受け取れることになります。A子さんが親の世話をし続けてきたことが寄与として考慮されるのであれば，A子さんは弟や妹たちよりも多くの財産を相続できることになり，仮に，A子さんの寄与分が2,000万円とされたときには，1億

円の相続財産から寄与分の2,000万円を控除した8,000万円を均等に分け，A子さんはそれに加えて寄与分の2,000万円（合計4,000万円）を受け取れることになります。A子さんがお母さんの世話をして大変な思いをしていたのに，弟や妹たちは全くお母さんの世話をしてこなかったことからすると，A子さんが弟や妹たちよりも多くの財産を取得するのは，一般人の感覚に照らしても妥当な結論のように考えられます。

(2) **寄与分が認められるための条件**

しかし，寄与分が認められるためには，「被相続人の財産の維持又は増加に特別に寄与した」ことが必要なので，単に労務を提供したとか，親と同居をして世話していたというだけではなく，相続人が事業を手伝ったから相当の収益が上がって被相続人の財産が増えたとか，相続人が療養看護をしたおかげで被相続人が療養看護の費用を出さずに済んで財産が維持できたなどの事情があることが必要になります。直系の血族には扶養義務があることから，親と同居して世話をしてきたとしても，そのことだけで直ちに寄与が認められるわけではないということです。寄与の類型としては，事業に関して労務を提供する場合，事業に関する財産上の給付をする場合，被相続人の療養看護をする場合，被相続人を扶養する場合，被相続人の財産管理など事業に関しない労務を提供する場合などがありますので，寄与分を主張するにあたっては，これらのうちどのような類型の寄与をしたのか，その結果，被相続人の財産がどれだけ増加したのか，又は被相続人の財産が減少せずに維持されたかを具体的に主張していくことになります。

(3) **本事案における寄与分**

A子さんの事案では，弟や妹たちも代理人を選任して，結果的には話し合いで解決をしました。このため，交渉にあたって口頭でA子さんの寄与分について主張をしたものの，具体的な資料に基づく寄与分の検討を経ることなく，結果的には寄与分をも考慮してA子さんが弟や妹たちよりも多めに相続をすることになりました。仮に，話し合いで解決しなかったとすると，親の世話をしてきたというA子さんの事案では，A子さんがお母さんの療養看護をしてきたことによってお母さんの相続財産から療養看護の費用を支出せずに済み財産が維持できた，支出を免れた費用相当分がA子

さんの寄与分である，という主張をすることになったでしょう。殊に，お母さんが認知症になったのちには，A子さんはお母さんの療養看護のためにかなりの労力を使っていたので，審判になってもA子さんの寄与分は認められたはずです。

(4) 寄与分に関する裁判例

審判例では，被相続人が認知症となり常時の見守りが必要になった後の期間について，特別の寄与があったとして，介護をした相続人の寄与分を認めているものがあります（大阪家審平19・2・8家月60巻9号110頁）。この審判例では，親族による介護であることを考慮して1日あたり8,000円，3年間で876万円の寄与分を認めており，A子さんのように，認知症の親を献身的に介護した人が寄与分を主張するときの参考になります。また，介護保険法が施行されたのちは，多くの介護事業者が訪問介護や通所介護などの様々なサービスを提供しているので，介護事業者のサービスを調べることによっても，A子さんの寄与分を算出することができそうです。

4 A子さんの居住の利益は保護されるのか

(1) 居住の利益とは

それでは，A子さんが長年にわたって不動産に住み続けてきたことによる居住の利益は，相続にあたって考慮されるのでしょうか。親と長年同居して親の世話をしてきた相続人の立場からすれば，自分が住んでいる親の名義の不動産を取得できて当然と考えるでしょうし，遺産分割によって他の相続人の住居は何ら影響を受けずそれまでと同じ暮らしができるのに，親と同居して親の世話をしてきた相続人だけが長年住み慣れた家を手放さなければならなくなるのは不公平だとも思われます。実際には，親との同居の期間，親と同居していた相続人が親の世話をどの程度していたのか，他の相続人に特別受益があるのか，他の相続人も親の世話をしていたのかなどの具体的事情によって判断が変わるのでしょうが，少なくともA子さんのような事案では，A子さんの居住の利益は相続において考慮されてしかるべきだと考えられます。例えば，A子さんの事案で不動産価格の1割相当（700万円）の居住の利益が認められたとしたら，A子さんの居住の

利益の分を控除した不動産の残額6,300万円と預貯金の3,000万円を合計した9,300万円を均等に分けて各相続人の相続分（各2,325万円）を算出し，A子さんはそれに加えて居住の利益として認められた700万円（合計3,025万円）を受け取れることになります。もっとも，親と同居をしている場合には賃料を払わずに住んでいることが多いでしょうから，居住の利益が認められるとしても，賃借権のように7割とか8割のような高い割合にはならないでしょう。

(2) **居住の利益に関する裁判例**

裁判例では，相続財産に含まれる不動産に居住していた人について，相続にあたってその居住の利益が考慮されているものがあります。例えば，大阪高裁昭和54年8月11日決定（家月31巻11号94頁）は，被相続人の老後をみるために同居をしていた相続人について，遺産の評価に際し考慮すべき居住の利益がある旨を述べて，建物の価格及びその敷地の更地価格の2割を居住の利益の評価額としています。また，相続人の一人が相続財産である土地上に建物を建てている場合に，被相続人がその相続人に使用借権を設定していたとして，この使用借権の評価額（3割）を相続財産から控除するという裁判例もあります（東京高決平9・6・26家月49巻12号74頁）。

(3) **本事例における居住の利益**

A子さんの事案は，土地・建物のいずれもお母さんの名義だったので，A子さんがお母さんから使用借権の設定を受けていたとは言いにくい事案です。また，親の名義の不動産に居住していた相続人について居住の利益を認める審判例が数多くあるわけではなく，どんな場合でも常に居住の利益が認められるわけではないといえるでしょう。むしろ，事案によっては，無償で親の不動産に住み続けられたことは特別受益であると主張されることもあるでしょう。居住の利益が保護されるか否かは，結局のところ具体的な事情次第と言わざるを得ないと思います。そして，A子さんの事案と同様の事情があるときには，居住の利益が考慮されることもあり得るでしょう。A子さんの事案においては，弟や妹たちの代理人との交渉にあたり，A子さんには居住の利益があるので，それを考慮してほしいと主張しました。

5 話し合いで解決〜でも不動産は売却

　何度か交渉を重ねた結果，弟や妹たちは，Ａ子さんの寄与分や居住の利益を考慮して，Ａ子さんが他の相続人より多めに相続することを了解してくれ，話し合いで解決をすることになりました。しかし，不動産全部をＡ子さんのものにすることまでは了解をしてもらえなかったので，不動産は売却することになり，Ａ子さんが不動産に住み続けることはできませんでした。Ａ子さん夫婦が若ければ，弟や妹たちに支払う代償金を借り入れて不動産をＡ子さんが取得するという解決もあり得たでしょう。しかし，Ａ子さんのお母さんが亡くなったときにはＡ子さんの夫は定年退職をしていて，代償金を借り入れることが不可能であったため，不動産を売却せざるを得なかったのです。また，弟や妹たちにＡ子さん夫婦のことを考える寛容さがあれば，不動産の名義を兄弟姉妹の共有にした上でＡ子さん夫婦が無償で（又は少しだけ賃料を払って）住み続けるという解決方法もあり得たでしょう。しかし，弟や妹たちには残念ながらそのような気持ちはなく，不動産の売却を強く求めてきたのです。

　兄弟姉妹たちよりはいくらか多めに相続することはできたものの，Ａ子さん夫婦が住み慣れた家を出なければならないという結論であったため，代理人としては後味の悪さが残りました。

6 おわりに

　その後に関わった遺産分割においても，被相続人名義の不動産に相続人が住んでいることが問題になった事案が何件かあります。そのうちの１件は，家庭裁判所での審判で不動産を兄弟姉妹の共有とする判断がなされ，共有物分割訴訟を提起して長年にわたって争ったのちに，不動産に居住していた相続人が銀行から借り入れを受けることができたため，他の相続人に代償金を支払うことにより解決しました。他方で，Ａ子さんの事案と同じように，親と同居していた不動産を売却して分割せざるを得なかった事案もあります。いずれにしても，相続財産に不動産が含まれている事案は，解決が困難な場合が多いようです。

不動産の価値が高くなければ，親と同居して親の世話をしていた相続人が，長年住み慣れた家を売ってまでして遺産分割をするような事態は避けられるのでしょう。しかし，実際に相談を受ける事案の多くは，相続財産の中で不動産の占める割合が高いので，今後も同じような事案で頭を悩ませることになりそうです。

【プライバシー保護のため事例の内容は変えております。】

COLUMN
コラム⑬
「相続人がいない場合の財産の行方」

　AさんにとってＢさんが亡くなりました。Ｂさんには身寄りがなく，お葬式はＡさんが行いました。今後，Ｂさんの財産はどうしたらいいでしょうか。

　まず，葬式費用を負担したＡさんは，家庭裁判所に相続財産管理人の選任を請求し，相続財産の中から葬式費用の弁済を受けられます。

　相続財産管理人は，故人の財産状況を把握し，相続人の有無を調査し，相続人が判明した場合には，その任務を終えます。

　では，相続人がいない場合はどうなるのでしょうか。

　故人が作成した遺言書に，財産を誰かに譲るとの内容が記載されていれば，財産は遺言書に記載された人に譲られます（「遺贈」）。遺言書がない場合には，相続すべき人も，遺贈を受けるべき人もいないので，財産は国のものになります（民法959条）。

　しかし，民法958条の3は，「特別縁故者」に故人の財産を与えることができると規定しています。家庭裁判所の判断で，「生計を同じくしていた者」や「療養看護に努めた者」などに故人の財産の全部又は一部を与えることができるのです。

　Ａさんは，長い間Ｂさんの家に住み込み，家事を手伝っていましたし，Ｂさんの身の回りの世話もしていたという事情がありました。そこでＡさんは，家庭裁判所に特別縁故者に対する財産分与の申立てを行うこととしました。

　この申立ては，故人との特別縁故関係を主張する人が家庭裁判所に対して行います。家庭裁判所は，申立てをした人が「特別縁故者」に当たるかどうか，個々の事案の具体的状況から判断します。内縁の配偶者などについて特別縁故関係が認められた例はありますが，「特別縁故者」として認定されるのは難しいのが現状です。

　Ｂさんは，Ａさんを養子にしたいと考えていたようなので，生前に養子縁組を行っていれば，相続財産管理人選任請求や特別縁故者に対する財産分与申立ての手続は必要なかったのです。せめて，遺言書を残してくれていれば……。

　身寄りのない方に，生前から亡くなった後の財産等の心配をさせるのは酷なようですが，亡くなった後の無用なトラブルを防ぐためにも，周りの人と一緒に方策を考えておくとよいでしょう。

事例22 遺産分割で後悔しないために

事例 22 遺産分割で後悔しないために

父親の相続の際に遺産分割調停により決着したと思っていた問題が，その後，母親の相続において問題となり，調停，審判，訴訟と長期の裁判所での手続を要することになった事例

●概要図

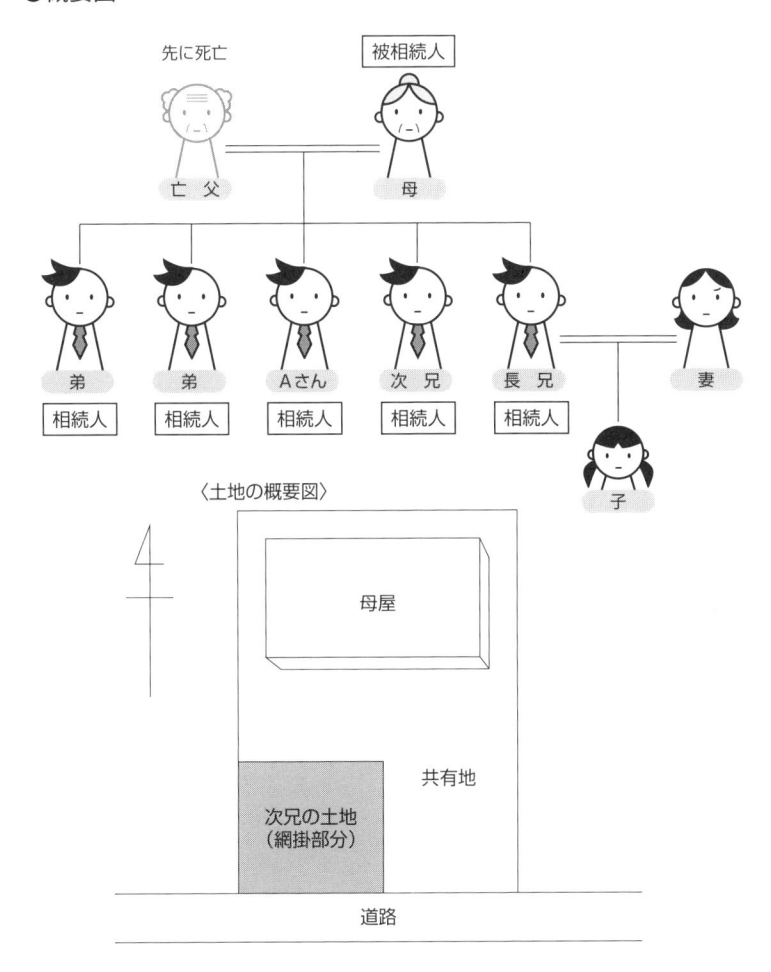

〈土地の概要図〉

283

はじめに

　本事例を読んで，遺産分割を行う際には，その場での解決だけでなく，後で後悔しないように，将来の相続が発生した時のことも見据えた分割を行うことが必要であることを理解していただければと思います。

1　事例の概要

(1)　父の相続

　Aさんの家族は両親と2人の兄と2人の弟の5人兄弟でした。そして，父親が亡くなり遺産分割をすることになりました。

　Aさんの生家は，自宅の敷地が広く，南北の方向に縦長で，土地の北側部分に母屋が建ち，南側は広い庭となっていました。道路付けは南側のみが公道に接しています。以前には他にも土地を所有していたようですが，5人の子供を育てる中で，他の土地は処分され，父親が亡くなった時点で残っていた不動産は，自宅の土地・建物だけでした。

　そして父親が亡くなった時点において，自宅には，母親，長兄の家族と未婚の2人の弟が住んでおり，結婚していたAさんと次兄は，別の場所で借家を借りて住んでいました。

(2)　調停による分割

　その後，相続の遺産分割の協議がなされましたが，当事者間ではなかなか協議がまとまらず，家庭裁判所に遺産分割調停が申し立てられることになりました。

　その原因は，次兄が，自分は自宅土地の一角を貰って家を建てたいと主張し，その場所が敷地の南側道路に面した南西の角地部分であり，しかも，その部分の全体の土地に対する割合が次兄の法定相続分である10分の1よりも多い約5分の1だったからです。

　調停においても次兄はその主張を曲げなかったため協議は難航しましたが，最終的には母親や他の相続人が譲歩する形で，次兄は当初からの主張どおりの場所と面積による土地を取得することになりました。

　そして，残りの土地とそこに建っていた自宅建物については，母親と次

兄以外の4人の兄弟の誰からも，具体的に分割を求める声がなく，分割するとなると母屋の取壊しも必要であることや，次兄以外の4人の兄弟と母親の間においては将来の円滑な分割が可能であると考えたためか，母親と次兄以外の兄弟4人が各5分の1宛の共有とすることになり，その旨の調停が成立しました。その結果，次兄は分筆された南西角地部分の土地を取得して自宅を建築し，残りの土地と建物には母親と4人の兄弟の各5分1宛の共有登記がなされました。

(3) **母の相続**

その後，時間が経過し，今度は母親が亡くなりました。

そのころには，兄弟のうち自宅で生活していたのは，長兄とその家族だけであり，2人の弟も結婚してそれぞれ借家を借りて生活していました。

しかし，母親が亡くなって数年間は特に遺産分割の話も出ないで経過しました。

なぜその時点で遺産分割の話が出なかったのかその理由ははっきりしませんが，母親には土地・建物の共有持分以外には相続で問題にするほどの資産がなかったことから，次兄についていえば，母親が持分を有していた土地・建物は他の兄弟のものであり自分には関係ないと思っていたのか，事によると，母親の持分があることさえ忘れていたのかもしれません。また，次兄以外の兄弟については，その時点で共有土地・建物を分割する必要性がなかったことから，あえて持分の相続が問題にならなかったものと思われます。

ところが，ある時を契機に，兄弟間で遺産分割の話が再び始まることになったのです。

(4) **問題の発生**

きっかけは，Aさんが，父親から相続して共有持分を有していた土地に自宅を建てたいと考えたことでした。Aさんはさっそく次兄以外の3人の兄弟に，自分達が父親から相続した共有土地をそれぞれの家を建てるための敷地として分割したいと提案したのです。長兄は住んでいた自宅が古くなり建替の時期になっておりましたし，2人の弟も，今すぐにではなくてもいずれ家を建てたいと考えていたので，その提案に賛成しました。

Aさんは初めその話を次兄にはしませんでした。その理由は，次兄は既に父親からの相続で土地を取得し自宅を建てておりましたので，残りの部分は当然次兄以外の4人の兄弟で分けることになると漫然と考えていたからです。

　4人の兄弟は，共有土地上にあり長兄が居住していた共有建物を取り壊し，接道の関係から敷地内に通路部分を設けて4宅地に分割するプランを立て，そのための土地の分筆と取り壊す建物の滅失登記を土地家屋調査士と司法書士に依頼することにしました。

　ところが，その過程で重大な問題があることが分かったのです。

(5)　母の持分の相続

　その問題とは，亡くなった母親の土地及び建物に対しては次兄も相続分（土地及び建物の母親の持分5分の1の，更に5分の1に当たる25分の1）を有しており，母親の持分の相続問題の処理については，次兄も含めた兄弟5人で協議をする必要が生じたことです。

　次兄と残りの4人の兄弟との間は，父親の相続の時以来あまり仲が良くなく交流もあまりありませんでしたが，4人の兄弟は次兄に対し，母親の持分に対する次兄の相続分5分の1については，自分たちが土地を有効に活用できるような形で取得してもらえないかと相談を持ちかけました。

(6)　協議の難航

　その話し合いにおいて，当初4人の兄弟が次兄に提案した案は，次兄には母親からの相続分として，次兄が父親の相続で取得していた自宅土地（元の土地の南西角地部分）の北側に東西に帯状の土地を取得してもらえないかというものでした。本件土地は道路に面しているのは南側だけであり，既に次兄の自宅部分を分筆したことにより，間口よりも奥が広い形状になっていることに加え，4宅地が接道義務を果たす必要がありますので，残った土地に通路状の部分を設けて4宅地に分割するには，南側の間口をたとえ1センチでも広げたいと考えたからです。ご存じのように，宅地は，原則として最低2メートルは道路に接していなければ，その上に建物を建築する許可が下りないのです（建築基準法43条1項）。

　これに対し次兄は，土地利用上の利便性や土地の評価の観点からか，自

宅土地の東側部分に南北の帯状に土地を取得したいと主張しました。この次兄の主張を受け入れると，残った土地の間口は更に狭くなってしまい，4兄弟の分割案には重大な支障が生じることになってしまうのです。しかし，協議の最終局面においては，4兄弟は，次兄の自宅の東側及び北側部分を取り囲む帯状の形での取得案を提案しました。同案では，4兄弟が分割により取得する宅地の形状がかなり不整形になるなど分割に無理が生じてきますが，ぎりぎりの案として提案したのでした。

しかし，次兄の答えはノーであり，話は一向に進みませんでしたので，4人の兄弟はやむなく弁護士に相談することとなったのです。

本相談のポイント

① 父親の相続の際にどのような取決めがされたのか。
② 土地の分割方法としてどのような選択肢が考えられるか。
③ 一部の相続人が不動産を取得して，代償金を支払うという解決方法が可能かどうか。

2 受任に際しての注意点と依頼者への対応

父親の相続の経緯から，弁護士が代理人についたからといって交渉でまとめることは不可能であると考え，すぐに遺産分割調停を申し立てることとしました。また，調停が成立しない場合には家庭裁判所の審判で分割方法を決めてもらうことになること，その分割方法の内容によっては更に共有物分割を訴訟で判決により判断してもらうことになることを説明して，長期戦で解決にあたることになるかもしれないと説明しました。

3 遺産分割調停及び審判

(1) 遺産分割と共有物分割

まず，4兄弟からそれまでの次兄との協議の内容をお聞きしましたが，弁護士が入ったとしても，とても合意が得られる可能性が無いことが分か

りましたので，次兄を相手方として4兄弟から，母親の持分についての遺産分割調停を起こすこととしました。

　本件土地のように，既に4兄弟が共有持分として所有している部分（物権法上の共有物で，分割は民法256条の共有物分割手続が適用になり，協議が調わない場合には地方裁判所の共有物分割訴訟を行う必要があります。）と母親の持分で相続により遺産共有の状態となった部分（協議が調わない場合には家庭裁判所の遺産分割調停ないし審判が必要となります。）がある場合で，両方の分割問題を調停手続で同時に解決したい場合について，家庭裁判所では，遺産分割調停と親族間における問題の調停の2つを受け付け，一緒に調停を行うという取扱いをしてくれます。

　ただ，本件の場合は，次兄の取得部分が具体的に決まれば，4兄弟間での分割については当事者間の協議で問題なく解決できることは明らかですので，調停申立ての内容としては，次兄が取得する土地部分と他の4兄弟が取得する部分との具体的な分割を求めるものとなりました。

(2) **調停から審判へ**

　調停では，次兄は弁護士に依頼しませんでした。

　4兄弟の方からは，調停委員を通じて具体的な分割案やその修正案の提案を行い，調停委員も次兄の同意を得るよう努力してくれましたが，いったんは解決の兆しが見えたと思うと，次回調停において次兄の要求が変わるなどしたため，結局1年近く調停を行ったにも関わらず合意は成立せず，審判に移行しました。

　審判においても，審判官（裁判官）は，代償分割（本件の場合，他の相続人が次兄に対しその相続分に相当する金銭を支払うことにより，土地・建物を4人のものとする分割方法）による解決を次兄に勧めるなどしてくれましたが，次兄はそれに応じず，審判官も代償分割を諦め，審判が出ることになりました。

(3) **審判の内容**

　遺産分割の方式としては，①現物分割（不動産・現金などを，現物のまま相続する方法），②代償分割（ある相続人が相続分を超える相続をした場合に，代償として他の相続人に金銭等を支払う方法），③換価分割（不動産等で分割

が不可能な場合にそれを処分して代金を分ける方法）や，これらを組み合わせた方法等があります。また，例外的には，④共有とする方法による分割があり，特段の事情がある場合には⑤全面的な価格賠償の方法による分割も認められております（最判平8・10・31判時1592号51頁等）。

出された審判の内容は，持分の売却（競売）による金銭での分配も売却の実行性が無く，また全面的な価格賠償による取得希望者も無いとして，本件は既に物権法上の共有になっている共有者（4兄弟）との間で共有物分割（民法256条以下）を行うことが必要な事案であるとして，母親の持分については，5人の兄弟が各5分の1宛（全体の土地・建物からみれば5人の共有持分は各25分の1）の割合により共有取得させるというものでした。

4 共有物分割訴訟

(1) 訴訟の提起

結局，審判においても最終的な解決をみることができませんでした。

そこで，次兄以外の4人の兄弟は次兄を被告として，共有物分割訴訟を提起しました。この訴訟は，土地について，原告4兄弟の共有部分（4名合計の持分割合は全体の25分の24）と被告（次兄）の所有部分（持分は全体の25分の1）とに現実に分割し，建物については，取壊しを前提としてそこに居住していた長兄の取得とするという分割を求めるものでした。

次兄以外の4兄弟の取得部分を共有のままとしたのは，4人の間ではいつでも分割が可能であるし，被告の取得部分によっては分割方法が異なってくる可能性があると考えたからです。

(2) 判　決

訴訟で原告4兄弟が主張した分割案は，将来の4宅地分割に備えて本件土地の道路に面した間口をできるだけ広く取るため，次兄の取得部分を，南西角地の次兄の所有地の北側に東西に帯状にするというものであり，それに対し，次兄は宅地利用の必要性から公道との間口を広げる形で次兄所有地の東側に南北の帯状に取得することを主張しました。結局，最初の協議における双方の主張に戻ったのです。

訴訟においては，双方の利害が真っ向から対立し，裁判所からは，双方

の主張を折衷する案による和解の試みもなされましたが、和解は成立せず、提訴から2年を超える審理の後、判決が言い渡されました。

(3) 判決の内容

　判決の内容は、双方の主張の折衷案で、次兄の取得部分を、次兄所有地の東側及び北側の帯状部分とするというもので、当初の協議において4兄弟が妥協案として提示し、次兄が拒否した案とほぼ同じものでした。また、建物については原告らの請求どおり、長兄の所有となりました。

　この判決に対しては、次兄が直ちに控訴し、控訴審においても和解の試みがなされましたが結局は実を結ばず、一審判決から約1年後に控訴棄却の判決がなされました。しかし、本件はそれでも決着せず、次兄は最高裁に上告しましたので、上告棄却の決定がなされるには更に半年以上の時間を要することになりました。

　結局、本件は、一審の提訴から確定まで4年近い歳月を要したことになり、遺産分割調停の期間を合わせると実に5年もの間、兄弟間の係争が続くことになってしまいました。

5　訴訟確定後の経過

　このように、長期間の裁判所での係争を経て、4兄弟の所有部分はようやく確定しましたが、4兄弟による土地の分割・宅地化については更なる問題がありました。

　次兄は、裁判で確定した4人兄弟の共有地と次兄との取得地の境界線を越えて4兄弟の土地を使用しており、実際に4兄弟が所有地を分割し、そこに通路を設置するとなると、次兄に対する明渡訴訟を提起せざるを得ないことになったのです。次兄は任意の明渡しには応じてくれなかったからです。

　この時点に至って、4兄弟は、次兄に対する明渡訴訟の提起をしばらく留保し様子をみることにしました。それまでの長期の裁判上の係争に疲れてしまい、更なる係争を控えたいと考えたのです。弁護士としても、無理に訴訟を勧めることもできませんので、本件は本当の意味での目的が達成されなかったという弁護士としても大変残念な結果になってしまいました。

6 本件についての考察（後味の悪い結果にならないための方法）

　最後に、本件において、このように長期の裁判手続を要すことになった原因はどこにあり、それを防ぐにはどのような方法を取っておけばよかったかを考えたいと思います。

　本件では、次兄の主張が強く合意による解決ができなかったことが長期化の大きな要因ですが、それはさておいても、父親の相続の際に適切な分割を行ったり、その後の手当てをしたりしておけば、そこまで紛糾しなかったと考えられます。

　Aさんの話によれば、父親の相続の際も次兄の主張が強く、調停においても紛糾したようですから、母親の相続の際にも当然同様のことが生じることを予想して、それを防止する手立てを講じておくべきだったのです。

　本件でまず考えられた方法は、母親には土地・建物以外のものを取得してもらい、土地・建物は4兄弟の所有にしておくことでした。しかし、相続税の控除の関係で、母親が相続しなければならないこともあるでしょうし、母親も、老後に子供たちの世話になる上で、いざという場合の切り札や安心材料になる資産たる不動産を所有しておきたいという希望もあるでしょうから、この方法が取れない場合も多いと思われます。

　この場合に有効なのは、母親が4兄弟に土地・建物の共有持分を相続させる旨の遺言をしておくことです。そして、遺言の方式も、検認がいらず、有効性についての争いが生じにくい公正証書によることが望ましいといえます。

　遺言をしても、本件の場合は次兄からは遺留分減殺請求がなされる可能性はありますが、遺留分は本来の相続分の2分の1（本件では、土地・建物全体の50分の1）であり、次兄が既に土地の一番良い部分を取得している本件において、わざわざ遺留分減殺を行う確率は低いのではないかと思われます。また、母親の持分については、4兄弟だけの申請により相続の登記ができますので、4兄弟間での分割にもすぐ着手することが可能でした。

　本件では、おそらく無理であったと思われますが、一般的には、最初の相続で充分な相続をした者について、家庭裁判所で遺留分の放棄（民法

1043条）をさせておくことも，将来の相続紛争を防止する上での有効な方法です。

以上，事例の紹介部分がかなり長くなってしまいましたが，本件のような例もあることを教訓とされ，後悔しない遺産分割を行っていただきたいと思います。

【プライバシー保護のため事例の内容は変えております。】

COLUMN

コラム⑭
「祭祀財産承継者に係る紛争」

　系譜（家系図），祭具（神棚，位牌，仏壇等），墳墓（墓石，墓地）といった祭祀財産は，一般財産と異なり，分割承継されずに，単独承継されることになっております。そして，民法897条1項は，祖先の祭祀を主宰すべき者は，第一次的には被相続人の指定によって定め，第二次的には地方の慣習によって定めると規定していますが，それでも定まらないときには，家庭裁判所の審判によって定められます。

　最近，祭祀財産承継者が高齢の場合に承継者と認められるかについて正反対の結論を出した裁判例があります。

　一つは，被相続人の妻と長男が争った事案（東京家審平19・10・31家月60巻4号77頁）ですが，被相続人死亡後，被相続人の位牌等は全て被相続人の妻が管理していること，祭祀を主宰する意思の堅固性及び継続性等を考慮すると，高齢（当時92歳くらい）であることを考慮しても，被相続人の妻が承継者として最も適任であるとして，裁判所が，被相続人所有の系譜，祭具及び墳墓の承継者を妻と定めました。

　もう一つは，被相続人の実母と被相続人の実子が争った事案（福岡高決平19・2・5判時1980号93頁）ですが，裁判所は，祭祀の将来的な継続性という観点からすれば，既に高齢の実母よりも実子の方が優っているのは明らかであるとして，祭祀承継者として長男を指定しました。

　当事者間の年齢差が考慮されたことの他に，二番目の事案では，祖母亡き後は，承継者は孫たる被相続人の実子にはならず，祖母の長男（被相続人の兄）になることも祖母を承継者と認められない理由になったようです。

事例23 家事事件の管轄

見込まれる解決方法と要する負担とのバランスから，受任の可否や進め方に悩む遺産分割の事例

● 概要図

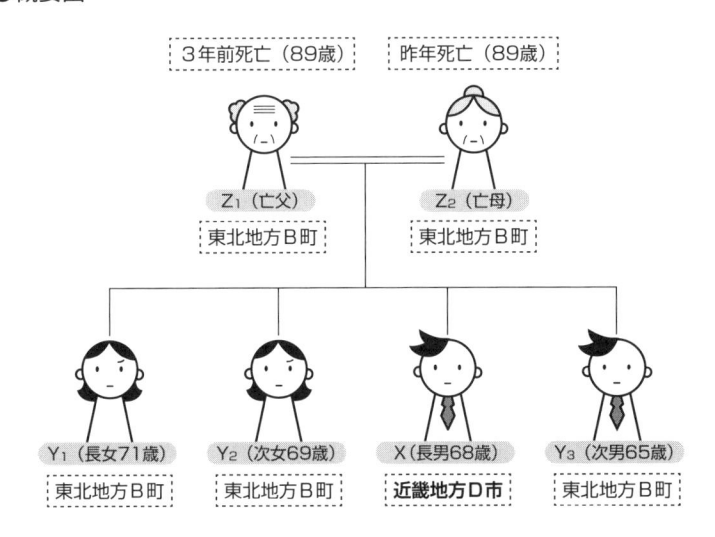

```
3年前死亡（89歳）        昨年死亡（89歳）
    Z₁（亡父）              Z₂（亡母）
    東北地方B町             東北地方B町
         └──────┬──────┘
    ┌────────┬────────┬────────┐
  Y₁(長女71歳) Y₂(次女69歳) X(長男68歳) Y₃(次男65歳)
  東北地方B町  東北地方B町  近畿地方D市  東北地方B町
```

はじめに

　今回は家事事件における「管轄」について考えてみます。今回の遺産分割をはじめとするいわゆる家事事件については，主に調停と審判の手続として，家事事件手続法，家事事件手続規則（旧家事審判法，旧家事審判規則，旧特別家事審判規則）などの法規で，裁判所の管轄が定められています。

　全国にあるどの裁判所に，裁判権を分配するかの定めが管轄の問題ですが，家事事件の多くは家庭裁判所の職分管轄に属することになります。その中で，個別の事件を同じ職分のどの土地の家庭裁判所に帰属させるかが土地管轄の定めになります。この土地管轄は原則として個々の事件ごとに定められています。別表第二事件，同調停事件について整理すると，以下

のとおりとなります。

【表】家事事件手続法「別表第二事件」に関する調停・審判の管轄

○ 調　停（別表第二事件）

条文（管轄）	管轄裁判所
家事245 I	相手方の住所地，当事者が合意で定める地

○ 審　判（別表第二事件）[※1]
※本表に記載した管轄のほか，当事者が合意で定める家庭裁判所も管轄が認められる。[※2]

条文（審判）	事件名	条文（管轄）	管轄裁判所
家事別表第2①	夫婦間の協力扶助に関する処分	家事150①	夫又は妻の住所地（改正前は相手方の住所地）
家事別表第2②	婚姻費用の分担に関する処分	家事150③	夫又は妻の住所地（改正前は相手方の住所地）
家事別表第2③	子の監護に関する処分	家事150④	子の住所地
家事別表第2④	財産の分与に関する処分	家事150⑤	夫又は妻の住所地（改正前は相手方の住所地）
家事別表第2⑤	離婚等の場合における祭具等の所有権の承継者の指定	家事150⑥	所有者の住所地
家事別表第2⑥	離縁等の場合における祭具等の所有権の承継者の指定	家事163 I	所有者の住所地
家事別表第2⑦	養子の離縁後に親権者となるべき者の指定	家事167	子の住所地
家事別表第2⑧	親権者の指定又は変更	家事167	子の住所地
家事別表第2⑨	扶養の順位の決定及びその決定の変更又は取消	家事182 III	相手方の住所地
家事別表第2⑩	扶養の程度又は方法についての決定及びその決定の変更又は取消し	家事182 III	相手方の住所地
家事別表第2⑪	相続の場合における祭具等の所有権の承継者の指定	家事190	所有権者の住所地
家事別表第2⑫	遺産の分割	家事191 I	相続開始地（改正前は被相続人の住所地，相続開始地）
家事別表第2⑬	遺産の分割の禁止	家事191 I	相続開始地（改正前は被相続人の住所地，相続開始地）

条文（審判）	事 件 名	条文（管轄）	管轄裁判所
家事別表第2⑭	寄与分を定める処分	家 事191Ⅰ・Ⅱ	相続開始地，遺産分割審判事件が継続している場合は当該係属庁
家事別表第2⑮，厚年78条の2Ⅱ等	請求すべき按分割合に関する処分	家事233Ⅰ	申立人又は相手方の住所地
家事別表第2⑯，生活保護法77Ⅱ	扶養義務者の負担すべき費用額の確定	家事240Ⅱ	扶養義務者の住所地

※1　旧家事審判法において，乙類審判事件とされていた「夫婦財産契約による財産管理者の変更，共有財産の分割（家審9Ⅰ乙②，別表第1㊽）」「扶養義務の設定・同取消し（家審9Ⅰ乙⑧，別表第1㊽・㊿）」「推定相続人の廃除・同取消し（家審9Ⅰ乙9，別表第1㊻・㊼）」「夫婦の財産管理者の変更，共有財産の分割（別表第1㉛）」については，家事事件手続法において別表第1に分類されたため，家事調停の手続によることはできなくなりました。

※2　家事事件手続法の施行により別表第2事件の審判については，調停と同様に，当事者の合意によって管轄裁判所を定めることができることとなりました（合意管轄。家事66条Ⅰ）。

　その事件について管轄の無い場合には，申立てを受けた裁判所は，管轄のある裁判所に事件を移送するのが原則です（家事事件手続法9条1項，旧家事審判規則4条1項）が，例外的に，その処理のために特に必要があると認めるときは，管轄権がなくとも自らこれを処理することができると定められています（家事事件手続法9条1項ただし書，旧家事審判規則4条1項ただし書）。しかし，現実には，よほどの事情が無い限り，特にこうした実家と離れた申立人からの遺産分割のような事案では，多くの裁判所では，この「自庁処理」の例外を認めてもらえるものではありません。また，法律上は合意管轄として当事者の合意により管轄を定められます（家事事件手続法66条1項，245条1項，旧家事審判規則129条1項）。しかし，紛争性のある事案で，当事者間に対立がある事案で，さらに，相手方の管轄が原則となっている事案で，現実に合意が期待できるものではないでしょう。
　一般に，管轄の定めは，関係する当事者の，公平や利害を考慮して定められた規定として位置付けられています。自庁処理が申立側に利益であれば，それによって不利益を受ける当事者が生じる可能性があります。そう

なるとあえて当初の法の原則を覆すためには，単に申立側の不都合だけでなく，それ相応の事情が求められるのもやむを得ないことなのでしょう。

1 事例の概要

(1) 両親の遺産の相続に関する相談

　Xさん（68歳）は，東北地方のA県のB町出身で，代々，その地を先祖とする家系の長男です。進学を機に近畿地方のC県のD市に出てきて，そのまま就職し定年を迎えました。妻と一男一女の子供に恵まれましたが，出産後間もない娘を病気で亡くしています。妻の両親と同居し，Xさん夫婦で，日常生活の不自由となってきた妻の両親の介護をしながら自らも老後の生活を考える時期にきています。ただ，Xさん自身も交通事故で片脚が不自由となってしまっていて，生活面も妻に支えてもらっています。Xさんの息子は東京に居住しており，今回，当初はXさんの息子が，両親の相続の件なのですが……と弁護士に相談したのがきっかけでした。

　XさんにはB町に，長女（71歳）のY1，次女（69歳）のY2，次男（65歳）のY3の兄弟姉妹がおり，父のZ1を3年前に89歳で亡くし，母のZ2を昨年，同じ89歳で亡くしています。実家では，次男（Y3）が長年両親と同居し，両親とともに生活してきていました。生前は活発な両親でしたが，次男（Y3）は，そんな両親を頼ってか職に就かない時期も長く，経済的にはむしろ高齢の両親から支えてもらっていた様子もあります。

(2) 3年前の父の遺産の相続

　Xさんは，積極的な性格の家系の中で，どちらかというと控えめの性格の様子で，口数も少なめです。ただ，端々に，筋の通らないことは曲げられないという強い意思をうかがわせます。Xさんは，長男でありながら，実家に両親を残して出てきてしまったという手前もあって遠慮してか，実家から何か話があれば，これまで全て言われるままに従ってきていました。3年前の父の相続の際にも，主に次男（Y3）がまとめてB町の実家から送られてきた書類に，全て言われるままにサインし，特に何の希望も述べてきませんでした。遺産としては，代々承継してきた不動産（主に山林）があるようでした。市場性もなく評価は困難な物件ですが，数値としては

1,500万円～2,000万円程度が見込まれます。ほかには，150万円くらいの預貯金が遺産として残っている程度でした。

(3) **母の遺産の相続における対立**

しかし，今回，母の相続を行うにあたっては，法律に従ってきっちり分割をしたいというのが，Xさんの希望であり，それが今回の相談内容でした。それまで，実家からの要求に全て従ってきていたXさんの，予想外の強い対応に，次男（Y_3）を始め，B町の実家は驚き，実家とXさんとの対立が突如深まってしまったようです。弁護士に相談した際には，既に進退窮まった様子でした。それまで，少なくとも表面的には，極めて仲の良かった兄弟姉妹が，今や絶縁状態です。もうB町の実家の敷居は二度と跨げない様子でした。

実家からは，当初は，これまでと同様に「全て放棄して押印してくれ」とのことだったようですが，最後には「金が欲しいのか！」，「いくら欲しいのか！」，「100万か？」，「200万か？」といった攻撃的な響きの問いかけとなってしまいました。しかし，Xさんは一切受け取らず，ただ，「法律に従って4等分にしてくれ」と答えるだけのようでした。事案は典型的な遺産分割の問題です。

(4) **管　轄**

さて，こうした遺産分割の問題が生じた際に，当事者同士で協議が調わないとなると，裁判所を通じた紛争の解決が必要となります。一般には，家庭裁判所で，遺産分割の調停や審判を行うことになりますが，付随して生じる問題によっては，関連する審判や，別途の保全手続や訴訟手続などが必要となる場合もあります。しかし，裁判所を使うとなると，さてどこの裁判所で手続をしたらよいのでしょうか。

本相談のポイント

① 事件を受任した場合の管轄について意識する必要があること。
② その管轄裁判所を利用する際の旅費や交通費など具体的な費用も無視できないこと。

第8章　相続分・遺産分割に関する法律相談

2　受任に際しての注意点と依頼者への対応

　本事例では，現実に予想される解決方法として，裁判所を利用し，調停を行うにしても（また，それで解決せず，関係する訴訟手続等を検討するにしても），具体的にどこの裁判所で，どのような展開が予想されるかによって，「実費」として見込まれる負担を計算する必要がありました。対象となる遺産の額とのバランス，現実に可能性のある利益と比較して，どのような手続を利用すべきなのか，利用すべきで無いのか，弁護士として受任し関与することが必要なのか，相当なのか。それによってどのような利益や効果があって，依頼者にとって意味のあることなのか。単に，法的な問題でない検討が必要でした。

3　問　題

(1)　管　轄

　さて，今回の事案では，遺産分割の調停を行うとすれば，その管轄裁判所はA県の家庭裁判所になります（家事事件手続法245条1項，旧家事審判規則129条1項）。もっともB町は，A県の家庭裁判所の中でもK支部の管轄権に属することになります。支部と本庁の問題は，正確には裁判所内部の事務分配に過ぎませんので，厳密には管轄の問題とはやや異なります。

　現実的な話として，A県の家庭裁判所K支部の管轄として事件が処理されることになると，Xさんとしては，裁判所に赴くだけでも大変な負担です。Xさんの自宅からA県の県庁所在地までも，5時間以上かかりますし，そこからK支部までは，乗り継ぎで更に2時間以上かかります。1回の出頭のためには最低1泊は必要となります。

　また，裁判所に行かなければならないとすると，Xさんは1人で動くのには不安がありますので，妻に同行してもらう必要があります。そうなると，自宅に残す義理の両親のことを考える必要もあります。その間，誰かに介護をお願いしなければなりません。Xさん夫婦の交通費や宿泊費，残す両親の介護も誰かに頼むとすれば，1回の出頭でもXさんにはかなりの負担が生じてしまいます。対立が深まっているとなると，調停も1回，2

回の出頭で解決するとも思えませんし，不動産の評価や，本件では，場合によっては寄与分や特別受益といった問題を解決していく必要性も見込まれ，そのための審理にも期日を要する可能性があります。

(2) 事件の大きさと費用の問題

こうした負担と比較したとき，本件では，分割の対象となるべき遺産は決して多いとは言えません。両親も最後は年金暮らしで遺産としても150万円ほどの預貯金と，主に山林である不動産も，仮に評価としての数値が定まったとしても，実際に売却して金銭にすることは困難が予想されます。実家の次男（Y_3）ほか，相手方の意向としては，その評価以前に，先祖代々受け継いできた不動産を売却するなど論外であるとの様子です。そうなると現実的に動かせるのは，150万円程度の預貯金に過ぎません。また，相手方には，代償として解決するにも，支払ってもらえそうな手元の準備も期待できそうにない様子でした。

このような状態では，仮に最終的には何らかの解決は導けたとしても，Xさんとしては大幅な費用倒れにもなりかねません。

(3) 依頼者の強い熱意

当初，弁護士に相談に来られた際のやり取りも，半分はこうした現実的な問題に及びました。しかし，Xさんとしては，どうしても弁護士に依頼して，遺産分割の調停を行いたいとのことでした。

弁護士が代理することで，本人の代わりに裁判所に出頭し手続を進めることができれば，Xさんのように家庭を挙げた対応が必要な場合には負担の軽減になる場合もあるでしょう。ただ，家事事件では，代理人が選任された事件でも，本人の同行を求められることがあります（家事事件手続法51条，旧家事審判規則5条1項）。実際，家事事件では当事者本人が出頭して内容を詰める必要がある場面も少なくありません。長きにわたる細かな親族間の経緯などは当人でなければ分からないニュアンスも少なくありません。その全ての期日とは言わずとも，本人の出頭が必要となればこうした負担は減りません。

相談の当初は，兄弟間の感情的な問題もあって強硬な気持ちがあったとしても，少し時間をおいて冷静に考えてみれば，互いに利益にならないと

考えれば別途の解決方法もあるのではないかとも考えていました。弁護士としても，法に従った意味においては依頼者の利益となる解決を導けたとしても，本当の意味で依頼者のための仕事になったのかと考えると，後味の悪い結果となってしまいかねません。

　しかし，何度か相談を続ける中でも，Xさんの気持ちはぶれません。どうしてもお願いしたいとの一点です。相談を受けた私も，半ばXさんの熱意に圧され，費用倒れの可能性についてはよく理解してもらった上で，受任して進めることになりました。

4　経　過

(1)　遺産分割調停の開始

　Xさんから依頼を受け，管轄や必要となる手続の問題について検討し，裁判所とも事前に交渉を行うなどしながら，何とかXさんにとって負担の少ない方法はないかと考えました。しかし，最終的には，やはり原則どおり，A県のK支部で実家の次男（Y_3）ら3名を相手に遺産分割の調停として進めることになりました。もちろん，管轄について合意を得ることなども叶いません（家事事件手続法245条1項，旧家事審判規則129条1項）。

　しかし，調停となっても予想どおり容易には進行しません。回数を重ねても大きな進展は見られません。これまでのX家の歴史や細かな事情など，いろいろな問題が出てきます。法的には，生前贈与を始め，寄与分，特別受益といった議論に整理される材料です。相手方としては，金銭による解決を考えるとしても，どこかから借りてくるなどして，遺産の預貯金に足したとしても，250万円が限度であるとのことでした。使っていない山林とはいえ，先祖が代々残してきたものについて処分してしまう選択は，考えられないようでした。Xさんとしても不動産を売却することは本意ではないようです。また，250万円だろうと，相手方ができる，できないではなく，「相手方から示された法律に根拠のない数字」では決してクビを縦に振ろうとしません。共有のまま残しておいたとしてもいつかまた同じ問題が再燃してしまう可能性があり，根本的な解決にはなりそうにありません。

例えば，不動産を正式に鑑定するとなると，その費用も無視できません。Xさんとしては，現物として実家の土地をもらったところで，遠方でそのまま管理を続けることは困難です。売却するにしても，実際に，こうした市場があるとも思えず，果たして買い手がつくのか，それがどの程度になるかも未知数のままでした。しかし，現実には，不動産を鑑定などして評価して一部売却するか，現物分割するかしないと，到底解決できない事案となってきています。

(2) **調停における解決案**

そんな中，Xさん本人が都合により出頭できず，弁護士のみ出頭した期日において，調停委員の感想めいたものから発して「長期の分割も有りとして，相手方らで合計して，300万円を用意することで，代償的に解決する方法はないのか」という案が出てきました。これでまとまらなければ，費用を掛けてでも鑑定して，売却も含めて考えざるを得ないところまできていました。

相手方としては，250万円が出せる限度とのことでしたので，300万円を支払うためには融資を受けるなど，差額分を更に特別に用意しなければなりません。

ただ，Xさんのこれまでの対応や経緯からすると，とてもこれでまとまる案であるとも思えませんでした。Xさんからは，残る預貯金の全てを鑑定に使ってでも，そのまま進めてほしいと言われるのだろうとも考えました。ただ，そこまで行ってしまうと，まさに泥仕合，誰にとっても「不幸」な結果になるように思えてなりません。弁護士としても，何とかXさんを説得してでも，との気持ちになりかけていました。この期日は，Xさんは都合で出頭できず，電話もつながらない状態でしたので，即決はできず，各自，宿題として持ち帰ることになりました。

5 解　決

(1) **依頼者からの意外な回答**

さて，この提案を持ち帰った弁護士は，早速，Xさんと打ち合わせを行いました。弁護士としては，仮に，Xさんが最終的にはこの案を受け入れ

301

てくれるとしても,「少し考えさせてほしい」などと言われた上で,「しぶしぶ」といった回答なのかと想像したり,説得すべきだろうか？　説得するとすればそれは誰のため？　何のため？　それが今回の事案の解決になるのかどうか？　本件の方向性がよく分からなくなりかけてもいました。やはり事件を受けるべきではなかったかと後悔したり,Xさんがこの提案を受け入れなかったときは,今後どのように進めていくべきなのかなど,悩みばかり沸いてきていました。

ところが,この提案をXさんに示すと,Xさんは,なんともあっさりと「それでお願いします」との一言でした。

逆に,これまでの経緯から,弁護士としては,本当にいいのか？　合意して調停としてまとめて,気が変わってもやり直せないなど,これまで説得しなければならないかと考えていたのとは全く逆の言葉をかけることになっていました。Xさんは,さすがにこれまでの長い手続で疲れてきたからなのだろうか,などといった想像を挟む余地のない,明るい,嬉しそうな口調でした。しかし,今この結果であれば,これまでの負担などを考えると,当初,相談に来られる前に,200万円をもらって解決しておけば,ここまでの負担もなく,早期に解決できたのでしょう。もともと金銭をもらうかどうかは,全くこだわりは無い様子でしたが,それにしても,今回の案が経済的にも決して嬉しい結果とも思えません。

(2)　**調停の成立**

弁護士としては,何だかよく分からなくなっていました。ただ,Xさんの真意であることは間違いないようでしたので,次回の期日ではOKの返事をすることになりました。あとは今回の手続で遺恨無く全てが解決できるよう,弁護士としては細かな条項を詰めることなどに注心することにしました。相手方も,それまでは弁護士を付けていませんでしたが,この段階はやはり重要な決断であると悩んだようで,弁護士にも相談した上で,結論としてOKの回答を持ち帰ってきました。

これで,ようやく調停が成立することになりました。ただ,結局,調停の間を通じて,形式的な日程調整の場でさえも,最後までXさんは相手方と顔を合わせることはありませんでした。せっかくの帰省も,ただ,裁判

所を往復するだけの旅程となってしまいました。

6　その後

(1) 依頼者からの挨拶

　事件が終わり，Xさんが夫婦で弁護士の事務所まで挨拶に来られました。弁護士としては，Xさんには納得してもらって受任し，またXさんの納得のもとで解決に至ったものの，本当のところは，勝ったか負けたか分からない結果であるという気持ちが拭えませんでした。調停がまとまった後も後味の悪い気分のままでした。Xさんが事務所に訪ねて来たときは，当初，決まり悪い気持ちもありながらの応対でした。

　しかし，Xさんから受けたのは，これまで他の依頼者からも受けたことのないような感謝の言葉でした。言葉は相変わらず多くはありませんでしたが，「社交辞令」ではない真の気持ちが伝わる挨拶でした。あまりの感謝のされように，弁護士としては，嬉しさの反面，更に釈然としない気持ちを残すことになりました。

(2) 紛争解決の目的

　その後，間もなくして，弁護士のもとに，Xさんの妻から電話がありました。「主人のこれほどに嬉しそうな表情は初めて見ました」，「ありがとうございます」とのことです。Xさんは，実家の関係では，これまで自分の思いや気持ち一度も出したことが無かったそうです。今回，初めて自分の意見を貫くことができた。解決は何でも良かったのかもしれない。ひょっとしたら，裁判所から全て放棄するように言われればそれでも快く従ったのかもしれない，とのことでした。今回のお金もきっと主人は手を付けないで何か実家のために使うのではないかと言います。

　Xさんにとっては，実家からの提案に従ったのではなくて，自分から弁護士に依頼して手続を行ったこと，その中でも相手方の主張がおかしいと思えば，反対し決して従わなかったこと，ただ最後は弁護士からアドバイスを受ける中で，第三者である裁判所に解決案を示され，それに従って解決できたこと。それがXさんにとっての解決の全てだったのです。

　その年の暮れ，母の葬儀後初めて，ようやくXさんは，実家の両親のお

参りに行くことができたとのことです。

7 おわりに

　相談のポイントでも触れましたが，その紛争の解決で得られる利益とそのためのコストの計算やバランスが必要な事案は少なくありません。単に紛争の対象（訴訟でいう訴訟物）について争うことだけでなく，依頼者が何を考え，何を求めているのか，それを見つけることが必要と思われる事案もあります。無益な依頼は受けるべきではないとしても，依頼者の真意が何であるのか，何が利益なのか，特に一見バランスの悪い依頼では，その判断に迷い悩む事案に遭遇することがあります。

　単なる法的な紛争解決にとどまらず，依頼者の意図する真意を把握することも，依頼者の代理人としての弁護士の重要な役割なのかもしれません。

　　　　　　【プライバシー保護のため事例の内容は変えております。】

COLUMN

コラム⑮
「遺産分割調停（特に祭祀財産の承継）についての事例」

　ＡＢ夫妻には長女Ｘ，長男Ｙ，次女Ｚがいます。先に父Ａが死亡し，そのおよそ１年後に母Ｂが死亡しました。ＡＢの相続人はＸＹＺです。母Ｂは遺言書を残しており，自分の全財産は同居して母の世話をしていた次女Ｚに相続させる，祭祀財産の承継者についても，次女Ｚと指定すると記載されていました。すると，長男Ｙは次女Ｚを相手として遺留分減殺請求の調停申立てを行うとともに，ＸＺを相手方として父Ａの祭祀財産承継者指定の審判申立てを行いました。

　父Ａについては遺言がなく，また，父Ａは長男ではなく母Ｂと婚姻後独立して家庭を築いたので，この家にとっては初めて祭祀承継者を決めるという場面がおとずれました。父Ａの祭祀承継者が誰であるか決まれば，その後に亡くなった母Ｂの祭祀承継者もその者がなると思われるので，先決問題として父Ａの祭祀承継者を決めることになったのです。

　祭祀承継者について民法では，①慣習，②被相続人の指定，③慣習が明らかでない場合には裁判所の判断となっています。本件では母Ｂか長男Ｙかという議論になりましたが，都会では，父が亡くなったときの祭祀承継者が長男であるか，母（妻）であるかについて確定的な慣習は見当たりません。長男Ｙとしては母Ｂが入退院を繰り返していたことや，長男Ｙが墓地の使用権を既に取得していること，仮に母Ａが祭祀承継者となれば，母亡き後次女Ｚが祭祀承継者となるが，次女は無職でもあり祭祀を司れるか疑問であることなどを挙げて，長男Ｙがふさわしいと主張しましたが，決め手にはなりませんでした。

　さらに，父Ａ母Ｂの遺骨は，火葬に付したあと実家に安置されていましたが，実家には次女Ｚが居住しており，仮に長男Ｙが祭祀承継者となったとしても，あくまで長男が祭祀承継者になることに反対していた次女Ｚが任意にご遺骨を長男に手渡すとは考えられません。強制執行するとしてもご遺骨がどこにあるか分からなければ現実には執行できません。

　最終的には，母Ｂの遺産についての遺留分減殺の請求を放棄するなどのやり取りを経て，祭祀承継者を長男Ｙとし，遺骨を引き渡すことで話し合いがつきました。

第8章 相続分・遺産分割に関する法律相談

事例 24 相続にまつわる鑑定の話

① 自筆遺言証書の筆跡鑑定により被相続人の筆跡ではないとされたが，その後，別の鑑定で本人の筆跡であるという結論になった事例
② 実印の印影の私的鑑定の結果が裁判所の鑑定で覆った事例

●概要図１

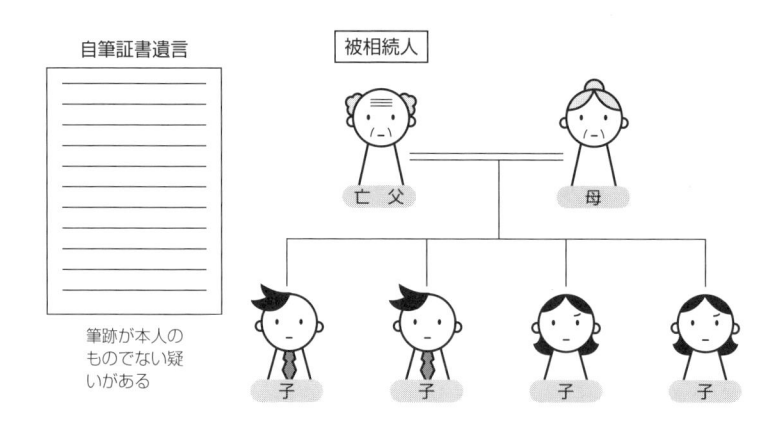

自筆証書遺言

筆跡が本人のものでない疑いがある

被相続人
亡父 — 母
子　子　子　子

●概要図２

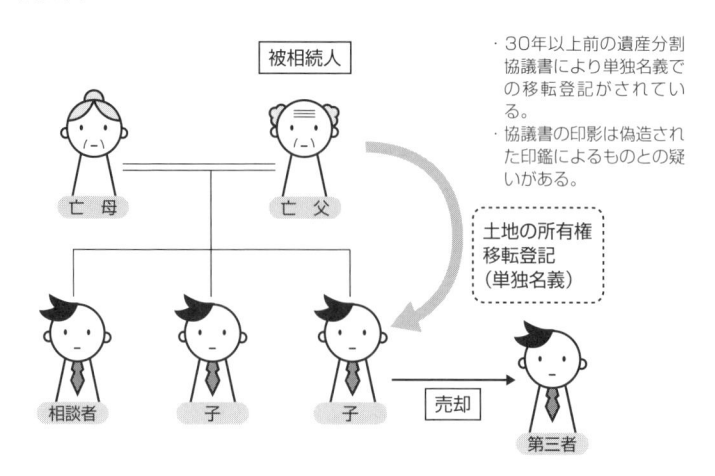

被相続人
亡母 — 亡父
相談者　子　子　　第三者

土地の所有権移転登記（単独名義）

売却

・30年以上前の遺産分割協議書により単独名義での移転登記がされている。
・協議書の印影は偽造された印鑑によるものとの疑いがある。

はじめに

　法律的な紛争の中で，重要な書類に記載された署名や押印の印影が偽物ではないかと争う事例は多いですが，鑑定まで行う例はそれほど無いようです。本事例は，署名と印影の鑑定を行った事例を紹介しており，実務の参考にしていただければと思います。

1　事例の概要

〈事例1　遺言書の筆跡鑑定〉

　数年前のことですが，ある人の紹介で相続に関する依頼がありました。
　依頼者の話では，自筆遺言証書が出てきて裁判所の検認を行ったが，発見者の遺言発見後の態度に不審な点があり，遺言書の内容も生前に遺言者が依頼者に話していたことと矛盾するし，遺言書の筆跡についても依頼者が所持している遺言者からの手紙などの筆跡と異なると思われ，さらに，遺言書が入っていた封筒に書かれていた「遺言書」とか氏名等の筆跡と遺言書の筆跡も異なると思われるとのことでした。
　ただ，私からみれば，遺言そのものの内容は，被相続人の親族関係等の状況からすれば，特別に不自然なものではありませんでした。
　しかし，依頼者は遺言が偽造されたものであるという気持ちを強く持っており，このまま遺言を受け入れることはできないとのことでした。
　そこで，とりあえず遺留分減殺の通知は行った上で，筆跡鑑定をしてもらおうということになりました。
　それまで，私は弁護士生活の中で筆跡鑑定を依頼したことがありませんでしたので，鑑定人の選任をどうしようかと考えていたところ，たまたま，筆跡鑑定等を行う会社からダイレクトメールが届きましたので，会社の担当者の話を聞くことにしました。会社の担当者の話では，鑑定にあたる者は，裁判所等からの鑑定依頼も多く，マスコミ等でもとりあげられた重大事件に関する鑑定なども手がけた経験を有する者だと説明されましたので，依頼者とも相談の上その会社に依頼することとしました。筆跡鑑定の費用は38万円（消費税別）とのことでした。

まもなくして鑑定結果の連絡がありましたが，その結論は，遺言書の筆跡は被相続人の筆跡とは異なるとのものでした。
　そこで，依頼者とも相談の上，正式な私的鑑定書の作成を依頼することとし，後日，受領しました。
　同鑑定書は，遺言書と複数の対照文書（依頼者宛の手紙等）の文字について科学機器等も用いて詳細に比較検討しており，その結論として前述のように被相続人の筆跡ではないと断定していました。
　私は，同鑑定書を見て，鑑定書の最後の部分に鑑定人の経歴や鑑定実績を強調するような記載がたくさんあったことについて若干の違和感を抱きましたが，当時は鑑定に関する情報や知識もあまりなく，鑑定人は専門家であると認識していましたので，鑑定結果そのものに疑問を抱くことはありませんでした。
　また，依頼者も鑑定結果に力を得て，遺言無効の裁判手続を希望しましたので，次の段階に進むこととし，依頼者以外の他の相続人全員を相手方とする遺言無効確認の調停を起こすことにしました。いきなり訴訟にしなかったのは，訴訟では親族間の対立が決定的になってしまうことが危惧されたからです。
　調停において，当方から遺言書は被相続人の筆跡ではないという私的鑑定書を提出したところ，相手方は，被相続人が書いた他の文書を提出して遺言書の筆跡は被相続人のものであると主張し，真っ向から対立することになり，調停は不成立になりました。

〈事例２　遺産分割協議書の印影の鑑定〉
　ちょうどその頃，私は並行して相続にからむもう一件の事件の相談を受けていました。
　それは，30年以上前に他界した父親名義の不動産について，最近になって兄弟のひとりが勝手に売買してしまったが，そもそもその不動産については相続手続が何も行われていないというものでした。
　登記関係を調べると，最近になって相続人のうちの一人の単独名義での相続登記がなされたことがわかりましたので，当該相続人に通知して回答

を求めたりした結果，30年以上前の遺産分割協議書が存在し，その協議書により売買の直前に当該相続人の単独名義での登記がなされたことが明らかになりました。その協議書には，相続人全員の住所氏名が同一筆跡で書かれ，各相続人の実印が捺印され全員の印鑑証明が添付されていました。

　私は，依頼者に，実印を押し印鑑証明書も交付したのではないかと確認しましたが，依頼者は，何らかの手続のために印鑑証明を出したことはあるかもしれないが，遺産を分けたということは絶対にないし，分割協議書で依頼者がもらうと記載されている株式もそれに代わるお金をもらったこともないとして，分割協議書への押捺について頑なに否定しました。なお，売却された不動産は，被相続人の自宅であったもので，価値としては相続財産の大部分を占めるものでした。

　また，自分は当時実印を厳重に管理していたので，勝手に押されることはありえないし，よく見ると協議書の印影は印鑑証明の印影と異なっており，協議書に押してある印影は偽造された印鑑によるものと思われるので調べる方法はないかとまで言うようになりました。

　そこで，たまたま，現在他の事件でちょうど筆跡鑑定中である旨話したところ，依頼者は，お金がかかっても良いので是非印影の鑑定をしてほしいということになり，筆跡鑑定と同じ会社に印影の鑑定もお願いすることになりました。印影の鑑定の方は費用は30万円（消費税別）でした。

　ほどなくして鑑定書が出来上がりましたが，その結論は，分割協議書の印影と印鑑証明書の印影とは異なる，すなわち，分割協議書への押捺は偽造印によってなされたというものでした。

　鑑定書には，スーパーインポーズという方法で印影を重合した写真に基づく説明がなされており，印影が異なることについては議論の余地がないとまで記載されていました。

本相談のポイント

① 遺言・遺産分割協議書が偽造されたものであると主張する根拠。
② 費用をかけて鑑定をすることについて，メリットがあるかどうか，依頼者が納得しているかどうか。

2　受任に際しての注意点と依頼者への対応

　遺言や遺産分割協議書が虚偽のものだと考えられるかどうかについて，筆跡や印影を見比べるだけではなくそれらの書面の内容，作成の経緯その他の諸事情を調査して，偽造されたと主張しうる根拠があるかどうかを慎重に判断する必要があります。

3　両事例の結末

　上述した相続不動産を処分した相続人からの回答は，遺産分割協議書はあらかじめ自分が第三者に相談して相続人の住所氏名まで全て記載したものを他の相続人全員に見せて説明し，全員の了解を得て，各自が持参した実印で押捺したので，成立にはまったく問題が無いというもので，協議による解決は不可能でした。

　依頼者とその後の方針につき協議しましたが，依頼者は不動産を処分した相続人との間で過去にもいろいろな経緯があったこともあり同相続人に対する不信感が非常に強く，訴訟による解決を強く希望しました。

　そこで，遺産分割協議書が偽造であることを前提に，同協議書で遺産の不動産を単独相続したと主張する相続人を相手に，既に処分した不動産の売却額と推定される額（依頼者は当該不動産の売却に関する広告を入手していた。）に依頼者の法定相続分を掛けた金銭の支払いを求める訴えを提起しました。

　同裁判において，当方は，前記私的鑑定に基づき印影は偽造印によるものであって遺産分割は成立していないと主張し，相手方は当然のこととして有効だと主張しましたので，裁判所選任の鑑定人による鑑定が行われることになりました。

　裁判所選任の鑑定人は，前記私的鑑定と同じくスーパーインポーズによる印影の重合という方法を採りましたが，結論は逆で，協議書の印影と印鑑証明書の印影は同一の印鑑によるものであるという結論でした。

　そして，鑑定書では，私的鑑定書が偽造印によるものだと断定した根拠となった両印影の差異について，両印影は微細な点において重ならない部

分も若干見られるが，これは押印条件の相違（押印時の着肉量が多く押印圧力が高いと押印時に印肉がはみ出し，印影画線は肥大する）に起因したものであるとされ，さらに，当該印鑑は市販のものではなく注文によるものであるが，印鑑業界では印鑑証明と同じ印影の印鑑の作成を依頼されてもほとんど応じないし，一見同じように見える偽造印でも精査すればその違いを発見できるとも記載されていました。

　この結果を受けて，依頼者も偽造であるという主張はあきらめ，裁判所からの和解勧告に被告も応じたこともあり，分割協議が有効に成立したことを前提として，依頼者がそれなりの解決金を受領することで和解が成立しました。

　この和解が成立した頃，前述した筆跡鑑定がからむ事件の方は今後の方針を検討中でした。

　印影鑑定の件を受けて，遺言書が偽造であるとする筆跡鑑定に対する信頼性が薄れたことは否めず，依頼者と協議をした結果，依頼者の希望で別の鑑定人に鑑定を依頼した上で方針を決定することになりました。ただ，今回の鑑定では，あまり費用をかけないために，とりあえず簡易鑑定をお願いすることにしました。

　その結果は，遺言書の一部に他の筆跡で訂正されたと思われる部分はあるが，遺言書は被相続人の筆跡であるというものでした。そして，訂正された部分は，地番等により特定された土地の面積表示などの部分で遺言の内容を左右するような重要部分ではなく，遺言そのものも同土地を含む全ての財産を一人の相続人に相続させるというものでしたので，そのことによって遺言書自体を無効とすることは難しいと判断されるものでした。

　この結果を受けて依頼者と協議した結果，紆余曲折はありましたが，最終的には遺留分減殺請求を前提とした裁判外の協議により相続財産を取得することで事件は終了しました。

4　筆跡鑑定をめぐる判決

　裁判所での判決で筆跡鑑定に関するものを調べますと，有名なものとして次の判決がありました。それは東京高裁平成12年10月26日判決（判タ

1094号242頁）で，同判決は，遺言書の筆跡は被相続人Ａの日記帳の筆跡と異なるとした裁判所の選任した筆跡鑑定人による鑑定結果を採用して遺言を無効と判断した一審判決を覆し，二審で控訴人（被告）が提出した鑑定書の結論と同じく遺言書は有効と判断したものですが，そこでは一審判決での裁判所選任鑑定の信用性に対する疑問に関して，次のように述べています。

「本件遺言（乙3の2）の筆跡とＡの日記帳（乙20）の筆跡について，原審における鑑定の結果は，
ア　配字形態は，類似した特徴もみられるが総体的には相違特徴がやや多く認められる，
イ　書字速度（筆勢）は，総体的に相違特徴がみられる，
ウ　筆圧に総体的にやや異なる特徴がみられる，
エ　共通同文字から字画形態，字画構成の特徴等をみると，いくつかの漢字では形態的に顕著な相違があり，ひらがな文字では総体的には異なるものがやや多い傾向があるとして，
本件遺言の筆跡とＡの日記帳の筆跡とは別異筆跡と推定するとの結論を出している。
　一方，乙64（吉田公一作成の鑑定書）は，いくつかの漢字について相違しているもの，類似しているものを挙げ，また，両者の筆跡に筆者が異なるといえるような決定的な相違点は検出されないなどとして，本件遺言の筆跡とＡの日記帳の筆跡とは筆者が同じであると推定されるとの結論を出している。
　原審における鑑定の結果と乙64とは，基本的な鑑定方法を異にするものではない。右の2つの結論の違いは，本件遺言自体が安定性と調和性を欠いていること，Ａの日記帳は，昭和55年7月21日から昭和62年4月16日までの間に記載されたもので個人内変動があること，どの字とどの字とを比較するかについてあまりに多様な組合せが可能であることなどによって生じたものと考えられる。
　そうすると，右のような対象について，筆跡鑑定によって筆跡の異同を断定することはできないというべきである。
　なお，筆跡の鑑定は，科学的な検証を経ていないというその性質上，その証明力に限界があり，特に異なる者の筆になる旨を積極的にいう鑑定の証明力については，疑問なことが多い。したがって，筆跡鑑定には，他の証拠に優越するような証拠価値が一般的にあるのではないことに留意して，事案の総合的な分析検討をゆるがせにすることはできない。」

この判決で裁判所は，原審における鑑定の結果と乙64（控訴人提出の鑑定書）とは，基本的な鑑定方法を異にするものではないと言っていますが，この事案は，鑑定方法の違いによるもので，一審の裁判所選任の鑑定人による「いわゆる伝統的筆跡鑑定法」を退け，二審の控訴人提出の鑑定書による「科学的鑑定法」を採用した画期的判決であるとの評価もありますので紹介しておきます。

　また，最近，京都の有名企業である「一澤帆布」の経営権をめぐる争いに関して，同一の遺言書の有効性が原告を異にする別の事件として争われました。いずれの事件でも筆跡が遺言者のものであるかが争点となり複数の筆跡鑑定が提出されたようですが，最初に争われた事件では，遺言は有効であるとした京都地裁の判決が最高裁で確定し，その後争われた事件では遺言は無効（偽造されたもの）であるとした大阪高裁の判決が最高裁で確定しました。

　一つの遺言書について，筆跡の真贋についての異なった結論がいずれも最高裁で確定してしまったのです。このことは，筆跡鑑定についての信頼性を揺るがせる問題としてマスコミでもとりあげられました。

5　鑑定に対する当事者の温度差の問題

　事例1，2における依頼者や代理人であった私が，筆跡鑑定や印影鑑定について大いに期待していたことは事実です。両事件において，依頼者は相手方に対する不信感を持っていたことから，遺言書や遺産分割協議書が偽造されたものだという思いが非常に強かったこともその期待をますます高めることになったことも否めません。

　一方で，裁判所は筆跡鑑定についてどう考えているかを知る資料の一つとして，大阪地方裁判所の裁判官グループによる「遺言無効確認請求事件の研究」（判タ1194号43頁及び1195号81頁）があります。

　そこでは遺言無効確認請求事件全般について裁判例を分析するとともに裁判官にアンケートを行った結果も踏まえ，裁判官としてどう事件処理をしていったらよいかについての報告がなされていますが，その中に筆跡鑑定に関する部分もあります。

詳しくは判例タイムズをご覧いただくこととしますが，その一部を紹介させていただきます。

　裁判官に対するアンケート（回答者21名）の結果，筆跡鑑定の申出については，採用することもあるが積極的というわけではないという回答が12名で最も多く，その理由としては，「筆跡鑑定は，科学性，客観性が確立しているとはいい難いこと，どの程度信頼できるか疑問であり費用をかけるにはリスクが高いこと，筆跡鑑定をしなくても筆跡対照はある程度可能であること，筆跡鑑定自体遺言者の筆跡である確率が何パーセントという程度でしか結論が出ず，それのみで判断できるとはいえないことなどが挙げられた。」とされています。

　また，採否にあたっての留意点として「裁判所の筆跡鑑定の結果に対する証拠価値の評価と，当事者の筆跡鑑定の結果に対する証拠価値の評価との間に大きな違いが生じ，その後の和解等が困難になる可能性もある。したがって，筆跡鑑定の申し出の採否を決めるに当たっては，他の証拠の間接事実を考慮して，筆跡鑑定の必要性を慎重に吟味する必要があろう。」とされています。

6　まとめ

　事例1，2の場合に筆跡鑑定や印影鑑定を行ったことが結果的によかったのかどうかについては，明確な結論を出すことは今でも困難です。

　しかし，鑑定を経ずして事件が終了できたかというと，その判断も困難ですが，両事件やその後の鑑定に関する情報収集の結果，筆跡鑑定等が問題になる事件に遭遇した場合には，鑑定についての信頼性，裁判所における評価等を理解した上で，遺言の場合であれば，遺言内容について，遺言者の従前の発言・意向との整合性，遺言者と相続人の関係との整合性，遺言の目的である財産内容との整合性などを十分に検討し，依頼者の意向も考慮の上，鑑定にまで踏み込むかどうかを判断することが必要であることを痛感しました。

　筆跡鑑定についても，現在でも事件の解決に寄与していることは事実でしょうし，科学の進歩とともに新しい手法によるいっそう信頼性の高い鑑

定が可能になるとも思われます。

　将来的には，鑑定を利用する人が，科学的で信頼できる鑑定機関に依頼でき，比較的安価な鑑定費用で利用できる体制が整備されることが望まれます。

【プライバシー保護のため事例の内容は変えております。】

コラム⑯
「遺産20億円はどうなるか」

【設例】 被相続人は20億円の財産を残しましたが，借金が30億円あります。その借金のうち2億円について妻が連帯保証をしています。また，被相続人には，妻を受取人とした生命保険があり，3億円の保険金を妻は取得することができます。妻やほかの相続人はどのようにすればよいでしょうか。

1 借金も相続しないといけないの？

相続はプラス財産だけでなく，マイナス財産の借金も承継されます。借金のような金銭債務については，当然に分割承継されたものとするのが現在の判例です。設例では，妻は，借金30億円の2分の1，つまり15億円の債務を承継することになります。

2 借金を相続しない方法はありますか？

遺産より借金が多いことがわかった場合，「遺産もいらないが，借金も負担したくない」という相続人の希望を満たすのが「相続放棄」の制度です。相続放棄をすると，その人は初めから相続人とならなかった効果が生じます。相続放棄には，家庭裁判所で相続を放棄する旨の申述をする必要があります。

プラス財産とマイナス財産のどちらが多いかわからない場合には，遺産の範囲で借金を返済すれば足りるという「限定承認」の制度があります。限定承認も3か月以内に，財産目録を作成して家庭裁判所にその旨の申述をしなくてはなりません。共同相続人がいる場合には，共同相続人全員で手続を行わなくてはなりません。

一方，相続人が相続財産の一部又は全部を処分したり，所定の期間内に限定承認，相続放棄の手続をとらない場合には，単純承認をしたものとみなされます。

3 遺産はどうなる？

設例では，遺産よりも借金のほうが多いので，相続放棄か限定承認の手続を選択することが通例でしょう。相続人としては，相続財産を処分するような行為をすると，単純承認をしたものとみなされます。注意が必要です。

設例では，妻が3億円の生命保険を受け取ることができますので，相続放棄をすると，生命保険の非課税規定，債務控除などの相続税法の規定が適用されなくなり，課税上不利益になってしまいます。妻にとっては，共同相続人全員で限定承認の手続を行うことがよいでしょう。

第9章
成年後見・高齢者に関する法律相談

成年後見・高齢者に関する相談を受けるときのポイント

1 相談の内容（高齢者被害か，成年後見か）の把握と誰が依頼者かを確認する。

　高齢者に関する相談といっても，大きく「高齢者被害の回復」と「成年後見」とで対応が異なりますので，いずれであるのかその内容を確認することが必要です。

　特に，高齢者被害では，多くの場合，緊急の対応を取る必要があります。

　また，高齢者に関する相談については，本人ではなく，家族などが，相談に来ることがよくあります。したがって，依頼者が，本人なのか，家族なのか，誰になるかを明確にする必要があります。相談者が本人以外の場合，本人の意向によって動く，つまり本人を依頼者とすることも必要です。ただし，本人から依頼を受ける場合には本人に判断能力があることが必要です。

2 高齢者被害の場合

　高齢者被害の場合，通常，被害回復のために，緊急の対応を取ることが必要ですが，本人の判断能力によっては本人から委任を受けることができないことがあります。なお，本人の判断能力については，主治医がいれば，できるだけ情報を得ることが必要です。

(1) 後見人の選任

　本人に判断能力がない場合には，まず，後見人を選任してもらい，後見人が包括代理権に基づき，被後見人となった本人のための種々の法的手続を取っていくことになります。ただ，後見開始の審判までは3か月程度の期間を要し，後見人が活動できるまで時間を要します。

(2) 審判前の保全処分

　急を要する事情のあるとき，上記のとおり後見人選任には時間を要するため，後見人選任を待って対応したのでは間に合わないことから，後見人選任の申立てと同時に，審判前の保全処分（家事事件手続法105条，旧家事審判法15条の３第１項）により，被害者の財産管理人選任を求める保全処分も申し立てることが必要です。

　そして，財産管理人は，目的財産につき，保存行為もしくは物又は権利の性質を変えない範囲内において，その利用又は改良を目的とする行為をする権限を有します。これを超える行為をするにあたっては裁判所の許可が必要となります（家事事件手続法125条，旧家事審判法16条，民法28条，103条）。

3 成年後見の場合：本人以外が依頼者のとき

　成年後見に関する相談については，本人ではなく，家族などが，相談に来ることがよくあり，親族間での本人の財産管理権をめぐる争いにまで至っているということもあります。

　本人以外が依頼者となる場合に，任意後見契約締結を希望していても，本人の判断能力によっては任意後見契約の締結ができないこともあります。

　また，あくまでも最後は本人の利益が図られることになるため，例えば，依頼者が法定成年後見人となることを希望し候補者となっても，法定成年後見の申立てにより選任される成年後見人が依頼者になるとは限らないこともあります。

　あくまでも本人の保護と本人の意思尊重をいかに図るかという問題が中心であること等を意識して説明し，依頼者が過度の期待を持たないよう配慮することが必要です。

4 任意後見と法定後見の関係について

　任意後見と法定後見との関係がどういう関係になるか正確に把握することが必要です。

　任意後見において，任意後見監督人が選任されていない場合，そのまま

法定成年後見人選任申立てをすると、既存の任意後見契約が存続するため（任意後見契約に関する法律10条3項反対解釈）、その法定成年後見人選任後に改めて任意後見監督人選任申立てがなされると、法定後見による保護を継続することが本人の利益のため特に必要であると認められるときを除き、家庭裁判所が任意後見監督人を選任して法定後見の開始の審判を取り消すこととされています。

5 任意後見契約の解除・解任について

　任意後見契約の解除について、任意後見契約に関する法律9条1項で「第4条第1項の規定により任意後見監督人が選任される前においては、本人又は任意後見受任者は、いつでも、公証人の認証を受けた書面によって、任意後見契約を解除することができる。」とされ、また、同条2項で「第4条第1項の規定により任意後見監督人が選任された後においては、本人又は任意後見人は、正当な事由がある場合に限り、家庭裁判所の許可を得て、任意後見契約を解除することができる。」とされています。

　任意後見監督人が選任される前と後とで解除の要件が異なります。任意後見監督人が選任された後では、「正当な事由」、「家庭裁判所の許可」が必要となります。

　任意後見人の解任については、同法8条に「任意後見人に不正な行為、著しい不行跡その他その任務に適しない事由があるときは、家庭裁判所は、任意後見監督人、本人、その親族又は検察官の請求により、任意後見人を解任することができる。」と規定されています。

事例 25 高齢者の財産の保護
─成年後見制度について─

長女の元夫から認知症の母の名義の自宅の土地，家屋が，実印，印鑑証明書を悪用され，名義を変えられた事例

● 概要図

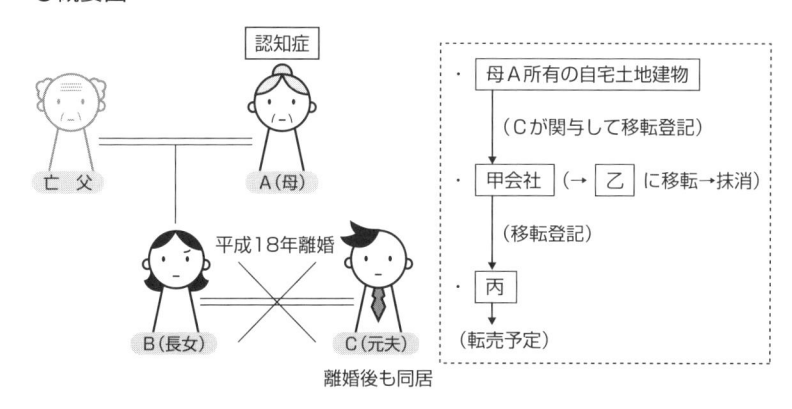

```
              認知症
                                ・ 母A所有の自宅土地建物
                                   （Cが関与して移転登記）
   亡父      A（母）             ・ 甲会社（→ 乙 に移転→抹消）
        │                          （移転登記）
   ┌────┴────┐                  ・ 丙
   │平成18年離婚│                    （転売予定）
  B（長女）×  C（元夫）
       離婚後も同居
```

はじめに

　高齢者が，認知症等何らかの精神上の障害により，財産管理能力が失われ，あるいは低下して自ら十全な財産管理ができなくなることがあります。このような場合，財産管理が適正に行われ，生活に支障の無いようにするためには，成年後見制度による必要があります。

　本稿では，財産管理に焦点を当て，被害者が認知症などにより，その能力が無いにも関わらず，自宅の売却や高額な投資商品の購入などにより受けた被害を回復するため主に後見制度を利用した例を紹介いたします（後見開始事件は，保佐や補助の開始事件に比しより多く利用されています。平成23年では，後見25,905件，保佐3,708件，補助1,144件となっています。最高裁判所事務総局家庭局「成年後見関係事件の概況」より。）

　転ばぬ先の杖といいますが，悪徳商法などの被害にあって，あわててその回復を図ろうとしても，以下にも述べますが，難しいことも少なくあり

ません。

1 事例の概要

(1) 自宅の土地家屋が売却される前の状況

　Aさんは一人暮らしでした。元来気丈な性格でしたが、平成14年、夫を亡くしてから徐々に物忘れがひどくなり、やがて被害妄想も見られるようになりました。Aさんは、子供は長女Bさん一人でしたが、なぜかBさんにはきつくあたり、Aさんのお金を盗んだなどと非難し、BさんはAさんのところに行きづらくなっていました。

　Bさんは夫のCさんとは平成18年に離婚していましたが、Cさんは職がなく、Bさんとしては追い出すわけにも行かず、子供もCさんを慕っていたことから、離婚後も同居していました。Bさんは、上記のようにAさんから非難されるし、仕事もあり、Cさんに母Aさんの世話を頼んだりしていました。なぜかAさんはCさんにはつらく当たらなかったし、Cさんは仕事もしていなかったのです。

　Aさんは、後述する事件当時は、記憶障害があり朝食をとったかどうかもよく分からないこともあるほどで、被害妄想も見られる状態でした。アルツハイマー型認知症と診断され、平成19年11月より継続的に医師の診察を受け、食事なども介護の世話になっていました。

(2) 自宅の土地建物が売却された状況

　そんな折の翌年3月、Cさんは、借金があったようで、自らの商売のためにAさん所有の自宅を担保に資金を借り入れようと企て、甲会社から融資を受けようと考えました。甲会社から依頼を受けた司法書士がAさん宅へ来て、登記に必要な書類に署名押印を受け、手続をとりました。実際に取られた手続は担保権の設定ではなくAさんの自宅の売買となっていました。Bさんは、しばらくは分からなかったのですが、Cさんが交通事故に遭い、入院し、その際持っていた不動産の登記簿謄本からAさんの自宅が売却されているのが分かり驚いて、相談に来られました。そのときは既に登記から1か月ほどが経過していました。甲会社からは、Cさんに約束の貸付額の一部を支払ったのみで、Aさんには何も支払われていなかったの

ですが，甲会社は，移転登記を受けると，すぐ乙へ譲渡担保ということで第三者乙に登記名義を移転していました。

Aさんは，年金暮らしで預金もほとんどなく，自宅を失えば生活できなくなる状態でした。後に判明したことですが，Aさんは契約の後3か月ほどで立ち退くとの書類にも署名押印していました。

> **本相談のポイント**
> ① Aさん自宅の名義を取り戻すにあたって，法律関係の錯綜を避けるため登記名義が転々譲渡されぬよう早急に仮処分命令の申立てをする必要があること。
> ② ①に先立ち，Aさんから委任を受けるのは困難なので後見人として選任してもらう必要があること。
> ③ ②の後見人選任の審判までにはある程度の時間を要するため，②の申立てと同時に審判前の保全処分の申立てをし，後見人選任の審判前に，早急に財産管理人として選任される必要があること。

2 受任に際しての注意点と依頼者への対応

早急に不動産の仮処分を行えるよう，速やかに対応すること。その間，建物からAさんが追い出されたりしないよう家族がAさんと同居するように指示しました。

3 本件における法的問題点の考察

(1) 成年後見制度

本人の判断能力が喪失又は低下している場合，もしくはこれに備える場合に，本人の財産管理・療養看護に関する法律行為のため，法は，法定後見制度及び任意後見制度を用意しています。

法定後見制度は，本人の判断能力の喪失又は低下の程度に対応して後見（事理弁識能力を欠く常況にあるとき）・保佐（事理弁識能力が著しく不十分で

あるとき)・補助(事理弁識能力が不十分なとき)の類型に分かれます。いずれも家庭裁判所の審判を経て，本人が被後見人・被保佐人・被補助人とされ，これに対応して，後見人・保佐人・補助人が選任されます。

　後見人には当然に包括的な代理権と法律行為の取消権が付与されています。保佐人には法律で定める一定の法律行為についての同意権・取消権が付与され，かつ申立てにより特定の法律行為についての代理権が付与されます。補助人には，申立てにより特定の法律行為についての同意権・取消権又は代理権を付与することができることになっています。

　任意後見制度は，本人が精神上の障害により事理を弁識する能力が不十分な状態になった場合に備えて，自分の生活・療養看護・財産の管理に関する事務の全部又は一部を他人に委託し，委託した事務について任意代理権を付与する委任契約(任意後見契約法2条1号)を公正証書によって行い，いざ事理弁識能力が不十分になったときに，家庭裁判所が任意後見監督人を選任することによって効力が生じ，任意後見人は代理権目録に記載された代理権を行使できるようになるといった制度です。しかし，本人がした法律行為の同意権・取消権は認められません。これは，委任者たる本人が代理人を監督できない状態になってから代理権が行使されることに配慮し，代理人(任意後見人)を監督するための制度となっています。

　法定の後見制度と任意後見制度が競合する場合は，本人の利益のために特に必要である場合を除き，任意後見が優先します(同法4条1項2号，10条)。

(2) **法定後見制度の選択**

　被害者Aさんは，認知症ということで，私のところへ相談に来た時点では，財産管理能力も無いと判断される事案でした。そして，Aさんが事前に任意後見契約をしていたといった事情もありませんでした。かような場合，被害回復のためにはAさんから委任を受けるわけにはいきませんので，どうしても後見人を選任してもらい，後見人が包括代理権に基づき，被後見人となったAさんの自宅名義を取り戻すため，種々の法的手続をとっていくことになるのが通常です。

4 法的手続について―保全処分

(1) 審判の期間，調査官の事実調査等

通常，後見開始の審判まで，審理期間は，短くても1か月程度は要します。全体の7割ほどは3か月程度で後見開始の審判がなされているようです。

後見及び保佐開始の審判申立てには，一定の場合を除き，医師等の鑑定を要します（家事事件手続法119条，133条，旧家事審判規則24条，30条の2）。また，本人の陳述の聴取等，家庭裁判所調査官による事実の調査もなされます。さらに，後見開始の審判確定までには2週間の即時抗告期間を見込む必要もあり，後見人が活動できるまでにはある程度時間を要します。

(2) 転々譲渡・所有権移転登記の危険

本事例では，不動産の所有名義が次々と変更されたり，担保権が設定されるなど関係者が増えていき解決の困難さが増大したり，一人暮らしのAさんに居住建物の明渡しを強要したりして，建物が解体される可能性などが懸念されました。現に本事例では，後に法的手続に踏み切る際は，甲会社から乙への譲渡担保を原因とする所有権移転登記の抹消登記がなされており，新たに丙が甲会社から所有権移転登記を受けていました。また，BさんのところへもAさんの自宅の名義人から依頼されたという人物からAさんの立ち退きを求める動きも現実化していました。訴訟中に判明したことですが，丙は新たな買い手を見つけて売買契約を締結してもいたようです。

(3) 審判前の保全処分

上記のとおり通常，後見人選任には時間を要するため，後見人選任を待って対応したのでは間に合わず，急を要する事情のあるときは後見人選任の申立てと同時に，審判前の保全処分（家事事件手続法105条，旧家事審判法15条の3第1項）により，被害者の財産管理人選任を求める保全処分も申し立てます。

また，財産管理人は，目的財産につき，保存行為もしくは物又は権利の性質を変えない範囲内において，その利用又は改良を目的とする行為をす

る権限を有しますが，これを超える行為をするにあたっては裁判所の許可が必要となります（家事事件手続法125条，旧家事審判法16条，民法28条，103条）。したがって，後述のとおり，不動産の処分禁止の仮処分命令の申立てをするにあたっては，これが権限外の行為であることから，財産管理人選任の申立てと併せて，同仮処分命令申立てをすることの許可を申し立てる必要があります。

　こうして選任された財産管理人により，法的手続を進めるわけですが，東京家庭裁判所の運用では，財産管理人は弁護士を選任するようです。本事例も，早急に対応する必要があると判断されることから，後見人選任申立ての日に，同時に財産管理人の申立てを行い，申立代理人である私を財産管理人に選任してもらいました。

(4)　保全の必要性：財産管理人選任の必要性

　なお，財産管理人の選任については，その後，後見相当の事案で，資金的には年金のみで預貯金もなく，生活がかなり苦しいところ，他にめぼしい財産としては貸金業者への過払い金返還請求権のみである事案で，私が申立代理人となり後見人選任の申立てと同時に，生活に支障を来すので早急に上記過払い金を回収し生活を安定させたいとの理由で財産管理人選任を申し立てましたが，裁判所は，早期に過払い金を回収したい程度の事情では財産管理人選任は難しいと言われたことがあります。財産管理人選任を求める必要性についてはよく吟味が必要でしょう。

5　被害の回復

(1)　処分禁止の仮処分の申立て

　本事例では，財産管理人就任後直ちに，登記申請書の閲覧など申立準備をして，現在の登記名義人丙を債務者として当該不動産の処分禁止の仮処分を申し立てました。上記処分禁止の仮処分申立てのときには，Aさんは自己の財産を管理・処分することはできない旨の医師の診断書を得ていたので何とか仮処分決定を得ることができました。とりあえず現状維持に成功しました。

(2) 所有権移転登記の抹消登記請求

　本事例では，その後は，諸般の事情から私が後見人に選任されましたので，私が被害者の後見人としてＡさんから移転登記を受けた甲会社と甲会社から移転登記を受けた丙を相手として（乙は既に述べましたとおり，訴訟提起の時点では抹消登記がなされていました。），所有権移転登記の抹消登記手続を求める本訴を遂行しました（書式例「**訴状**」次頁参照）。

　訴訟では，Ａさん側が，Ａさんの意思能力が無く自宅の売買は無効と主張したのに対し，丙は，甲会社と契約した当時の被害者の財産管理能力の有無を争う姿勢で，登記手続を担当した司法書士が証人として出廷したほか，原審，控訴審にかけてＢさん，Ｃさん，Ａさんの介護に当たっていたヘルパーさん，隣家の人，丙の取得後Ａさんと話をした不動産業者などの陳述書のほか，ヘルパーさんのつけていた介護日誌，医師の意見書，主治医意見書，Ａさんのかかっていた病院，医師のカルテなど種々の証拠が出されて争われました（甲会社は，行方不明で公示送達でした。）。

　訴訟は，控訴審まで行きましたが，原審，控訴審いずれの判決も，Ａさんには売買契約当時財産管理能力は無かったとして契約は無効として所有権移転登記の抹消登記手続が命じられる内容となりました。何とかＢさんは自宅を失わずに済んだわけです。

(3) 公序良俗違反による無効

　なお，最近，保佐相当の事案で，高齢者の財産処分に関し，認知症により判断能力の低下した高齢者の行った自己に一方的に不利で必要性の無い不動産の売買について公序良俗に違反したものとして無効とされた事案が報告されています（大阪高判平21・8・25判時2073号36頁）。今後も，単に意思能力の有無のみならず，こういった主張をする事案もあり得るでしょう。

第9章 成年後見・高齢者に関する法律相談

【書式例】訴　状

訴　状

平成○○年○月○○日

○○東京地方裁判所　御中

　　　　　　　　原告法定代理人後見人　甲野太郎
〒111-1111　東京都○○区○○○丁目○番○号
　　原告　　　　　　　　　　　　　A
〒222-2222　東京都○×区○×○丁目○番○号
　（送達場所）
〒333-3333　東京都×○区○○○丁目○番○号
　　○○法律事務所
　上記法定代理人後見人　　　甲野太郎
〒444-4444　東京都××区×××丁目×番×号
　　被告　　　　　　　　　甲株式会社
　　上記代表者代表取締役　　　×　×

抹消登記手続請求事件
訴訟物の価格　金○○○○円
貼用印紙額　　金○○円

請求の趣旨
1　被告は，原告に対し，別紙物件目録記載1ないし3の各不動産についてなされた東京法務局○○出張所平成○○年○月○○日受付第○○号の所有権移転登記の抹消登記手続をせよ。
2　訴訟費用は被告の負担とする。
との判決を求める。

請求の理由
1　原告は，別紙物件目録1ないし3記載の各不動産（以下「本件各不動産」という。）を所有している。（甲第1ないし3号証）
2　かかるところ，本件各不動産の所有名義は，平成○○年○月○○日付売買を原因として被告に移転（東京法務局○○出張所平成○○年○月○○日受付第○○号所有権移転登記）されている。（甲第1ないし3号）
3　しかし，原告は，アルツハイマー型認知症で自己の財産の処分，管理能力はなく，原告と被告との売買契約は，意思能力のない原告の行ったもので無効である。（甲第4号証）
4　よって，原告は被告に対し，本件各不動産の所有権に基づき上記各所有権移転登記の抹消登記手続を求める。

証拠方法

添付種類
1　資格証明書　　　　　　　　　2通
2　評価証明書　　　　　　　　　3通
3　甲第1ないし第4号証（写し）　各1通

6 参考事例 ― 高額な投資商品の購入 ―

(1) 概　要

　Aさんは，夫を亡くし，一人暮らしでしたが，あるときから急に物忘れがひどくなったり，財布のある場所を忘れたり，キャッシュカードを紛失したといって長女の所へ電話があったり（長女がAさんの家へ駆けつけると，紛失していませんでした。），道に迷ったりといったことが起きていました。そこで，5月1日，医師の診察を受けたところ記憶障害があるとのことで，5月30日には精密検査を受けることとなっていました。

　そんな折の5月16日にAさんにある投資勧誘会社から電話があった模様で，翌17日にAさん宅へ，その会社の営業担当者が訪問し，投資の勧誘をして，当日にその担当者がAさんとともに郵便局へ同行して定期預金を解約させて，その担当者に投資の資金として約500万円を渡してしまいました。Aさんは，お金を引き出した経緯がよく分からないものの不安になり，長女に電話して被害が発覚しました。Aさんは契約書も何もないとのことだったので，長女が最寄りの警察に詐欺とのことで被害届を出したのですが，Aさんの自宅から担当者の名刺が発見されました。

　すぐにその担当者と連絡し，警察の立会いの下，担当者と話しましたが，担当者は，正式な契約書もあり不当性は無いと主張し，警察も事件性が無いとのことで，らちがあきませんでした。500万円は，Aさんにとっては預金の半分ほどにも相当するもので，決して少なくない金額でこれからの生活にも支障を来します。家族も同居していないので詳細な勧誘の状況も分からず，Aさんからは記憶もはっきりせず具体的な話も聞けず困ってしまいました。

　なお，Aさんは，5月30日の検査の結果，アルツハイマー型認知症で自己の財産の管理処分の能力は無いとの診断をされました。

　そこで，被害の回復と今後も同様の被害があるのではとのことで，Aさんの長女が相談に来られました。相談に来られたのは被害にあってからすぐでした。

(2) **法的手続について** ― 保全処分（財産管理人選任）―

しかし，問題の投資勧誘会社は，かつて監督官庁から検査を受け悪質重大な違反があったと指摘された会社で，訴訟となれば期間を要し，その間に倒産してしまうなど現実に回収ができなくなるのではないかが心配でした。

そこで，早期に500万円の返還請求に着手すべく，前述の事例と同様に，後見開始の審判の申立てと同時に，保全処分としての財産管理人選任の申立てをしました。

(3) **被害の回復** ―財産管理人による返還交渉―

財産管理人選任後，直ちに投資勧誘会社により勧誘を受けた出資はＡさんに意思能力が無く無効であるとして，支払った500万円の返還を求める請求書を送付しました。先にも述べたとおり相手の投資勧誘会社は，過去に監督官庁から検査を受け悪質重大な違反があったと指摘されたこともあり，簡単に返還には応じないものと見ていました。当方の返還請求に対し，当初，相手方の役員から電話で連絡があり，全部の返還には応じられないなどと主張しており，訴訟もやむなしかと思っていました。実際，訴訟を提起することを前提に，家庭裁判所よりその旨の許可を得ていました。しかし，何回かやり取りする中で，家庭裁判所から選任された財産管理人であることが効いたのか，意外にも会社側が折れて全額返還を受け，事なきを得ました。聞くところでは，この会社は，その後も投資勧誘を続け，新たな被害者を出しているようです。

なお，この事例では他に特に後見事務を行う上での問題や，関係者の意見の相違なども無く，後にＡさんの長男が後見人に選任されました。

7 おわりに ― 高齢者の財産管理・被害回復の困難性 ―

(1) **高齢者の消費者被害**

冒頭にも申し上げましたが，高齢者の財産をめぐる紛争は増えていると思われます。最近は高収益，高利回りをうたい文句にした未公開株やファンドなど投資を勧誘し，資金を得ると理由をつけて配当を支払わなくなったり，行方不明になったりして老後の資金を詐取される例も少なくありま

せん。参考事例のような投資をうたい文句にした被害事例は，高齢者に限らず近時極めて多いのですが，やはり被害者の多くは高齢者です。勧誘の意味がよく分からないからこそ，かえって抵抗感なく重要書類に署名押印したり，高額の現金を交付してしまったりすることとなるようです。いわゆる悪徳商法といわれるものは，いったん，それに手を出すと当該業者のほか，情報が漏れるのか次々と新手の業者が現れさらに高齢者から利益を得ようと新たな勧誘を受け被害を深刻化させることもあります。

　会話をしたり，署名をしたり，預金を下ろしたり程度のことはできるが，翌日には忘れているといった判断能力の低下した高齢者は，自らは被害に気付かないことが多く，近親者が被害に気付いても上記のとおり弁護士へ委任することもできないこととなります。

　もとより被害にあわないことが第一ですが，被害にあった場合，被害者側で意思能力の無いことを立証することが必要となるので，医師にかかっていない，一人暮らしであるなどといった高齢者であった場合，意思能力の無いことについて，かなり証明が困難となり被害の回復が難しい事案も出てくるかもしれません。つまり，必ず被害を回復できるとはいえませんので，周りの関係者の十分な注意が必要でしょう。その意味で上記の大阪高裁の裁判例は参考になるかもしれません。

(2)　早急対応 ── 財産管理人選任の保全処分 ──

　その上で，早急に対応する必要があるような事案においては，後見人選任には時間を要しますので，その間，上記のような財産管理人選任の保全処分も考慮ください。

【プライバシー保護のため事例の内容は変えております。】

コラム⑰
「高齢の方の消費者被害」

　高齢の方が蓄えた預貯金を食い物にする悪質商法が，次々と現れ，社債購入や事業出資を求める詐欺的商法が多くなっています。まず会社の資料が送られ，その会社の社債を高額で欲しがっている人がいる，また，出資すれば間違いなく高配当が得られるというような話，さらには，投資被害にあった人に被害を回復する，そのため費用を払う必要があるという話です。しかし，金をまきあげるためだけの目的で勧誘をし，金を支払わせているのです。

　悪質商法の社債等は，購入翌月から毎月利息を支払う約束をし，警察の目をごまかすために，1～2回は利息を払ってきますが，その後，事業で予想外のトラブルが生じたなどと言って利息の支払をしなくなり，数か月すると全く連絡が取れなくなってしまうのです。

　もともと詐欺的に金をまきあげることを目的にしているので，逃げ足は速く，弁護士に相談した時点では手遅れになっている状態で，裁判をしても取り戻すことは極めて困難です。金を払わないようにすることが大切になっています。

　そこで，被害を未然に防ぐために成年後見制度を利用し，成年後見人が財産を全て管理することも一方法です。ただ，被害を防ぐための一方法ではあっても，被害を絶対に防ぐための方法とは言えません。

　高齢の方は，日常的に接しているケアマネージャーやヘルパーを信頼し，悩み事を相談していますので，介護保険制度を利用して週1～2回の割合でヘルパーに来てもらうようにするのも良いかもしれません。そのケアマネージャーやヘルパーに話を聞くことで，被害の早期発見につながる可能性があります。

　悪質商法については被害回復が極めて困難だとはいえ，早期に発見できれば被害回復ができる可能性もあり，詐欺的商法を始めたばかりだと，悪質業者と連絡が取れて交渉をすることもできます。被害が分かったら迷わずに法律相談を受けていただくのが良いでしょう。

事例 26 高齢者・障害者の財産の保護
―任意後見契約について―

任意後見契約締結後に判断能力が低下したにも関わらず，任意後見が開始されなかったことから，後見契約が解除された事例

●概要図

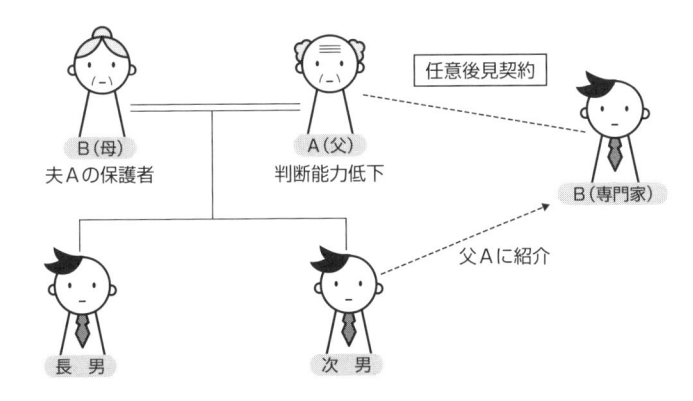

[概要図: B(母)夫Aの保護者、A(父)判断能力低下、B(専門家)との間に任意後見契約、長男、次男(父Aに紹介)]

はじめに

　平成12年４月１日に任意後見契約に関する法律が施行されてから，次第に任意後見契約の法律上の問題が争われるようになってきています。
　ここでは，既に任意後見契約が締結され登記された後に，任意後見契約の受任者以外の者が本人の保護を図るため，交渉などに関与をした事例を紹介しながら，任意後見契約で現在問題となっている基本的な事柄について説明したいと思います。

1 事例の概要

(1) Ａさんの任意後見契約締結

　Ａさん（成年）は，若い頃に精神病に罹患し，以後，親から相続した財産と不動産からの賃料収入で生活しておりました。
　そんなある時，息子である次男の紹介があり，Ａさんは，専門家Ｂに依

頼し任意後見契約及び任意代理契約を締結・任意後見契約登記を完了しました。

(2) 問題の発生

任意後見契約締結後も，Ａさん自身は，とりあえず自分できちんと生活をしている様子でしたので，任意後見監督人を選任するには至らず，任意後見は開始されないまま推移しました。

ところが，久しぶりに実家にＡさんを訪ねたＡさんの長男が，Ａさんの様子がおかしいのに気が付き，Ａさんの預金通帳を見たところ，Ａさんが，どんどん自分の預金を引き出し使ってしまっている状況が明らかになりました。

Ａさんに状況などを聞いても，どうもあやふやで，Ａさんの長男には，どうやら意思能力が全く無いとは言えないが，Ａさんの判断能力が低下し始めているのではないかと思われました。

Ａさんは，妻（Ａさんの配偶者）と同居しており，かつ，妻が保護者（精神保健及び精神障害者福祉に関する法律20条）になっていましたが，Ａさんの長男が働きかけても，一向に対応しようとする気配はありませんでした。

また，Ａさん自身から，以前，Ａさんが任意後見契約を締結し専門家Ｂという受任者がいるという話を聞いていましたので，専門家Ｂに，相談に行きましたが，専門家Ｂは，検査等の対応をする必要は無いという意見でした。Ａさんの長男は，母や専門家Ｂに任せておくわけにはいかないと考えました。

(3) 弁護士への相談と問題の把握

Ａさんの長男は，このまま放置しておけないと考え，法定成年後見制度などの知識をインターネットなどで得ましたが，実際にどうすれば良いのか，はっきりしない点も多いため，弁護士に相談しました。相談に来たＡさんの長男は，次男及びＢがＡさんを止めようとしないと考え，任意後見受任者ＢによるＡさんの財産管理の方法が誤っているのではないかと不審を抱き，不適格なＢを解除ないし解任して，新たに長男がＡさんと任意後見契約等の契約を締結の上，Ａさんの財産を管理する方法は無いか，と相談をしてきたというのが本事例です。

事例26 高齢者・障害者の財産の保護—任意後見契約について—

本相談のポイント

① 本人の能力などの状態を把握する。主治医がいれば，できるだけ情報を得る。
② 当該事案で任意後見と法定後見との関係がどういう関係になるか正確に把握する。
③ 相談者がＡさん（本人）以外の場合，Ａさん（本人）の意向によって動く，つまり本人を依頼者とすることも検討する。ただし，本人から依頼を受ける場合には本人に能力が必要。
④ 事実関係の確認を可能な限りする。直接利害対立する関係に立つわけでない関係者にはできる限り協力を得ることを考える。

2 受任に際しての注意点と依頼者への対応

(1) 任意後見契約の優先性の問題

この事例では，当初の任意後見受任者Ｂのほかに，Ａさんの配偶者（妻）も保護者（精神保健及び精神障害者福祉に関する法律20条）であり，Ａさんの財産管理をめぐり，いくつもの立場が対立し，親族間でのＡさんの財産管理権をめぐる争いにまで至っているという側面もありました。また，本件では，相談時点では，任意後見監督人が選任されていなかったため，そのまま法定成年後見人選任申立てをすると，既存の任意後見契約が存続するため（任意後見契約に関する法律10条3項反対解釈），その法定成年後見人選任後に改めて任意後見監督人選任申立てがなされると，法定後見による保護を継続することが本人の利益のため特に必要であると認められるときを除き，家庭裁判所が任意後見監督人を選任して法定後見の開始の審判を取り消すこととされていますので，結局任意後見契約が優先することになるのではないか，ということが問題でした。

(2) 本事件における戦略

もちろん，相談担当弁護士は必ずしも，Ｂの財産管理等に問題があったか確かめることができるものではありませんので，任意後見契約が優先す

ること自体が当該事案において本当に問題なのかを判断することはできない事例でした。しかし，相談者である長男の立場を前提とすると，このような，現在のBを任意後見人とすることになる任意後見契約が存続することは到底許容できないという話でした。

また，いったん任意後見監督人選任が行われ，Bが任意後見人となった後に親族等が家庭裁判所に請求して解任するには，不正な行為，著しく不行跡な行為その他その任務に適しない事由があることが必要となり（任意後見契約に関する法律8条），これも少なくとも長男の容れるところではありませんでした。

以上のことを踏まえ，次のことに注意し，本事件の対応を進めることとしました。

① 依頼者が誰になるか，明確化する。
② 本人以外が依頼者となる場合に（本件ではAさんの長男），当該依頼者が，前任意成年後見契約締結の解除等による解消後，再度の任意後見契約締結を希望していても，本人の判断能力によっては任意後見契約の締結ができないこともあることを説明する。
③ 本人以外が依頼者となる場合には，あくまでも最後は本人の利益が図られることになるため，例えば，依頼者が法定成年後見人となることを希望し候補者となっても，法定成年後見の申立てにより選任される成年後見人が依頼者になるとは限らない旨説明する。

要するに，あくまでも本人の保護と本人の意思尊重をいかに図るかという問題が中心であること等を意識して説明し，依頼者が過度の期待を持たないよう配慮することが，後々の「期待通りにならなかった」という依頼者とのトラブルを避ける意味でも，重要な事項と思います。

3 本件における法的問題点の考察

(1) **任意後見契約の解除・解任について**
ア 法律上の規定内容
　任意後見契約の解除・解任については，任意後見契約に関する法律に次のように規定されています。

(ア) まず，任意後見契約の解除については同法9条1項で「第4条第1項の規定により任意後見監督人が選任される前においては，本人又は任意後見受任者は，いつでも，公証人の認証を受けた書面によって，任意後見契約を解除することができる。」とされ，また，同条2項で「第4条第1項の規定により任意後見監督人が選任された後においては，本人又は任意後見人は，正当な事由がある場合に限り，家庭裁判所の許可を得て，任意後見契約を解除することができる。」とされています。任意後見監督人が選任される前と後とで要件が異なります。任意後見監督人が選任された後では，「正当な事由」，「家庭裁判所の許可」が必要となります。

(イ) 次に，任意後見人の解任については，同法8条に「任意後見人に不正な行為，著しい不行跡その他その任務に適しない事由があるときは，家庭裁判所は，任意後見監督人，本人，その親族又は検察官の請求により，任意後見人を解任することができる。」との規定があります。ここでは「任意後見人に不正な行為，著しい不行跡その他その任務に適しない事由があるとき」の意義が問題となります。この「任意後見人」は「任意後見受任者を含まない」とする裁判例があります（名古屋高決平22・4・5裁判所ウェブサイト，任意後見人解任申立て却下審判に対する即時抗告事件。「任意後見契約に関する法律8条に規定されている解任事由として，任意後見受任者の段階及びそれ以前の事由の主張は許されない」とした事例。）。

イ 任意後見契約の解除と意思能力（後述裁判例参照）

そして，上記アにある，任意後見契約の解除が可能な場合でも，当然解除をするには意思能力が必要です。これに関する裁判例については，任意後見契約の締結と意思能力の箇所で併せて説明します。

(2) **任意後見契約が締結されている場合の法定成年後見制度の利用について（任意後見契約と法定成年後見制度の関係について）**

ア 法律上の規定内容

任意後見契約が締結されている場合の法定成年後見制度の利用については，任意後見契約に関する法律に以下の規定があります。

㈦　同法10条1項で「任意後見契約が登記されている場合には，家庭裁判所は，本人の利益のため特に必要があると認めるときに限り，後見開始の審判等をすることができる。」とされ，同条2項に「前項の場合における後見開始の審判等の請求は，任意後見受任者，任意後見人又は任意後見監督人もすることができる。」，そして同条3項に「第4条第1項の規定により任意後見監督人が選任された後において本人が後見開始の審判等を受けたときは，任意後見契約は終了する。」とされています。

　　ここでは，要件として，「本人の利益のため特に必要があると認めるとき」の意義が問題となります（後述イで述べます。）。

㈦　ここで補足ですが，ここでいう，「後見開始の審判等」がなされるためには，当然各類型に必要な要件を具備する必要があることは留意されるべきですが，ここでは札幌高裁平成12年12月25日決定（家月53巻8号74頁，補助開始申立却下審判に対する抗告事件）に言及するにとどめます。同事例は，既に任意後見契約を締結し登記した後にされた補助開始及び代理権の付与の申立てをいずれも却下した審判に対する即時抗告審で，申立人が，補助開始申立却下審判に対して抗告した事案です。同事案では，本人は，いったん同意した（本人が署名押印した同意書が提出された）ものの，その後，調査官や家事審判官の面前で，明確にその同意を撤回する意思を表明したとして，本人の補助開始の審判に関する同意が認められず，任意後見契約に関する法律10条1項にいう「本人の利益のため特に必要があると認める」べき事情を見いだし難いとして，抗告が棄却されたものです。

イ　「本人の利益のため特に必要がある」との判断について

　さて，先に述べた，任意後見契約に関する法律10条1項の「本人の利益のため特に必要がある」の意味については，大阪高裁平成14年6月5日決定（家月54巻11号54頁，保佐開始審判及び同意を要する行為の定め申立却下審判に対する抗告事件）が参考になるものと思われます。この裁判例では，保佐開始の申立後，保佐開始の原審判がされる前に，本人が任意後見契約を終結し，かつ，その登記されている事案において，この任意

後見契約の無効原因をうかがうことはできないことから，同法10条1項の適用があるとし，保佐を開始するためには，「本人の利益のため特に必要がある」ことが必要であるとしました。

そして，「本人の利益のため特に必要がある」とは，諸事情に照らし，任意後見契約所定の代理権の範囲が不十分である，合意された任意後見人の報酬額が余りにも高額である，その他法に定める任意後見を妨げる事由がある等，任意後見契約によることが本人の保護に欠ける結果となる場合を意味するとし，原審判は，この点について何も判断を示しておらず，積極的な審理・調査が尽くされたとも認められないとして，原審判を取り消した上，差し戻したものです。

なお，この点，原審判は同法10条1項の問題とせず，「鑑定の結果」から本人らがいずれも「脳血管性痴呆による理解判断力障害，記銘力障害が認められ，そのため社会生活状況に則した合理的判断をする能力が低下しており，自己の財産を管理・処分するには常に援助が必要である」として本人らにつき保佐を開始するとした上で，本人の保護を図る者として，本人らの長男及び二男の間に争いがあるため，中立公正かつ法律的素養のある第三者の弁護士を保佐人として選任するのが相当であるとしたのみでした。

(3) 保護者（精神保健及び精神障害者福祉に関する法律20条）の地位と権限

本件のように本人（本件ではAさん）が精神病に罹患している事案では，保護者（精神保健及び精神障害者福祉に関する法律20条）がいて，関係者間に本人の保護方針に見解の違いがある場合がみられることがあります。

本件では，配偶者が上記保護者となっていますが，これは，本人（本件ではAさん）に後見人及び保佐人がいなかった（またAさんは，成年である）ため，同法20条1項本文により，保護者となっていたものと考えられます。

同法20条1項の保護者である配偶者は，精神障害者であるAさんに治療を受けさせたり，Aさんの財産上の利益を保護しなければならない義務を負うもの（同法22条）とされていますが，財産上の権限を当然に持っているというわけではありません。

(4) **任意後見契約締結と判断能力**
ア 意思能力について
　任意後見契約も契約である以上，契約締結者である本人に締結時に意思能力が必要であることは当然です。
(ア) 任意後見契約の類型と問題点
　ここで，任意後見契約には，任意後見契約締結時点と任意後見契約発効時点（任意後見監督人選任時期）との関係という視点から，また，同時に，任意後見契約締結時でまだ判断能力が低下していない状態で財産管理契約（任意代理契約）を締結するか，という見地から，①移行型（任意後見契約締結時に判断能力あり，任意後見契約締結時に財産管理契約（任意代理契約）も締結。認知症発症前の任意代理契約から発症後の任意後見契約へと移行する。），②即効型（判断能力減退後に締結する。任意後見契約締結時に判断能力に問題有り。），及び，③将来型（任意後見契約締結時に判断能力あり。任意後見契約締結時に財産管理契約（任意代理契約）を締結せず，当初何らの債権債務関係も発生しない。）の3つがあるとされています。また，それぞれの型には以下のような問題点があると言われています。
　まず，①移行型の場合，特に高齢者が本人となる任意代理契約で本人のチェックが不十分になる危険性（同様に任意後見契約の中身に対するチェックの問題もあると考えられます。），認知症が発症しても任意後見契約に移行しない場合があるという問題等が指摘されています。
　次に，②即効型の場合，判断能力減退後に締結するものであるだけに，意思能力の有無について慎重な判断が求められるべきとする指摘，委任事項などの判断の問題もあり相当程度判断能力減退が進んでしまった者の場合には，たとえ意思能力があると認められるときでも，利用を認めるには慎重となるべきであるとする指摘があります（他方，一定の場合，例えば初期アルツハイマーの場合で局面によっては高度の判断能力が維持されている場合には，任意後見契約の即効型は自己決定権行使の重要な手段であるとして，その必要性があるとする考えや，能力と委任事項を慎重に検討すべきとする考え方などがあります。）。

さらに，③将来型の場合には，権利義務が発生しない段階でも，判断能力が減退したにも関わらず（特に任意後見契約を締結した後，任意後見受任者が長期間にわたって委任者との関係を絶ち，その間に認知症の症状が出現進行したような場合などには）それを見過ごし，任意後見を発効させないまま推移して委任者である本人に損害を被らせる危険があるとの指摘や，それゆえに信義則上，見守りや速やかに任意後見監督人選任申立てを行う義務があるとする見解などがみられるようです（任意後見契約公正証書に同趣旨の条項を入れる例などもみられるようです。）。

(イ)　意思能力の意味の確認

　ここで意思能力については，公正証書作成時に十分な検討がなされているが留意する必要があるという指摘が見られます（通達として公証実務における事理弁識能力及び授権意思の確認方法については，原則として本人に面接するとする平12・3・13民一634号民事局長通達第2・3(1)ア)やイ），これでは不十分とし更に公証人の審査権限の強化等を主張する見解として平成20年8月20日付け日本弁護士連合会「任意後見制度に関する改善提言（中間まとめ）」等，種々の見解があります。）。

　この点，例えば，福岡高裁平成16年7月21日判決（判タ1166号185頁）において，「意思無能力かどうかは，問題となる個々の法律行為ごとにその難易，重大性なども考慮して，行為の結果を正しく認識できていたかどうかということを中心に判断されるべきもの」であるから，一般的に事理弁識能力が著しく不十分であるとしてなされる成年後見制度とは異なるという趣旨の判断がされていますが，これには異論もあります。

イ　裁判例

　このような任意後見契約締結時の意思能力及び先に触れた任意後見契約解除の意思表示時の意思能力の有無について争われた裁判例として，東京地裁平成18年7月6日判決（判時1965号75頁，任意後見受任者地位確認等請求事件）があります。

　これは，第1任意後見契約（高齢者本人乙・受任者養子甲間）がまずな

されたが，その後，本人乙により同任意後見契約が解除され，第2任意後見契約（本人乙・受任者養子丙間）が締結されたという事案において，養子甲が乙及び丙を共同被告として，高齢者乙のした先行する第1任意後見契約解除及び後行の第2任意後見契約締結が意思能力無しであるから無効であるとして，甲の第1任意後見契約における任意後見契約受任者としての地位確認請求をしたというもので，裁判所は，上記解除及び上記契約締結当時，被告乙に意思能力はなかったものと認められるとして，原告の請求を認容したというものです。

4 実際の解決までの実務（本事例の解決）

(1) 任意後見監督人選任前であることによる対応

この事例では，任意後見監督人選任前であるため，まずはいつでも任意後見契約を解除できる本人による解除（任意後見契約に関する法律9条）が一番容易でしたが，本人であるAさんが納得しないのではないかという話になりました。また，ここでは，Aさん自身の判断能力が問題でしたが，一応意思能力があると見られること等から，親族がAさんを説き伏せ，任意後見契約発効前にBとの任意後見契約を解除することになりました。

(2) 新しい任意後見契約の締結は否定

なお，Aさんの長男は，同解除後に，さらに，新しい任意後見契約の締結を望みましたが，既にAさんの判断能力が相当程度低下していると見られ，任意後見契約締結の能力に問題があると考えられたため，新しい任意後見契約の締結はしないことにしました。この段階では，解除後に，家庭裁判所に対し，保佐開始の申立てをし，家庭裁判所により保佐人が選任されました。

(3) Aさんの病状の進行に伴う対応

この後，Aさんの病状が進行し，Aさんに「精神上の障害により事理を弁識する能力を欠く常況にある」ことになった場合には，成年後見開始申立てをすることになると思われます（民法7条）。

5 おわりに（本件を振り返って）

(1) 本事例における問題点

本件事例は，当初判断能力があった本人の意思に基づいて任意後見契約が締結され，後に判断能力が低下したが，任意後見契約が発効する前，まだ本人に意思能力がある段階で解除されたというある意味単純な事例ですが，この事例の中にはいろいろな問題が見え隠れしています。

第1に，任意後見契約が，親族間における，親の財産管理権争奪の紛争の方法となりうるという側面を持つという問題です。この場合，本人（親）の利益を守り，本人の自己決定権を尊重するという本来の任意後見契約の意義が重視されているとは言い難い状況が現出することになります。

第2に，関係者が，本人の利益を守るという任意後見契約の本来の趣旨に従って行動したと言えるのか，また本人の利益を守るためにはどう行動すべきなのか，もっと考えるべきではなかったのかという問題です。なるほど，本人には自己決定権がありますが，判断能力が減退した時点で保護を受けるために，本人は任意後見契約を締結しているのですから，関係者皆が協力協議するなどして，本人の利益のためどうするか，検討すべきではなかったかとも思われるのです。

(2) 任意後見契約における注意点

ア 任意後見契約に関する法律の目的

そもそも，任意後見契約（及び関連する任意代理契約）を締結するのはなぜだったのでしょうか。それは我が国において，自らの老後等を自らの意思で決めるという自己決定の尊重の理念を果たしつつ裁判所の監督による保護を図ること，本人の利益保護を実現することにあったはずです。

つまり，法定成年後見ではどのような財産管理がなされるか分からないので，あらかじめ，自分で，自分の信頼する人に対し，自分の望む財産管理をしてもらおうというものであったはずです。本人が，自分の望む財産管理等をしてもらうために，どのような人に（どのような専門家に），どのような具体的な権限を与え，どのような事務を行ってもらう

かを決めるものであったはずで，本人の利益保護以外に目的は無かったはずなのです。

イ　今後の課題

しかし，上記の事例では，この任意後見契約に関する法律の本来の趣旨が生かされていなかったように思われます。本人の精神障害の状態がひどくなってきたと認識されているにも関わらず，任意後見受任者は全く対応せず，放置していたのですから。

もとより，類似の事例全てがこの事例のような事例ではないのでしょうが，他方で，本件事例のように，本人の自己決定及び利益保護という任意後見契約に関する法律の趣旨に反する可能性が高いものも，なお存在する可能性があります。もともと，任意後見契約を含む諸制度は，被後見人本人の利益保護という目的に資するもので，その目的を実現するための選択的な手段の一つに過ぎないとも考えられますし，任意後見契約に関する法律も，本人の保護ということが何より重要なはずです。

ただ，任意後見契約に関する法律は，本人の保護の態様につき，本人及び本人に準ずる者（例えば知的障害者の子を持つ資産のある両親等）の意思による自己決定がその根本にある点が特色の一つであると思われるのです。

そこで，既に任意後見契約に関する法律施行後10年を超えたこの時期こそ，改めて，任意後見契約に関する法律の趣旨の根本に立ち返って，締結される任意契約の具体的な意義及び運用についてもう一度考えてみる必要があるのではないでしょうか。

6　その他の参考事例①
―不要に広汎な権限を与える委任契約・任意後見契約等を締結した事例―

(1)　事例の概要

Cさん（成年）は，独身で，親族は兄弟と姪のみ，ただしこれら親族の人とは疎遠にしていました。当時，既に80歳を過ぎていましたが，心身共に健康に暮らしていました。Cさんは親から相続した不動産からの賃料収入のほか，預貯金，年金等で生活には困らない状況で，自宅に暮らし，当

面施設等に入る予定は全くない状況で，普段の小さな財産管理等や自分が死んだ後の葬式の手配などは社会福祉協議会等の公的な団体やＮＰＯ等の制度を利用して特に当面不自由を感じないとのことでした。

　しかし，ある時，Ｃさんが兄弟と姪Ｄと会う機会があり，将来何かと不便だという話を何度も聞かされ，少し不安になったＣさんは，Ｄといくつかの契約を締結したとのことでした。ここで，Ｃさんが締結した契約はＤとの間の①公正証書による委任契約（任意後見開始前），②任意後見契約（死後委任契約を含む。）で，①については，Ｃさんの財産に関する広汎な財産管理及び処分の権限をも含むものでした。②については，当時締結されていた任意後見契約の定型の条項を規定したものでしたが，当然広汎な権限が規定されていました。加えて，姪Ｄと兄弟ら親族は，上記①及び②の契約と同時に，Ｃさんに公正証書遺言を書かせたとのことでした。この公正証書遺言の内容は，①姪Ｄへの全財産の遺贈，②姪Ｄを遺言執行者に選任すること，及び③祭祀執行承継者を姪Ｄに指定するという内容でした。

　Ｃさんの話によると，当時から上記各契約及び遺言に多少不満をもっていたそうです。そんな中，姪Ｄとその夫は次第に，Ｃさんに対し，今Ｃさんが持っている預金を自分達に預けるよう，求めてくるようになったため，Ｃさんは親族に不信感を抱きました。他方，これまでの経緯から紛争になるのではないかという危惧もあるため，弁護士に相談しに来たとのことでした。

(2)　**本事例の受任と顛末**

　この事例では，Ｃさんの当初の話の真否がどうあれ，現に，Ｃさんが，各契約及び遺言の存続を望んでいないことは明白であり，そのようなＣさんの自己決定（意思決定）の見地から，Ｃさんの望まない上記各契約や遺言の効力を維持するのが不当であることは明白でした。また，Ｃさんの判断能力も特に低下が見られていない状況でした。

　そこで，まず，方針としては，上記各契約の解除等をしていったん全てを白紙に戻すことになりました。その際，断りを経ずに契約解除等を行っても良かったのですが，一応，任意後見受任者である姪Ｄらや兄弟に対して，その旨を事実上伝えたところ，姪Ｄらや兄弟は，Ｃさんがそう言って

いるのであれば，それはやむを得ないという意見でした。そうして，まずは，Cさんの意向に従い，公証人役場で，上記姪Dとの間の公正証書による委任契約（任意後見開始前），任意後見契約（死後委任契約を含む。）の双方を解除するとともに，遺言については，結局，新しい遺言内容が決まらなかったため，遺言の全部撤回をするにとどめました。

　なお，Cさんからは，早急に，新たな委任契約（任意代理契約）及び任意後見契約の締結をする必要があるかという相談もありました。しかし，任意後見開始前の見守り契約や任意後見契約等が，Cさんの現在の状況を考えるとそもそも今まさに必要といえるのか等，また，Cさんの場合に任意後見契約等を締結する相手として，この場合弁護士が良いのか，それとも，社会福祉士等，他の専門家が良いのか等，各契約の条項も含めた検討をする中で，問題となりました。通常の任意代理契約で締結されることのある広汎な代理権は明らかに不要でしたので，代理権をどのように具体的に制限的に規定するか等，種々の点を検討しました。

　結局，この時は，色々考え直した末のCさんの意向もあり，新たに第三者に広汎な権限を与える各種契約の締結はいったん保留となりました。

7　その他の参考事例②
―任意後見契約発効の事由が生じたのに，任意後見契約受任者が放置した事例―

(1)　事例の概要

　Eさん（93歳）は，任意後見契約に関する法律が施行された折に，将来のために任意後見契約を締結することを勧められ，専門家Fとの間で任意後見契約及び任意代理契約を締結しました。その後，次第に物忘れが激しくなっていったようです。しかし，任意後見契約を締結した任意後見受任者である専門家Fは，任意後見監督人からの監督を嫌ったのか，任意後見監督の選任申立てをしないままであったようです。Eさんの親族は，Eさんの異常に気づき，また，任意後見受任者Fに不審を抱き，相談に来ました。

(2)　本件の顛末

　Eさんの財産の管理自体が適正になされていたのか否か，相談時ではま

だ判明しない状況でしたが，Eさんの親族から，任意後見受任者Fに対し，抗議がなされ，結局，この場合は，任意後見受任者Fが，自ら任意後見契約を解除し，親族から後見申立てがなされ，家庭裁判所による後見開始の審判・法定成年後見人選任がなされ，以後は，同法定成年後見人がEさんの財産管理事務等を行うことになりました。

【プライバシー保護のため事例の内容は変えております。】

コラム⑱
「生命保険の受取人指定と相続」

　Aさんは、自らを契約者兼被保険者、死亡保険金3,000万円、保険金受取人を長男Bとする生命保険契約を締結しています。
　その後Aさんが亡くなり、法定相続人は長男Bと長女Cの2人です。

(1)　Aさんに5,000万円以上の借金があったため、BCとも相続放棄しました。この場合、Bは、死亡保険金3,000万円を受け取れるでしょうか。
　　保険金の受取人をBとしている場合は、この保険契約は「第三者のためにする契約」となり、Bは、相続としてではなくBの固有の権利として保険金を受け取ることができます。
　　したがって、Bが相続放棄をしても、死亡保険金3,000万円を受取ることができます。

(2)　Aさんの財産は、受取人をBとする生命保険のほかは、中古マンション（時価800万円相当）のみです。この場合、Bは死亡保険金3,000万円と中古マンションの持分2分の1を受け取り、Cは中古マンションの持分2分の1しかもらえないとすると、BC間に不公平が生じますが、CはBにどのような主張ができるでしょうか。
　　この場合、生命保険金は相続財産ではありませんので、Cは遺留分減殺請求権をBに対して行使することはできません。
　　では、Bの受け取る保険金を特別受益として持戻しを求めることはできないでしょうか。
　　判例（最決平16・10・29判時1884号41頁）は、共同相続人の1人又は一部を受取人と指定した養老生命保険について、原則として特別受益に含めないとしつつ、そのことによって共同相続人間の不公平の程度が民法903条1項の趣旨に照らし到底是認することができないほど著しいと評価すべき特段の事情がある場合は、特別受益に準じて持戻の対象となるとしています。
　　ただし、特別受益性が認められた場合であっても、被相続人が持戻し免除の意思表示をしているときは、それに従うことになります。したがって、Aさんが持戻し免除の意思表示をしているか、仮に明確な意思表示をしていなくとも、諸般の事情を考慮してAさんに持戻しを免除する黙示の意思表示があったと認められるのであれば、CはBに持戻しを求めることもできなくなります。

座談会

座談会 ①
離婚に関する弁護士実務

開催日：平成24年8月23日㈭
場　所：弁護士会館（東京都千代田区）

目　次

1　離婚原因 ……………………………………………………………… 351
　(1)　有責配偶者からの離婚申立て
　(2)　別居期間についての裁判所の考え方
　(3)　慰謝料・財産分与を配慮することによる離婚の交渉
2　離婚慰謝料 …………………………………………………………… 358
　(1)　高額な慰謝料の事例
　(2)　扶養的な慰謝料の事例
3　財産分与 ……………………………………………………………… 361
　(1)　交渉や調停における資産調査の方法
　(2)　特有財産の範囲
　(3)　退職金についての財産分与
　(4)　夫経営の会社の株式や資産についての財産分与
　(5)　2分の1ルールの適用範囲
　(6)　オーバーローンの自宅の処理と事後のトラブル事例
4　婚姻費用・養育費 …………………………………………………… 369
　(1)　現在無職の妻や夫の算定表上の扱い
　(2)　交渉や調停における収入の調査方法
　(3)　高収入者の上限額
　(4)　過去の養育費の請求権について
5　親　権 ………………………………………………………………… 373
　(1)　低年齢でかつ同居していながら夫に親権を取られた事例
　(2)　子の奪い合いの事例について（監護の継続性）
　(3)　親権の帰属における子の意思の確認について
6　面会交流 ……………………………………………………………… 378
　(1)　面会交流における外部機関の活用
　(2)　面会を強行に拒否された場合の実現手段
　(3)　面会交流のトラブル事例（条項について）

1 離婚原因

(1) **有責配偶者からの離婚申立て**

司会：本日はお忙しい中，お集まりいただきましてありがとうございました。それでは，早速ですが，「離婚に関する弁護士実務」をテーマとして，座談会を始めさせていただきます。

早速ですが，「離婚原因」の問題からお話をお伺いしたいと思います。まずは，有責配偶者から「離婚をしたい」との相談を受けた場合ですが，その依頼者自身に不貞の事実があることは，多分，事前の相談などで分かることも多いと思います。しかし，調停などを申し立てるに際して，こちらからそのことにどの程度まで触れていくべきか，不利を承知の上で最初から正々堂々とやるのか。

つまり，有責であることについては，依頼者から説明を受けたけれども，相手方が知らない場合に，弁護士として，そこに触れるかどうか，非常に迷うところと思いますが。いかがでしょうか。

A弁護士（女性）：これは，弁護士倫理の問題との関係はどうでしょうか。普通，本人は，有責だということは否定するじゃないですか。例えば，離婚したいと言っている旦那さん自身に，本当は不貞行為があるんだけど，相手方の奥さんの方から「不貞行為がある」と主張されても，「いえ，そんなことはありません」と言うのが，普通だと思うのですが……。そこで，実は弁護士として，交際している女性がいることを知っている場合に，それでも不貞行為はしていませんと否認することは弁護士倫理に反するでしょうか。

B弁護士（男性）：触れないのはあり得ますけど嘘をつくというのは……。まあ，訴状で書く必要はないと思いますけど，向こうから質問された時に，それを否認することは，やはり駄目でしょう。

A：嘘をついてはやはり真実義務違反になるということですよね。それでは相手から質問された場合は，どうするのですか？

B：それは認めるしかないでしょう。認めた上で，事実をどう評価するかという書き方のところで，まあいろいろ工夫はするんでしょうけれども，

351

積極的な嘘というのは駄目だと思います。
司会：依頼者と打ち合わせをしている時に，何かそんな話が出てきそうな微秒な雰囲気になったとき，心の中で「聞きたくないからその話はやめてくれ」と。口には出せませんが。（一同笑）
B：普通にそんなことってありますよね。
司会：あります，不貞行為に限らず。しょっちゅうある。
B：ここから先はもう聞きたくないと。
C弁護士（女性）：聞いた以上は，弁護士としては嘘はつけないですよね。過去に，不貞行為の有無の問題ではなく，財産分与の問題だったのですが，相手方からこういった財産があると指摘されたことがありまして，それが正しいかどうか依頼者に尋ねたところ，「先生，実は私，この口座以外に手元に現金が500万円以上あるんですが……」と言われてしまって。「それは聞いてしまった以上は，やはり相手方に言わざるを得ませんね」と言ったら，「そうですね」ということで納得はしていただいたのでよかったのですが。
司会：それでは，有責であることを話してしまった依頼者が，それを「調停の時に言わないでくれ」と言った場合はどうしますか。
B：それは，他の弁護士を紹介するということに。
司会：そうなるかなあ。そう簡単に依頼者を突き放しちゃっていいかなあ。「今度頼む弁護士には，その話はしない方がいいですよ」とでもアドバイスしますか。
D弁護士（男性）：これについては，財産分与であれば，その事実はかなり明確だと思うんですね，言っている以上は根拠があると思うので。ただ，有責というか，不貞とかというのは，ある意味では評価になるから。交際相手がいるからといっても，関係の程度で，不貞になるかどうかも違うものですから。だから，必ずしも言わなくてはならないというものでもないかと。財産分与は，本当にあるかどうかという事実の存否の問題だけですが，不貞かどうかは評価になりますから。
司会：評価か，確かにそうですね。不貞行為は，狭い意味での男女関係で，単に話し相手の付き合い，経済的な援助だけの場合，もっと言えばプラ

トニッククラブですか，これだけでは離婚原因にならないか。私が以前相談を受けたのは，奥さんが，「最近夫が町内会の付き合いで良く家を出て行くがあれは絶対おかしい，うきうきして出て行く」と言うので，興信所に依頼して調査したら，ご主人は，ファミレスで高校生ぐらいの女の子と「食事をして，楽しそうにおしゃべりして，帰り際にお金を渡していた」だけの関係だった，ということがあった。何度調査しても。奥さんは，「ま，いいか」なんて言ってましたが。こんなこともあるから，「不貞行為はない」なんて否認してもあながち嘘とはならない。

相手方が不貞の事実を全く知らないで，何も質問してこない場合でも，やはり，今の議論は同じ結論になりますか。

B：訴状の記述で，必須なわけではないですから，争点に書かないというのは，むしろ普通なのではないかなと。

E弁護士（男性）：積極的に開示するかという問題でしょ。それはしないでしょ，皆さん。

D：積極的開示は，ないでしょうね。結局は，相手方から言われた時に，どうするかの問題ですよね。

司会：それは認めた上で，離婚原因としては，別の離婚原因をうまく主張して，申し立てていくと，そういう形になるでしょうか。

D：「婚姻を継続し難い重大な事由」ということですね。

A：夫婦生活の中で，先方からどんな仕打ちを受けたかとか，又は協力義務違反みたいなことを主張していくのが普通ですね。

(2) 別居期間についての裁判所の考え方

司会：では，次に，その有責配偶者からの離婚の要件ですが，昭和62年の有名な最高裁判決（最大判昭62・9・2民集41巻6号1423頁）がありますよね。3要件，つまり，①長期間の別居，②未成熟子の不存在，③過酷状況の不存在等が離婚を認める基準とされていますよね。それから，平成8年の民法改正案で示された5年以上の別居というも，1つの基準として考えられるものと思います。

この有責配偶者からの離婚申立てにおける別居期間について，調停委

員，裁判官から具体的な期間について何か言われたとか，あるいは，このぐらいの期間で認められたとか，もしご経験があれば話していただきたいのですが。

A：私の経験というか，感覚から言うと，民法改正案の「5年」というのは，あまり裁判官は意識していないと思うんですね。どちらかと言うと，そこまでの同居期間が何年かということを重視している気がします。例えば20年同居していたという場合は，5年ぐらいでは，有責配偶者からの離婚請求は認めないという感覚ですね。

司会：例えば4年別居している有責配偶者から，離婚したいと言われた場合にはどうしますか。

A：それは，法律的な勝ち負けではなくてやってみるというのはありますけどね。離婚の意思が固い場合には，先方が諦めて，和解ができたりする場合もありますし。

E：結局，この有責配偶者の場合も，別居期間というのは1つのメルクマールに過ぎないわけですよね。で，今，先生がおっしゃったように，その前提となる婚姻期間，同居期間とか，あるいは子の存否であるとか，代替措置をしているかどうかとか，そういうのを全部，総合的に見てやっているわけだから，一概には言えないよね。

　僕が受けた事案では，子供が小学生の時に1回，調停と裁判をやったんだよね。でも，依頼者が有責配偶者ということもあって，その時は成立しなくて。それから，別居したまま，10年ぐらい経って子供が成人してから，提訴したんだけど，結局それでも駄目だった。事案があまり良くなかったんだよな。

司会：それは厳しいですよね。他の方はどうですか。

F弁護士（男性）：私が以前経験した事案ですが，未成熟子が存在しないで，過酷状況もなく，婚姻費用もきちんと払っている，60歳くらいの夫婦で，別居期間が3年半ぐらいの時期に，夫の側から申し立てたことがありました。そうしたら，東京家裁の裁判官から，和解の席で「ちょっと短いね」と言われた。まさにそのとおりの言葉で。結局，財産分与の条件で交渉して，訴訟上の和解で離婚を成立させましたが。

A：私も同じようなケースで，1審判決で負けて，上訴をして，そこで和解ができたというのはあります。でも，それでそのまま判決に行ったら，負けたんじゃないかなと思います。

F：やはり，負けますかね……。私の案件では，別居期間は3年半で申し立てたのですが，依頼者には，「裁判には8か月から1年かかるので判決の時点で別居期間は4年半ぐらいにはなる。もう少しの間，頑張るか」と，そのような見通しを事前に説明して裁判を始めました。

E：それは当然あるのではないですか，戦略としては。

司会：それは，5年という期間自体は，あまり目途にはならないとしても，別居期間というのは，判決が出る時点で考えるということで宜しいでしょうか。

D：それはもちろんです。

E：まあ，僕は，さっきのは，10年経ったって駄目だと，言下に否定されたものね。事案がよくなかったんだけどね。

A：私の事案もかなり不利でした。交際している女性との間に子供が2人もできていましたので。

司会：今も，やはり破綻主義の徹底までは行っていないのでしょうか。

E：ケースバイケースだと思うね。僕は，それが強烈なトラウマになっていてね。5年じゃあ到底無理なんじゃないのって。

F：私は，3年半の別居期間の事件の時に，「ちょっと短いね」と裁判官に言われたのが逆のトラウマになってますね。だから，とにかく裁判を起こして，まあ，別居期間では不利な状況でも，条件交渉に持ち込んで訴訟上の和解を目指す。その場合には，証人尋問の時に，依頼者である原告に相当なことを言わせて，その証言を相手方に聞いてもらった上で，相手方に対して，そこまで言われてもこの人とは離婚しませんか，まだ一緒に同じ屋根の下で生活したいのですか，というやや「えげつない」聞き方をして，訴訟上の和解に持っていくというやり方はしています。やはり依頼者にも，相手方にも相当なストレスではあるけれども，完全に破綻し，絶対に元に戻れない夫婦であれば，最終的には離婚した方が双方の幸せだろうと考えて，条件交渉で離婚に持ち込んできました。

座談会①

　　私は，有責配偶者から離婚したいという依頼が結構多いんですが，その時点で，断念しなさいと言ったことはない。とにかくやろうということで始めて，先程お話ししましたような方法で離婚に持ち込んできました。

D：調停であれば離婚できますからね。もちろん判決を予定しちゃうと，それは問題があるけど，調停の中では，話し合いで，慰謝料をたくさん出すかどうかで，総合評価があると。調停離婚は相手方の了解の問題ですから。

(3) **慰謝料・財産分与を配慮することによる離婚の交渉**

司会：先ほどの話にもありましたが，調停や和解で有責配偶者の離婚を成立させるために，慰謝料をたくさん出すとか，財産分与で配慮するとか，その辺に関しては何か参考になるような事例というのはありますか。

F：そうですね，数年前に解決した事件なんですが，相手側の奥さんについた弁護士が，うまいことを言うなあと思ったことがあったんです。私の依頼者である夫が有責配偶者というか，奥さん以外の女性を連れて相談に来て，不倫については，もう合理的な疑いを越えているんですが（一同笑），奥さんは知らない状況でした。交渉のとき，奥さん側の弁護士から，「『全財産を投げ出してでも，お前なんかとは離婚したいんだ』というぐらいの条件を出したらどうですか」と言われました。全財産は投げ出しませんでしたが，相当の配慮をして離婚には持ち込みましたが，かなり年配の女性の弁護士で，うまいことを言うなと思いました。その後はこの捨てぜりふを私も使わせてもらっています。そのとき離婚した夫は，今では，連れてきた女性と「幸せに暮らしています」と写真入りの手紙で連絡をしてきます。

司会：そうですか。やはり，婚費をきちんと払っているとか，相当な養育費も払っているとか，そのような事情は，離婚の協議や調停の際には有利に働くものなんでしょうか。

E：有責配偶者の場合？　ええと，実は僕が扱っている案件も，婚費をちゃんと払っていたが，駄目だった。払うのは当然なのだと言われたね。

D：払っていないよりは，と言うとおかしいけど，払っていれば有利にはなりますよね。払っていないとマイナスになりますから。当然なのかもしれないけど。

F：私の場合，そういう状況で離婚の申立てをするに際しては，依頼者には，養育費，婚姻費用は十分に，きちんと払っておいて，「ここまでやっている」ということを示したほうがいいですよ，というアドバイスをしますね。

A：それは，話がまとまるかなと期待する時はそれをやりますよね。段々こじれてきて，いつまで経っても向こうは離婚してくれないんだ，という感じになってきたら，払うのをやめようかという気になってしまいますね。弁護士からは言えないですけど，やめていいとかは。

G弁護士（男性）：逆に，有責配偶者から離婚を申し立てられた側の方から相談を受けた時に，本当に「離婚は絶対しない」という結論しかないのか，何か条件があれば離婚するのかというような話をすれば，「じゃあこういう条件だったら離婚してもいい」と言われることもあり得ると思うんですね。

F：あり得ますね。難しいのは，依頼者が，有責配偶者から離婚を申し立てられた相手方の場合で，例えば，事情聴取している中で奥さんが「実は，もう離婚はしょうがないとは思っています」と言うようなとき。争い方としては，離婚を拒否する戦略でいかざるを得ない場合に，どこで条件を持ち出すか。話し合いの中，あるいは調停の中でどういう持ち出し方をするか。離婚を認めてしまうと，離婚原因自体の争いには負けちゃうわけじゃないですか。私は，いつもそのあたりでは苦労しているんですが。

　調停委員の中には，始めから，「離婚を認めるのか，認めないのか」と二者択一を迫ってくる人もいるんですよね。それに対しては，「離婚は拒否しているんですよ」ということで話を進めていって，何となく，条件が出ればやむを得ないかなという雰囲気を，2回目，3回目あたりで出していくというやり方を，私はしていますね。

D：それと同じような形ではありますが，調停であれば，次回期日の日程

の打ち合わせの時に，調停室に弁護士だけが入っていった時に，離婚について，条件次第で若干検討する余地があるというか，そういうのを匂わせるという方法もあるかと思いますね。

F：そのような進め方できて，調停で条件交渉になってしまったが，条件がうまく合わないで，調停不調になって，相手から裁判を起こされたとき，調停で条件の交渉をしていたということが，離婚を認める方向で判決が出やすくなることはないんでしょうか。

D：関係ないでしょうね。それは過程でしかないですから。調停成立の間際でひっくり返ったのだったら，別かもしれないけど。そうでなければ，調停成立にはなっていないわけだから。あくまで，条件の中で，だったらやむを得ないという選択の1つでしかないと思う。そんなに，その点は不利益だと思わなくてもいいのではないかと思いますね。

A：離婚を認めるかどうかには影響しないと思いますが，やはり訴訟になったとき，1回でも条件の話し合いがあったというと，和解を勧められるきっかけになると思います。

E：調停委員の調停の進め方のタクティクスみたいなのがあって，一つは，「離婚をする気があるのですかどうですか」と論理的に詰めてくるパターン，もう一つは「条件といっしょでどうですか」とやってくるパターン。調停委員のやり方に色々あるので，代理人の方としては，「どういうやり方をやってくるのか」と，見極めて対応していかないと，あとで嫌な思いをすることはあるかもしれない。

2　離婚慰謝料

(1)　高額な慰謝料の事例

司会：それでは次に，離婚の際の条件の一つとして，「離婚慰謝料」という問題があります。200万から500万くらいというのが，一般に言われている相場だと思うんですが。

C：この点に関連して，先生方にお尋ねしたいことがあるのですが，慰謝料請求をする場合に，代理人として金額はいくらぐらいに設定されますか。

相場としては，200万円，取れたって500万ぐらいなのはよく分かっているんですけど。やはり，依頼者の気持ちからしたら，「たったそれだけのお金では許せない」という気持ちが非常に強くて，「印紙代を払ったって，高額な慰謝料を請求したい」という気持ちがある依頼者もいます。しかし，あまりにも高額な請求だと，裁判所に「不合理なことを言う当事者だ」と，また，「こんなに高額な請求を立てるとはとんでもない代理人だ」と思われてしまうのではないかと。裁判所にそう思われない程度の金額は果たしていくらなのだろうって，常々悩むのですが。

D：高額な請求であっても，ある程度依頼者を尊重してもいいのかなと思う。もちろん，資産状態とか，有責の度合いにもよるし，1億円とかと言われると，ちょっとこちらも考えちゃうけど。

G：依頼者が，「どうしても1億じゃないと」ということでしたら，それなりの事情を載せるように，例えば陳述書でもそれだけの思いを，1億の思いを書いてもらって，これだけの事情があるのだと。形だけは少なくとも主張できるようにしたいなと思いますよね。

F：私が前に扱った事案は，奥さんが不倫をしてしまって，相手が大学病院の研修医だったんです。明らかな不倫の証拠があったのですが，金額の点で話し合いがうまくつかないで裁判となりました。旦那さんから奥さんの不倫相手の研修医に対して慰謝料500万を請求したのですが。裁判官から，「慰謝料500万ですか」と聞かれて，「当然だと思っています」と言ったら，「高すぎます」とはっきり言われたことがあります。和解を勧められた時に。

A：男性と女性とでは，裁判所の対応が違ったりしませんか。

F：当然なんだと思います。離婚に伴う慰謝料としても，よく言われるのは，「女性の方が不利だから，その点は考慮される」と。

A：私が以前受けた事案ですが，結婚して1年ぐらいですけども，夫婦間に全然肉体関係がなくて，結局旦那さんの方が男性と付き合っていたらしいということがあって。このときは，判決で離婚が認められて，かつ，慰謝料は婚姻期間が短かった割には300万円くらいの比較的高額な判決が出たことがあります。女性もそれなりに，きちんと学歴とかあって，

座談会①

いいお勤めも辞めてしまっていたんですね。それでそういう人との結婚に失敗してしまって，収入もなくなってしまったという事情が考慮されて，300万円が認められたのかなと思っています。

(2) 扶養的な慰謝料の事例

司会：その300万円の慰謝料が認められた事例は，扶養的な意味で慰謝料額を考慮するということがあったのではないかと思うんですが，実際に扶養的な慰謝料を認めてもらった，あるいは，調停の中で，調停委員から扶養的な慰謝料について理解を得られたという経験はありますか。

F：調停だったのですが，私は，10年ぐらい前に，既に扶養的な慰謝料が認められたことがありました。月いくらの仕事を辞めて，家庭に入って，それで破綻した。双方，それぞれに原因があって破綻したのですけど，それでも慰謝料を請求し，月額いくら，就職できるまでの期間は2年ぐらいと計算して，調停委員に言ったら，きちんと話を聞いてくれて，確か，ある程度の慰謝料は認められたと思う。

D：扶養的な面は理由になるし，考慮はするんだと思いますよね。私も，そういうことを言ったことも何度かありますしね。それは考慮してもらえていると思います。調停の段階ですけど。

G：これは，定義上の問題でしかありませんが，扶養的な意味での支払については「慰謝料」よりも「財産分与」で請求するのが一般的ではありますよね。どちらであっても実質は変わらないのでしょうけど。慰謝料というのは，不法行為があって，それに対する損害という考え方だから，扶養的慰謝料というのは主張しにくいのですが，扶養的財産分与ということであれば，積極的に主張しやすいように思います。

A：事案は違うのですけど，逆に高齢の方の場合の離婚で，夫側に有責性はないという判決が第一審で出たのですが，高裁での和解で，扶養的財産分与という名目で月額いくらって，和解で認められたことがあります。

　50代の半ばか，後半ぐらいで離婚することになったのですが，総額を決めて，10年か15年かけて分割で払うという形でした。

3 財産分与

(1) 交渉や調停における資産調査の方法

司会：それでは，離婚に伴う財産の問題として「財産分与」の検討に入りたいと思います。まず，交渉段階，あるいは調停段階で，相手方の資産状況がなかなか出てこない場合に，どのような方法で資産調査をされているか，何かご経験があれば，お話しいただきたいと思います。

A：そうですね，よくやるのは，相手方が口座を持っていそうな銀行に調査嘱託をかけるとかだと，裁判所もほぼ自動的に認めてくれるので，やっています。でも，それで何か効果的にたくさん隠し資産が出てきたというようなところまでは経験がないです。

G：相手方が持っていそうなというのは，自宅周辺とか，職場周辺とか，そういうところでしょうか。

A：そうですね。あと，相手方が，口座を開いたらしいということを依頼者が知っていて，で，向こうが否定しているという場合に，文書送付嘱託を申し立てて取引明細を取ってみるということがあります。

F：やはり後から調べるのには限界があるから，奥さんには，別居する前に目ぼしいものは全部コピーでも取っておくようアドバイスすることが一番かなあ。

司会：まあ，後先考えないで家を飛び出す人が実際多いですから。調停段階での資産調査について，ご経験のある方はおられますか。調査官の調査というのを，もし経験した方がいれば。

A：調停でやってくれるものですか。調停ではやりませんと，断られたことがあります。審判に行った段階で，すぐやってくれた経験はありますが。

財産分与について，調査官の調査が入ることはあるのですか。子供の面会交流だったらあるけど。

D：規定上，家事審判規則137条の2第1項（現家事事件手続法261条）において，「調停委員会を組織する家事審判官は，調停委員会の決議により，事実の調査及び証拠調をすることができる。」とし，同条第2項で

準用する7条の2第1項で，家庭裁判所調査官に事実の調査をさせることができるとされていますので，夫婦関係調整に限っていませんね。

司会：家事審判規則137条（現家事事件手続法260条）には，調停委員会の権限として認められているように書いてありますね。

　　それでは，訴訟になった場合の調査嘱託ですが，例えば，どの辺りに資産があるかということは，どのようにして判断するんでしょうか。

A：家の近所などでどうも使っていたらしいとか話があれば，やってみたりします。

F：やはり，奥さんに家を出る前に資料を集めておいてもらうのがいいですね。旦那さん宛てに銀行や証券会社から封書が来ていれば，支店名までメモしておいてもらうことかな。

A：あと困っているのが，過去10年分しか記録が出てこない銀行が最近多くて，もっと長く出してくれるところもあるのだけど，10年分しかありませんと言われてしまうと，結婚前からの資産なのか，それとも，結婚後に形成した資産なのか分からないことがあります。10年以上結婚している夫婦の場合，見極めができなくて非常に困っているケースがありました。

D：そうですか。それは，相手方が結婚前だっていうのを言わなければ，結婚後って推定されるのではないですか？

A：向こうは，「結婚前からの，自分が働いて稼いだ給料だ」と言うんですが。「家を買った頭金の一部は，自分が前から持っていたお金を出した」とか，「実家から貰ったお金を出したんだ」と主張するのですが，こちらが反論できないでいると，裁判所から，「じゃあ，向こうの言っていることが，一応推測される」みたいに言われたので，調査嘱託を申し立てたのですが，10年以上経っている分が出てこなかったという事例があります。

司会：10年以上前の記録を出してくれる銀行があっても，やはり，時間が相当かかるのではないですか。

G：データになっているか，また，手書きのものかの違いもありますよね。10年以上前の古いものだと，手書きのものが出て来ることもありますし，

(2) 特有財産の範囲

司会：では次に、「特有財産」は、当然、財産分与の対象にはならないという一般論はあるんですが、例えば、婚姻時に持っていた預貯金の口座については、単純に婚姻後の増加額分だけが、財産分与の対象となると考えていいのでしょうか。

D：ああ、例えば、夫が自分の特有財産である預貯金を切り崩して婚姻費用に当てていたけど、妻は支出せずに特有財産である預貯金がそのまま残っているような場合がありますよね。夫の立場から見れば、妻の預貯金が財産分与の対象とならないのは不公平だと主張したい。だから、そのことを何とか裁判所で考慮してもらえないのかということですよね。

E：原則としては、増えている部分を対象にしてやっているのが一般的だろうね。何か特段の事情でもあれば、それ以外の考慮というのは出て来るのだろうけど。

司会：まあ、あまり、そこまでは考えないかな。婚姻時にこれだけあったという証明をすれば、当然、現状との差額分だけが共有財産だというような理解でいいですか。

D：覆すことはできないかなあ。

E：まあ、婚姻時に持っていた預貯金を、「特有財産ではない」と主張するのは難しいよね。

(3) 退職金についての財産分与

司会：財産分与の対象として「退職金」の問題を考えてみたいと思います。財産分与の算定の基準時は、別居時が基本だと言われていますが。

G：別居時は在職していて、別居後しばらく年月が経って退職する場合について、退職金の評価をどの時点でやるのかということで問題になっている事案がありますね。

実際に定年退職すると数字は出てきますが、別居時で計算するとなると、あくまでも試算になってしまいますし、自己都合退職と定年退職では金額も変わってしまいますので。今は、会社にもよりますが、算定方法が複雑で、別居時点で算定すると、かなり、額が下がってしまうとか、

定年まで働いて，その後延長するとどうなるとか，一義的に数字が出ないというところがあり，悩ましいところですね。

司会：当然，別居時に，退職金を受け取る可能性，蓋然性を説明して，ある程度，金額を算定していって，多い方を主張するんですか。

G：そうです。多い方を主張するしかないですね。

司会：結論的には，どのように判断してもらえるのかという話なんでしょうけど。

A：退職することが遠くない年齢であれば，ある程度，同居期間に応じて計算して当然に財産分与の対象になると思っていたんですが違うんですね。

　私の事案では，企業年金も分与しろと言われています。企業年金とは，退職金のうち，例えば500万は受け取らないでおいて，65歳になったら年金として毎月いくらか貰えるというものなんですね。まだ65歳になっていないんですが，その原資の500万円の半分を財産分与の対象だということで，請求されているんです。でも，65歳まで生きなければ結局取れるお金はゼロなのに，今の時点でそれの半分をあげなくてはいけないのですか？　という問題がありますね。さらに，企業年金の制度自体が廃止されることが決まったという報道もありますので，どのように決着をつけるか難しいと思っています。

司会：超一流企業に勤めていても，10年後，20年後も安泰かわからない経済状況だから。でも，裁判所は認めないような気もするんですが。

A：いや，今，裁判所の財産分与額の試算では，企業年金の原資全額を財産分与に組み入れて，半分にされています。そうすると，持ち出しの可能性がありまして。それで依頼者が不満を持っているのです。

E：貰っていないものを先に払えというのか。

　その点に関連して，最高裁の交通事故の時の，損益相殺の判決があるよね。あれは，遺族年金か何かで入った部分，あるいは，確定した部分しか損益相殺をして控除してはいけないという判決だったけど，それと同じ考えを主張したら面白いかもしれない（最大判平5・3・24民集47巻4号3039頁，最判平22・9・13民集64巻6号1626頁参照）。

A：あと，今の年金分割制度ができる前の年金分割についての判例も，似たような考えかなと思って裁判に資料として出しました（仙台地判平13・3・22判時1829号119頁）。

司会：貰えない可能性があるものを，「ある」として分与するのは，なかなか難しいのではないでしょうか。

A：企業年金という形で，会社の年金組合に預けてあるだけで，もし65歳になる前に死亡した場合には1円も受け取ることができないものを払えというのは不公平ではないかと考えていますが，まだ裁判所の最終的な判断は出ていません。

(4) 夫経営の会社の株式や資産についての財産分与

司会：次に進みますが，財産分与の問題に関しては，夫が個人経営的な会社を，結婚した後に作って，ある程度業績のいい会社になっている。この場合に，奥さんが主婦，あるいはどこかパートに出ていた，そういう事例で，夫経営の会社の，これは一応法人となりますが，その株式や資産についてどの程度まで分与の対象として主張できるか，何かご経験があったら教えていただきたいんですが。

A：結婚後に旦那さんが設立された会社なんですよね。私の場合は，やはり原則2分の1，妻に権利があるという前提で調停したことがあります。奥さんは学校の先生をやっていた方なんですけど。

司会：ああ，私の場合も同じですね。やはりそれは認められますか？

A：調停では全ての財産を半々だということで話し合いをして，奥さんの学校の先生としての退職金も半分分与の対象としました。私は夫側の代理人だったので会社の決算書類等を出しました。

司会：会社関係の資産状況は，やはり，出さざるを得なかったのですか？

A：いや，その人自身が出しました。半々にして別れたいと言っているんです。まあ，奥さんが株の名義を持っていたので解決する必要もありますし。

E：その場合って，2分の1かどうかの問題だけでなく，もう1つの問題としては，株で渡すのか，お金で渡すのかという問題が出てくるよね。

座談会①

司会：ほかに，会社名義でよくあるのは，代表者の退職時の退職金名目の生命保険とかがありますね。あれは結構な金額になるので，財産分与の対象となるかどうかで相当の違いが出てくる，と思います。

E：逆に，一応法人だから，名義は違うけど，一種の法人格否認みたいで，全部個人商店みたいな感じでやられちゃったという例はありませんかね。

司会：私の事案で，今，正にそういう主張をしていますが。

E：そう，やはりそうなんだ。

司会：相手方から否認の要件を言ってみろとか言われてます。

　それと，結婚後に元々サラリーマンだった夫が設立した会社で，設立時点で，夫の実家から設立資金を多少出してもらった。それは200万円とか300万円です。それが10年以上経って，かなりの規模の会社になった時に，そもそもの設立費用を出してもらっていたから，全部夫の特有財産なのだとの主張，こういった主張というのはあり得るんですか。

D：資金は出たけど，そのあと増やしたのは夫婦で，という形だから，形式論で言えば，おそらく2分の1。それを崩すのはなかなか難しいだろうね。

(5) 2分の1ルールの適用範囲

司会：今，お話が出た2分の1ルールについて。現在，当たり前のように主張されていますが，この2分の1ルールについて，違った主張をしてうまくいった例とか，もしあれば教えていただきたい。

A：夫が会社を設立して，夫のその才覚によって莫大な資産を形成した人の代理人は，すべて2分の1にするのはおかしいと主張していましたね。
　それを裁判でとことん主張し合った場合に，判例上認められるかどうかまでは分からないですが。

司会：全くの専業主婦でも，やはり2分の1ルールは当たり前のように主張できるのですか。

C：多分，私が弁護士になった10年程前には，もう，そういう考えの方が一般的なのかなという感じがありました。かつて，専業主婦の場合は7：3でしたか，そういう割合だったというのを，何かの文献で見た時

に,「へえ,そうだったんだ？」と少し意外に思ったことがあったんです。私は,2分の1が当たり前ということを前提に法律相談を受けていました。

司会：そこにもっていくまでが大変だったんだと思いますが。

D：そうでしょうね,きっとね。

司会：2分の1を認められないで,旦那さんの方が多くの割合が認められたとか,あるいは,逆に奥さんの方が多くの割合を取れたとかという,ご経験はないでしょうか。

A：夫婦の協力と関係ない才能,例えば芸術的才能とかによって非常に大きな資産を形成したということであれば,2分の1ではないという理屈はあるみたいです。

B：この間,相談を受けて,まだ受任してはいないのですが,女性の方はキャリアウーマンで,男性の方が全然働かないというものなんです。女性の主婦だったら,夫側もある程度2分の1で妥協してくれることが多いじゃないですか。しかし,このケースでは男性で仕事が見つからない場合で,あまり家事もしてくれず,そういった意味で貢献をしていない。だから半々はおかしいはずだと。そういった意見というのが,女性の側に逆にあってですね。まあ,主婦で家事も育児もやっていないという意見も聞いたこともありますが,そういった理屈は認められるんですかね。家事的な貢献をしていないから,半々はおかしいのではないかと。

司会：男性は何もしないで,女性がキャリアウーマンでかつ主婦ということですか。現代版の「ヒモ」ですか。

D：でも,この2分の1というのは,何か,具体的な行為をやった云々ではなくて,精神的な形でも,というものだから。本当に特殊だったら,2分の1をひっくり返せるかもしれないけど。そうでないと,やはり,存在自体で2分の1になっちゃうんじゃないですか。

B：よっぽどでないと難しいということなんですよね。

(6) オーバーローンの自宅の処理と事後のトラブル事例

司会：それでは,2分の1ルールはこれぐらいにして。よく問題になるの

は，バブル崩壊後は，オーバーローンの自宅が財産分与の対象になるという場合が多いのですが。解決方法や事後のトラブルの例があればご紹介いただきたい，また，アドバイスがあればお願いします。

A：私の，経験した例だと，ローンの名義は変えられないので，旦那さんの名義にしておいて，奥さんが子供と一緒に住みたいということなので，ローンは奥さんが返していくという約束を交わすことがあります。

司会：奥さんには支払い能力がないから，他の財産を放棄してでも，住むことを最優先にして解決すると，例えば預貯金等は，旦那さんが取得してもいいから，とにかく旦那さんがローンを支払い続け，名義は奥さんにしてもらうという例はどうでしょうか。

G：調停ではなくて，ご本人同士で公正証書を作って離婚された方の事案なんですが，やはり，そういう契約をしていて，旦那さんがローンを払わなくなってしまったという話がありました。ただ，その奥さんは再婚していて，ある程度の収入があったので，代わりにローン会社に払って，何とか遅滞に陥ることは免れていて。で，旦那さんに対する請求権が残っていたから，それをもとに強制執行するぞという話をして解決したというのはありましたね。

それはまあ，特殊で，払える状態になっていたんですけど，払えなかったら，競売にかけられるような事態もあり得たんでしょうね。

E：このオーバーローンの場合って，結局，処分しても赤になるからオーバーローンなんだよね。だから処分できない。

名義変更なんかも，銀行がOKしないものね。ここのところは，むしろその，対金融機関との関係の問題になっちゃうんだよね。

司会：本来，抵当に入れている不動産に関しては，名義を勝手に変えてはいけないわけじゃないですか。その場合に，銀行は駄目だと言うに決まっているけど，皆さんどうしているのですか。調停で名義を変えてしまいますか。承諾を貰わないで変えてしまいますか。

A：承諾を貰わないで名義を移しちゃったことがあります。銀行の方はローンの不払いが起きない限りは，何も言ってこないようです。

4 婚姻費用・養育費

(1) 現在無職の妻や夫の算定表上の扱い

司会：それでは，次に「婚姻費用・養育費」の問題に移ります。この問題については，いわゆる「養育費・婚姻費用の算定表」（判例タイムズ1111号）が実際に調停等で相当に活用されている状況だと思います。

　そこで，まず，婚姻費用，養育費に共通する問題ですが，旦那さんが無職の場合や，奥さんはパートをやっていたけれども辞めちゃっている場合とかも多いと思います。そのような場合に，収入のない配偶者について，「賃金センサス」を使うとか，あるいは，パート収入程度の110万ぐらいですか，いわゆる被扶養者としての免税限度，そのあたりを基準にするという例は，実際にご経験されたことはありますか。

C：調停でありました。奥さんが無職の場合に，「今は無職でも100万ぐらいみるのよ」と，調停委員に断言されたことがありました。

司会：私もそうでした。その時は，当たり前のように言われました。「今は無職でも100万程度は」と言われて，「それを基準に計算しましたらこうですよ」というように言われた。

D：「収入を得る可能性がある」ということですか。

C：そうですね，働こうと思えばこのくらいの収入が得られるだろう，ということです。

司会：DV被害者でうつ状態だとか，いろいろ働けない事情を言ったんですが，そう言われたという例はありますね。100万とか，110万ぐらいと言われたと思います。

　調停委員から「皆，そのぐらいでやっているから。そのぐらいはすぐ見つかるでしょ」って言い方をされましたね。まあ，逆の立場のときに，こちらもそのように主張したら，当然のように認められましたが。

(2) 交渉や調停における収入の調査方法

司会：ちょっと話は変わりますが，収入の評価に関連して，自営業者というのは，自分の給料を，ある程度自分で決めることができますよね。自

分の給料を高くするか，低くするかというのは，ある程度自由にできてしまう。それで，調停をやっている間に年度が変わってしまった場合に，自分で自分の給料を下げたらどうなるかとか，業績がいいけど自分の給料は上げない方が良いかとか，そんな相談を受けることがありますがその場合，皆さんはどうしてますか。

D：現状維持はいいでしょうけど，減らしたらどうですかね。

司会：まあ，景気が悪い時には減らさざるを得ないのではないですか。役員報酬でも。

F：私が受けた事案でもありましたね。「不景気が続いているので，給与を減らしたいが，その場合の養育費はどうなるか？」という相談が。それで，「計算上はこうなりますよ」と言うと，「ああ，そうですかと言って」，後日依頼者が，額を下げた給与明細を持ってきたことがあって。そのまま提出したら，それは，まあ，通ってしまったんですが。

C：その場合は給与収入ということですか？

F：あれは，役員報酬でした。

C：そうすると，源泉徴収票の金額で見るのではなくて，確定申告書の「課税される所得金額」で見るのでしょうか。

F：いや，雇われ社長だったので，一応，源泉徴収票が出ていました。で，源泉をきちんと出したらそのまま通りました。

　そのときは，よかったねといいましたが。養育費の算定だったので，後から考えると，本当にいいのかなって，相手がかわいそうだなと，思うことも確かにありました。こういうときは，相手の代理人にしっかりしてよと内心では思ったりします。

E：そうすると，相手方としては，会社の財務諸表を請求すればいいんだな，今後は。

(3) **高収入者の上限額**

司会：算定表では，支払う側の年収の上限が給与所得者で2,000万円，自営業者で1,409万円となっていますよね。しかし，実際の年収がこれを超えている場合，調停委員，あるいは，裁判所はどのような扱いをして

いるんでしょうかね。
G：これは，上限を超えても，計算式があるから，一応，出ることは出るみたいです。本によっては，上限の額までしか支払う必要はないという見解の方もいるみたいですし，一方，上限を超えた場合は計算式で出すべきという見解の方もいるみたいですけれど。まあ，大きな数字が出る事例を実際に見ないので，現実に問題になることは，そんなにないのかもしれないですが。
F：今，私が扱っている事例なんですが，相手が医者で年収1,409万円は超えているんですね。でも，調停委員から，「超えたら，上限はここで頭打ちなのよ」と，当たり前のようにこの間言われたばかりです。現在も係属中なので，良いお知恵があれば教えて下さい。
G：こっちとしては計算式でやるしかないんですかね。でもそのように主張できるんでしょうか。
F：そうですね……。その時は「上限なのよ」と，調停委員が当たり前のように，28万円以上の婚姻費用は請求できないと私に言ってきたので。当たり前のように言われてしまうと。違うとも言い切れなかったので。
　この事例の場合，相手方に20万弱の高い賃料を出してもらっているので，現在貰っているのは10万円弱ですが，それだけで子供のいない夫婦の婚姻費用の上限28万円を超えてしまうんですよね，計算上は。それでも頭打ちだって調停委員は言うんですね。つい，「あ，そうですか」と言ってしまったのですが，もし，違うことを言われた経験があれば教えてもらいたいのですが。
E：ああ，僕も同じようなことがあったな。「賃料を出しているからといって，全部それを控除しちゃうというのは，おかしいんじゃないですか」と食い下がったことがある。結局，認めてもらえなかったけど。
　ちょっとね，おかしいと思う，婚費の場合は。そこを一律にやられるのは納得できないね。
司会：旦那さんの生活水準と比べると，10万円程度で生活しろと言うのは，夫婦間の扶助義務の本質から見ると納得できないですよね。結果的には，奥さんにとっては住んでいる場所だけが立派で他の生活費とのバランス

371

座談会①

は取れないのではないでしょうか。

(4) 過去の養育費の請求権について

E：話は変わるけど，養育費にも婚姻費用にも共通の問題なんだけど，請求できるのは「申立て以降からのもの」というのが原則なんだよね。
　この間，調停の相手方の代理人が，すごくしつこい先生で。従前の，過去の養育費を請求するんだよね。

司会：何年間分ぐらいですか？

E：うーん，2年ぐらいだったかな。結局，その，離婚訴訟の時には，養育費とかで揉めたりするのは嫌だから，とにかく親権の帰属と，離婚だけ決めちゃって，さっさと別れたと。で，養育費は，その後，落ち着いてから請求するのだと。それで，しつこくやられたことがある。
　じゃあ，請求できるのは，「申立時から」ということでいいのですよね。

司会：と思います。

E：養育費や婚姻費用に関するもので，特殊な事例で，過去にさかのぼったというのを，ご経験の方はありますか。一応，特殊な事例として，実際に過去にさかのぼって認めた裁判例があるので……。そういう経験はないですか。

C：過去の養育費や婚姻費用の請求は難しいというのは，聞いてはいるんですけど，それは何で駄目なのですかね。

G：権利が固まっていないということではないですかね。抽象的な権利なので，審判か調停の成立がなければ権利が形成されないという。

司会：まあ，その場，その場で，何とかやってきたわけだし。まとめて支払わせるというのは，相手にとっては，大変なことでしょう。
　わざと10年請求しないでおいて，いきなりそれが，法律的な請求権として認められたら，破産する人がいっぱい出てきてしまう。だから，「今まで，何とかやってきたんでしょう」ということになってしまうんではないですか。そうすると，我慢するのは損ということになりますか。

E：ここは，おっしゃる通り，善人は若死にするというか，馬鹿を見ると

372

ころなんだよね。そうなんだよ。

5 親 権

(1) **低年齢でかつ同居していながら夫に親権を取られた事例**

司会：それでは次に，親権の問題で，よく言われるのは，年齢が低年齢であるか否か，継続して監護しているか，それから母性優先，この3つの基準が，あると思うのですけど。この3つの要件が揃っていながら，それでも夫に親権を取られてしまったというような事例。あるいは，夫側でうまく取得できた事例はないでしょうか。

D：虐待か何かですよね，母親がね。そうじゃないと，なかなかないんじゃないですか，これは。

A：私の場合は，子供が2人いた夫婦で，お母さんが家を出るときに2人連れて出たのですが，下の子供をお父さんが連れ帰ってきた事例で，下の子供の親権を父親に決めた事例がありました。

D：調停で？　調停でそうなったのですか？

A：一審判決で親権はそれぞれ，1人ずつになって，高裁でそのまま和解を成立させました。

D：1人ずつですか，それはどういう理由なんでしょうね，判決では。1人ずつを監護する期間が長かったのですか？

A：裁判で何年か揉めていたので，男性の方は，取り戻した下の子を保育園に預けながら，働いてシングルファーザーをやっていました。

司会：やはり，事実関係というか，事実上の監護状態を作った方が勝つということですか。

A：その件は結果的にそうなりました。

(2) **子の奪い合いの事例について（監護の継続性）**

司会：結構，そういう子の事実上の監護状態を奪ってしまう例は多いですよね。これは，本当に難しい問題なんですが，皆さん，何かご経験はありますか。

F：実は，つい先日，22，3歳の若い奥さんとそのお母さん，お姉さんの

座談会①

　３人から相談を受けました。内容は，その若い奥さんが旦那さんの暴力に耐えられず，そのまま４歳の女の子を置いて逃げ出してきちゃって３日目ぐらいで，今は，旦那さんが保育園に連れて行っている。離婚も決意したから，何とか子供を自分の手元に置きたい。どうしたら良いでしょうか，と言うんです。

　それで私は，「じゃあ今から３人で保育園に行って，連れてきたらどうですか？」とアドバイスしました。保育園では，奥さんの方が，園長も保育士も皆顔見知りだと言うんですね。でも，保育園に電話で聞いたら，旦那さんは，保育園に，母親が来ても渡すなと言っているらしいんです。奥さんが「連れ戻してきたら，どうなりますか？」と聞くので，「まあ，２～３日であればね，誘拐にはならないだろうし，もし警察に訴えられても，お子さんの保護状態がしっかりしていて，それをきちんと説明すれば，警察は事情聴取をするかもしれないけれども，それで終わりになると思いますよ。ただ，それは絶対とは保証できないけれど」とアドバイスしました。それで，その奥さんが，「明日には連れ戻しに行ってきますが，先生，何かあったら電話していいですか」というので，「いいですよ」と言いました。

　そうしたら，翌日，その母親から電話がきたんです。「いま３人で保育園に来て，『娘を連れて帰りたい』と言ったら，保育園の園長先生は，『旦那さんから，奥さんには絶対渡すなと言われているから，渡せない』と言って，子供を渡してくれないんです」って泣きながら言うんです。で，「先生ちょっと園長先生と話してくれませんか」というので，保育園の園長先生に，「あなたが，いま奥さんにお子さんを渡さないで，もし，旦那さんの言うとおりにしてお子さんに問題が起きたら責任とれますか」と言いました。私は，旦那さんが子供を虐待しているとまでは聞いてはいなかったのですが，旦那さんは夜の仕事で，子供を一人置いたまま夜仕事に出て行ってしまっているということを母親から聞いていたので，繰り返しそのことを説明して，「園長先生，むしろ，旦那さんにお子さんを渡すと問題が発生する可能性が非常に大きいのではないですか。今までどおりに奥さんにお子さんを渡しても全然問題がない。お母

さんも，お姉さんも，いっしょに行っていて，3人でお子さんを問題なく安全に保護できるのだから，逆に旦那さんにお子さんを渡して何か問題が発生したら，園長先生は責任を取れますか」って言って，さんざんすったもんだして，最後に園長先生は，「分かりました」と言って，お子さんを奥さんに渡してくれて，3人で実家に子供を連れて帰って来たんです。その後はトラブルにならなかったようです。

司会：旦那さんは，警察には言わなかったんですね？

F：一応，母親には，警察はこのようなとき，どのように動くかを説明して，「もしかすると警察から問い合わせが来るかもしれないけれども，その時はちゃんと落ち着いて説明できるように，準備しておきなさい，できれば実家の近くの警察にその足で行って話をしておくと良いですよ」と説明しておきました。

　もし，この段階で母親に取り戻しを躊躇させて，「それでは法的手続でお子さんを取り戻す手続をしましょう。着手金は幾ら，成功報酬は幾ら，急ぐなら仮処分の手続があります……」などとやっていたら，保護状況の悪い父親の方が逆に監護の継続性の要件をだんだん満たしてくる可能性があって，取り戻しが困難になる可能性があった。実際に子供の心身の安全も心配だった。こう判断して，すぐ動いてもらったんですが，私としても数日間は冷や冷やしていたというのが実際でした。ただ，警察から呼ばれて事情聴取でも受けたら，正々堂々と説明してこれで私を捕まえるなら捕まえてくれとも思っていました。

E：未成年者拐取教唆とか言われて。（一同笑）

F：うーん，母親との共犯か。誘拐罪は，「保護されている生活環境から離脱させ，自己の事実的支配に置」けば構成要件を満たすので，私のやったことは文言上はそのとおり犯罪行為に該当するかもしれない。でも，この場合は，母親が旦那さんの虐待に耐えかねて家を飛び出して2～3日しか経ってなくて，子供が母親の監護下から既に離脱したといえるかどうか。また，保護状況はよりよい状態に戻ったわけだから，警察はまずは動かないだろう，と考えたんです。でも，実際は数日間はひやひやしていました。この事案は，2～3日しか経ってなかったことがポ

イントだったのかな。これが，1週間，2週間となるとちょっと危ないな，と思いました。

E：まあ，難しいよね。そのまま旦那さんの元に置いておくと，継続性の要件を満たす可能性もあるし。

F：弁護士がそこまで踏み込んでいいものかどうかは，ちょっと，皆さんにお勧めできるわけではないけれども。まあ，向こうから何かされる可能性はあったと思う。弁護士会に懲戒の申立てでもされるかなと。まあ，その時はその時で人を助けて懲戒されるならいいやと思った。その危険も考えた上で，とにかくお母さんの手元に戻してあげることを最優先で考えた。後は，何があっても正々堂々と争っていけばいいかなと思った。

そして，母親には，全ての説明をしてあげないといけない。警察の問題，民事の裁判の問題。これを全部説明して，最後は本人の判断に任せるしかない。教唆するわけではないけど。

B：精神的な幫助ですよね。教唆ではないかもしれないけど。

F：そうですね。ただ，実際には，警察は，子供がちゃんと母親の下で安全に保護されていれば手出しはできない。夫婦の間の問題でもあるから，実際に夫婦間で警察が誘拐で動くということはあるのでしょうか。

D：確か，お父さんが子供を連れ去って，違法性があるとされた事例があったと思う。どの段階だったかは，よく分からないけども，誘拐になった例が。刑事手続になったんじゃなかったかな。

B：確かに夫が実力行使して子を母親の手から奪って誘拐罪を認めた最高裁の判例（最決平17・12・6家月58巻4号59頁）はあったけど，かなり要件は厳しく認定したはずですよね。相当に絞っていたと思う。

D：法的には本当にどうなのかというのはむずかしいですね。

司会：まあ，母子が離れて2・3日であればね，まあいいのかもしれないけど。弁護士として考えさせられますね。

(3) **親権の帰属における子の意思の確認について**

司会：親権の決定に際して，家事事件手続法169条2項では子供の意思の確認の手続について15歳以上の未成年者からの陳述聴取が義務づけられ

るなど改正がなされていますが。

E：ちょっと，お聞きしたいのですけど，親権の帰属について，子の意思の確認を取った事例というのを経験された方はいませんか。調査官か何かから，ないですか。小学校高学年ぐらいで。

C：確認した事例はあります。調査官が会って，子供からヒアリングしました。子供が2人いて，確か小学校6年生と中学生ぐらいだったと思いますけどね。調査官が父と母とどちらと暮らしたいかを子供に聞いて，「お母さんがいい」と言われちゃったと。ご主人の側はとても悲しんでいましたけれども。結構それも親権の決定の大きな要因になったみたいですね。

G：僕も同じような事案で，中学校の1年生と3年生ぐらいの2人お子さんがいて，僕は奥さんの方の代理人だったんですけれども。旦那さんは絶対親権がほしいと言っていました。それで，裁判所の中にある部屋で，調査官が子供と面接をして，結構時間をかけて話を聞いてくれたんです。そこで，割と生々しい調査官の報告書のようなものを，かなり長いものを作ってもらいました。それを次の期日で旦那さんに聞かせたら，「それだけ思っているのだったらしょうがないな」ということで，諦めてもらったというものがありました。

E：その記録というのは，調書に？

G：調書ではなく，多分，開示されない形式の書面ではないかなと。

D：いわゆる意見書ではないですか？

G：そうです，調査官の意見書ですかね。それで，それ自体を見るのではないけれど，それぞれ，調停の期日で調停委員が読むような形で聞かせられました。

E：子の意思の確認は，職権で，審判官の方から指示するんだよね。それは先生の方で申出をしたのですか。

G：申出をしました。割と本人も自信があって，子供がこう思っているというのがあったので。そこは，そうまで言うのだったら，聞かせてあげれば変わるかもしれないというのがあったのでやりました。

座談会①

6　面会交流

(1)　**面会交流における外部機関の活用**

司会：次に，子との面会交流の問題に入りたいと思います。まず，面会交流の場所なんですが，皆さん，どうしていますか。

E：あの，何と言ったっけ，面会交流を支援していて，面会の場所なんかも提供してくれる機関。

C：FPIC（エフピック）ですか？　家庭問題情報センターといって，家庭裁判所の元調査官が主体となって運営している公益社団法人ですよね。

E：あれを使ったことがある人はいない？

A：FPICは，利用したことがあります。事案は特殊なんですけれども。イタリアで結婚して……，いや，結婚はあきらめて同棲していたのかな。とにかく，イタリアでその国の男性と同棲していた日本人女性が，その男性との間の子供を連れて日本に逃げ帰ってきた事例で，父親である男性が子供を追って来日して面会等を請求する調停を申し立てたものです。調停で話し合った結果，久しぶりに父親が子供と面会する際に，FPICを入れて父親と子供が遊園地に遊びに行くことになりました。女性が子供を奪われたりすることを心配したので，FPICの人に1日来てもらって，面会している間ずっとついていてもらったことがあります。

　FPICは面会する場所もあるそうですが，そこは利用したことはないです。

D：裁判所内でも面会交流できる場所がありますよね。遊び場があって，おもちゃもある。東京家裁にはあったと思う。そういう施設があるかどうかは，裁判所によって違うのかもしれないけど。

A：さきほどのFPICを利用した件でも，1回目はまず，その東京家裁で会わせました。遊び場みたいになっていて，窓があって外側から見えるんですが，室内からは鏡になっていて，子供は見られていることに気づきません。東京家裁以外でも，子供を連れて別居中の母親が，久しぶりに父親と子供が面会する時にそのような場所を利用したことがあります。

D：横浜家裁にもあったかな。そういう遊び場というか，子供用のおも

ちゃとかもあったように思う。
E：面会室的なものがあるんだね。でも，この場所の問題は，神経を使うよね，やはり。

(2) 面会を強行に拒否された場合の実現手段
司会：面会交流を拒否された場合に，どうして面会を実現していくかについてはどうでしょうか。
G：そうですね，慰謝料請求を追及するということで，認められた例があるようで。
司会：それは効果的かもしれませんね。お金の問題にすると，拒否している相手も考えるかもしれない。
G：逆に言うと，お金を払えばというような感覚にもなりますよね。まあ，調停をやっても，結局，強硬に拒否する場合というのは，それなりに，やはり，何か理由があるんでしょうね。
司会：ありますね。本人の感情の問題もあるでしょうし。
E：今，実際に困ってるな。毎回毎回「子供が熱を出しました」とか，「今日は運動会です」とか，何か理由を付けて会わせない。本当なのかこのやろうと。
司会：しょうがないですか。
D：嘘でなければね。僕の事案では，この前，子供が熱を出したので，前日に相手方に電話をして，診断書取って，FAXで送った。
F：だって，医者へ行けばね，診断書ぐらい書いてくれますよね。
　　会わせたくない親には，そういう，きちんと拒否できる要件を説明しておいて，こういう手続を踏んで拒否すれば，拒否できますよというアドバイスしかできないよね。弁護士としては。まあ，一回飛ばして，次の機会ということにすればすぐに2〜3か月は経ってしまう。その内，大体夫の方は仕事も忙しいし，段々熱意も冷めてきて，別の女でもできれば子供への関心はなくなってしまう。
D：基本的には，回数の問題もあるけど，やはり親なのだから，会いたいという素朴な気持ちはもちろんあるはずだし，弁護士とすると，どっち

座談会①

についても会わせるべきなんだと思う。でも，下手すると，幼稚園とかは誘拐されちゃう可能性もある。誘拐でなくても，本人が思いつめて，会えないからということで，小学校とか，幼稚園で待ち伏せをして，子供と会ってしまうようなこともある。そういう危険も潜んでいることを考えないといけない。

(3) 面会交流のトラブル事例（条項について）

E：でも，面会交流の取決め（条項）で1か月に1回会せるとしていて，例えばそれが，お子さんの事情で流れちゃった場合。そうしたら，次の月は2回会わせられるんですかね。

B：有給休暇みたいにためておくわけですか？　まあ，会わせていいと思いますけど。

E：それで，今，揉めていてさ。しかも，3か月に1回なのよ。一回跳べば半年面会できないわけだから，ちょっとかわいそうで。「今回は流れたから，次回はもっと先になります」って，それはないだろうって。

D：立場によりますけど，それは会わせるべきではないですかね。

E：まあ，向こうが「問題にならないような場所で会うのだったらいい」と言っているで，さっきのFPIC，それを今，考えているんですね。

司会：実際，月1回とか，2回で約束をするというのはよくあるんだけれど，実際に何年もそういう，きちんと面会というのは続けられているんですか。あまり私は面会交流は長く続かないのかなと思っているんだけど。

E：よく聞くよね。「約束したって，どうせ男はね，半年もすれば忘れるよ」って。

司会：そういう話はよく，依頼者にもするんですが。約束は約束でしなくてはいけない。でも，実際はだんだん来なくなるのだから，約束だけしておけば，と言うんだけど，どうですか，実際は，続いていますか。

A：すぐ止めちゃったという話もあれば，ずっと面会交流を続けている人もいますね。

B：相手方，まあ，子供を引き取った親の方が，再婚をしたりすると，な

かなか面倒になるというか。難しくなったりするんですよね。

H弁護士（男性）：なるほどね。ところで，さっきの3か月に1回という調停条項の決め方ですが，そういう決め方はよくないのだということが，今，分かりましたね。そうでなくて，年に4回以上。こういう決め方をしておけばいいのだなという。

B：履行期を決めておいて，履行期に履行してもらえなかったわけですから，遅滞なく履行してくださいよという，何か一文を入れなければおかしいと思いますね。

E：でも，調停条項で書いてある，「1か月に1回の割合で」というのは，裁判所の審判官としては，目安としか捉えていないのではないかと，僕は思うんですよ。厳密な意味での履行期とか，あるいは，その，遅延損害金がどうこうという意味では，考えていないなと思う。

H：あと，有給休暇みたいに，後に繰越ができるような，年に何回までできる，そこまでの意味は考えていないですよね。

司会：なるほど，調停条項については，よくよく考えて決めた方が良さそうですね。

　さて，あっという間でしたが，本日の座談会の予定は以上で終了となります。先生方，お忙しい中，色々と貴重なお話をいただきまして，ありがとうございました。

座談会 ②
遺産分割に関する弁護士実務

開催日：平成24年10月2日㈫
場　所：弁護士会館（東京都千代田区）

目　次

1　相続人 ……………………………………………………………… 383
　(1)　推定相続人である外国人が行方不明となっている事案
　(2)　不在者財産管理人の候補者及び予納金
　(3)　相続における戸籍の問題
2　遺産の確定・評価 ………………………………………………… 389
　(1)　遺産の調査・確定・発見
　(2)　遺産の評価
　(3)　家裁調査官による調査
　(4)　消極財産の評価
3　寄与分 ……………………………………………………………… 400
4　特別受益の調査・確認・評価 …………………………………… 401
5　分割の方法，実施，その他 ……………………………………… 404
6　遺留分減殺請求 …………………………………………………… 408
　(1)　遺留分の放棄
　(2)　価額弁償について
　(3)　遺留分減殺請求の行使・審理
7　その他 ……………………………………………………………… 411

1 相続人

司会：今日は，お忙しいところありがとうございます。今回の座談会は「遺産分割に関する弁護士実務」と題して，親族相続の中でよく弁護士が担当する遺産分割の実務について，先生方の体験談を中心に問題を考えていきたいと思います。宜しくお願いします。

　最初のテーマは「相続人」となりますが，実体法的に，相続人を確定する段階で初めに問題となった事案や例が何かあればお話いただけますでしょうか。

(1) 推定相続人である外国人が行方不明となっている事案

A弁護士（男性）：それでは，少し違うのかもしれませんが，変わった事案があるので，紹介させていただきます。この事案では，被相続人Xに対して，相続人がA・B・Cの3名いるんですが，Aが外国人なんですね。そして，このAが随分前から行方不明となっているので分割協議ができない。これをどう処理するかと……，そういう事件を扱ったことがあります。

司会：それは興味深い事件ですね。

A：ええ，それでどうしたかというと，まずBとCが，遺産分割の調停の申立てをして，Aについては，不在者財産管理人（民法25条）を選任してもらって，分割協議を進めることにしました。ただ，それだと分割後のAの財産をずっと不在者財産管理人が管理しなければならなくなるので，さらにAの失踪宣告の申立てをしたのです。

　ところで，失踪者の失踪宣告が確定すると失踪の日から7年後に死亡したことになる（民法30条，31条）のですが，Aが死亡したとみなされる日がいつかによって，事情が変わってくるんですね。仮に，被相続人Xの死亡前にAが死亡していたとすると，そもそもAは相続人にならなかったことになる。また，Aが生存していることを前提として不在者財産管理人が選任されているわけですから，遺産分割協議前にAが死亡していたことになると，不在者財産管理人は分割協議に入れなかったはず

383

です。

　しかし，裁判所と話し合って，失踪宣告確定前に不在者財産管理人と他の相続人で調停を成立させました。だって，それしか方法がないものですから。

　まだ失踪宣告は下りていないのですが。もうすぐ官報に掲載されて，ある時点で失踪宣告は確定するけれども，その場合に，果たして分割協議が有効か無効かについて，少し問題があるというわけです。

司会：普通失踪で期間満了が被相続人Xの死亡前となると，本来相続人でないAが不在者財産管理人を通じて遺産分割に参加してしまっているということになりますね。

A：そうですね。また，Aが調停成立の前に死んでいたとみなされると，成立した遺産分割の調停はどうなるのか……，不在者財産管理人がやった調停は，Aが生きていることが前提ですからね。

　しかし，行方不明になってしまった場合，これ以外に処理方法がないんです。色々と調べてみたところ，判例などは全然ないんだけれども，失踪宣告までに為した不在者財産管理人の管理行為，家庭裁判所で下した処分行為は不在者の死亡時期の前後によって影響を受けない，ということが有力説のようです。

　注釈民法で「宣告前の管理人の管理行為は有効であると解したい」と書いてあるだけ（谷口知平ほか『新版注釈民法(1)総則(1)〔改訂版〕』（有斐閣，2002年）478頁）で，確定しているわけでもなければ，先例があるわけでもないんですが，裁判所は今のところはこのやり方で進めてくれているから，それはそれで良いのだろうと思います。こういうことで，大体これ以外に方法はないようです。

司会：そうしますと，その不在者財産管理人，つまり，失踪宣告の対象になっているAさんに，分割協議で遺産が相続されたことになりますよね。後から，Aの取得した遺産をゼロにすることはできないのではありませんか。

A：それをゼロにしないと最終的な決着になりません。被相続人Xの遺産分割終了の段階ではAの3分の1の取り分は，まだ不在者財産管理人が

管理しているわけです。本件では不動産を売却してお金で分けたので，かなりの金額が残ったままで，そのお金を将来どうするのかという問題が残ります。

　今回の事例の場合には，被相続人Ｘの死亡前にＡさんの失踪期間が満了して死亡した場合と同様になりそうなんですが，その場合，Ａはそもそも相続人ではなかったことになり，ＢとＣが２分の１ずつ相続することになります。裁判所の宣告が出れば，不在者財産管理人は預かっている財産をＢとＣに分けて業務を終えることになります。

Ｂ弁護士（女性）：今の事案で外国人のＡさんの所在調査は，どの程度までされたのでしょうか。例えば，出入国の記録なら，入管へ弁護士会から照会すれば調査することはできますよね。

Ａ：外国に行っているから，所在は全然分かりませんでしたね。入管の記録では，出国の記録まではあったのですが，再入国はしていないとのことでした。

司会：あと，裁判管轄や準拠法などの国際私法的な問題は大丈夫だったんですか。遺産分割については被相続人の最後の住所地ということで，日本の家庭裁判所の管轄で問題は無いように思いますが，例えば，失踪宣告などの要件については，そのＡさんの本国法によらなくても良いのでしょうか。

Ａ：失踪宣告の要件については特に問題になりませんでしたが，確かに，実際のところ，どうなんだろうね。

司会：外国人が外国で行方不明になったのだから，日本の民法でやれるのか，という根本的な疑問が出てきますよね。

Ｂ：準拠法の問題ですよね。この外国人に関する失踪宣告については，法の適用に関する通則法６条１項で，不在者の最後の住所地が日本であるときのみ，日本法で失踪宣告をすることができると規定されていますけれども，２項で，不在者の財産が日本に在るときはその財産についてのみ日本法により，失踪の宣告をすることができると手当てがされていますので，今のケースでも問題は無かったのだろうと思いますね。

Ａ：なるほどね。でも，今後，増えるんじゃないかな，こういう案件は。

385

座談会②

司会：本当に，これから増えてきそうな案件ではありますね。外国人が絡むものは，あまり実務の解説も学説もないから難しいですが。

C弁護士（男性）：以前，私が受けた案件でもそのような問題はありましたね。被相続人は日本人なんですが，外国で一度結婚していて，離婚しないまま日本に戻って来たという人で。恐らく外国の方で探せば，奥さんやお子さんなど，相続人はいるんでしょうけどね，外国にいたのも随分昔のことだからどうなっているか分からないというものでした。

　そういう意味で，被相続人が日本人だからと言って，国際私法的な問題が生じないというわけではないですよね。

A：日本の場合も失踪宣告の申立てについて，それほど厳密な調査はやらないでしょう。最後の住所地まで追っかけていって，聞き取りに行って，報告書を出してという感じで。日本においてもそれほど厳密ではないんじゃないかな。

司会：私は，過去に一回だけ普通失踪をやったんですが。裁判所は全く受け付けてくれなかったですね。とある女性の夫が普通失踪して，要するに保険金を何とか取得したいということだったんですが。生命保険金の関係でしたが，裁判所はなかなか受理すらしてくれない，という体験が昔ありました。所在の調査は全てやったんですけどね。

A：先ほどの事案では，最後の住所地に調査に行って，それで，分からないということで受理してもらいましたね。ただ，住民票の最後の所だけでは駄目で，現実の居住地・住所地まで調べなければいけませんけどね。

司会：所在調査については，一応警察も動いてはくれるんですけどね。報告書のようなものもくれるんですが。

　先ほどの事案では，外国に出国した記録が残っていたということなので，そこまでいっていないような案件とは，失踪宣告の取扱いについて少し違うのかもしれませんね。

A：必要性もあるんじゃないですか。裁判所も分割協議が全くできずに，相続未了のままだと，そのうち相続人の誰かが亡くなると，さらにややこしくなって処理ができなくなってしまうから。ある程度実務的な感覚で考えて失踪宣告の手続に入ってくれたのではないかと想像しますけれ

386

ど。

(2) 不在者財産管理人の候補者及び予納金

D弁護士（女性）：ところで，少し話は変わりますが，今，お話しをいただいた外国人の方の不在者財産管理人について，この候補者の推薦とか，予納金はどうなっているのでしょうか。

A：不在者財産管理人は，こちらで推薦して，同期の弁護士さんを裁判所は選任してくれましたね。その点は，裁判所によって取扱いが違うみたいですが。

司会：そうですね。東京家裁は今無理じゃないですか。候補者の名簿を作成して持っているようですので。どのように候補者を選定して，配転しているのかは知りたいところですけれどね。（笑）

B：知り合いで，家裁の調停委員をやっている弁護士が何件も不在者財産管理人を頼まれていると聞いたことがありますから，裁判所は顔の見えるよく知っている弁護士に頼むということもあるのでしょうね。

A：まあ，この事件の場合は，同期の友達をこちらでお願いして裁判所が選任してくれたので良かったのですが。

E弁護士（男性）：その場合の報酬は，手続上は放棄をして，あとは直接にされるのですか？

A：いや，それは裁判所が決めるんじゃなかったっけ（民法29条2項）。

E：実は今，地方で申立てをしようとしている事案がありまして。裁判所に相談をしたら，推薦する方で良いですよと。報酬は，裁判所に決めてもらってもいいし，候補者には放棄をしてもらい，自分たちで取決めをしてもらってもいいし，どちらでもいいと言われました。

司会：その辺は，裁判所によって大きく取扱いが異なるということですね。

F弁護士（男性）：予納金や報酬は，取り扱う事務量や財産の額によって異なるでしょうから，不動産なんかが含まれていると高額になってしまう。東京は不動産が高いから余計にそうなってしまう。そうすると，あまり仕事ぶりの分からない，顔の見えない弁護士を選任するのは裁判所としても腰が引ける。だから，候補者を名簿にして配転するという方向

になるんでしょうね。
E：予納金の話や報酬などお金の話は，やはり事前にちゃんとしておかなければまずいですね。申立時点で裁判所に問い合わせるなどして，明確にしておく必要がありますね。

(3) 相続における戸籍の問題

司会：それでは，次に，相続関係の証明という観点から，戸籍が存在しない場合等における相続人の特定について，お話を伺いたいと思います。
　戸籍が存在しないという場合には2種あって，極めて希にそもそも戸籍自体が無いという方，届出が一切無い絶対的不存在というのが一つ，それから，他人の戸籍に入っていて表見上の戸籍はあるけれども，本来の実親の戸籍には存在しない，いわゆる「藁の上からの養子」というのがもう一つですね。何か実務上のご経験はありませんか。
C：前者は非嫡出子が多いんでしょうね。
A：後者の「藁の上からの養子」は経験したことがありますね。子ではないのに，何かの事情があって戸籍上子にしてしまって。村では皆がその人の子ではないことを知っていて。相続事件で，そのままだと私の依頼者の相続分が減るのですが，それはもうしょうがない。子として扱うということで……。
F：昔は多かったんでしょうね。それは，もう子供だということで良いのでは……。
A：本当は争うこともできたけれども，それはやめて，仕方がないということで，遺産を分けてやりましたけどね。
司会：そうすると実務的には，結構「藁の上からの養子」の例はあって，それはそのまま戸籍の記載どおりに遺産分割することがあるということですかね。もちろん，その処理で問題がないということが関係者の総意として存在することが前提ですが。
　それから，戸籍が焼失した場合ですが，これは戸籍簿自体の毀損・滅失の問題となりますかね。この点はいかがでしょうか。
C：東京だと関東大震災とか，昭和20年の空襲の場合，それに広島・長崎

の原爆による被災。また，少し違いますが，北方領土の戸籍などがよく問題になりますね。ただ，焼失証明書が出て終わり，というのが通常ですね。

A：少し変わった例で，戸籍が足りないか何かで，それを別の方法で補充した事件がありました。お寺の「過去帳」でしたっけ。それでやったことはあります。あれはすごいですよ。江戸時代からずっと書いてあって，檀家をきちんと管理している。

G弁護士（男性）：家系図で書いてあるということですよね。

A：ええ。図面ではないのですが，昔からのことがずっと書いてあります。檀家の人たちのこと，誰の子供でどうなっているとか。

司会：外国でいうと，キリスト教などでは，洗礼者名簿のようなものがありますよね。それでよく相続人を調べることがあると聞いたことがあります。宗教は違えど，同じようなものですね。なかなか面白いお話をご紹介いただき有難うございます。

2　遺産の確定・評価

(1)　遺産の調査・確定・発見

司会：次に，遺産の調査・確定・発見等についてです。遺産分割の相談を受ける場合，例えば既に税理士さんなどが入っていれば，遺産については，一応どのようなものがあるか，調べた上で来る案件も結構あると思います。他方，最初から弁護士の方で調べなければならない案件もあるでしょう。しかし，いずれの場合も弁護士として遺産の確定を行わなければならない点は同じと思います。

　実は私自身の経験で，相次相続の例で，父親が亡くなって，次に母親が亡くなった兄弟間の遺産分割という案件で，父親の相続時に作成した申告書から，母親の相続している遺産を発見したことがあります。それがお母様の相続の時に，見当たらなくなっているということで，遺産の範囲の確定でもめている案件があります。相次相続の時には，やはり先に亡くなられた被相続人の申告書のようなものが，一つの調査の手掛かりになるだろうと思います。このように，遺産の調査・確定の問題で，

何かご経験はありますでしょうか。

F：少し違うのかもしれませんが，個人が事業をやっている場合に，法人格でない場合は，個人の名前になってしまうわけですよね。実際は，事業に使われている財産，現金や預貯金があるわけです。特に現金をどのように処理するのか，ということが問題になったことがありますね。

司会：個人事業の場合には，全て遺産になってしまいますよね。ですから今，おっしゃっているのは，遺産分割の方法に収斂される問題になりますね。

F：純粋の個人財産と事業財産は，別々にしないと気の毒な感じもしますね。全部を一緒くたに処理すると，事業が継続できなくなってしまう場合もありますね。実際は。

司会：そのような場合，どういう財産を持っているか。事業の関係は，相続人の方々は分からないのですよね。だから，遺産の調査とか確定という問題では，従業員の方々に聞いて調べなくてはならない，という作業が入ってくるのだろうと思いますね。

F：現金を持っていることがあるわけですよ。預貯金じゃないんですよ。そうなると見つけるのが結構難しくなりますね。

司会：私は貸金庫を開けて中に現金が一億円入っていたことがあります。

F：申告していないということでしょうね。（笑）

司会：さて，銀行預金の払い戻しについてはまた後でお話しいただくとして，預金取引記録の開示の問題ですが，相続財産の確認の時点で，相続人全員の同意書のようなものが必要だと言われたことはありますか。

B：法定相続人なら一人でできますよね。私の経験では，相続人の一人が戸籍など相続人であることを証明する書類を一式揃えていけば，取れましたよ。

司会：では，それは大体どの金融機関でも大丈夫だという感覚で宜しいですかね。

H弁護士（**男性**）：私は，事実上拒まれたことはあります。その銀行と取引を密接にしている相手のとき，出せないと言われたことがあります。

司会：どういう理由で銀行が拒否するのかよくわかりませんが，そこのと

ころは，今は，法理論上は問題無くいけるんでしょうね（最判平21・1・22民集63巻1号228頁参照）。
Ａ：相続財産の範囲ですが，市町村役場で管理している「名寄帳」は取れるのですか。
司会：名寄帳は，本人からの請求で取ったことはありますね。
Ａ：それは別に家庭裁判所を経ないでですか。
司会：経ないで。名寄帳は，代理人が請求しても出してくれないんですよ。
Ａ：本人であること，相続人であることを証明すれば出してくれるということですか。
司会：ええ。出してくれます。ただ，名寄帳は，その管轄している部分しか出ませんからね。つまり，都税事務所なら東京都にある物件しか出ないし，課税対象になっていないものは出ないことはありますので，そこは注意した方が良いかもしれません。

　遺言書か何かがあって，特定の例えばＡさんに相続されるという場合，別の相続人Ｂさんからの請求でも，名寄帳は出るんでしょうかね。
Ａ：相続人であれば良いんじゃないでしょうか。包括承継だから，本人と同じ立場で自分の財産を調べるだけだから。
司会：そういうことになるのでしょうね。

　ところで，銀行取引などでも，過去の履歴まで調べるかどうかの判断というのは，先生方，どこら辺を一つのポイントにされていますか。通常は残高証明だけ出れば良いとお考えだと思うのですが。
Ｈ：長男の嫁さんが，ずっと他の人を排除して管理していて，預金などを自由に引き出している，という話があった時には，やはり相当過去までさかのぼらなければまずいかなと。死亡の直前に下ろされている，という場合が結構ありますから。
Ｇ：直前であればまだいいですが，何年も前からやっている場合もありますから。私の知るところでは10年以上前などであれば，なかなか保管されていないでしょう。
Ａ：口座が残っている限りは「元帳」で保管されてますよね。ずい分昔の分までデータなどで残していますよ。それで，下ろしている時に，数字

391

が揃っているから分かるんだよね。30万とか50万とか。本人が使っていないということは大体分かってしまう。

司会：やはり，皆さんある程度その辺は注意しながら遺産の確定をされているということですね。

　先ほどのインターナショナルになってきた，という話の意味でも，海外に資産がある場合もかなりあると思います。海外の資産ということで，遺産分割になって問題だったことはありませんでしょうか。

B：インドネシアに単身赴任している父親が亡くなって相続が開始したという事例がありました。母親はその大分前に亡くなっていました。被相続人である父親は，単身赴任先のインドネシアで，子供たちの知らない間に，インドネシア人と結婚していたことが分かったというものです。インドネシアにお金を何千万円も送金していた記録があって，どうも家も買っているらしいとか，そのような情報がありました。

　たまたま，日本人でインドネシアに行って開業している弁護士さんがいたので，その方にお願いして，インドネシアの戸籍と不動産の登記簿と銀行の取引履歴を調べてほしいと言ったんですけど。インドネシアでは，登記簿謄本も名義人の承諾がないと調べることができないそうです。インドネシアではどうも外国人は土地を持てないらしくて，家はインドネシア人の奥さんの名前で買っているはずだ，と皆が言っていて。恐らくそうなのでしょうけれども，本人の承諾がなければ登記を調べることすらできないそうです。戸籍ももちろん本人の承諾がなければ調べられないし，恐らく銀行の取引明細も駄目だろうと。

F：その財産を持っているのは，間違いなく，インドネシア人ですか。

B：インドネシア人が，少なくとも不動産を自分名義にしてしまっているらしい，奥さん名義で家を買っているだろうということなのです。

　そちらの奥さんの名前で家を買っている場合は，生前贈与になっているわけですから，それで向こうの相続分は無しにしてもらおうか，という話もしているんですが。インドネシアは贈与税がないらしいとか，色々と日本とは違うものですから。感覚が違うので，生前贈与で取り分がお終いと言っても，納得してくれるかどうか分からない状況です。

F：フィリピンでは，フィリピン国籍を有しない配偶者には一切相続権がないようですね。少なくとも不動産については。

司会：なるほど。市民生活がグローバルになって，遺産の調査や確認自体ができないということが今後問題になるということですね。

(2) 遺産の評価

司会：遺産が確定できたとして，次に，それをどのように評価しようかということになります。一番問題になってくるのは，恐らく不動産なのだと思います。私たちがやる場合には，路線価，あるいは，時価評価が原則なのでしょうけれども，時価評価する場合，私的な鑑定を先行して行う場合と，そうでない場合があると思います。先生方は，私的な鑑定をするかどうかをどういう観点から分けられているのでしょうか。私的鑑定を行わないで，裁判所で鑑定人を選ぶということも一つの選択肢であると思うのですが，いかがでしょうか。

A：私はすべて裁判所で，選んでもらっています。

司会：価格が争いになるときは，最終的には裁判所の鑑定になることがほとんどですので，無駄になる私的な鑑定はしないということでしょうね。その場合，鑑定人には幾らぐらいお金を払うのですか。

A：私の経験の一つでは，不動産の鑑定価格が3,800万円ぐらいで出ました。鑑定費用は60万円ぐらいでした。そして，相続人同士で折半して30万ずつ出しました。ところが，このときは，もっと裏がありまして，売ったらすごく安かった。なぜかと言いますと。接道が2メートルないといけないのに，鑑定士さんは巻尺で測らないでしょう。それで道路が2メートルに足りなかったのです。

司会：それは，鑑定の過誤にならないんでしょうか。

A：それが違うようなんです。不動産鑑定士さんは巻尺では測る義務まではないらしいんですね。それで接道義務違反を見逃してしまい，鑑定が3,800万だったのに，売ってみると1,700万円ですごく安かったと。依頼者が良い人だったので文句は言われませんでしたが。そういうリスクは注意した方がよいでしょうね。

座談会②

I弁護士（男性）：それは，価格に比例するような費用になるのですか
司会：どうやら，裁判所では鑑定料の基準はあるらしいのですが。裁判所もなかなかその辺を公表して下さらないので分からないのです。
G：土地の鑑定費用は，40～50万ぐらいの価格ですね。
B：裁判所で頼むとそのぐらいの感覚ですからね。相続にかかわらず。
A：それほど安くはないですよね。
B：確かに私的鑑定を片方が出しても，向こうは絶対に納得しないですからね。最後には，やはり，裁判所の鑑定をやることになりますね。
C：ある程度当事者で合意を得られるのであれば，固定資産税や路線価なりで出して，そこでやってしまうこともできますよね。大体納得しないのは，額が高いときです。そういうときは，なかなか納得しないので。
司会：物件数などが多いと，そういう場合もあるでしょうね。
H：路線価で評価するということですが，現金と土地があった場合に，土地は，路線価で評価することはあるんですか。
C：それは，ひとつの方法としてはありえます。また，不動産業者の広告とかを使ったりとか，色んな方法はあると思います。できるだけ鑑定の費用をかけないという方向でいくとすればね。そういう方法による価格査定でお互いに納得できればの話ですね。
B：不動産業者に，無料の査定を頼んでしまうという方法もありますよね。それをお互いに出してきて話をするということが，お金をかけないやり方としては多いと思うのですが。
A：今は大手でも無料で不動産価格の査定をしてくれるから。ただ，どの程度正確か分からないけどね。
B：不動産屋はお客にしようと思うから，高めに言ってくるじゃないですか。
司会：仕事を取りたいでしょうからね。
　それでは，先ほども少し話が出ましたが，株式であるとか金融商品その他のデリバティブ取引など，昨今ではそのような特殊な金融資産も遺産に含まれている場合もあるようですが，何かご経験等ございますか。
A：上場している株はいいけれど，そうでないと大変だよね。それこそ評

価がどうなっているのか教えてもらいたいですね。
B：それはやはり税理士さんや公認会計士さんに頼んで何らかの評価をしてもらうしかないですよね。
G：確か調停だと，裁判所の調査官なんかが入ったんじゃなかったですかね。
司会：入られました？　経験ありますか。
G：ええ。株式会社にしているけれども，代表者が亡くなって相続で争いになったと。婚外子がいたものですから，そことのやり取りで。
A：本当は評価が難しいでしょう。だって将来性や信用力だとか，どの位のノウハウを持っているかとか，労務関係がどうなっているかとか，数字で表せないものがたくさんあるから。本当の株の評価は，上場していないと。
B：株式の評価には，幾つかの方式がありますよね。
司会：類似方式，純資産方式，収益還元方式ですね。地裁の商事部で採用しているという株式の買取請求権だとかに使っているディスカウントキャッシュフロー方式（ＤＣＦ法）というものがありますが，これは収益還元の一種なんですけれど，これを鑑定してもらうとものすごくお金がかかるのです。鑑定費用が恐らく3桁いってしまうのです。ですから，なかなか難しいところがあります。

　それから，先ほどお話が出たように，当事者が納得すれば，どんな金額を付けても良いわけですので，なるべく合意をもらえるように，工夫をすると。まあ，通常だと，評価し直した上での純資産方式というのが多いのかなという感覚を持っているのですが。不動産などについて，簿価（取得価格）でなくて実勢価額を考慮してある程度修正した純資産方式を使うことが多いような気がします。他の金融商品などはどうでしょうか。
F：金融資産というわけではないのですが，困った例は，電話加入権ですね。名義が，亡くなった人の前の前の人だったのですが，相続人が何十人もいるわけですよ。電話加入権の価格は，1万円もしなく，ゼロみたいなものなのです。これの処理に困ってですね，これも相続財産ですか

ら。
G：昔は，電話加入権は何十万とかして，結構高かったですが，今は評価対象になりませんね。
A：昔は，電話加入権を差し押さえしてたよね。
I：困りますね。差し押さえられたら。
F：その時は，何しろ依頼者がとてもきちんとしていた方で，1円でも放棄は認めないという方でしたので。しかし，結局は，説得して放棄しましたね。

(3) 家裁調査官による調査

司会：今，ちょうどお話に出てきた家裁の調査官についてですが，G先生どのような調査だったのでしょうか。
G：すみません。大分，昔の話で詳細を忘れていますが，10年以上前なんですが，先ほどの会社関係の話で，相手方への生前贈与的なものもありましたので，調査官が入りました。
司会：それは，価格の調査ではなくて，事実関係の調査だったのですか。
G：いえ，価格でしたね。事実関係よりも価格を調査するということで入りました。
司会：家裁の調査官は，そういうこともできるのですか。
G：そのはずです。それをやはり基準にせざるを得ないというか。させてもおかしくないと。ただ，株式分というか，それを買い取るというのは，かなりな額を同意しなくてはならないという形になりました。
司会：意向調査のような話ではなかったのですか。要するに，従業員たちが買うかどうかの意向調査のような形で調査に入るということもなかったのですか。
G：そうではなかったです。従業員というか2代目もいるし，同族でやっている会社でした。
司会：なるほど。その他，先生方何かありませんか。家事事件手続法では，調査官を使うということをかなり考えているようですが。
A：裁判所の家事調停事件に関する事実の調査，家事審判規則137条の2

第3項ですが。この書記官の調査は「裁判所調査官による事実の調査を相当とする場合を除き，相当と認めるときは，裁判所書記官に事実の調査をさせることができる。」とされていますが，調査の範囲に具体的な定めがあるのでしょうか。ちなみに，平成25年1月1日から施行される家事事件手続法261条4項も「第一項の場合には，裁判官は，相当と認めるときは，裁判所書記官に事実の調査をさせることができる。ただし，家庭裁判所調査官に事実の調査をさせることを相当と認めるときは，この限りでない。」とされています。

司会：結構，色々と調査権限を認めているわけですよね。

　　　今回は書記官にも調査権限を与えることが明記されています。その辺がどうなっているのか，こればかりは今後の状況を見守るしかないでしょうね。

(4) 消極財産の評価

司会：あとは，積極財産のみならず，消極財産，債務の関係なのですが。こちらの方はいかがでしょうか。

H：葬儀費用についてですが。どこまでが葬儀費用として相続財産から出して良いか。例えば，四十九日の法事の費用とか，一周忌の費用まであげてくる人がいるんですが。どの辺りまでが葬儀費用なのでしょうか。どこまでを葬儀費用として，相続財産から引いてしまって良いでしょうか。

F：確かに一周忌の費用をあげてくる人はいますね。その他，色々な心付け。お坊さんに対する戒名料など。どうなのでしょう。

　　　確かにおっしゃる通り，あまり分からないですよね。

司会：でも，原則としては，葬儀の主催者は決まっているじゃないですか。喪主がやるべき話であって，本来的には，葬儀費用が入らないのではないかと思っていたんですけど。

D：葬儀費用として認められる範囲は，案外狭かったような気がします。

E：基本的には，香典をもらえるから，その人がそこで負担するのが原則的な考えですから。ただ，合意があれば，遺産分割協議の中で吸収して

取り扱っても良いのではないかと思います。

A：葬儀費用は，どこから捻出するかというのは，はっきりしていないのですよね。相続人が相続分に従って，という説もあるでしょう。それから，遺産の中から払えとか。今言ったように喪主がやるとか。大勢はどうなんでしょうか。

司会：今ざっと見ると，昭和61年に東京地裁の判決（昭61・1・28判タ623号148頁）が「喪主負担説」。相続人が負担するという「相続人負担説」も裁判例としては，昭和30年代，40年代に高裁（東京高決昭30・9・5家月7巻11号57頁，福岡高決昭40・5・6家月17巻10号109頁）でありますね。

C：相続税申告で誰が負担するかを一応決めて申告をしていますよね。

司会：それと「相続財産負担説」というのも判例（東京地判昭59・7・12判時1150号205頁）があるみたいですよ。

A：3説あるんですよね。「慣習・条理説」（東京地判平6・1・17判タ870号248頁）を入れると4説になるのかな。

F：相続税の申告の場合は，それぞれでやりますよね。各相続人が。

C：まあ，1枚の紙でやる場合が多いので，そこで誰が負担するかというのは，決めていますよね。それを分担してやるのか，誰か1人が負担するのか。

A：東京家裁で調停をやる時は，いろんな考えのうちのどれなのですか。

司会：当事者の合意がある範囲では入れましょう，という形で運用されていると思います。

A：実務でいつもそうなるんだけど，判例が分かれていて確定できないと。最高裁の判例がないから，誰もどうしていいか決め手がないよね。相続法は，そういうものがすごく多いよね。

司会：一応，今問題になるのは，通夜・告別式・遺骸の火葬費・初七日・四十九日の法要・遺骨の埋蔵又は収蔵という手順で行われると。そのようなところで，費用をどうするかということです。ですから，一周忌のようなものは外れているみたいです。

　なかなか葬儀費用は難しいですよね。交通事故などでも損害賠償を請求する時にうるさく言われるところですよね。

F：消極財産に関連するのですが，借金が多い場合には，相続放棄になるわけですけれど，相続放棄というのは，期間が過ぎた場合でも，裁判所はわりと認めてくれますね。対世効がないからでしょうかね。

H：でも，実務的に上申書は付けるでしょう。なぜそんなに遅くなったのか理由を書いて。

F：上申書というか，説明書は出しましたね。私の事案では熟慮期間の3か月はとうの昔に過ぎていましたから。

A：でもあれは，割合簡単に認めますね。

司会：認めるというか，受理はするんですよね。それは受理だけであって，本当に認めているかどうかは知らないよ，という感覚なのでしょう。

A：だって，受理証明しか出さないからね。

F：でも，実務的には，受理証明だけで良いですからね，実際は。あれは簡単に認めてくれるのは，有り難かったです。

司会：ところで，先ほどの中小企業を絡めた話ですが。保証債務は問題になりませんでしたか。覚えていらっしゃいませんか。

G：私の事案では，代表者の変更に伴い，連帯保証の保証人の変更手続ができたので，亡くなった代表者の連帯保証を外すことになりましたから，相続の問題ではないということになりました。特別な事情がなければ，金融機関は代表者の変更に伴って代表者の負担している連帯保証の保証人の変更手続をしてくれると思いますが。

司会：そうですか。私自身の経験では，会社債務を保証していた代表者が亡くなり，遺族は事業継続の意思がなく，従業員の方に事業を渡してしまおうと思い，株も全て渡すという事案で，会社債務の連帯保証などをどうするかという問題が生じて，対金融機関との関係で非常にハードなネゴシエーションが残った経験を持っているのですが。

G：金融機関側では，危険回避というか，少しでも多く保証人は付けたい，という形ですから，なかなか外してもらえない。そういうこともあるかもしれませんね。

司会：離婚の時のマンション購入ローンの保証などと同じような問題ですよね。

399

G：それから，事業承継と相続の関係では，遺留分に関する民法の特例や相続税の特例等を定めた経営承継円滑化法の存在は，弁護士にとって無視できませんね。

3　寄与分

司会：ところで，寄与分・特別受益というのは，よく問題になるはずなのですが，先生方の中で，こんな寄与分を認めてもらえたという体験はありますか。
　いわゆる農家の長男の場合，朝から晩まで働いて給料も貰っていないから，寄与分が認められるという感覚があるようです。一方，同じ家業でも会社で貢献していると，一応給料も払われるので，それで寄与分を認めてもらえないという経験を私は何回かしています。私としては非常に苦々しく思うのですが。

A：簡単じゃないよね。

司会：あとは，介護などの方で，看護・療養に務めたということでの寄与分を認めてもらった，という経験はいかがでしょうか。主張してもいつも話にならないのですけれど。

A：なかなか難しいでしょう。愛情に基づくもので寄与分とは違うと。親族ですからね。面倒を見る義務があるから，当たり前だと。

G：ただ，特定の人がしているわけですから。やはりある意味では，評価するのが公平だと思うんですけどね。

F：そうですよ。子ども達のうちの1人だけが同居して親の面倒をみていて，経済的にも肉体的にも大変苦労しているのに認めないというのは，おかしいと思いますよ。

G：裁判所もその辺はもう少し変えるべきではないかなと。

F：思いますね。あれは変だと思います。

C：大変な場合だとね，本人の状況によっては後見を申し立てて，成年後見人となって後見報酬としてもらうとか。あとは，遺言で少し書いてもらうとか。その気がないと言われると終わりだけど。

司会：実務家として，そのような手当ては必要なのかもしれませんね。た

だ，生前に分かっていればできますが，亡くなった後に受任して，ご長男などに言われて，頑張りましょうとか言いながらも，裁判所はけんもほろろということが多いんではないでしょうか。

G：嫁が大分面倒をみたのに，全く評価されないとか。よくありますよね。

F：それはおかしいと思いますね。それだけ寄与した人は認めてあげないと。

司会：その場合は，長男夫妻が同居されていることが多いですよね。そうすると，裁判所は同居していたことの利益，居住利益のようなものを考えてそれと相殺勘定であるという感覚を有しているのではないかと思うときがあります。

F：逆に，子供の財産（家屋）に，親がいる場合がありますよね。親から家賃も貰わないで介護をして，それも認めないというのは，おかしな話だと思いますが。

司会：それと，寄与分を昔は割合的算定で計算するということを結構やっていたようなのですが。最近では，価額的算定，つまり，寄与した部分を金額で査定して，その部分を寄与した相続人に優先的に差し上げて，あとの残りで遺産分割するという方向になっているようですね。当然と言えば当然なのかもしれませんが。ただ，そうなると今度，介護などが仮に認められれば，価格をどう算定するのかとか，そういう問題が重要視されますね。

4 特別受益の調査・確認・評価

司会：あとは，特別受益です。先ほど，銀行の預金の履歴などの関連でお話がありましたが。何度も引き出しているのは，特別受益ではないのかという主張は，私もしたことはありますが，認めてもらったことがありません。特別受益を認めてくれる典型例は，学資の支出，結婚時の贈与，自宅建築資金の提供などでしょうが，そうではない場合は，いかがでしょうか。

H：よくある主張は，老人ホームなどに入っているのに，死亡する前に，50万円，100万円というお金が下ろされていて。そんな大金老人ホーム

に入っていれば使い道がないわけです。そうすると，長男の嫁が「小間使いのようにやっている」，「いろんな費用に使っている」と主張するわけですが，被相続人が頼んでいなければ，一種の横領じゃないかと。横領というと，立証の問題もあるんだろうけれども，横領での告訴，あるいは不法行為の損害賠償請求，理論的にはそうなると思います。親が老人ホームに入っていて，承諾していないのに他人が下ろすのは横領あるいは不法行為だと。

F：しかし，逆の立場の主張としては，被相続人から，「色々な，自分に関係することにはお金は使ってもいいよ」という黙示の意思表示，一種の承諾があったという理論構成もありますよね。

H：そうすると，逆に特別受益になるのではないですか。贈与ということで。

F：しかし，親のために使っているわけですから。

H：いえ，大金で使う必要がない場合です。老人ホームに入っていて，日常の費用も要らず，大きい物も買う必要がないということが明らかな場合もあるでしょう。それが1年ほど前から，どうも死にそうだということで，どんどん使ってしまっている。

A：しかし，下ろしたものは相続財産になってしまうのでは。当然に。

司会：理論としては，特別受益か何かで持ち戻しという話になりますよね。

H：理屈で言うと，親の承諾がなければ横領でしょう。

A：刑法上，横領になると言っても，親族間の特例（刑法244条，255条）の問題もあるよね。

G：民事の方では，それなりに認めるのでは。

H：不法行為ですね。損害賠償請求できるでしょう。

A：不法行為と言うけれど，誰が被害者で……？

G：被相続人です。

司会：被相続人が被害者ということになるか，という問題は一つありますよね。さらに，その損害賠償債権自体が相続財産になると，複雑ですね。

G：もちろんそうです。金額と，どの程度の事実かによって。

司会：私も，同じような話なのですが。被相続人を老人ホームに入れてし

まっているのに，相続人が同居している被相続人名義の自宅を新築し，被相続人はその新築された自宅に一度も住まずに亡くなっていると。自宅には，外車が3台ぐらい入る車庫があって。そのような案件をやったのですが，なかなか裁判所はその建築費用などを特別受益として認めてくれないです。

H：これからは，預金が相続財産として多くの割合を占めるのではないですか。それを，どう考えていくのか。相続が絡むと必ずそういう事例が出てくるわけです。相談でも多いですよ。長男の嫁が勝手に使っているとか。

司会：ただ，残念ながら，結局エビデンスがないと，裁判所としてもどうしようもないみたいですよね。今のような状況証拠だけだと。

H：そうですね。使う必要がないものがまとまって下ろさている，という話が幾らでも出てくるんだけど。やはりやっても勝てないかな。

F：亡くなった方の口座から引き落とされているというのは，分かるわけですよね。

H：通帳を見れば分かります。
　本人は絶対に行けませんよね。老人ホームなどに入っているから。そこで誰に頼んでいたかと言うと，やはり長男の嫁が出てくるわけです。「義母のために使った」と言うんだけれども，老人ホームに入っているので大金を引き出す必要性は全くないでしょう。

司会：長男の嫁は，介護をして善人になったり，横領をして悪人になったり，大忙しですね。（一同笑）
　私の先ほどの例は「文提（文書提出命令）」までしたんですが，全然裁判所は取り合ってくれなかったですね。

D：それは何に対するものですか。

司会：「相続人」の預金口座の通帳に対するものでした。お金の出入りを見るために。しかし駄目でした。必要性がないと言われました。

F：そのような争いはたくさんありますね。「親のために使った」とか，いつもそう言いますよね。ただ，確認がなかなかできないものですから。そのために使ったと言われても，妙な感じがするときがありますから。

座談会②

嘘っぽいといいますか。
司会：最終的には，証拠がどれだけあるかの勝負になってくるのでしょう。
A：ところで，自分たちの生活に使ったことの証明はどうするの？
H：それは，下ろした後に自宅を改築していたとか，高級外車を買ったとか。しかし，それだけでは無理なのでしょうね。
司会：亡くなった被相続人名義のまま改築だとか，新築されると，建っているものを評価して不動産としての遺産分割の対象にすれば，それで済むのかという問題があって。不動産は建ててしまえば，評価が減るじゃないですか。
H：そのような相談は多いですね。軽々なアドバイスはしないように，安易な見通しは言わない方が良いと思います。
C：僕がやったもので，預金の引出しがあったのですが，たまたま税務調査が入って，相手方が認めてしまったというようなケースがあります。
司会：税務署に税務調査に入って貰うというのは，良いかもしれませんね。
D：実際問題として，税務調査はどういうケースの場合に調査が入るものなのでしょうか。やっぱり，相続財産の額でしょうか。
A：金額がそれなりじゃなければ，税務調査は入らないでしょう。何千万や億であれば税務署も調査のしがいがあるかもしれないけど，100万とか200万の話では。

悪質と見た場合は，少額でも調査に及ぶこともあるでしょうけれども。

5　分割の方法，実施，その他

司会：それでは，遺産分割の方法やその実施等について，何かご意見等はありませんか。
F：相続に関して，預貯金を分割して，払い戻すときに，金融機関は，相続人全員の印鑑証明がないと駄目というわけです。ところが，相続人の1人に精神的なトラブルがあって，家に閉じこもって出てこないのです。ですから，印鑑証明が取れないわけです。区役所と話をしたり，色々なことをやったのですが，結局，印鑑証明は取れないと。仕方がないので，相続人は2人いて，法定相続分が各2分の1でしたので，半分で良いか

ら，払戻しを受けたいと言ったのですが。金融機関にもよるとは思われますが，一切駄目だと言われました。

A：それは困るね。

F：そもそも，実印の登録ができないわけですよ。実印の登録ができないから，印鑑証明が取れないのですよ。そうなら，払えないと。

A：昔はそういうことは全然なかったんだけどね。預貯金は全て可分債権で，相続分に応じてというように。私が弁護士になった頃は，全然なかったよ。最近ですよね。

B：可分債権であるということで下ろせたのですか。

A：下ろせましたよ。

司会：それは判例があるんじゃないのかな（最判昭29・4・8民集8巻4号819頁。なお，定額郵便貯金債権について，最判平22・10・8民集64巻7号1719頁は，当然分割を否定。）。

B：そんなものでしょうか。少し感覚が違いますね。やはり可分債権でも金融機関からは全員の判子を取って下さい，と言われることが多くて。裁判すればもちろん法定相続分は取れると思います。交渉でも頑張って取ったという例は聞いたことがありますけど。

F：私も，結局は，交渉で取ったのです，結果としては。裁判を起こすぞ，と言ってやったのですよ，支店長に。そうすると，もう分かりました，払いますから，と払ってくれたのですよ。

司会：訴訟すれば，利息以上の遅延損害金の請求が付きますものね。

A：昔からそうだった？　つまり，銀行に対し可分債権だといって，1人の相続人の相続分請求すれば，弁護士には何か払っていたような気がするんだけどね。

C：今は，預貯金の払戻しについては，そういう銀行の書式ができていますから。

A：できているよね。あれは銀行の約款か何かに書いているのかな。

司会：私が調べたときには，約款にありましたね。

I：銀行が分割での支払いを拒むのを原則にした理由は何でしょうか。

A：あとでゴタゴタが嫌なんでしょう。トラブルに巻き込まれたくないと

いうことですね。だから，全員から判子をもらっておけば絶対安全でしょう。それだけのことですよ。

F：法的根拠があるのか，というのを金融機関とやったのですが，結局は，はっきりしないわけですよ。そういうことをやる法的根拠があるのかどうか。

A：でも，いくら約款でやっても，相続法だから，強行法規になってしまうから，駄目ではないのでしょうか。

F：相続が発生した時点において，2分の1はこの人のものだと決まっているわけですよね。だから，「なぜ払戻しを認めないのか，おかしいじゃないか」と言って。でも「いや，駄目なものは駄目」だと言われてね。結局，最後は認めてくれたのですが，えらく苦労した記憶がありますね。

司会：どうも預金については，判例が有りながらも，実務上苦労することがあるということのようですね。

　ところで，遺言書があっても遺産分割協議書を作成するという場合は，先生方も経験がお有りと思います。相続人が皆同意していればいいわけですからね。例えば，遺言書で遺産に漏れがあったときなどよくおやりになると思います。

F：遺言書が法定要件を満たしていないので無効だということで，遺産分割協議を優先してですね，遺言書を無視してやったことがありますけれども。その辺りは，遺言書というのは，法定要件を具備していないと無効なのでしょうか。遺言書としては無効でも，そこに書かれている遺言の意思がはっきりしていれば……。

司会：法定要件を欠缺していれば，無効になってしまいますよね。

F：無効でも，その人がそういう意思を持っていた，という証拠にはなりますよね。

A：法的な効果はないでしょう。あれは要式行為だから。

F：そうですね。法定要件という観点では，少し怪しげな遺言書がありましたので，それを無視して，遺産分割で協議書作ってやってしまったのですけれども，遺言者の意思という点では，心配になることもあるわけ

です。
司会：つまり，形式的に無効な遺言でも，そこに記載された最終意思を尊重して，遺産分割協議を行ったということなんでしょうね。それも，やはり相続人全員が同意している以上問題無いのではないかと思いますけれど。
A：これはもう時効でしょうけど。僕がやったもので，やっとこさ読めるようなものがあって。しかも不動産も登記簿上の所在地ではなく住所は書いてあるけれども，本当にぐちゃぐちゃなんですよ。それでも検認してもらって，登記ができたから驚きましたよ。何を書いてあるか，本当に分からないんですよ。あれは原因証書になるんですかね。登記をしてくれたものですから。署名も平仮名でぐちゃぐちゃで書いてあってね。ですから，随分これは柔軟だと思った記憶がある。
C：逆の立場だったら，争えば争えたかもしれませんね。
　でも，そういう意味では，遺言としての形式を整えておけば，最終意思がかなり尊重されるんだ，ということではないでしょうか。さらに言えば，できるだけ遺言を作成しておいた方がスムーズな遺産の処理が可能ということですね。
司会：遺言の絡みでは，遺言執行者の報酬について，一言申し上げたいところがあります。これは私の体験なのですが。遺言書に遺言執行者として選任することは書いてあるのですが，報酬の記載はなかったので，民法1018条で家庭裁判所に申立てをしてしまったのです。ところが，これが非常に安かった。絶対にやってはいけないと感じました。
F：じゃあ，どうしたらいいですか。
司会：まず遺言書に書いておいてもらうと。
G：それがベストですが，書いていない場合は。
司会：書いていない場合は，相続人の方々と協議して決めてもらえば良いんです。
A：全員がオーケーを出せばね。
司会：しかし愕然としましたね。どうも裁判所は遺産額だけで決めてしまう傾向があるようで，実際の仕事量は関係ないように感じました。

C：遺言については，信託銀行の遺言信託があるけれど，この遺言信託については信託銀行の報酬の方が実は以前の旧弁護士報酬規定よりも高いんですよね。売ったりする時にはまた別に手数料を取得するなどしている。

司会：おっしゃるとおりで，色々な手続の費用は別に取りますし，売却した時もまた取りますし。結構高くなってしまうということがありましたね。

C：銀行のホームページを見ると，大体どれぐらいか分かりますよ。銀行によって若干パーセンテージが違ったりしますが。

6 遺留分減殺請求

(1) 遺留分の放棄

司会：次に，遺留分減殺請求に移りたいと思います。

　遺留分を侵害する遺言書を作成する場合，被侵害者に遺留分を放棄して貰っておくということがよく言われますが，感情的に対立しているときは無理でしょうが，実際に遺留分の放棄というのはそう簡単にできるのでしょうか。

A：遺留分放棄というのは，私は，やったことはありますよ。全然問題ないですよ。

司会：裁判所からかなりしつこく聞かれませんか。

A：いえ。裁判官との面接もなかったです。申立前に裁判所に問い合わせたところ，申立人本人を同行しての裁判官との面接，これは正式な審問ではなく，裁判官が本人から直接事情を聞くということで「面接」とおっしゃっていましたが，これは必須だと言われていました。申立後，裁判所から面接の日程調整の連絡があると言われていました。実際に申立をして，連絡を待っていたら，放棄を許可する審判書が郵送で届きました。あれ，と思って担当書記官に問い合わせをしたら，「裁判官が申立書を見て，特に問題ないと考えて，今回は面接は必要ないと判断したようです。」と言われて拍子抜けしました。本人への問い合わせも特になかったと思います。

G：簡単な確認ですよね。
C：相続額が大きいとかであれば，色々ありますが。
A：今までトラブルになったことは一度もない。裁判所は簡単に認めてくれた。僕は今まで5〜6回やっているけど。

(2) **価額弁償**について

司会：遺留分減殺請求に対する抗弁としては，価額弁償（民法1041条）が最も特徴的ですが，この価額弁償について，何かご意見はありますか。
C：価額弁償した際の法律関係について，ちょっと疑問がありまして。価額弁償すると，減殺請求による権利移転はなかったことになるのか。それとも，減殺請求による権利移転があったけれどもそれがさらに否定されるというような関係になるのかという問題があります。
司会：価額弁償は，その時点での話になるのではないですか。遡及するのでしたっけ。
C：いや，価額弁償の算定の問題ではなくて，税金の関係で争われた件で，土地の遺贈に対する遺留分減殺請求について，受遺者が価額による弁償を行ったことにより，土地が遺贈により受遺者に譲渡されたという事実には何ら変動がないこととなる，と判断した判例があります（最判平4・11・16家月45巻10号25頁）。
司会：なるほど。
C：遺産分割による遡及とは若干違うんです。譲渡取得の関係の判例で，要するに価額弁償をしたら減殺請求による権利移転の効果はさかのぼって消滅して無かったことになり，遺留分減殺の対象となった遺贈が生き返るというものです。被相続人から法人に土地を遺贈したところ，遺留分権者から遺贈が遺留分を侵害するとして遺留分減殺請求がされたため，受贈者（法人）が価額弁償をした場合にこの判例では，土地が法人に譲渡された点については何ら変わりがないとして「みなし譲渡課税」をすることができるとされました。
司会：法人に課税されて法人が争ったということですか。
C：被相続人が法人に土地を遺贈したところ，減殺請求されたので，価額

弁償をした。そこで法人は減殺請求の対象となった遺贈は消滅するから課税もされないと主張したことに対する判断です。

司会：法人が受遺者だったので価額弁償をしたということですね。

Ｃ：通常，個人の場合の遺贈だとほとんどの場合は基礎控除の範囲内に収まって税金はかかってこないのですが，法人の場合には「みなし譲渡課税」で税金かかります。減殺請求による権利移転の効果はなかったことになり，遺贈が生き返るという判例なんですよ。

Ｂ：遺留分減殺請求を受けた受遺者が価額弁償する旨の意思表示をし，遺留分権利者が受遺者に対して価額弁償請求権を行使する旨の意思表示をした場合には，その時点において，遺留分権利者は現物返還請求権をさかのぼって失い，これに代わる価額弁償請求権を確定的に取得するとした判例（最判平20・1・24民集62巻1号63頁）もありますので，少し混乱してくるところですね。整理しておく必要がありそうですね。

Ｃ：同様の構造としては遺産分割の効果がありますが，遺産分割の場合には，仮に元に戻ったとしても相続開始時から遺産分割までの間の賃料請求権は遺産とは別個の財産であるとして，各相続人が分割単独債権として確定的に取得するとされて，遺産分割の効力は受けずにそのまま残りますよね（最判平17・9・8民集59巻7号1931頁）。

司会：遺産分割の場合は，相続開始時から分割時まで，ですよね。それで，遺留分減殺と価額弁償が絡んだ場合にどうなるか，という疑問が出てくるわけですね。

Ｃ：遺留分減殺請求がなされても，価額弁償をして，遡及して相続時の遺贈があったものとすると遺産分割とは異なることになると思いますが。

司会：どうなるのでしょうか，これは。ただ，受贈者についての果実の返還義務（民法1036条）は，減殺請求のあった日以降の果実の返還を命じています。ですから，価額弁償の対象として減殺請求日以後の果実の返還も必要なんでしょうね。

(3) 遺留分減殺請求の行使・審理

Ｆ：遺留分減殺請求ですと，内容証明郵便を送ると，相手が弁護士を付け

てきて，それだけで終わってしまうこともありますね。裁判所にも行かないで，相手の弁護士も非常に良い人だったりすると，弁護士同士で話を付けてしまって。
司会：遺留分減殺でもめるとすれば，物件の価格なんでしょうね。それ以外もめようがないですからね。あるいは持ち戻しの範囲でしょうか。そうなると，先ほども出ましたが証拠の問題になってしまいますので。過去の証拠はなかなか出てこないですよね。いい証拠が。

そうなると，遺留分減殺請求の訴訟については，いちいち最終的な証人尋問だとか，そこまでいくのでしょうか。どうでしょうか。
A：尋問したというのは，聞いたことないな。
司会：遺留分減殺については，大体金額だけの問題になりますので。あまりやらずに，裁判所が数字を出して，これでどうだという感じになると思います。あとは果実の問題で，民法1036条との関係です。遺留分対象のものについて発生する果実について，実は私が聞いた話なのですが，果実請求権の訴訟だけを先行させて，嫌がらせ的にやるということを聞いたことがあります。そのやり方はどうなのだろうと。弁護士倫理との関係ではそう思いました。

7 その他

司会：最後に，「その他」として，実務上注意すべきことについて考えたいと思います。
H：私の受任した事例なんですが，遺産分割の関係で，未成年のお子さん（相続人）2人に後見人がついて，さらに，その方の後見監督人が1人ついたんですね。後見人が伯父さんだったので，遺産分割の関係で代襲相続が絡んで被後見人の子供さんたちと同じレベルになってしまったものですから，遺産分割協議書をつくると，利益相反になると。その場合には，後見監督人が代理人になるわけです。ところが，その対象となる被後見人は2人いるんですね。その場合には，さらにそこで利益相反が起きてしまうわけです。1人の後見監督人が遺産分割協議書をまいてしまうと，駄目なのですよ。実は先日1件遭遇しまして，やり直しになっ

てしまいました。後見監督人がいるから大丈夫だと思わない方が良いと。
司会：また，遺留分減殺と絡んだ話ですが，公正証書遺言があって，全てAの物になるのを知っていながら，Bさんから依頼を受けた弁護士が，A・B共有の相続登記をしてしまう。あるいは逆に，遺留分減殺請求を受けるということが分かっているけれども，先に遺言書通りの登記をしてしまう。そのようなもの，何か問題が無いかどうかお考えになったことはありますか。
G：遺産分割や遺留分減殺では，なかなか依頼者の意向が強いので，弁護士も結構きつい対応をしてくることがありますね。妨害的な防御権行使のようなことも出てきて，少し疑問に思うこともあります。弁護士倫理との関係なんですが，そういうことをして邪魔した，と言って自慢している先生がいたものですから。それは危ないと言いたいところです。その辺は少し考えて行動しないと，昨今の弁護士倫理は非常に厳しいところがありますので。特に遺産分割など，相手方の当事者がいきり立っている所がありますから。注意した方が良いのではないかと思います。
H：遺言執行者であれば，遺留分減殺請求を受ける可能性の有無にかかわらず，登記しても良いんでしょ。遺言書の通りやれば良いと。
司会：それは難しいですよね。やれば怒られるかもしれないし，争いがありそうだからといって，後に回しても問題になるわけでしょう。
C：当事者が対立している時はね。どちらからも突かれる形になってしまいますので。どちらかに付いているという形になるとまずいですね。辞任かなあ。
司会：板挟みになってしまいますね。遺言執行者は厳しいなあ。現実はそうですよね。

　その他にも，相続税務，登記についても色々と気をつけるべきことはありますが，本日はここまでということで。
　では，先生方，長時間にわたってありがとうございました。

事項索引

【あ】

遺言執行者·····················254, 412
遺言執行者解任の申立て········261, 264
遺言執行者指定の意義·················236
遺言執行者の報酬····················407
遺言信託·······················266, 408
遺言の効力························161
遺言の内容に関する相談··············255
遺言無効確認の調停··················308
遺言無効と遺産分割··················406
遺言無効の主張······················248
遺産の調査・確定・評価··············389
遺産分割調停···········287, 300, 305, 383
慰謝料の請求（婚約破棄）··············65
慰謝料の請求（不貞行為）············7, 61
慰謝料の請求（離婚）···········7, 31, 116
慰謝料の相場·······················9, 14
遺留分減殺請求··············238, 248, 408
遺留分減殺請求と価額弁償············409
遺留分侵害の価額と計算方法··········247
遺留分と果実請求権··················411
遺留分と寄与分の関係················248
遺留分の放棄···················291, 408
遺留分を侵害する遺言················244
印影の鑑定··························308
縁組を継続し難い重大な事由··········173
オーバーローン················48, 50, 367
親子関係存在確認訴訟············139, 151

【か】

外国裁判所の確定判決············201, 207
外国人配偶者との離婚················188
外国判決に基づく執行判決············201
外国法の調査························187
戒名料··························251, 397
価格賠償····························289

価額弁償（遺留分減殺請求）········409
価額弁償の抗弁······················246
家事調停申立書（書式例）············217
家庭裁判所調査官　→　調査官
株式に関する財産分与················365
株式の評価·······················33, 395
仮差押命令（不動産）·················34
管轄····························116, 293
監護の継続性···················373, 375
鑑定（遺産分割協議書の印影）······308
鑑定（筆跡）························307
鑑定（不動産の評価）················393
鑑定費用················307, 309, 393
企業年金·························50, 364
起訴命令の申立て····················247
給与の差押え························208
協議離縁················167, 170, 175
強制執行（子の引渡し）··········104, 107
強制執行（養育費の支払）············208
強制退去手続···················219, 220
強制認知····························215
共同不法行為（不貞行為）········12, 15
業務適正性についての相談············255
共有物分割訴訟······················289
居住の利益··························278
寄与分··························276, 400
寄与分が認められるための条件······277
寄与分と遺留分の関係················248
限定承認····························316
検認手続·················225, 254, 256
合意分割制度························57
公序良俗違反による無効（高齢
　者の財産処分）····················327
興信所への依頼··················18, 109
公正証書遺言··············225, 243, 345
公正証書遺言検索システム············225
公正証書遺言の作成··················232

事項索引

高齢者の財産管理……………………321
高齢者の消費者被害………329,330,332
国際裁判管轄……………192,204,216
国籍取得………………………212,221
戸籍が存在しない場合………………388
戸籍訂正……………………148,156
戸籍謄本等の収集……………145,270
子の意見聴取（親権者の指定）
　　　　……………………………133,376
子の奪い合い……………102,113,373
子の監護者指定の審判………………105
子の連れ去り…………………………102
子の引渡し（強制執行）………104,107
婚姻費用の算定表　→　算定表
婚姻費用の上限額……………………371
婚姻費用の請求………………7,46,369
婚姻を継続し難い重大な事由
　　　　………10,25,31,46,116,128,197
婚約成立の判断基準……………………66
婚約破棄…………………………………65

【さ】

債権執行の流れ………………………210
財産管理人の選任……282,319,325,330
財産分与と離婚の交渉………………356
財産分与の請求…………32,49,117,361
祭祀財産………………………292,305
裁判離縁………………………………178
在留資格………………………………219
算定表………………10,47,49,125,369
算定表の上限額………………………370
事業財産の相続………………………390
資産調査の方法………………………361
失踪宣告の申立て……………383,386
失踪宣告までに為した不在者財産
　管理人の行為………………………384
自筆証書遺言……225,243,254,258,307
宗教活動と離婚…………………41,46
住宅ローン………………………………47
収入の調査方法………………………369

出入国記録……………………192,385
渉外離婚………………………………188
消極財産の評価………………………397
証拠の収集（離婚）……………………25
上申書（調停進行に関するもの）
　　　　……………………………………34
上申書（調停前置主義の例外）……167
女性相談センター………………………90
処分禁止の仮処分（不動産）…245,325
処分禁止の仮処分の申立て…………326
親権者が父とされた事例……………373
親権者の指定…44,92,117,119,126,195
親権者の変更…………………………131
親権と監護権の分離……………117,119
清算的財産分与…………………………32
成年後見制度…………………318,323
生命保険金……………………232,316,366
生命保険金と特別受益………………348
接近禁止命令……………………………80
接道義務………………………248,286,393
潜在的稼働能力…………………………49
葬儀費用………………………………397
相続財産管理人の選任………………282
相続人に外国人がいる場合…………383
相続人の範囲の確定…………145,270
相続人不存在…………………………282
相続放棄……………………………316,399
訴状（書式例）………155,196,202,328
訴訟上の和解…………………249,354

【た】

退去命令…………………………………81
退職金……………………………50,363
探偵　→　興信所
懲戒事例………………………………263
懲戒の申立て……………………………30
調査官の調査…91,106,133,361,377,396
調査嘱託………………………………50,361
調査報告書………………………93,94
調停前置主義……………………………90

事項索引

調停前置主義の例外 167, 195
直接強制（子の引渡し）......... 107
賃金センサス 11, 49, 369
陳述書 93, 106, 154
ＤＮＡ鑑定 138, 139, 216
ＤＮＡ鑑定に代わる書類 153
ＤＶに当たらない事案 78
ＤＶ被害者からの調停申立て 34
ＤＶ被害者の住居の確保 79, 89
ＤＶ被害者の生活上の問題と対応 83
ＤＶ被害者の離婚 85, 87, 126
ＤＶ被害に関する警察の対応 79
当事者尋問を行わない裁判 92
特別縁故者 282
特別在留許可 221
特別受益 348, 401
特有財産の範囲 363

【な】

内縁 62
名寄帳 391
２分の１ルール 33, 48, 365, 366
任意後見契約 319, 324, 334, 345, 346
任意後見契約と法定成年後見制度
　の関係 337
任意後見契約の解除 336, 342, 347
任意後見契約の締結と判断能力 340
任意後見人の解任 336
任意代理契約の締結 340, 346
認知調停の申立て 219
認知による国籍取得 212
年金分割 50, 53, 55, 365

【は】

配偶者暴力相談支援センター 79
筆跡鑑定 307
秘密証書遺言 225, 243
夫婦関係調整調停　→　離婚調停
不在者財産管理人 383
不在者財産管理人の候補者・予納

金 387
不貞行為の慰謝料請求 7
不貞行為の否認 351
不貞の事実関係の把握 8
不動産の評価 32, 249, 301
不動産の名義変更 368
扶養的財産分与 32, 360
扶養的な慰謝料 360
別居期間 40, 45, 353
別居の支援 26
弁護士照会 192, 385
弁護士倫理 252, 261, 351
包括遺贈 238
保護命令 80
保証債務 399
母性優先 124, 373
保全処分（子の引渡し）........... 105
保全処分（財産管理人の選任）
　............................ 325, 330
保全処分（不動産の仮差押え）..... 34
保全処分（不動産の処分禁止）
　............................ 245, 325
保全処分に対する起訴命令 247, 248
本人尋問 156
本人尋問を行わない裁判 92

【ま】

民生委員 179, 183
面会交流 112, 117, 119, 378
面会交流の取決め 380
面会交流の場所・外部機関の活用 ... 378
面会交流を拒否された場合 379

【や】

有責当事者からの離縁請求 177
有責配偶者からの離婚請求
　..................... 36, 40, 353, 356
行方不明者との離婚 188
養育費支払の判決 199
養育費の算定表　→　算定表

415

養育費の請求 …………………7, 48, 117, 372
養育費の相場 ………………………… 10
養育費の不払い …………………… 199
養子縁組無効確認訴訟 …… 158, 161, 167
預金取引記録の開示 ……………… 390
預金の使い込み …………………… 401
預貯金の払戻し ……………… 232, 404

【ら】

離縁事由 …………………………… 173
離縁調停・離縁訴訟 ……………… 180
離婚意思の確認 ………… 8, 24, 44, 115
離婚意思の伝達 …………………… 29
離婚慰謝料の請求 ………………… 7, 358
離婚原因 ……………………… 31, 351
離婚訴訟 ………… 15, 37, 45, 58, 92, 115, 116, 128, 188, 195
離婚調停 ………… 31, 35, 43, 58, 85, 90, 105, 114, 116, 128
離婚調停（本人が出頭しない）…… 90
離婚の拒否 ………………… 36, 41, 357
路線価 ……………………… 393, 394

【わ】

和解条項（書式例）……………… 209
藁の上からの養子 …………… 139, 388

実例　弁護士が悩む家族に関する法律相談
―専門弁護士による実践的解決のノウハウ―

定価：本体3,700円（税別）

平成25年3月11日	初版第1刷発行
平成27年2月26日	初版第3刷発行

編　著　第一東京弁護士会
　　　　法律相談運営委員会

発行者　尾　中　哲　夫

発行所　日本加除出版株式会社

本　社　郵便番号 171-8516
　　　　東京都豊島区南長崎3丁目16番6号
　　　　ＴＥＬ　（03）3953-5757（代表）
　　　　　　　　（03）3952-5759（編集）
　　　　ＦＡＸ　（03）3951-8911
　　　　ＵＲＬ　http://www.kajo.co.jp/

営業部　郵便番号 171-8516
　　　　東京都豊島区南長崎3丁目16番6号
　　　　ＴＥＬ　（03）3953-5642
　　　　ＦＡＸ　（03）3953-2061

組版　㈱郁文　／　印刷・製本　㈱倉田印刷

落丁本・乱丁本は本社でお取替えいたします。
Ⓒ 2013
Printed in Japan
ISBN978-4-8178-4061-5 C2032 ¥3700E

JCOPY　〈㈳出版者著作権管理機構　委託出版物〉

本書を無断で複写複製（電子化を含む）することは、著作権法上の例外を除き、禁じられています。複写される場合は、そのつど事前に㈳出版者著作権管理機構（JCOPY）の許諾を得てください。
また本書を代行業者等の第三者に依頼してスキャンやデジタル化することは、たとえ個人や家庭内での利用であっても一切認められておりません。

〈JCOPY〉　ＨＰ：http://www.jcopy.or.jp/，e-mail：info@jcopy.or.jp
　　　　　電話：03-3513-6969，FAX：03-3513-6979

法律実務家のための親族・相続・渉外家事の税務
藤曲武美 監修　舘彰男・原口昌之・戸田智彦 著
2013年12月刊 A5判 532頁 定価4,752円（本体4,400円）ISBN978-4-8178-4130-8 商品番号：40536 略号：法税

新版 離婚調停
秋武憲一 著
2013年10月刊 A5判 440頁 定価3,564円（本体3,300円）ISBN978-4-8178-4120-9 商品番号：40437 略号：離婚調停

裁判例からみた面会交流調停・審判の実務
梶村太市 著
2013年9月刊 A5判 372頁 定価3,348円（本体3,100円）ISBN978-4-8178-4115-5 商品番号：40529 略号：面審

裁判例からみた「子の奪い合い」紛争の調停・裁判の実務
子引渡請求訴訟・人身保護請求・子引渡請求審判・ハーグ条約子返還請求
梶村太市 著　2015年1月刊 A5判 464頁 定価4,536円（本体4,200円）ISBN978-4-8178-4210-7 商品：40576 略号：子紛

Q&A 家事事件と銀行実務　成年後見・高齢者・相続・遺言・離婚・未成年
斎藤輝夫・田子真也 監修
2013年9月刊 A5判 344頁 定価3,348円（本体3,100円）ISBN978-4-8178-4113-1 商品番号：40520 略号：家事銀

増補 新しい家族信託　遺言相続、後見に代替する信託の実際の活用法と文例
遠藤英嗣 著
2014年8月刊 A5判 588頁 定価5,292円（本体4,900円）ISBN978-4-8178-4182-7 商品：40516 略号：家信

相続財産の管理と処分の実務
一般社団法人 日本財産管理協会 編
2013年7月刊 A5判 376頁 定価3,456円（本体3,200円）ISBN978-4-8178-4096-7 商品番号：40514 略号：相管

新版 家庭裁判所における遺産分割・遺留分の実務
片岡武・管野眞一 編著
2013年6月刊 A5判 572頁 定価4,428円（本体4,100円）ISBN978-4-8178-4064-6 商品番号：40394 略号：遺分

Q&A 渉外家事ケーススタディ　離婚・子ども・ハーグ事案の実務
大谷美紀子 監修　外国人ローヤリングネットワーク 編
2013年6月刊 A5判 280頁 定価3,024円（本体2,800円）ISBN978-4-8178-4086-8 商品番号：40510 略号：渉外家事

実務解説 相続・遺言の手引き
東京弁護士会 相続・遺言研究部 編
2013年6月刊 A5判 348頁 定価3,348円（本体3,100円）ISBN978-4-8178-4088-2 商品番号：40261 略号：相遺

面会交流と養育費の実務と展望　子どもの幸せのために
棚村政行 編著
2013年5月刊 A5判 340頁 定価3,348円（本体3,100円）ISBN978-4-8178-4083-7 商品番号：40508 略号：面会交流

第4版 離婚調停ガイドブック　当事者のニーズに応える
梶村太市 著
2013年4月刊 A5判 592頁 定価5,076円（本体4,700円）ISBN978-4-8178-4072-1 商品番号：40232 略号：離調

子どものための法律と実務　裁判・行政・社会の協働と子どもの未来
安倍嘉人・西岡清一郎 監修
2013年1月刊 A5判 452頁 定価4,536円（本体4,200円）ISBN978-4-8178-4052-3 商品番号：40492 略号：子裁

改訂 超高齢社会におけるホームロイヤーマニュアル
日本弁護士連合会高齢社会対策本部 編
2015年2月刊 A5判 416頁 定価3,888円（本体3,600円）ISBN978-4-8178-4213-8 商品番号：40488 略号：ロイヤー

改訂 Q&A DV事件の実務　相談から保護命令・離婚事件まで
榊原富士子 監修　打越さく良 著
2015年1月刊 A5判 348頁 定価3,348円（本体3,100円）ISBN978-4-8178-4207-7 商品番号：40461 略号：DV

渉外離婚の実務　離婚事件の基礎からハーグ条約まで
渡辺惺之 監修　大谷美紀子・榊原富士子・中村多美子 著
2012年2月刊 A5判 328頁 定価3,456円（本体3,200円）ISBN978-4-8178-3974-9 商品番号：40454 略号：渉外離婚

遺言条項例278&ケース別文例集
NPO法人 遺言・相続リーガルネットワーク 編著
2012年2月刊 A5判 324頁 定価3,024円（本体2,800円）ISBN978-4-8178-3976-3 商品番号：40456 略号：遺言条項

日本加除出版　〒171-8516　東京都豊島区南長崎3丁目16番6号
TEL（03）3953-5642　FAX（03）3953-2061（営業部）
http://www.kajo.co.jp/